ロッキーの麓の学校から

第2次世界大戦中の日系カナダ人収容所の学校教育

編著者　フランク・モリツグ　訳者代表　小川洋・溝上智恵子

Teaching in Canadian Exile
A history of the Schools for Japanese-Canadian Children in B.C.
detention camps during the Second World War

東信堂

Teaching in Canadian Exile
*A history of the schools for Japanese-Canadian children in B.C.
detention camps during the Second World War*

By Frank Moritsugu and the Ghost Town Teachers Historical Society

Copyright © 2001 by Frank Moritsugu

日本語版への序文

　日系カナダ人二世、とくに大正、昭和生まれの二世とは、どのような人びとだったのだろうか。本書は、対日戦争が始まった後の戦時中のカナダで、移送先の家族収容所において子どもたちを教えざるをえなかった二世たちのユニークなエピソードについて語ったものである。

　収容所の教師や生徒だった人びとの思い出は、自分たち自身の政府による理不尽で不当な扱いを受けた戦時中、これらの二世がどのように行動したか、多くの事例を紹介している。

　1941年12月に対日戦争が始まったとき、一世たち（1890年代以降に移住した初期の人びと）が、まだブリティッシュ・コロンビア州（BC州）の多くの日系コミュニティを支配していた。これらのコミュニティの大部分は太平洋岸にあり、そのカナダ西端の州に当時、日系人の95％が住んでいた。

　私たちが1942年に経験した沿岸部からの労働キャンプや収容所あるいは内陸部の農場への一斉疎開は、日系コミュニティにおける一世の支配後退と、成人になった二世への主導権の移動という結果をもたらした。このことは収容所の運営がハクジン（二世の表現）たちによって行われたことによって促された。つまり、当局と交渉するには自由に英語が話せる能力と、カナダの流儀を理解していることが非常に重要だったのである。

　BC州内陸部の約3,000人の疎開児童に対する初等教育については、初期を除けば、校長も教師も大部分が二世の女性が勤めた。1943年には収容所の独身男性は政府の指示によって東部へ送られたからである。

　本書は、収容所の元教師や生徒たちの150編以上の思い出をまとめたものである。そこには、カナダ出身の二世たちが、どのような人びとであったかについての多くの省察がある。教師や生徒たちの大部分は、日本を訪れたり

住んだりしたことはなかった。当時の多くの二世たちは、親たちから初めに習った日本語を多少は理解した。また一斉退去以前は、多くの場合、二世たちはカナダの初等学校や中等学校に通うかたわら、日本語学校にも通っていた。

つまり日系カナダ人たちは文化的にミックスだった。親たちがもたらした明治・大正時代の日本文化のある程度の影響と、しかし多くは日系社会に住んでいたとしても、彼らを取り囲むカナダの西洋文化の大きな影響とを受けたのである。したがって、多くのカナダ生まれの日系人たちにとっては英語が主要言語だった。

しかしながら、多くの二世たちは戦前のコミュニティで、踊りや生け花、墨絵、柔道や剣道といった武道など、日本文化にも触れていた。また親を通じて、私たちは日本の童謡である「春が来た」や「もしもし亀さん」、「夕焼け小焼け」など、また「蛍の光」も知っていた ── もっとも小学校で、最後の曲の原曲が「久しき昔」というスコットランド民謡だということを習ったのだが。また多くの二世たちは、イギリスやアメリカの歌とならんで、日本の流行歌も知っていた（東海林太郎、上原敏、美ち奴などなど）。

内陸部の家族収容所でのコンサートでは、踊りの曲が歌われたものだった。また沿岸部からの移動では運べるものが厳しく制限されていたにもかかわらず、若い二世女性たちは親たちがもってきたキモノを着ていた。器用な二世の歌い手は、太平洋の向こうの1930年代の古い流行歌に加えて、「支那の夜」や「愛染かつら」を歌ったものだった。

カナダの二世は、他の国の日系二世と同様に、文化的には入り混じった存在だった。とくに、幸運にも親が子どもに著しく異なった日本的な生活を経験させた場合は。その二文化的な姿勢は、二世に色濃く残っている。当然、三世の子どもたちは日本文化の影響がもっと小さい。成人となると、大部分のカナダ三世は日系以外の人と結婚する。

私はゴーストタウン教師歴史協会を代表して、我々の *Teaching in Canadian Exile* の日本語への翻訳にあたった人びとに感謝したい。また、政府の不正

義な扱いを受けた特定のカナダ人グループがどのように対処したのか、同胞のあらゆる出自のカナダ人たちにも知ってもらうため、もとの英語版の序文も併せて掲載する。

　この本はハッピーエンドの真実の話である。しかし、それは二度と繰り返されてはならないものである。カナダ国内で他のカナダ人グループに対してあってはならないし、どの地域のどのような人びとに対しても、あってはならないことである。

フランク森次
カナダ　トロントにて
2011年2月

はじめに

　この歴史に関する本は、ヒデ・ヒョウドウ・シミズが始めた記録保存プロジェクトから生まれた。この企画は、日系人コミュニティと我々の社会全体を豊かにすることを目指した彼女のもうひとつの事業であった。

　1987年夏、ヒデ・シミズは、第2次世界大戦中にブリティッシュ・コロンビア州に設けられた日系カナダ人家族収容所の学校で働いた教師たちとともに、記録を残すためのワークショップを立ち上げようと思い立った。彼女はこの話を、ライター兼編集者の私にもちかけてきた。当時、私はトロントのセンテニアルカレッジの出版ジャーナリズム課程で教えていたからである。大戦中、私には『ニューカナディアン』紙のスタッフとして2度にわたって仕事をした経験があった。『ニューカナディアン』は連邦政府が閉鎖しなかった唯一の日系カナダ人の新聞である。

　シミズ女史(当時、ヒデ・ヒョウドウ)は、ブリティッシュ・コロンビア州の収容所学校全体の監督官であった。1980年代にオタワの公文書館を訪れた彼女は、収容所学校に関する文書史料の大部分が公文書と記録文書のみであることを確認した。収容所で子どもたちを実際に教えた人びとに関する文書や彼ら自身が個人的に書き残したものはほとんどない状態であった。

　収容所の元教師たちの再会は1987年9月に予定されており、私はゲストスピーカーとなることに同意した。ヒデ・シミズの希望に応えて、戦時中の学校体験に関する回想録の書き方について語ることが私の役割であった。

　1987年のゴーストタウン教師の集まりはトロントの日系文化会館で開催された。日系カナダ人の間では家族収容所は一般に「ゴーストタウン」として知られていた。大部分の収容所がクートネイ地方のかつての鉱山地帯にあったからであり、またいくつかは1890年代の銀山ブーム以降、残されていたゴーストタウンであった。

会合は100人以上も集まる盛会となった。大半は日系カナダ人であり、多くは他の州から、また何人かはアメリカからやってきた。

　講演の中で私は、トロント地域に在住する関心をもつ元教師たちのために、月1回の回想録を執筆するワークショップを開くことを提案した。ワークショップは、翌月から始められ、毎回、12人かそれより多くの参加があった。ワークショップでは、あるひとつの視点から収容所の学校と教えた経験に関して書く宿題を出して終わった。その宿題は次回までに書かれて、それについて話し合うことになる。

　1年半後の1989年の春の終わり、月に1回集まることが、いちばん効率的であることが明らかになった。60以上の使えそうな作品が集まった。ほとんどはこのワークショップに参加していた元教師たちのものであった。他のものは、このグループのメンバーたちが連絡をとった元教師や元生徒たちのものであった。

　私は公文書館に寄贈すべき文書以上のものが十分に集まったと発表した。そこで、私たちは本をつくることにした。また私はジャーナリズム課程の専任の仕事から引退しようと考えていたので、このワークショップグループを、より多くの作品を編集し資料を収集し、収容所学校を描く作品をつくる組織としていくことを提案した。

　次の段階は、このグループを組織化することであった。それがゴーストタウン教師歴史協会（GTTHS）であり、ヒデ・シミズを創設名誉会長とし、マスコ・イグチが会長、マリー・アサザマが書記、ヒデヨ・イグチが会計となった。他のメンバーたちは、役員としてパット・アダチ、ダグ・フジモト、キミ・ヒライシ、スタン・ヒラキ、ユキ・アライ・ナカムラ、サチ・タキモト・オウエ、シズ・ハヤカワ・サイトウ、グロリア・サトウ・スミヤ、タツエ・ナカツカ・スヤマであった。私は編集顧問となった。

　GTTHSの創設によって事業の助成金申請ができるようになった。連邦政府のニューホライズン・プログラム（全員が高齢者で引退者であること）からの助成金獲得に成功し、日系カナダ人リドレス財団からも同様に助成金を得た。財団は1988年のリドレス合意に基づいてつくられたものであった。後に、

全国日系カナダ人基金財団のプログラムから編集助成金を受け、連邦多文化省からの執筆助成金も得られた。

　私たちは続けて毎月、トロントで会合をもち、空白部分を埋めるためにより多くの個人記録を書くとともに、国外にいる元教師や元生徒たちを含む他の人びとにも働きかけた。また元教師たちのワークショップ総会を開催し、断片的な記述を回し読みしてより多くの記録が集まるよう促した。当時の学校の子どもたちの思い出を甦えらせるため、元在校生向けに2回のワークショップを開催し、成功裡に終わった。

　1992年、バンクーバーで、全国日系カナダ人協会の主催するホームカミング'92が開かれ、GTTHSも参加した。私たちは「収容所で教える」と題する討論会を、トロントからマスコ・イグチとグロリア・スミヤ、オンタリオ州バーリントンからアイリーン・ウチダ博士、カリフォルニアからエドワード・テイソー・ウエノら元教師の参加を得て開いた。（この会合は、戦時中のブリティッシュ・コロンビア州沿岸からの強制追放の50周年を記念したもので、かつてない規模の日系カナダ人の集まりとなった。またこの催し物から、本書をより豊かなものにする生徒や児童たちの思い出が得られた。）

　最終的には、短いものも長いものもあったが、戦時中の収容所学校の経験に関する多様な個人的な観点から書かれた数百の手記が集まった。オタワの国立公文書館とビクトリアのブリティッシュ・コロンビア州立公文書館を訪れた後、集まった手記を結びつける記述をまとめた。その作業は最終的に選ばれた150あまりの個人の記憶の背景や情況を提供してくれた。

　これは口述の歴史ではない。なぜならテープに録音されたひとつのインタビューを除いて、それぞれの文章は話されたものではなく、元教師や生徒たちによって書かれたものだからである。いくつかの報告は収容所時代のものだが、大部分の思い出は、この10年ほどの間に生み出されたものだ。オーラル・ヒストリアンのバリー・ブロードフットの言葉を借りれば、「思い出された歴史」あるいは「生きている記憶」である。

　生きている記憶の収集として、思い出のなかの事実については可能な限り

確認した。しかしこれらの事実は、ときには執筆者が数十年後に思い出したものである。一方で、手記をつなげる文章のほうは公式記録やその他の確実な情報源の調査に基づいている。また、差し挟んだ見解は執筆者のものである。

　もうひとつの点として、この歴史には当然、不幸な、なかには悲劇的な話題が含まれる。しかし、執筆者やその家族、当時の他の人びとが経験した困難で過酷でさえある状況を考えれば、これらの記憶に対する反応としては、その全体的な「明るさ」を意外に思われる方も多いかもしれない。

　自ら16ヶ月間の男性用収容所と7ヶ月間のカズロでの家族収容所で過ごした経験者として、私自身がその理由を説明すれば、その明るさは、大部分の日系カナダ人が困難な年月に受けたトラウマにもかかわらず、戦後の新たな生活をしっかりと立て直したという事実から来ているものだろうということである。

　抑留の歳月、生存者たちは、この囚われた状況に対して可能なかぎり真っ向から立ち向かった。当時の生活に不満をいうことは、戦時を生き抜いた者の気質としては稀なことであった。とくにここに掲載した物語を提供してくれた元教師や子どもだった人びとにとっては。

　ヒデ・ヒョウドウ・シミズは1999年に亡くなった。本書の初めの一冊を彼女に捧げるという私たちの夢は実現しなかった。しかし、オンタリオ州ネピーアンでの最後の日々、彼女は各章の草稿に目を通した。それは私たちのもっとも感謝するところである。

フランク・モリツグ
カナダ　トロントにて
2000年11月

本書を収容所学校監督官のヒデ・ヒョウドウ・シミズに捧げる

ヒデ・ヒョウドウ・シミズ

謝　辞

　寄稿された方々、ゴーストタウンの元教師と元生徒のみなさんにこの本が世に出ることに協力していただいたことを感謝したい。また私たちの問い合わせに応じて、当時の写真や収容所学校に関する記事などを提供していただいた方々にも感謝申し上げたい。

　ニューホライズン・プログラム、カナダ多文化省、日系カナダ人リドレス基金、全国日系カナダ人基金財団に、その寛大な援助を感謝する。

　ケン・モリ氏には、『ニューカナディアン』紙の戦時中の資料を利用させていただいたことに感謝する。

　ロバート・フルフォード、ロジャー・オバタ、トマス・ショウヤマ、オディ・コバヤシ、ジェニファー・ハシモトの各氏に感謝したい。

　オタワのカナダ国立公文書館でご協力をいただいた職員の方々と、ビクトリアのブリティッシュ・コロンビア州立公文書館の職員の方々、そして、オタワの史料コレクションの利用を可能にしていただいたアン・スナハラとロイ・ミキに感謝申し上げる。

　1992年、バンクーバーでのホームカミングでの閉会のスピーチから「ツリーハウス」の抜粋の利用を認めていただいたレイモンド・モリヤマに感謝する。

　『メタモルフォーゼ：人生の段階』からの引用をさせていただいたデビッド・スズキに感謝する。

　私たちのワークショップや会議に施設を利用させていただいたトロントの日系文化会館に感謝する。

　この出版を可能にした寛大な寄付をいただいた皆さんに感謝したい。

　最後に、編集・著作者として、私の妻ベティにこのプロジェクトの間に受けた支援に感謝したい。

フランク・モリツグ

解説1　日系カナダ人二世と第2次世界大戦

　1941年の真珠湾攻撃以後、ブリティッシュ・コロンビア州（BC州）にいた約22,000人の日系カナダ人たちは、カナダ政府の人種差別的政策によって、ロッキー山麓のゴーストタウン化していた旧鉱山町などに追われた。本書は、その収容施設内の子どもたちの教育に携わった、若き日系二世たちの手記を中心にまとめたものである。同じ時期に同様の扱いを受けた約12万人の日系アメリカ人のケースより規模も小さく、あまり知られていないが、日系カナダ人の歴史のなかの最大の出来事である。収容所における学校教育を扱った本書の理解の一助として以下、第二世代（二世）の誕生から大戦終結直後までの日系人社会の歴史を紹介する。

日系二世の誕生

　日本人がカナダにある程度まとまった人数で渡るようになるのは、1880年代のことである。サケ漁や炭鉱採掘あるいは森林伐採などに従事する男性の単身者がほとんどであった。それでもバンクーバー東部のパウエル街周辺に日本人が経営する日本人向けの下宿屋や雑貨店などが徐々に揃い、邦字新聞も発刊され、20世紀初頭には日本人街が出現した。

　もともとBC州には多くの中国人がカナダ大陸横断鉄道建設の労働力として動員され、建設完了後はバンクーバーなどに滞留するようになっていた。ここに日本人が加わり、白人たちの間に「黄色人種」への警戒感が醸成された。1908年、日本政府はカナダ政府と紳士協定を結び、移民の送り出しを控えることになった。

　しかし皮肉なことに、カナダの日系人口はこの1910年代以降に本格的に増加する。妻子の呼び寄せは制限の対象外だったため、見合い用写真の交換のみで花嫁が海を渡ってくるなどの方法で結婚する者が増え、カナダ生まれ

の日系人が急増したからである。本書の女性教師たちに「スエ」の名が何人か見られるが、白人たちにとって驚きだったのは、彼らが7人、8人と子どもを産むことだった。白人たちはさらに警戒心を募らせることになった。

　初めのうち、出稼ぎ意識の強かった多くの一世は、子どもたちを「日本人」として育てようとした。日系人社会の有力者たちはバンクーバー領事の協力を得て、1906年以降、数ヶ所の日本人学校を設置する。日本の国定教科書を使用し、日本から派遣されてきた教師が日本の教育課程通りに教えた。一部の親たちは、子どもを日本の祖父母のもとに送って教育を受けさせた。

　しかし、カナダの地での永住を考える者も確実に増えていった。白人たちの警戒心を避けるためにも、子どもたちはカナダの公立学校で学ばせ、将来カナダ市民として生活していくうえで、必要な知識や能力を身につけさせるべきだとする議論が高まってきた。日本人学校の教員だった佐藤伝(つたえ)らによって主導され、最終的には1922年までに、各地にあった8ヶ所の日本人学校は日本語学校（補習校）へと転換された。

日系二世の生徒たち

　当時のBC州では8年制の小学校が義務教育であり、その先に4年制の高校（ハイスクール）があったが、白人の間でも高校を修了する者は半数にも満たなかった。大学はブリティッシュ・コロンビア大学のみで、他に中等後教育機関として師範学校（教員養成学校）が二つあった。

　公立学校で学ぶことになった二世たちは、「引っ込み思案であるが、規律正しく勉強熱心」という評価を多くの学校で得た。ただし、順応という点になると地域差が激しかった。和歌山県出身者が圧倒的に多い漁業の町であったスティブストンでは街中の日常生活もすべてが日本語で済む環境だったため、大半の子どもは、小学校に入る段階で英語能力に大きな問題を抱えていた。この問題に対処するために採用されたのが、戦前ただ一人、公立学校の正規教員に採用されたヒデ・ヒョウドウだった（口絵の写真参照）。この経緯は本書の第4章に詳しい。後に彼女は収容所の学校教育の実質的な最高責任者となる。

一方で、日系人のほとんどいない小さな町に住んでいた家族や、親が率先して英語でとおすような家族の子どもたちは、当然英語に堪能になっていた。また英才教育を熱心に施した家庭の典型例として、第8章で紹介される有名な環境学者でありテレビ・キャスターとして現在も活躍するデビッド・スズキや、第24章に出てくる著名な俳優になるロバート・イトウのケースなどがある。

なお、当時のBC州では就学前教育は一般的ではなかったが、日系人に対しては合同教会、聖公会、カトリック教会のキリスト教各教派と仏教会が、それぞれ幼稚園を設置していた。幼稚園では英語や現地の習慣に慣れる指導が与えられたので、多くの親が子どもを通わせていた。

真珠湾攻撃前夜

1920年代、30年代を通じて二世たちのカナダの教育への順応は進み、高校を修了する者も増えていった、しかし地域差も大きかった。収容所内で学校が正式に発足する前、子どもたちの世話をしようとした二世が他の若者を誘った際、高校を出ていない者が多いことに驚いた様子が第1章に紹介されている。

その一方で、大学まで進学する者も確実に増え、ブリティッシュ・コロンビア大学には日系人卒業生の同窓会も発足した。これらの高学歴者を中心とした二世たちは、閉鎖的な日系人社会に自足し、出稼ぎ意識の抜けない一世たちの態度に不満をもち、また専門職や公務員などの大学卒にふさわしい職業に就く機会を制限している政府にも批判的であった。彼らが中心となって日系人社会に新しい動きが生み出された。日系カナダ市民連盟 (JCCL) の結成や日系人向けの英字新聞である『ニュー・カナディアン』の発行などである。また仏教会やキリスト教会の青年部などの活動を通じても、若い二世の指導者のネットワークが形成されていった。収容所の学校教育で中心的な役割を果たす人材は、これらのネットワークから出てくることになる。

しかし1930年代末、日米関係の雲行きが怪しくなると、一部の日系人たちの間に「帰国」の動きが始まった。1940年にBC州の公立小学校にいた約

5,400人の日系人児童は、翌年には4,200人弱にまで減少した。家族で帰国したり、子どもを日本の祖父母のもとに送る日系人が少なくなかったのである。しかし大半の二世の若者たちにとって、カナダは祖国であり、忠誠心の対象でもあった。

真珠湾攻撃の衝撃

　真珠湾攻撃の直後、欧州の戦争にすでに参戦していたカナダは、日本とも戦争状態に入った。真珠湾攻撃の6時間後、日本軍は英領香港への攻撃を開始したが、そこには約2,000人のカナダ人将兵たちが英連邦軍の一部として防衛にあたっていた。激しい戦闘の後、香港島の西半分に追い詰められた防衛部隊は12月25日(現地時間)に降伏し、カナダ人将兵の多くも捕虜となった。高まる反日感情のなかにあって日系人たちにとって状況はますます悪くなっていった。

　日系人の店には日系人以外の客がまったく寄りつかなくなったり、嫌がらせをされたり、という事態が多く発生した。第2章には、日系人の若者が市街電車のなかで、車掌に「あなたの国と戦争になった」と言われる話が出てくる。カナダ生まれのカナダ人であったはずの若者が敵国人扱いされたのである。

　さらに本格的な受難のときが来る。日系人は開戦後、BC州で急激に高まった日系人排斥の動きと、それに続く「防衛上の必要」を理由とした海岸線から100マイル(160キロ)以東への追放という措置の犠牲となった。営々と築いてきた生活基盤が破壊され、そのショックから病気になったり、事故で死傷したりする一世もいた。第2章では、そのような事例が示されている。

　開戦後、当局から危険視されていた数十人は、ただちに警察に身柄を拘束され、オンタリオ州の捕虜収容所に送られた。また労働力不足に悩まされていたカナダ政府は、兵役年齢の日系人男子を未婚・既婚を問わず、道路工事のキャンプに送ろうとした。これを拒否して抵抗した男たちも、やはりオンタリオ州の収容所に送られた。父親が戦争終結まで拘束され、不自由な生活を強いられていた子どもたちも多く、手記の何編かはそのことに触れている。

強制退去

　1942年2月末、カナダ政府は「日本に人種的起源をもつ者」を対象に、太平洋沿岸から内陸部へ移動する命令を出した。家族単位での移動を求める者に対しては、アルバータ州やマニトバ州のビート栽培農家に雇われる方途が提供された。これらの農家は戦争による若年労働力の不足に悩まされていたからである。これらの家族の子どもたちは原則として、居住地の公立学校に受け入れられた。また自費で出ていく者には、製材所などのあるBC州内の6ヶ所の町への家族単位での移動が認められた。これが「自活移動」であり、第10章で紹介されているとおり、ここでは教育費を含むすべての費用を当事者たちが負担した。

　これ以外の父親（夫）を欠いた家族などの約12,000人は、連邦警察の指示にしたがって内陸部への移動を待つことになった。日系人の集中していた地域では、キリスト教会や仏教会が移住候補地の選定に動き、最初に旧鉱山町のグリーンウッドに、カトリック教会が支援した信者グループが移動を始めた。グリーンウッドの子どもたちが、日系人の移動事業にあたった連邦政府のブリティッシュ・コロンビア保安委員会（以下、保安委員会）の学校ではなく、カトリック教会の司祭と修道女が用意した学校で学んだのは、このような事情からである。その後、同様に、わずかな人口を残すだけだったカズロ、ニューデンバーなどの旧鉱山町が、日系人の収容所に指定されていく。これらの町は、バンクーバーから直線距離で500キロ近く離れた、標高1,000メートルほどのロッキーの麓にある。しかし収容所はそれでも不十分で、太平洋沿岸から160キロあまり外側の牧草地に最大規模となるタシメ収容所が建設される。

　バンクーバーとその近郊の日系人の多くは、これらの収容所に直接向かうが、バンクーバー島などにいた日系人たちは1942年3月中旬以降、バンクーバーの東端にあったヘイスティングスパークの家畜施設を改修した臨時施設に収容された。このことは第3章に詳しい。ここに収容された家族の子どもたちは、突然に教育機会を奪われることになったが、同じく収容されてい

た、高校を卒業したばかりの若者たちが小さな子どもの教育にあたることになる。保安委員会は彼らに1週間程度の研修と師範学校の見学機会などを提供した。また当時、公立学校の教員としてスティブストンの小学校で教えていたヒデ・ヒョウドウが勤務校の仕事を終えた後に収容所に通い、若い教師たちの指導にあたった。このパークでは小学校教育のほか、教会関係者らによって幼稚園教育と高校教育が行われた。1942年10月末までの間、各地から収容されるものと、奥地の収容所に向かうものとが交差して、落ちついた環境ではなかったが、授業を継続する努力が続けられた。

　バンクーバーやその近郊の子どもたちの多くは、1942年6月に終わる学年は在籍中だった学校で修了することができたが、9月の新学年初日に小学校に登校すると、追い返された。防衛地帯からの日系人の追放事業は、10月末までに完了することになっていたので、各教育委員会は日系人の子どものために、新年度の教員を配置しなかったのである。第1章のショウゴ・コバヤシが9月の登校時に屈辱的な思いをしたのは、このような事情からである。彼の通っていたストラスコーナ小学校はパウエル街に近く、多いときには数百人の日系生徒が在籍していた。

ゴーストタウン収容所の学校教育

　総退去時の約4,000人の小学校児童のうち、保安委員会管轄下の収容所には約3,000人が収容された。連邦政府は当初、BC州教育省がこれらの子どもの教育に責任をもつものと考えた。カナダでは自治領発足時から、教育については各州の権限とされ、州によって制度も教育課程も異なっていたからである。しかしBC州がこれを拒否したため、連邦政府が責任をもたざるをえなくなったのである。

　保安委員会では日本領事館勤務の経験もあったクレオ・ブースが教育分野の責任者となり、ヒョウドウが収容所のひとつであるニューデンバーに拠点を置いて、監督官となって学校を整える作業にあたることになった。校長の多くは、ヒョウドウの人的ネットワークから選ばれている。例外は、数少ない男性校長の一人で、龍谷大学への留学経験のあった開教使（西本願寺僧侶）

のツジ師とサンドン校初代校長となるテリー・スギウラで、彼らは仏教会の活動家であった。指導者たちは、校舎と教員の確保にさっそく着手する。第1章ではヒデコ・イグチが教員募集に応募して、審査らしい審査もなく採用された様子が描かれているが、各収容所で同じような光景が見られたはずである。

　最初の収容所学校はカズロの町で開校される。ここでは1942年9月の新年度に間に合わせることができたのだが、他の収容所では校舎確保の困難と数十年ぶりの厳冬のために開校は遅れた。42年末から43年始めにかけて開校した学校でも、厳冬のためにしばらく授業の開始を見送らざるをえなかった。大部分の子どもたちが学校に通えるようになったのは43年4月であった。しかし、授業ができた学校でも教科書や教材はまったく不足していた。保安委員会が手配できたのは、BC州の通信教育用の教材が中心であり、未経験の教員たちは、頼るべき教材にも事欠きながら授業を行わなければならなかった。この混乱の様子は、第7章や第8章に詳しく描かれている。それでも年度の終わりには、各学校とも、運動会や文化行事が開催されるなど、学校の教育活動は少しずつ充実していった。

　また、これらの学校の授業が始まるころには、道路工事に従事させられていた父親たちも収容所で家族と合流するようになる。国際赤十字などからの人道的問題の指摘や、作業の非効率性などから、連邦政府は方針を変えたのである。途中から収容所の生活に父親たちの姿が現れるのはそのような理由からである。

　一世の親の世代が、収容所生活を不当な扱いであると思いながらも、仏教的な諦念で耐えて暮らしていたのに対し、子どもたちの多くは、それまでに経験したことのない大自然のなかでの生活を無邪気に楽しんでいた。それは、ベリー摘みや冬のそり遊びに興ずる子どもたち、危険な川下りを敢行する子どもの姿など、多く紹介されているとおりである。

　また、かつてパウエル街やスティブストンなどの日系人を対象に、布教活動を行っていたキリスト教の各教派の活動家たちは、日系人たちを追って収容所で教育や福祉活動に従事した。その様子は第9章に詳しいが、教育面では、

当局が提供を拒否した幼稚園と高校の教育が、ほぼ全面的に彼らによって担われた。

1943年夏には、保安委員会とヒョウドウの働きかけによって、ヒョウドウの母校でもあったバンクーバー師範学校などの教員によるサマースクールがニューデンバーで4週間にわたって開催され、一部の自活移動キャンプの教員も含む、収容所学校の大部分の教員が参加した。その様子は第12章に紹介されている。この研修では講師たちが驚くほど、日系人の「即席教師」たちは貪欲に学んだ。その効果は、43年9月に始まった年度に、若い教員たちが自信をもって教壇に戻ってきた様子からもわかる。この研修は44年と45年にも開催された。45年の開催中には広島と長崎に原爆が投下され、間もなく日本は敗戦を迎えた。このときの二世の若者たちの心のなかにどのような葛藤が生じたかは第17章に詳しい。

この研修にはのべ約350人が参加している。また1947年の収容所学校の最終的な閉鎖までの教員数の合計は約250人であった。激しい入れ替わりがありながらも、収容所学校が曲がりなりにも機能し続けた大きな理由は、教員になった二世たちの教育への熱意と、この研修の受講だっただろう。収容所学校の閉鎖後、この教職経験を実績にして、各地の公立小学校に正規の教員として採用された者も少なくない。

なお、いくつかの手記に収容所に野菜などを売りに来るデュカボーという人びとが出てくるが、19世紀末にロシアからカナダに移住したロシア正教の一集団である。徹底した平和主義であり社会的な権威を一切認めず聖職者も置かないという特殊な信仰からロシアで迫害を受けた。トルストイなどの援助もあり、カナダに移住したが、最初に移住したサスカチュワン州とマニトバ州でも政府や住民と紛争を繰り返し、BC州の日系人たちが収容されることになる地方に定住していた。しかし、そこでも子どもの教育などをめぐって州政府と衝突を繰り返した。親たちが子どもを学校に通わせようとしなかったし、登校した子どもたちも体育授業の行進は軍隊的訓練であるとして拒否するなど、トラブルが絶えなかった。一部の集団は、校舎に放火をするなどの激しい行動に出ることもあった。デュカボーの一世はロシア語しか

解さず、二世たちの多くも英語はおぼつかないレベルだったため、日系人とは農産物の売買以外の交流はあまりなかったものと思われる。

日本への「送還」と東部への移動

　カナダ連邦政府は収容所運営の財政負担と戦時中の労働力不足問題などから、日系人をロッキーの麓に閉じ込めておくよりも、労働力として利用する方針をとるようになる。ただし日系人に対する拒絶反応の強いBC州ではなく、オンタリオ州などの東部への移動を促した。独身の若者たちを中心に移動が徐々に始まり、収容所の統合も進められ、1944年6月にはサンドン収容所が閉鎖される。

　さらに日本の敗色が濃厚となった1945年の4月から5月にかけて、連邦政府はすべての日系人に対し、「本国送還」調査を実施する。カナダ生まれの二世にとっては日本が本国ではないのだが、すべての日系人に対して、東部に分散して定住するか、日本に行くかの二者択一の選択を迫ったのである。一部の一世たちのなかには、迷いなく「送還」を選んだ者もあったであろう。しかし、カナダ生まれでカナダの教育を受けた二世たちにとって、故郷はカナダである。親が「帰国」を選んだ場合、さまざまな苦悩があったことは想像に難くない。第18章や第21章には悲劇的なものを含む事例が紹介されている。

　1946年から1947年にかけて最終的にゴーストタウンの収容所を閉鎖すると、連邦政府は残っていた日系人を強制的に追い出した。受け入れ先の決まっていなかった者の多くは、ネイズというオンタリオ州の森林伐採キャンプの不便な施設に送られた。一時は数百人の規模となって多くの子どもの教育が問題となった。東部に移住していた元教師たちは再び、ここでも日系人の子どもたちの教育にあたった。第20章はこの話題である。この学校は1952年6月に日系人がいなくなるまで継続された。

　その他の日系人たちは、キリスト教会各教派や仏教会、あるいは政府機関が提供した一時的な住宅や仕事の手配といった協力を受けながら東部に移動していった。多くはトロントやモントリオールあるいは製鉄産業の町であっ

たハミルトンなどの大都市と、その周辺に仕事を求めて定住先を確保していった。

　この東部への日系人たちの移動は、英語に堪能な二世たちが一世に代わって日系人社会の主流となり、世代交代をいっそう進める結果となった。日系人は、戦前から教育熱心という評価を得ていたが、収容所から移動した日系人は移動先でより高い教育を受けた者も多く、戦後、さまざまな分野で活躍する人材が生まれた。その一部は第23章などに紹介されている。

　なお、この戦時中の一連の日系人への差別的扱いについて、カナダ連邦政府は1988年、正式に謝罪し、個人補償と日系人社会の文化活動などのための基金への拠出を行った。

　　　　　　　　　　　　　　　　　　　　　　　　　　　　小川　洋

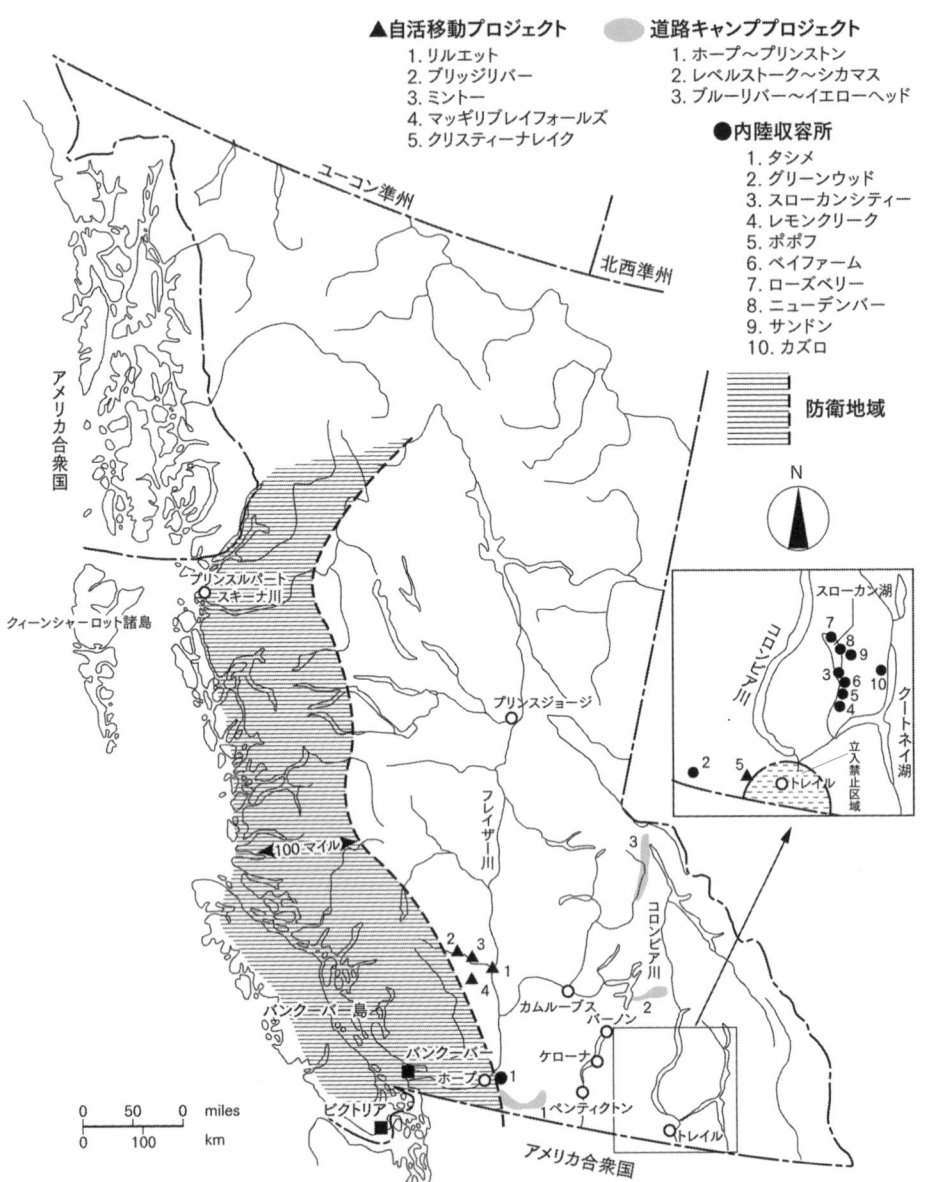

ブリティッシュ・コロンビア州の日系カナダ人収容所

出典：ロイ・ミキ、カサンドラ・コバヤシ『正された歴史――日系カナダ人の謝罪と補償』つむぎ出版、1995。

目次／ロッキーの麓の学校から
——第2次世界大戦中の日系カナダ人収容所の学校教育

日本語版への序文 ………………………………………………… i
はじめに …………………………………………………………… iv
謝　辞 ……………………………………………………………… ix
解説1　日系カナダ人二世と第2次世界大戦 ……… 小川　洋 … x
凡　例 ……………………………………………………………… xxviii

第1章　カナダは日本と交戦中 ……………………………… 3
- 1942年9月、バンクーバー、ストラスコーナ公立学校 (3)
- カズロでの最初の試み (6)
- ベイファームとポポフでの学校の始まり (8)

第2章　戦争前 …………………………………………………… 13
- パウエル街マイカワ商店で働く (13)
- シドニーの2軒だけの日系人家族 (14)
- フレイザー川流域の農民のなかにはベリーの季節が終わるまで残った者もいた (15)
- 父は真珠湾攻撃の3日後に亡くなった (16)
- 家族は下宿業を営んでいた (16)
- 土曜日になると「学校ごっこ」をした (18)
- バンクーバー島の高校に留まる (18)
- 路面電車のなかでニュースを聞いた (19)

第3章　ヘイスティングスパーク：最初の集合地 …………… 22
- 周りは動物の悪臭だらけ (22)
- 高卒の二世たちはボランティアを求められた (27)
- スティブストンから教えに来た (28)
- スティブストンの教師であり、ヘイスティングスパークの小学校の監督者 (30)

第4章　最初の日系カナダ人教師 ……………………………… 34

第5章　最初の印象 …………………………………………………… 42
- サンドン：これほど敵対的な大地は知らなかった (42)
- ポポフ：みんな同じ情況に置かれていた (46)
- スローカンシティ：雨のなかのライラックの香り (48)
- サンドン：空を見るためには、真上を見なければならなかった (49)
- ローズベリー：連邦警察官に不安と恐怖を覚えた (50)
- ニューデンバー：なぜ怒りっぽく反抗的になったのか (50)
- レモンクリーク：仮設だが牧歌的な環境 (51)

第6章　最初の4校の開設 ……………………………………………… 56
- カズロ：子どもを集めるのに鐘の音は必要なかった (56)
- カズロ：僕たちは蛇を見つけた (57)
- カズロ：ミラー湖の1日のスナップ写真 (58)
- 正式なカズロ校の開校 (60)
- サンドン：よいスタートを切って (68)
- サンドン：グループ活動が私たちを忙しくさせた (71)
- カズロ：時間を有効に使う活動 (72)
- ポポフ：古い慣習を再発見する (72)
- ベイファーム：イートン百貨店からの小包 (73)

第7章　ようやく残りの学校も開校 …………………………………… 78
- ブース女史の紹介 (78)
- カズロ：40年間でもっとも厳しい冬 (80)
- レモンクリーク：12歳の子どもにとって冬は楽しいものだった (81)
- タシメ：納屋は学校には十分な大きさではなかった (81)
- レモンクリーク：町から田舎へ (85)
- ベイファーム：何でも間に合わせ (86)
- ベイファーム：森を抜けて学校へ (88)
- ベイファーム：リンゴの木の下の授業 (89)
- レモンクリーク：最後の学校の開校 (91)

第8章　初年度のあれこれ ……………………………………………… 92
- タシメ：25もの学級の騒音のなかの授業 (92)
- タシメ：教室の「扉」は委員会の毛布だった (93)
- サンドン：聞こえないふりをした (95)
- ベイファーム：7年生向けの暗算 (96)

- ポポフ：どのように女性教師になったか (97)
- ポポフ：毎日を迎える目標ができた (98)
- ポポフ：7年生が問題を起こした (100)
- ポポフ：難しい7年生をしつける (100)
- タシメ：教師は品行方正であることを求められた (101)
- タシメ：最も変わった教職の仕事 (102)
- ローズベリー：もし鹿の尻尾に塩を塗れば…… (106)
- ベイファーム：子どもにとっての初日 (107)
- ベイファーム：こんなにたくさん日系人を見たことはなかった (108)
- ベイファーム：自分の名前が聞こえたとき、怖くなった (109)
- レモンクリーク：僕たちはまだ必要とされている (111)
- ニューデンバー：学校は怖くて屈辱的なところだった (112)
- ベイファーム：非凡な子ども (116)
- ベイファーム：初めての運動会を祝って (117)
- ポポフ：フィナーレはコンサートだった (120)

第9章　白人の友人たち ……………………………………121
- サンドン：通信制の高校教育 (122)
- ニューデンバー－ローズベリー：住民たちの複雑な反応 (125)
- ニューデンバー－ローズベリー：高校の場所を探すのは難しかった (125)
- タシメ：高校―教会がしてくれたこと (128)
- カズロ：行き場を失った9年生 (131)
- 3つの幼稚園を開設した聖公会教師 (135)
- ベイファーム：「おはようございます、フォスター先生！」(137)

第10章　自活移動プロジェクト：困難な道 ……………141
- イーストリルエット：家族一緒に (142)
- ブリッジリバー (145)
- イーストリルエット (146)
- テイラーレイク (147)
- イーストリルエット：最初の学校はテントのなか (148)
- ブリッジリバー：学校はホテルのなか (149)
- テイラーレイク：学校は新しいコミュニティセンターのなか (151)
- イーストリルエット：1942-43年の最初の厳寒の冬 (153)

第11章　定　着 ……………………………………………156

- サンドン：山あいの収容所での一日── 1943年 (156)
- サンドン：ハックルベリー摘みで一時の自由を味わう (161)
- ベイファーム：子どもにとって人生は底抜けに面白い (163)
- レモンクリーク：筏に乗った二世のハックルベリー・フィンの単独行 (164)
- ベイファーム：ツリーハウスは秘密の「避難所」(166)

第12章　最初のサマースクール：1943年 ……………………170
- タシメからはるばるとニューデンバーへ (170)
- 忘れがたい先生が来ることになった (176)
- 夏休みを返上 (177)
- 家族から離れた最初の夏 (178)
- 自己表現力を伸ばす (180)
- 毛布の下のホットドッグ (180)
- 夏の終りのコンサート (182)
- タシメがいかに違うか分かった (187)

第13章　2年目の学校：1943-44年 ……………………191
- ポポフ：自信をつけて戻ってきた (191)
- タシメ：東部へ出立しなければならなかった (193)
- レモンクリーク：枝から笛を作るのを学ぶ (195)
- カズロ：先生は取り乱していた (207)
- ポポフ：小学校の思い出 (209)
- ベイファーム：想い出 (209)
- ニューデンバー：想い出 (210)
- ベイファーム：想い出 (212)
- レモンクリーク：私の会ったなかで最も熱心な先生 (213)
- ローズベリー：姉は校長先生だった (215)
- ベイファーム：やりがいのある生徒 (215)
- ポポフ：勉強兄弟 (216)
- ベイファーム：ハサミをストーブの上に (217)
- レモンクリーク：1944年、最初の卒業式 (221)
- サンドン：最初に閉鎖された収容所 (222)
- サンドン：すべては受け入れ方次第 (223)
- サンドン：閉校の講話 (223)
- サンドン：別れのとき (224)

第14章　第2回サマースクール：1944年　　225

- 新米教師 (227)
- スローカン：音楽の教授法を学ぶ (227)
- レモンクリーク：ニューデンバーの劇の再上演 (237)

第15章　3年目：1944-45年　　239

- ニューデンバー：まさに最初のクラス (239)
- ニューデンバー：思い出は良いものばかり (242)
- ニューデンバー：少年の体育授業 (243)
- ニューデンバー：学級新聞の発行 (247)
- ニューデンバー：新入生を教える (249)
- ベイファーム：喫煙者を突き止める (251)
- タシメ：1944年のクリスマスツリー (255)
- レモンクリーク：音楽を教える喜び (257)
- カズロ：1945年クートネイレイク学校弁論大会 (259)
- カズロ：湾を横断する筏乗り (261)

第16章　本国送還の危機が収容所を襲う　　262

- ベイファーム：「カナダに残るつもりです」(263)
- タシメ：家族の決定 (263)
- タシメ：父の決断 (264)
- タシメ：忘れられない参観日 —— 1945年 (266)
- ニューデンバー：毛虫の攻撃 (267)
- ニューデンバー：彼女が私に勉強させた (268)
- タシメ：ローズベリーへ、さらにニューデンバーへ (270)
- ベイファーム：校長としての最後の日 (271)

第17章　最後のサマースクール：1945年　　275

- 1945年の野外コンサート (279)

第18章　収容所学校の終焉：1945-46年　　284

- カズロ：第二言語としての英語 (286)
- ミッドウェイ：日本語を話したかどうかは分からない、でも…… (287)
- ポポフ：日本語学校は秘密 (289)
- ニューデンバー：夏はよかった (290)
- ベイファーム：視学官の訪問 (292)
- ローズベリー：通信制コースと個人指導 (293)

- ベイファーム：1945年のクリスマスコンサート (295)
- タシメ：足踏み状態 (299)
- ベイファーム：一人ひとりと友だちが去っていく (299)
- ベイファーム：親友との別れ (300)
- ポポフ：最優秀の成績で卒業 (302)
- ローズベリー：母は東へ行くことを拒否した (303)

第19章　ニューデンバー　最後の年：1946-47年 …………… 307
- ニューデンバー：通訳としての短い経験 (308)
- ニューデンバー：コミュニティの価値を学ぶ (309)
- ニューデンバー：再び多難な初年度 (310)

第20章　オンタリオ州の疎開日系人のための学校 ………… 311
- オンタリオ州ネイズ (311)
- ネイズ：野中の真っ只なかで (311)
- ネイズ：列車が速度を落としたので飛び降りた (312)
- ネイズ：歯をひっこ抜く (316)
- 第73キャンプ：森の小さな開墾地で (317)
- 第73キャンプ：冬の編み物 (317)
- パーネル：P.S.S. 第1 (318)
- 第72キャンプ：インク壜が凍る夜 (319)
- 第72キャンプ：春はたくさんの行事 (319)
- 第72キャンプ：小屋がトラクターに引かれていった (320)
- 第72キャンプ：毎日が冒険だった (320)
- 第72キャンプ：州の小学校として承認された (321)
- ネイズ：有資格教師となる研修 (322)
- 第72キャンプ：トロントでの驚きの来訪者 (323)
- フィンガル：カナダ空軍訓練所施設 (326)
- クロウクリーク：最後のオンタリオ州キャンプ学校 (326)

第21章　親孝行な娘 …………………………………………… 328
- 親孝行な娘 (330)

第22章　思わぬ展開を見せた新生活 ………………………… 338
- 日本への送還：今はテネシーがホーム (338)
- 日本への送還：収容所の生徒と東京で会う (339)
- 日本への送還：カナダ海軍を経てオランダへ (341)

- ベイファーム：尊敬するスガヤ先生 (342)
- ニューデンバー：ハヤカワ先生を称える (343)
- ベイファーム：先生はダンスも教えてくれた (343)
- ベイファーム：生徒と先生の楽しい思い出 (344)
- 教えることを通じて得たもの (346)

第23章　教師と生徒に起きたこと ………………………………351

第24章　終わりよければ、すべてよし ……………………358
- ロバート・イトウと一緒のバスに乗って (360)
- この優れた先生たちのお陰で (362)

補遺A：ゴーストタウン教師歴史協会について ……………365

補遺B：ゴーストタウン教師名簿 ……………………………368

補遺C：モリツグ氏へのインタビュー ………………………373

解説2　日系人が収容されるまで ……………………… 溝上智恵子…382
　　参考文献 (390)

訳者代表あとがき …………………………………………………392

訳者紹介 ……………………………………………………………395

事項索引 ……………………………………………………………397

人名索引 ……………………………………………………………402

凡 例

1　マイルやフィートなどの表示は原則としてメートルに換算表記した。
2　文中のドルの表記はすべてカナダドルである。

ロッキーの麓の学校から
──第2次世界大戦中の日系カナダ人収容所の学校教育

第1章　カナダは日本と交戦中

　1942年9月、12歳のショウゴ・コバヤシは8年生になるはずだった。すべての日系カナダ人にとって周囲の状況が悪くなってしまったことはわかっていた。すでに送り出されていた数千人と同様、彼の家族は彼の生まれ育ったバンクーバーから間もなく強制的に離されることになっていた。
　しかし夏休みが終わると、ショウゴと両親は太平洋岸に留まるかぎり、通っていたストラスコーナ公立学校は受け入れてくれるものと考えた。しかし学校に行ったショウゴはショックを受けた。

> **1942年9月、バンクーバー、ストラスコーナ公立学校**
> 　僕たち日系カナダ人の児童がストラスコーナ学校に登校したとき、副校長のグラス先生からグループや個人別に、「あなた方は今後、学校には来られません」と言われた。カナダは日本と交戦中だからであった。
> 　かわりに先生は、以前の教室に行って個人の持ち物をとってくるようにと言った。僕たちは7年生の教室に行って、6月から置いたままの私物を集めた。
> 　7年生の担任だったボルトン先生の悲しそうな表情を忘れることはないだろう。彼女は頭を振りながら、さようならと言った。

　その年の9月の第1週、第2次世界大戦は3年目に入った。情勢はカナダと連合国にとって厳しいものとなっていた。欧州では敵国であるドイツとイタリアが、英国とソ連以外のすべての地域を支配していた。8月に連合国軍は、進攻に先立つ試験的な攻撃を行った。ノルマンディー沿岸のディエップでのイギリス軍とカナダ軍による奇襲作戦である。初期の報道は悲観的なもので

あった。ドイツ防衛軍は、進攻しようとした連合国軍に対し大きな損害を与えて押し返していた。とくにカナダ軍の損害は大きかった。

前年の12月には日本軍がハワイ真珠湾への奇襲攻撃により、枢軸国側として劇的な参戦を果たした。その後の数ヶ月、日本軍は東アジア沿岸に沿って進撃を続け、香港、フィリピン、シンガポールは次々と陥落した。

敵のこの驚くべき進撃は銃後のカナダ社会に特異な反応を引き起こした。1942年3月に、太平洋岸から22,000人の日系カナダ人の総退去が始められたのである。春から夏にかけて、これらの日系カナダ人は散発的に内陸部への移動が強制された。彼らはブリティッシュ・コロンビア州（BC州）内陸部の収容所、あるいは他州、とくにアルバータ州、マニトバ州およびオンタリオ州の農場や林業の仕事に送り出された。

したがってBC州沿岸では、いつもどおり学校が再開される9月までに、大部分の日系カナダ人はすでに送り出されていた。しかし急ごしらえのBC州内陸部の収容所では、見込まれる全人員を受け入れる準備が整っていなかったため、2、3千人の日系カナダ人が自分たちの運命を待ちながらバンクーバーに残留していた。

9月初旬に沿岸部に残っていた日系カナダ人は、おもに18歳未満の子どもとその母親や祖父母であった。多くの父親や成人男子は数ヶ月前にBC州やオンタリオ州の労働キャンプ、または彼らの家族が到着予定のBC州の内陸部収容所の開設準備を手伝うため、すでに送り出されていた。

西海岸に残留していた日系カナダ人は、自分たちの順番が間もなく来ることがわかっていた。しかし無力な犠牲者の常で、それまではできるかぎり通常の生活を送っていた。ショウゴ・コバヤシや他の二世の子どもたちが9月になって学校に戻ろうとしたのも、そのためであった。

ストラスコーナ公立学校での屈辱的で悪夢のような経験から約2ヶ月後、ショウゴ・コバヤシは、家族とともにバンクーバー市街地の住まいからスローカンバレーのレモンクリーク収容所に移動させられた。この収容所の学校は最後に開設されることになったので、ショウゴが8年生になるのは、半年以上先の翌年の4月まで待たねばならなかった。

西海岸からの立ち退きを強制された22,000人の日系カナダ人のうち、半数以上はBC州に留まることを選んだ。そのなかには約3,000人の児童・生徒がいた。こうした家族の多くは山岳地帯のBC州内陸部、主としてウェストクートネイ地方の収容施設に移動させられた。カズロ、サンドン、ニューデンバー、ローズベリー、スローカンシティなど、彼らが聞いたことのない名の場所であった。これらの旧鉱山のゴーストタウンは「疎開者」の収容所を開設するには好都合な土地であった。

　BC州を離れた日系カナダ人は、アルバータ州とマニトバ州の砂糖大根の農場で働くことを希望し、また一部にはオンタリオ州やケベック州へ移動しようとした者もいた。これらの選択肢は、家族が一緒にいられるものであり、カナダにおいて砂糖大根やその他の農業生産では年長の未成年者も含む労働力の不足が切実だったため、提供されたのである。戦時中だったため、多くの農場労働者は軍務に就いたり防衛産業で働いていた。

　BC州の家族収容所のなかではカズロのクートネイ湖岸に建てられた収容所が、移動してくる日系カナダ人のために用意された最初のものであった。他の収容所よりも速やかに準備が進められたのは、整地作業から始める必要がなく、カズロのゴーストタウンには家族たちが居住するのに十分な数の建物が、わずかに修理すれば使える状態で残っていたからである。ボロボロになっていたホテルを含む建物は、1890年代の銀山ラッシュの時代から残されていたものであった。

　カズロへの最初の疎開者たちは1942年5月に到着した。その夏、疎開児童たちの教育についてBC州教育省といわゆるブリティッシュ・コロンビア保安委員会（以下、保安委員会）との間で話し合いがもたれた。州政府は、日系カナダ人については、大人であれ子どもであれ、いかなる責任もとることを拒否していた。したがって、収容所の学校教育は保安委員会に委ねられることになった。保安委員会はその名称にもかかわらず、疎開者の移動と再定住のために設置された連邦政府の機関であった。

　その間、カズロでは収容所に送られた年長の二世たちが、到着後の数週間

のうちに沿岸部から来る子どもたちのための教育を用意しようと決心していた。カズロにおける初期の授業は日系カナダ人ボランティアたちによって、町の公園で天気の良い日に行われた。

サチ・タキモトはボランティア教師の一人だった。

カズロでの最初の試み

　1942年6月、バンクーバーからの二世の疎開者だった数人の友人と私は、カズロの疎開児童のために学校と同じようなクラスを組織しようと決心しました。子どもたちの到着後、すでに丸1ヶ月も経過していたからです。
　地元の小学校も高校も、第2次世界大戦の罪のない犠牲者である子どもたちを受け入れてくれませんでした。沿岸部から家族を移動させた保安委員会は、まだ沿岸部に残っていた数千人の日系人を移動させることに忙殺されていました。
　6月7日のカズロへの到着直前、バンクーバーのヘイスティングスパークの移送センターで慌しく準備されたクラスの教師となることを申し出た私は、ごく基本的な教授法について学びました。自分自身が高校卒業後、1年も経っていませんでしたが、このわずかばかりの経験をもとに、カズロの悩む母親たちと落ち着きをなくしていた子どもたちのために、何かをしようと決意したのです。
　私は、同じくバンクーバーにいた親友のフサコ・イノセに助けを求めました。私たちは古びた木造2階建ての、まがいもののファサードがついた建物に入居していた家庭のドアを片端からノックして回りました。彼らは、藁を詰めたマットレスが乗せられた、生木の木材で作られたばかりの手製の2段ベッドがあるだけの部屋に詰め込まれていました。私たちが話しかけた若者たちのなかには、高校の卒業者はほとんどいませんでした。多くは、家族の生活のために中途退学をしていたのです。なかには8年生で学校を去った者もいました。ほとんどの一世の親たちは、女子教育が大切だとは考えていないことを知って、私たちはショックを受けました。
　数日間探した結果、どうにか数人のボランティア教師を集めました。ベティ・シノハラ、モリー・フジタ、マリエ・ヨシダ、エミー・ニシダ、トヨ・タイラそしてフサコと私です。
　6月で天気は良かったので、1年生から6年生までの半日の授業を、町の中

> 心から数ブロック離れた野球場で行うことにしました。ビミィパークはカズロで私たち10代後半の者たちがすぐに思いつく唯一の利用可能な場所でした。

　カズロ収容所での成人二世ボランティアによるこの夏の試みでは、多くの年長の収容者が学齢期の子どもたちを教える役割を最初に演じることになった。

　カズロのビミィパークでの授業に次いで、1942年9月には疎開児童のための、保安委員会に助成された本物の学校教育が始まった。数ヶ月ぶりにできた最初の収容所学校になった。
　次の学校は近くのサンドン収容所のものであったが、12月の初旬まで開かれなかった。同じ月、他に2つの学校がニューデンバーとローズベリーの収容所でも開校した。
　タシメ、ポポフ、ベイファーム、レモンクリークの収容所の4校の開校は、建物や施設の大規模改修あるいは新たな建設が必要であったため、1942年中には間に合わなかった。
　BC州のもうひとつの収容所は、クートネイ地方の収容所の南西約100マイル（160km）のケトルバレーにあったグリーンウッドという元鉱山のゴーストタウンであった。そこに送られた疎開児童への教育は、保安委員会が全面的に支援するものではなかった。代わりに子どもたちは、その土地の小学校に入ることを許可されるか、派遣されたカトリック教会の聖職者や活動家に教えられた。連邦政府は、グリーンウッドの地元の学校に通う場合、疎開児童一人当たりにつき通常の補助金を提供した。
　1942～43年の秋から冬にかけて、学校がまだ準備中だった収容所では、年長のカナダ生まれの日系人が教師となるべく集められていた。

　バンクーバー生まれのヒデヨ・イグチは、家族とともに内陸部のスローカンバレーのベイファーム収容所に送られたとき22歳で、生まれ育った町の

パウエル街地区で店員をしていた。

ベイファームとポポフでの学校の始まり

　1943年の早春には、BC州内陸部のスローカン地域の日系カナダ人は数千人に達していました。太平洋沿岸部からの最初の到着者には、そこでの生活が間もなく1年になるところでした。その間、スローカン地域の3つの収容所では、700人近い小学校学齢期の子どものための学校は準備されていませんでした。
　そのため子どもたちは暇をもてあまし、近くのポポフ収容所までハイキングをしたり、夏は野球をしたり、冬にはスケートやアイスホッケーを楽しんでいました－スケート靴があればの話ですが。
　当然のこととして、親や一部の年長の子どもたちは、学校教育が受けられないことに不安を募らせていました。友人からの手紙や『ニューカナディアン』紙の報道から、BC州内陸部の他の収容所では学校が始まっていることが伝えられていました。しかしベイファーム、レモンクリーク、ポポフのあるスローカン地域の収容所では、通常は親が自分の家庭で子どもの教育に当たるなど、間に合わせの教育が行われていたのです。
　ある日、回覧板（電話のない収容所で家から家に回されたコミュニティのお知らせ）でボランティア教師募集の知らせが流れました。ベイファームで開校予定の小学校で教える教師が必要になっていたのです。校舎の完成は間近でした。
　ついに来た！　収容所の人びとの間にお祝い気分が広がりました。嬉しさと人助けの気持ちから、妹のマスコと私は、何人かの友人とともに、ボランティアに応募すべくダウンタウンまで歩きました。
　保安委員会は、スローカンシティの郵便局に近い、空室だった事務所を教師採用センターとしました。そこでは、若き仏教の開教使（訳者注：浄土真宗本願寺派の布教活動僧侶）であるタカシ・ツジ師が、私たち35人の採用にあたりました。すべて高卒者か高校の生徒でした。
　私たちはだれも教師としての訓練を受けていませんでした。沿岸部に住んでいたときに何人かは日曜学校で教えたことはありましたが、その授業はほとんど、お話をしてあげることだけでした。私たちはまったくの素人でした。しかしみな喜んで、子どもたちの勉強の指導に挑もうとしていました。

> 　私たちは応募用紙に必要事項を記入しました。驚いたことに、能力を試すテストは何も受けませんでした。それどころか、無条件で教師として認められたのです。ついで、ボランティア教師たちはベイファームとポポフの収容所学校に、それぞれ振り分けられました。
> 　私は10代になる前から教師になることを夢見ていました。しかしこの選考手順は、教師という職業に就くには、とても物足りないものに思えたものです。

　ヒデヨ・イグチは1943年春にベイファームの学校で教えることを志願してから、2年以上にわたりそこで教えた。ヒデヨの一家がオンタリオ州での新たな生活を始めるためにBC州を離れた1945年6月までのことである。

　ヒデヨ・イグチは、対日戦争中から終戦直後まで、BC州の家族収容所に開設された小学校の教師になった250人余りのうちの日系カナダ人の一人であった。1942年から43年にかけて始まった収容所の学校組織がうまくいく可能性は、以下のような点を考えれば、とても低いように思われた。

- 初めに選ばれた120人余りの教師のだれ一人として、正式な教職訓練を受けた者はいなかった。この学校組織の監督官となった日系カナダ人のヒデ・ヒョウドウのみが、実際にBC州の小学校で教えた経験があった。彼女の補佐を勤めたテリー・ヒダカもBC州の教員免許を持っていたが、日系カナダ人教師を採用しないとするBC州の非公式の慣行があったため、教会の幼稚園で働いた経験があるだけであった。
- 1942年の春から夏にかけてのバンクーバーのヘイスティングスパークの収容施設内の子どもたちに対して5ヶ月間、授業が行われたが、それは最小限のものであり、臨時的なものであった(第3章参照)。それにはゴーストタウンの教師たちのごく一握りのメンバーが参加したに過ぎなかった。
- 収容所の多くの教師は20代であったが、一部の者はまだ10代であった。数人が大学を卒業していたが、教育は高校までの者が大部分であった。いくつかの収容所では応募者が不足したため、沿岸部の居住地から立ち

退かされた時、まだ10年生ないし11年生を終えたばかりの者も教師になった。
- 収容所の学校に用意された教材は最低限のものだった。初めのうちはBC州の通信教育のものだけで、通常、1クラスに一揃いしかなかった。
- 収容所の学校施設は適切とはいえないものであった。備品や教具は、お下がりか代用品か、まったくなかった。最初の2年間は、査察報告によれば多くの事例において、照明不足、防音設備の不備、冬季の暖房能力の不十分さが指摘されていた。
- 収容所での生活は大人たち、つまり教師や子どもの親にとって、困難なものであった。沿岸部から追放されて以来、多くの日系カナダ人の疎開者が感じていたのは、この扱いがまったく不当で、理由のないものだということであった。だれ一人として将来がどうなるか分からなかった。それに加えて、BC州内陸部の収容所の人びとは、「自発的」にBC州外のよその土地へ移動するように、と常に連邦政府からさまざまな圧力が加えられた。その後1945年には、ロッキー山脈以東への移動または終戦時の日本への送還の、いずれかを選ぶ書類への署名を強要された。
- 当然のことだが、一部の子どもたちは、一斉退去によって引き起こされた家族問題などから、教育に困難を抱えていた。ひとつの特殊な要因は、ゴーストタウンの多くの家庭には父親が不在だったことである。彼らはオンタリオ州北部のアングラーの元捕虜収容所のようなところに監禁されていたのである。彼らの罪は、連邦政府による西海岸からの退去命令に対する抵抗であった。

ロイ・ヤスイの場合は事情が異なっていた。彼の父親は対日戦争が始まって間もない1941年12月、BC州フレイザー川沿いのヘネーで亡くなった。父親を失ったロイの家族はニューデンバーの収容所に送られた。そのとき、ロイはまだ9歳だった。ロイは自分が気難しく怒りっぽい子どもだったという。

> 未経験の教師たちに期待されたのは、肌の色の違いゆえに故郷から強制的に移動させられたために、不満を抱き不適応を起こして情緒的に傷を負っていた子どもたちを扱うことであった。親たちも同様に怒り、不適応を感じ、戸惑ってもいた。学校は6ヶ月近い混迷と混乱の後に始めて訪れた、最初の秩序のようなものであった。

　子どもの中には立ち退きのための移動で1学年を飛ばしてしまった者もいた。それでも授業が始まると、大部分の児童は仮設校舎でよく学んだ。
　収容所から外の世界に出て、新たな生活をスタートすることになったとき、ゴーストタウンの子どもの大半は通常の学校に順調に移行できた。
　実際、ベイファーム校の生徒だったミッキー・マツバヤシは、家族とともに移住したオンタリオ州の学校での学習が、どれほど簡単に感じられたかを覚えている。現在、トロント大学を卒業してエンジニアとして成功している彼は、最近、冗談交じりに述べている。

> 　ゴーストタウンの先生は自分たちのしていることがよく分かっていなかったと思う。後にオンタリオ州で教わった先生に比べて、BC州収容所の先生たちは、僕たちに余りにも厳しく勉強させたのだ。

　ゴーストタウン学校の教育の質については、バンクーバー師範学校の元副校長であったアーサー・アンスティによる専門的な見解がある。アンスティは1943年から45年まで毎年、保安委員会のために収容所の学校の監査を行っていた。終戦から数年後に彼は次のように書いている。

　これらの学校は、子どもたちが以前受けていた教育とほとんど遜色のない内容を提供していたといえる。彼らは困難ななかで学習していたが、それらの困難は、教師たちの疲れを知らない努力と誠実な協力関係と、児童たちの良好な学習態度によって、ほぼ克服されていた。

ゴーストタウンの生徒のなかには戦後、カナダの著名人となった者もいた。建築家のレイモンド・モリヤマ、作家のジョイ・コガワ、科学ジャーナリストのデビッド・スズキである。それぞれ、後にカナダ勲章を受けている。

　教師のなかにも、後のキャリアで国内あるいは国際的に知られるようになった人物がいる。ベイファーム校の初代校長であったタカシ・ツジは、アメリカ仏教会の開教総長となった。レモンクリーク校の校長であったアイリーン・ウチダは、世界的な評価を受ける遺伝学者であり教育者となった。ゴーストタウンの学校組織の監督者であったアイリーン・ウチダ博士とヒデ・ヒョウドウの2人もカナダ勲章を受けた。

　ゴーストタウン学校のこのような成功は、どのようにして可能になったのか。本書は、多くの元教師と元生徒たちの思い出を通じて、これらのユニークな戦時中の教育がどのように発展し、どのように運営されたのかを辿るものである。

　収容所の学校の教師の多くは女性であった。日系カナダ人の男性の多くも十分に教師の資格があったはずだが、成人男性の大部分は別の労働キャンプにすでに送られていた。また、最初の1年が経過した後、政府の方針により家族で住む収容所にいたすべての未婚男性は移動することを余儀なくされた。

　どのような二世の疎開者が収容所の教師になったのであろうか。教師たちの背景は、当然、年齢や成育歴、BC州沿岸部のどこに住んでいたかなどによって多様であった。

第2章　戦争前

　収容所の教師になった二世に共通する点は何だったろうか。先にも述べたように、大部分は女性だった。全員が戦前のブリティッシュ・コロンビア州（BC州）の学校教育を受けた者たちであった。もちろん彼女たちは、収容所学校で教えた子どもたちよりは年長だった。その他の点では、教師たちはさまざまであった。

　数人が大学卒だった。多くは高校を卒業して西海岸で働いていた。少数のものは総退去のとき、まだ高校生であった。ごく一部の者は結婚していた。何人かは立ち退きに先立って、急いで結婚した。

　バンクーバー出身のパット・アダチはポポフで学校の教師に就くこととなった。

パウエル街マイカワ商店で働く

　1937年、私は16歳でした。人生はワクワクするもので、希望と夢に満たされていました。私はキングエドワード高校を卒業したばかりで、日本語学校の佐藤校長から、将来、語学教師になるために日本で学んではどうかと提案していただきました。

　しかしその時期、私はあまり関心をもてなかったのです。おそらく、それは私にとって貴重な機会だったのでしょう。しかし、同じBC州生まれだった同級生のアキコ・クリタが日本に行き、そこで教師になりました。不幸なことに、彼女は1945年6月、教えていた九州の延岡の学校が、米軍による空爆を受けた際に亡くなりました。火災に立ち向かい、子どもたちを守ろうとして死んだのです。

私の夢は、日曜学校の先生だったキャサリン・アシュレイ先生のように、看護婦になることでした。しかし、18歳になるまでは看護学校に入る資格がありませんでした。
　父は代わりに大学に進学するよう勧めました。でも困難な時期でしたし、父も下宿業を維持することで精一杯だったので、父の勧めには従いませんでした。
　私はバンクーバーのパウエル街＊のマイカワ商店での仕事を見つけました。実際に給料をもらえる仕事は楽しいものでした。給料日には、母に給料の小切手を誇らしげに渡したものです。上司が次の季節の商品を選ぶため、問屋に私を連れて行くようになると仕事はいっそう面白くなりました。いつか仕事でニューヨークに行く日があることまで夢見たものでした。
　対日戦争が始まると間もなく、父は他の一世（「敵性外国人」とみなされた）と一緒に見知らぬ土地に移送されるかもしれないと考えました。そのため1942年1月24日、ハリーと私は、予定よりも早く結婚しました。
　父は、母や妹や私の世話をする男性ができたことで安心したはずでした。その段階では、ハリーは立ち退くことになっていませんでした。彼はカナダ生まれだったからです。しかし、新婚旅行には行けませんでした。私たち全員に対して夜間外出禁止令を含む当局の規制があったからです。
　約1ヶ月後の2月になってから、カナダ生まれや帰化した日系人も含めて沿岸部から退去させるという発表がありました。私たちは不確かな将来という混乱に直面しました。

　やはりポポフで教えたローザ・ババは、バンクーバー島の小さな町の出身だった。

シドニーの2軒だけの日系人家族

　私はバンクーバー島のシドニーという、とても小さな町でごく平凡な生活を送っていました。母は私が子どものころ未亡人になり、理容師をしながら私たちを育ててくれました。私たちの町に住んでいた日系人は2家族だけで、数キロ離れていたので、互いにほとんど知ることもありませんでした。
　両親は第1次世界大戦の始まる10年ほど前にカナダに移住しました。最初、父はバンクーバーで仕事をしていました。その後漁師となり、家族は初めガルフ島に、それからバンクーバー島に引っ越しました。何年かたったころ父は

＊　戦前のバンクーバーにおける日本人街の中心であった。

海で行方不明になりました。父の船はアメリカのワシントン州シアトル近くのどこかの岩礁で見つかったのです。母はその数年後に再婚しました。

シドニーでは仕事があまりなかったため、義父と兄たちは島の北部にある製材所と伐採キャンプで働いていました。彼らは特定の時期にしか家に帰りませんでしたから、私たちはあまり会うことがありませんでした。

立ち退きの第一段階では、義父がホープ～プリンストン道路の建設キャンプに送られました。兄の一人は、疎開者のための家を建てる大工としてBC州内陸部の収容所のひとつであったポポフに送られました。もう一人の兄は、東部のオンタリオに送られ、最初の2年間、農場で働くとともに、オンタリオ州北部で木材の切り出し作業に従事しました。

ベイファームで教えたヨシエ・コサカは、1941年12月に入るころ、フレイザー川流域の家族農場で暮らす高校生だった。

フレイザー川流域の農民のなかにはベリーの季節が終わるまで残った者もいた

カナダが日本に宣戦布告したとき、私はメイプルリッジ高校に通っていました。その前日の1941年12月7日に、日本はハワイの真珠湾を攻撃したのですが、私たちの農場には当時、ラジオがありませんでした。実際、私たちのところは電気も来ていなかったし、電話もありませんでした。

戦争が始まった翌朝、学校へ行く途中にある近所の家に着くまで、その恐ろしい事件を知りませんでした。学校では社会科の先生が、宣戦布告がなされたと言いました。当時、それ以外には誰かがこの事件に触れることはなかったと記憶しています。

真珠湾攻撃後の9ヶ月間、私たちの将来には多くの不確かなことがありました。しかし、本土にいた大部分の日系人農民は、許されるかぎり自分の土地で農業経営を続けていました。

私の家族の場合、ベリー摘みの季節が終わるまで家に留まることができました。つまり、1942年9月、強制立ち退きの過程でヘイスティングスパークの移送センターに移動するまで、家に留まっていたのです。

その間、母が病気になったので、父は毎日の仕事の傍ら母の看病をしなければなりませんでした。私は学期末まで学校に通えたので12年生を修了して卒業することができました。ただ、日系カナダ人には夜間外出禁止令が出ていたので、私は卒業記念のダンスパーティーには参加できませんでした。

ベイファーム、ポポフ、タシメで教えたマリー・アサヅマは、バンクーバーですでに結婚していた。

父は真珠湾攻撃の3日後に亡くなった

　強制退去が始まったとき私は28歳で、バンクーバーのキングエドワード高校の卒業生でした。1942年2月、死んだ父が経営していたドライクリーニングの仕事を継いでいました。父はバンクーバーで3つの店舗を展開していました。ひとつはメイン街2900番地で、そこには母と家族が住み、他にキチラノとイーストヘイスティングスにも店舗がありました。

　1941年12月7日の真珠湾攻撃後、対日戦争が始まると、父はひどくショックを受けて不安になりました。開戦から3日後の12月10日、父はふとしたことから自分の店で死亡しました。

　強制退去によって生活が根こそぎにされたとき、私は結婚8年目でした。娘はちょうど6歳になりキチラノの公立学校に通い始めたところでした。私たちはバンクーバーのその地域でクリーニング業を営んでいました。

　私の夫は一世であり、最初に、日本国籍者対象の道路キャンプのうちブルーリバー～イエローヘッド間道路キャンプに送られました。夫は、家族揃って疎開する運動（訳者注：18歳以上45歳までの男子は真っ先に家族の有無にかかわらず、道路工事などに送られた。家族一緒の移動を要求する運動に参加した者たちは、「頑張り組」と呼ばれたが、多くは当局によってオンタリオ州の収容所に送られて、戦争終了まで拘束された。）を強く支持していため、後に、立ち退き命令に反抗した者を収容するオンタリオ州アングラーの捕虜収容所に送られました。

　そして10月に入ると、BC州の収容所に私たちが送られる番になりました。私たちは男性のいない家族でした。私たちの場合、母、妹、娘と私の4人だけになってしまいました。

ベイファームの教師になったヒデヨ・イグチも、総退去が発表されたとき、パウエル街の店に勤めていた。

家族は下宿業を営んでいた

　当時21歳だった私は、バンクーバーのパウエル街で貿易業と雑貨店とを営んでいたM.フルヤ商会で店員をしていました。キングエドワード高校で大学

入学初級資格試験を終えた1937年から、そこで働いていました。
　当時、私は自分の将来について具体的な考えをもっていませんでした。BC州の法律では、私たち二世のように選挙権をもたない「市民」は公務員になることはできなかったからです。私はすでに、学校の教師になるという子どものころからの夢を諦めていました。だからフルヤ商会の仕事を喜んで引き受け、自分は幸運だと思いました。二世の女性にとって定職に就く機会はとてもかぎられていたからです。
　私の年老いた両親は下宿業を営んでいました。姉のマスコ（彼女もゴーストタウンの先生になりました）、弟のカツそして私は、立ち退きまで両親の持ち家に同居していました。
　立ち退きの順番が来たとき、保安委員会は、移動するのに十分な健康状態であることを証明して登録することを求めてきました。家族はスローカンに行く届出を済ませました。
　父は出発前に健康診断を受けることにしました。真珠湾攻撃後の不安からくるストレスと移動の準備は、父の体を弱らせていたのです。医師は、父の状態がとても悪いと姉に電話で伝えてきました。医師は、父をバンクーバーの病院に残していくよりは家族と一緒に移動することを勧めました。
　父の状態を知った保安委員会は私たちが内陸部へ移動する間、父をバンクーバーの病院に入れることを決めていました。そこで自分たちと一緒に移動する間に父に何かあったとしても、政府に対してどのような責任も問わないという書類に、サインせざるをえませんでした。
　私たちが出発する10月22日、父のために救急車がやってきました。古くからの下宿の住人たち（多くはアイルランド系でした）は担架に乗せられた父と握手しました。カナダ太平洋鉄道の駅に着くと、埃っぽい客車がスローカンに向かう私たちを待っていました。スローカンに到着すると、ニューデンバーの病院に父を運ぶ救急車が来ていました。32キロ離れたもうひとつの収容所です。
　1週間後、父は亡くなりました。私たちはとても悲しい思いをしました。私は政府に腹を立てました。立ち退きがなければ、父はおそらくもっと長生きしたでしょう。

　タシメとニューデンバーで教えたシズ・ハヤカワは、1942年6月にバンクーバーで11年生を終えた。

土曜日になると「学校ごっこ」をした

キチラノのヘンリーハドソン公立学校の日々は、私にとっていちばん楽しい時間でした。親友のサトコ・スミと私は土曜の午後、数えきれないほど、「学校ごっこ」をして過ごしました。私たちは代わりばんこに、生徒になったり先生になったりしました。ヘンリーハドソン学校のマックレオード先生、フレイザー先生、パトリック先生や他のすばらしい先生たちの真似をしたものでした。先生の真似は、私自身の先生になりたいという気持ちの源になったのでしょう。

バンクーバーのキチラノ高校での7年生の職業指導の期間に、教職を目指そうという気持ちになっていました。ヒデ・ヒョウドウがBC州の公立学校で教えることが許された唯一の日系人であることを私が知ったのは何年か後でした。二世が先生になることの難しさを知っていたら、事務職に就くためにタイピングを学んでいただろうと思います。

真珠湾攻撃はキチラノ高校の11年生のときのことでした。夏休みが終わり、1942年9月、私は12年生になるつもりでした。しかし、9月10日に母、祖母、2人の弟、2人の妹と私は、父マサノリ・ハヤカワと一緒になるためタシメに移動することになりました。父は3月にBC州北東部のジャスパー地域のレンピエール労働キャンプに移されており、その後、他の既婚男性とともに家族と合流すべくタシメに移動していたのです。

後にベイファームとニューデンバーの教師になったグロリア・サトウも、1942年当時は高校生だった。彼女の場合、家族が送られた最初の収容所で勉強を続けることができた。

バンクーバー島の高校に留まる

1942年2月、バンクーバー島カンバーランドの地区高校に通う11年生でした。私の家は、ロイストン製材会社周辺の日系コミュニティから1.6キロほど離れたところにありました。この会社は日系カナダ人が経営しており、ジョージ・ウチヤマが代表者でした。約20家族と多数の独身者が製材所に住んでいました。カンバーランドの街から4.8キロほど離れたところです。

前年の夏に私は16歳になっていました。家族は、両親、2人の姉、2人の妹、2人の弟と私でした。一番上の姉は前年に高校を卒業して、大きな酪農家で

賄いの手伝いと家政婦の仕事をしていました。1942年には3人が高校生、3人は小学生でした。父は製材所で鋸を引いていました。

　この年の6年前、父は酪農場の賃貸契約を更新しませんでした。大恐慌は零細農家の経営を直撃し、父は製材所で働いて定収入を得る方が家計の負担を軽くするだろうと考えたのです。父の転職のもうひとつの「良い」理由は、ロイストンなら、子どもたちは日本語学校に通うことができ、日本語が上達すると考えたことでした。両親はよそとは違う考えと高い希望をもっていました。

　私は10代のころ、自分が「大人」になったら何になるか、本当にまったくといってよいほど何も考えていませんでした。実際、お手本になる人がいなかったのです。

　私たちが、その地域で見つけられる唯一の仕事は、白人家庭の家政婦の仕事だけだということがよく分かっていました。実際、商店での仕事に就くこともありえましたが、それはよほどの幸運で、その店の主人と知り合いであることが必要でした。どんな仕事であろうと、大事なことは目を皿のようにして、結婚相手を見つけ出すことでした。相手はたいてい、製材工か伐採作業員か漁師か農民でした。将来の生活もまずは単調で退屈なものでした。

　女の子のなかには、どうにかしてバンクーバーのような大都市に出て行って、洋裁を学んだり秘書学校に通う子もいました。悲しいことですが、1940年代初めでは、秘書やお針子あるいは店員になるのを夢見ることが、せいぜいだったのです。

　そう、二世の女の子で、カンバーランド病院に採用された子がいました。彼女は正規の看護婦でした。多くの日系人患者と会話のできる者が必要だったので採用されたのだということでした。

　バンクーバー師範学校を卒業した、賢い二世の女性も知っていましたが、彼女は先生にはなれませんでした。彼女は結局、ロイストン製材会社の受付として働いたのです。

　タシメの教師になったユキ・アライはサウス・バンクーバーから便りを寄せた。彼女は路面電車での出来事を思い出す。

路面電車のなかでニュースを聞いた

　1941年12月7日、私はパウエル街のカナダ合同教会の日曜学校で教えるた

めジョイス通りを走る11番の路面電車の後方に座っていました。車掌さんが通路を歩いて来て、私の横に座り、「君の国はわが国に宣戦布告したよ」と言いました。彼がとても背が高く、濃い色の縁の眼鏡をかけ、制服を着ていたことを今でも覚えています。

　数ヶ月後総退去を通告されたとき、ヒデ・ヒョウドウから、私たちが内陸部のどこに送られようとも、教師に志願してもらえるかと聞かれました。私は1938年にジョンオリバー高校を卒業し、6人兄弟の一番上でした。他の多くの合同教会のメンバーと同じように、家計を助けるために家政婦として働いていました。しかし日曜学校で教えることは自分の夢に近いものでした。

　私はいつも教えることに興味をもっていましたし、よく私たちは近所の友だちと家の前のポーチや時には裏庭で「学校ごっこ」をしていたものでした。いつも私は先生役でした。

　1942年の春から夏になるころ、私の家族は自分たちが結局どこに送られることになるのだろうかと考えていました。オカナガン地方は魅力的に感じられました。一方で、多くの友人たちは、合同教会の多くの人が行ったカズロを選んで欲しかったようでした。

　私たちはいられるかぎりは、コリンウッドの家に留まっていました。その後、BC州ホープ近くの新しい収容所であるタシメに行くことが決まりました。

　その間、ヒデ・ヒョウドウは、私たちの家族が送られることになるであろうBC州内陸部の収容所で教えるため、ヘイスティングスパークの臨時収容センターで教える経験をしたらどうかと言ってくれました。いろいろなことのあった1942年夏の1ヶ月間、毎日センターに通い、その間3年生と4年生を教えました。

　結局、約250人の二世が、疎開した家族向けの8つの収容所で保安委員会が運営する学校の教師になった。他にも幾人かの二世が州内陸部の自活移動プロジェクトの学校で教えた。

　1942年あるいは43年にゴーストタウンの学校が開校したとき、教師の1期生たちは、正規の教職訓練を受けないままやっていかなければならなかった。一部の者はキリスト教会の日曜学校や仏教会のカナダ女子トレーニング（CGIT）グループの活動など、かつて住んでいたところでの経験にたよった。収容所の何人かの教師にとっては、1942年春と夏の間のヘイスティングスパークの収容センターで、二世の子どもたちを相手に教えたのが初めての経

験であった。

　内陸部への総退去の最初の段階では、バンクーバー東端のカナダ太平洋品評会（現在の太平洋品評会）の会場が、バンクーバー島、北部沿岸地帯やフレイザー川岸から立ち退かされた数千人の日系人の待機場所になった。

　「移動」中の二世の子どもたちのためにヘイスティングスパークに設置された臨時の学校にも、本書の主要人物であるヒデ・ヒョウドウは関わっていた。1942年の春、移動中の疎開者がヘイスティングスパークに集められたとき、ヒョウドウはバンクーバーから少し離れたスティブストンのロードバイング小学校で教えていた。

第3章　ヘイスティングスパーク：最初の集合地

　1942年春、ポポフ収容所の学校教師になることになるローザ・ババは、家族とともにバンクーバー島から移動させられた。最初の滞在地はバンクーバー東端のヘイスティングスパークであった。バンクーバー島やブリティッシュ・コロンビア州（BC州）本土の北部沿岸地帯から移動してきた日系カナダ人の大部分にとって、そこに一時的に留め置かれることは、立ち退きの最初の段階であった。

　ローザ・ババにとって、1942年のヘイスティングスパークは忘れられない経験だった。

周りは動物の悪臭だらけ

　ヘイスティングスパークに着いた私たちは、たいへんなショックを受けました。カナダ太平洋品評会の、いつもは品評会の家畜を入れておくいくつかの建物が、私たちの居住区になっていました。木枠でできた2段の寝棚が何列も並んでいました。コンクリートの床には、家畜フェアの期間中、家畜がつながれる金属の杭が一定間隔で立っていました。

　一人ずつ、藁のマットと2枚の軍用毛布が渡されました。到着した家族は建物内で自分たちの場所を選ぶことになっていました。しかし、母親と一緒になれるのはごく小さな子どもだけであることが分かりました。それどころか、男性と女性とは別々にされ、別々の建物に収容されたのです。

　最初に着いた人びとのなかには居住スペースとして家畜の入る一区画を選んだ人もいました。仕切りの壁は、もちろん多少のプライバシーを確保してくれました。しかし私たちの周囲は、家畜の悪臭が立ち込めていたのです。場所によっては悪臭がとくにひどかったのです。

数日後、私たちの区画では生活環境を整え始めました。みんな毛布やシーツやカーテンをかけて、多少のプライバシーが保てるように目隠しをしました。
　手洗いの施設は建物の隅に囲われていました。それは、水が溢れ続ける飼葉桶の上に木製のベンチが一列に並べられただけのものでした。苦情を強く訴えると、小さな囲いがつくられ一部分だけが隠れるドアも取りつけられました。
　食事については、多少離れた他の品評会の会場まで歩かねばなりませんでした。雨が降っても晴れていても、食事の番を待って外に並ばねばならなりませんでした。量はたくさんありましたが、とくにおいしいものではありませんでした。数千人に食べさせるために量を優先したものでした。
　ヘイスティングスパークの私たちの区画は、鉄条網のフェンスで囲われていました。外に出るには通行証を見せ、正面のゲートだけ出入りを許されたのです。収容センター[1]での家族のこのような生活は、まる3ヶ月に及びました。

　皮肉なことに、かつてそのヘイスティングスパークは、日系カナダ人の老若男女を問わず特別で楽しみな場所だった。他の地域に住むBC州の人びとにとっても同様であった。パークには競馬場があり、多くの年配の日系カナダ人が通った。また競技場のフィールドや観客席は、多くの日系カナダ人も参加したバンクーバーの高校生の競技会など、大規模な屋外の催し物の会場となった。
　パークの品評会会場の大きなビルは、ボーイスカウトの創設者でありチーフスカウトであったバーデン・パウエル卿が1935年にカナダを訪問した際の、ボーイスカウトやカブスカウト、ガールガイドおよびガールスカウトの大規模な集会など屋内行事の会場となった。バンクーバーの日系カナダ人のスカウト団やカブ団は、この記念すべき行事で、伝説的な"B.P."（パウエル卿）を

---

[1] 総退去の過程で果たした役割から、ヘイスティングスパークの別名は、「送出基地」「拘留センター」「集合センター」などがある。最後の用語は後に、アメリカで日系アメリカ人が内陸部の収容所に送られる際、カリフォルニア沿岸の競馬場のような臨時収容所の呼び名として利用された。

すぐ近くに見た人びとのなかにいた。

　なによりもヘイスティングスパークは、カナダ太平洋品評会の会場であった。1910年にカナダ太平洋品評会が始められたとき、当初はバンクーバー品評会と呼ばれていた。第2次世界大戦後にまた太平洋品評会と改称された。BC州の人びとは、一般的にこの毎年の行事を、東部の人びとがトロントのカナダ・ナショナル品評会を呼ぶように、ただ「品評会」と呼んでいた。

　毎年8月、恒例の楽しみとして、多くの行楽客がヘイスティングスパークに集った。食料品館にはお好みの試食品を始めとする展示品がたくさんあった。子どもも大人も楽しめる乗り物があり、髯もじゃの婦人といった見世物の呼び込みもあった。これらの乗り物や見世物の奥にジャイアント・ディッパーがあった。多くのBC州の男の子や女の子にとって、この息をのむようなジェット・コースターに初めて乗ることは、ある種の通過儀礼となっていた。

　1939年9月に第2次世界大戦が始まったものの、バンクーバー品評会は、1940年も41年の夏も通常通りに行われていた。そして、1942年3月には戦時緊急措置として、ヘイスティングスパークは連邦政府の管轄とされた。BC州沿岸部から移動した日系カナダ人の立ち退きに利用されたのである。

　3月25日、ローザ・ババは最初の日系カナダ人が到着したときのことを覚えている。連邦警察官と復員軍人が警備する、鉄条網で囲まれたヘイスティングスパークの広い一角に彼らは集められた。

　最初に到着した人びとには、フレイザー川沿岸からの人びとも加わった。内陸部の最終目的地に移動する準備のためであった。のちにはバンクーバー居住者の一部もパークにやって来た。女性と子ども、そして高齢の男性であり、経済的理由などから市内の自宅に留まれなかった人たちだった。家族のなかの男性の稼ぎ手はすでにBC州かオンタリオ州北部の道路工事キャンプに送られていることも多かった。そうでなければ、一家の主人や成人男性はオンタリオ州ペタワワに勾留されていた。そこはかつての戦争捕虜収容所であり、立ち退き命令に抵抗して逮捕された人びとを収容する最初の施設となっていた。

全部で22,000人の日系カナダ人のうち、結局BC州の沿岸部から追放された約8千人が、滞在期間はさまざまであったものの、ヘイスティングスパークの収容施設に閉じ込められた。人によってはほんの数日間であったが、数ヶ月滞在した者もあった。

　ヘイスティングスパークに収容された家族のなかには、数百人の小学生や高校生の子どもたちがいた。政府による住居からの立ち退きとバンクーバーへの移送によって、彼らの1942–43年度の学年は突然に中断されていた。ヘイスティングスパークの最悪の環境が多少とも改善されると、これらの子どもに教育を与えることが必要となった。

　それには2つの理由があった。立ち退きを進めるうえでの苦しみのなかでも、子どもたちの通常の教育機会が奪われてはならないという愛他的な精神がひとつ。また現実的な理由としては、通常の授業は子どもたちに集中できるものを与え、また子どもの親たちの不安を少しでも和らげること、ひいてはヘイスティングスパークの臨時収容所の管理を難しくしていた緊張をほぐ

ヘイスティングスパーク内の幼稚園教育

すことであった。

　すべての子どもたちがパーク内の授業によって統制されていたわけではない。現在、カリフォルニアの大学教授であるロイ・ヤスイは、自分が難しい子どもだったことを認めている。彼は次のように回想する。

> 僕たちを教育しようとする無駄な努力があったが、ヘイスティングスパークには隠れる場所がいくらでもあったから、それは不可能だった。僕たちはいつもパークを探検していた。

　BC州の教育者であるアーサー・アンスティは学校がどのように設置されたか、次のように記述している。

　　1942年4月、保安委員長のグラント・マックネイル氏は、当時ヘイスティングスパークにいた68人の高校生が州の通信教育を受けられるように、BC州教育省と交渉していた。また5月5日、バンクーバー市の教師だったスチュアート・マックレイ氏が、保安委員会からパークの教育担当者として指名された。1ヶ月後、師範学校で訓練を受けた経験豊かな教師であるヒデ・ヒョウドウ女史が、マックレイ氏の補佐に指名された。
　　マックレイ氏は優れた組織者であることを示し、ノーマン・ブラック博士、ハワード・ノーマン牧師、アルバート・タキモト氏、ヒョウドウ女史などから、自発的で効果的な協力を得た。
　　授業に関しては、経験や訓練を積んだ外部の教師派遣は期待できなかった。そこで彼らは間に合わせの日系人教師たちに頼らざるをえなかった。BC州の通信教育が教授法の基本となった。
　　マックレイ氏の5ヶ月間の在任期間中、700～800人の子どもたちが授業を受けていた。生徒数は毎日のように増減した。生徒たちは家族とともに内陸部の居留地への長い列車の旅に向かう一方で、新たに日系人が外から移送センターに収容されたからだ。

ヘイスティングスパークの授業は品評会のザ・フォーラム（多目的施設）の建物で行われた。机や椅子、黒板はバンクーバー地域の閉鎖された日本語学校から敵性外国人財産局を通じて入手された。

ヘイスティングスパークに収容された就学年齢の子どもたちを教えた二世のボランティア教師の一部は、彼ら自身が家族とともに収容されていた。他の多くの教師たちは、バンクーバー在住であり、自宅からパークに毎日のように通い、連邦警察官が警備するパークの入口を通るための特別許可証を持ち歩いていた。

サチ・タキモトは5月と6月の間、ヘイスティングスパークで教えた。ここでの教育に携わった彼女の3人目の家族であった。

高卒の二世たちはボランティアを求められた

1942年の3月までは、ほとんど毎日のように数百人の日系カナダ人が、魚と食料雑貨を扱う父の店の前を、ヘイスティングスパークの急ごしらえの収容施設に向かって通過していきました。そこは8ブロックも離れていないところでした。兄のアルバートと姉のキミは、体育館を教室にした高校の授業準備の手伝いを頼まれました。

二世の大学卒業者と学生はみな、協力するよう依頼されたのです。また高卒者たちも同じパークの建物で行われる小学校の授業への協力を頼まれました。

私はブリタニア高校を卒業したばかりで、手伝いを申し出た5月には、急場しのぎの教授法の授業を受けました。

サチ・タキモトの兄アルバートはブリティッシュ・コロンビア大学を卒業後、日本との戦争が始まったときには、バンクーバーの貿易会社で働いていた。姉のキミは、ヘイスティングスパークでの協力を頼まれたときには、同じ大学の学士課程の最終学年を修了するところであった。

2人はヘイスティングスパークの学校の日系カナダ人有給職員になった。タキモト兄妹、ハワード・スギモトとケイティ・オオヤマの4人は常勤で、

ヘイスティングスパーク内の高校教育

ヒロシ・オクダとハリー・シブヤの2人は非常勤の教師であった。

　保安委員会の記録によれば、他に全部で69人の二世が、ここの小学校での授業に協力した。彼らの授業日数は52日から1日までさまざまであった。教える期間は、しばしば沿岸部から移動してきた彼らの家族の移動時期によって変わった。

　タツエ・ナカツカもパークのボランティア教師の一人だった。

スティブストンから教えに来た

　1942年4月下旬、私はスティブストンの自宅から、ボランティア教師のハナコ・ナルセとケイ・オダの2人とともに自宅を出ました。バンクーバー行きの都市間連絡電車に乗り、入り混じった感情にとらわれていました。それは最初の授業の日でした。

私は不安でした。日系カナダ人を全体的に覆っていた不幸な気分があったことが理由の一部でした。でも同時に、自分の仲間である日系カナダ人を何らかの方法で援助できることに幸福も感じていたのです。
　パークに入ると、ボランティア教師が集められ、学校の世話役であるマックレイ先生から歓迎と激励の言葉を受けました。その後、私たちは教える学年別のグループに分かれました。
　低学年の子どものクラスではイーゼルに立てた黒板が隣のクラスとの仕切りに使われました。クラスは多少混雑していましたが、どうにか子どもたちをある程度のまとまりにグループ分けすることができました。
　ハナコと私は低学年のとても大きなグループを担当しました。子どもたちは、バンクーバー島中央部のさまざまな所から、またプリンスルパートやスキーナ川地域からも来ていました。親たちのなかには、新米の教師である私に面会に来るほど、子どもたちの勉強を心配していた人もいました。
　5月になって暖かな気候になると、遊戯を楽しむために屋外で授業ができるようになりました。「ブランコ揺れて」や「ロンドン橋」などの遊戯を、子どもたちは、どれほど喜んだことでしょう。
　短い時間でしたが、バンクーバー師範学校で教授法の授業を見学する機会がありました。いちばん最初の価値のあるアドバイスは「ヒステリックな教師はヒステリックな生徒を育てる」という言葉でした。これらの言葉がどれほど、のちの教師として、また母親としての自分の助けになったことでしょう。
　5月の始め、バンクーバーに住む親類のナカツカ一家が親切にも宿泊させてくれることになりました。お陰でスティブストンからの通勤時間を節約でき、日系カナダ人に義務づけられていた夜間外出禁止の時間までに、家に戻れるように急ぐ必要がなくなりました。
　出たり入ったりする人びとがいるパークの不安定な雰囲気のなか、私は授業を続け、28日間勤務しました。私の家族が移動するときが来ました。家族もバンクーバーの臨時施設に住んでいました。とくに両親にとって試練だったはずです。両親は、それまでずっと自分たちの住居に住んでいましたし、また長い間、父は身体が不自由でした。
　6月下旬、私はヘイスティングスパークの学校に別れを告げ、両親や姉妹とともにサンドンという元鉱山のゴーストタウンに列車で向かいました。

　タツエ・ナカツカは数ヶ月後に開校したサンドン収容所学校の教師になっ

た。彼女はヘイスティングスパークで、初めて教える経験をした17人のゴーストタウンの教師の一人であった。

　ヘイスティングスパークの学校事業のナンバー2はヒデ・ヒョウドウであった。彼女はバンクーバー生まれの二世の教師だった。第2次世界大戦前にバンクーバー師範学校を卒業した6人ほどの二世のなかで、BC州の学校教師を経験することのできた唯一の人物であった。

　1941年に戦争が始まったとき、ヒデ・ヒョウドウはスティブストンのロードバイング公立学校で1年生を教えていた。

スティブストンの教師であり、ヘイスティングスパークの小学校の監督者

　2月、プリンスルパートやその周辺の島々から、最初の家族たちがバンクーバーに移送され、ヘイスティングスパークに収容されました。親たちが最初に口にしたのは、「あぁ、私たちの子どもは学校に行く機会を失ってしまう」でした。

　日系人にとって教育がどれほど大切なものか、理解されるべきです。なによりも最も大切なもののひとつです。日系人は子どもが時間を無駄にすることを望みませんでした。

　ところで、私はスティブストンの学校で教えていました。BC州でただ一人の日系人教師であり、パークでの学校を設立するのが私の仕事でした。多目的施設が教室として利用されることになりました。限られた施設とボランティア教師の訓練不足から、授業の時間を短くすることが現実的だと判断されました。

　バンクーバー市の教育委員会は男性教師一人を手配してくれました。スチュアート・マックレイであり、高校も含む学校全体の校長として任命されました。私は小学校の1年から3年までを担当して責任をもつことになりました。

　パーク内で授業が始まったとき、私はスティブストンで自分自身のクラスも受けもっていました。そのため、1日おきに自分の授業が終わると急いで、都市間連絡電車に乗ってバンクーバーに着き、路面電車でヘイスティングスパークまで通いました。

　先生全員に毎日やっている授業の記録をとるようにしてもらいました。そして、翌日の授業に必要な計画を立てたのです。

第3章　ヘイスティングスパーク：最初の集合地　31

> 　5月中旬、スティブストンの児童たちの家族は、毎週のようにおもにカズロのゴーストタウンに向かって出発していきました。すぐに、スティブストンではほんのわずかな人数の児童だけになっていました。
> 　私は校長のところに行き、学校を辞め、ヘイスティングスパークで時間を使いたいと申し出ました。校長は、年間契約なので、学校に留まれば給与の全額を受け取れると言いました。しかし、私はヘイスティングスパークでより必要とされていると感じていましたので、5月にはスティブストンを離れて、パークで常勤教師として働くことにしたのです。
> 　6月まで多くの子どもたちは移動や定住の過程で授業を欠いていたので、7月も授業を続けることにしました。7月はどうにか授業ができましたが、耐え難い暑さのため8月の授業はやめることにしました。
> 　以上がヘイスティングスパークで子どもたちが教育を受けられた事情です。それはごく基礎的なものでしたが、辺鄙な地方で通信教育を受けている子どもの平均的な学習と、それほど異なったものではなかったと思います。

　1942年夏の短いヘイスティングスパークの学校教育で得られた経験は、BC州内陸部で展開されることになるゴーストタウンの学校組織に強い影響を与えることになった。
　ひとつの成果は、戦前のBC州ではほとんど前例のない、若い日系カナダ人を教師として使うという考えを、当局が受け入れたことだ。
　さらに重要なことがある。1942年夏、リクリエーション・教育主事の肩書きでパークの学校を運営していたマックレイが、日系カナダ人疎開児童のための学校組織を提案したことだ。計画の枠組みは、明らかにヘイスティングスパークでの教育活動に原型がある。マックレイは次のように記述している。

> 　すべてのカナダ生まれの子どもたちに本来のカナダの教育を受ける権利があることは、誰も否定しないだろう。子どもの教育は、その親たちが満足するような効果のあるものだというのも、同様に正しい。学校教育の混乱とそのために生ずる心理的な混乱は、若者の非行の急増という結果を生み出し、ひいては大人たちの士気に悪影響を与えることは明白である。

子どもたちを通常の学校生活に戻すことがなによりもよい方法だ。しかしながら、私も理解してはいるが、保安委員会は、それが不可能であるという点で何回か合意していた。

したがって、専門的に教育を受けた職員が確保されるように、直ちに何か別の計画を検討することが必要だ。

マックレイの収容所学校の計画は、次のような職員組織を提案していた。その組織の最高責任者は「教育局長」(白人)であること。次は「低学年の指導主事」(指定なし)。次いで各学校の校長(白人)と小・中・高の各学校の白人と日系人の職員である。

結局、マックレイの計画は提案された通りには実施されなかった。外部の人物が、白人か否かにかかわらず、保安委員会の資金で運営される小学校を監督したり教えたりする仕事に雇われることはなかった。したがって、マックレイが描いたような、「専門的に教育された」教師という計画は実現しなかった。

しかし、学校組織の副責任者は低学年の指導主事で非白人がなるべきだという考えは、パークでマックレイの補佐だったヒデ・ヒョウドウの就任を想定したものであった。

1942年10月8日、最後の日系カナダ人グループが内陸部に移動するためヘイスティングスパークの移送基地を後にした。何度も栄光に輝いたヘイスティングスパークの歴史上、とくに誇るべきことでもない奇妙な出来事はこうして終わった。集団強制移動の最後の月となった10月にヒデ・ヒョウドウも内陸部のニューデンバーの収容所に移動した。彼女はBC州内陸部の家族収容所の数千人の日系カナダ人疎開児童の教育に重要な役割を果たすことになる。

注記 「1989年4月1日、日系カナダ人の収容を記憶するための、史跡記念碑委員会による連邦政府石碑が、現在は太平洋品評会場(PNE)として知られるヘイスティングスパークの入り口に設置され、その除幕式が行われた」

第3章　ヘイスティングスパーク：最初の集合地　33

と、ロイ・ミキとカサンドラ・コバヤシの『正された歴史』(1991年) にある。これが実現するまでに、バンクーバー圏日系カナダ市民連盟とPNE委員会――一部の委員はこの連邦政府の石碑建立の提案に反対していた――との2年間にわたる激しい論争があった。

Momiji Garden 日系人が収容された建物の跡地に置かれている。

第4章　最初の日系カナダ人教師

　真珠湾攻撃がおきたとき、ブリティッシュ・コロンビア州（BC州）学校制度のなかでヒデ・ヒョウドウの教師生活は16年目に入っていた。ヒョウドウはその間、日系カナダ人を初等教育と中等教育の教師に雇用しないとする州の非公式の制限を乗り越えた唯一の人であった。

　彼女の最初の授業は忘れがたいものだった。彼女は楽しそうに次のように伝える。

> 　1926年10月のスティブストンでした。私の前には44人の小さな1年生がいました。全員日系人でした。子どもたちも私の黒い髪を見て喜ぶと思いました。私はこの大勢のクラスの前に立っている。その私は、バンクーバー師範学校を卒業したばかりの新米でした。まったく経験はありませんでした。
> 　私の最初の言葉は、「おはようございます。皆さん」でした。
> 　子どもたちの返答は、非常にはっきりとした大きな声で、また驚かされるものでした。「おはようございます。皆さん」と声をそろえて応えたのです。私が言った通りの言葉でした。
> 　明らかに前任の先生は、完全に繰り返すように教えたのです。私は笑ってよいのか、直ちに声を上げたらよいのか、分かりませんでした。

　ヒデ・ヒョウドウが戦前のBC州で初めての、そして唯一の日系カナダ人教師になった経緯も皮肉なものだった。

　教員養成教育を受けた日系カナダ人の卒業生が、生まれ故郷の州で教職に就くことを決まって拒否されることは1930年代には明らかになっていた。しかしヒョウドウが1926年にバンクーバー師範学校を卒業したとき、明確

に禁止されていたわけではなかった。1926-27年度が9月に始まったとき、彼女の教職への応募はまだうまくいっていなかった。その後、気まぐれなことが起きた。

BC州リッチモンド地区教育委員会は、日本語話者の子どもたちと意思疎通のできる教師を必死に求めていた。子どもたちはフレイザー川岸のスティブストンの漁村に住んでいた。バンクーバーを除くと最大の日系移民コミュニティであった。他のBC州の日系コミュニティと違い、スティブストンでは日本語が主要言語として、家庭のみならず街なかでも使われるほどに日系人社会が密に形成されていた。この状況は1930年代まで続いていた。

そのためスティブストンでは、カナダ生まれの移民の子どもでさえも、英語よりは日本語を話す傾向があった。毎学期の初め、小学校の教室いっぱいの新入生は、英語をほんの少しか、あるいはまったく話せない状態で地元の学校に入ってきたものだった。

1926年9月、ロードバイング学校では、もともと第1学年に配置されていた教師が2週間で辞めてしまった。日本語ばかり話す児童とのやりとりは不可能だと思ったからだ。

ヒョウドウは次のように回想している。

> 『(バンクーバー)デイリープロビンス』紙に「教師求む。リッチモンドの学校」という広告が掲載されました。そのような広告を9月に見るのは、とても奇妙でした。6月には通常の配置は決まっているからです。スティブストンの学校のための広告だろうかと考えました。スティブストンであれば、私が任命される可能性があるかもしれませんでした。
>
> 応募書類を送ると、教育委員会の職員から面接に来るようにとの電話を受けました。面接後、赴任先を知らされました。
>
> その地域の実情を知らず、1926年度にはバンクーバー師範学校卒業生のわずか5パーセントしか採用されなかったのですから、これは驚くべきことだと思いました。
>
> ロードバイング学校の初日も普通とはだいぶ違っていました。その日の私のクラスにはカナダ人と日系人の何人かの訪問者がありました。1日の終わり

> 近くには、白髪の男性が姿を見せましたが、私は生徒たちが間もなく下校すると合図しました。子どもたちが下校してから、彼が、たまたま私たちの学校を訪れた視学官であることが分かりました。彼は儀礼的な訪問に来ていたのです。
>
> そう、彼に会えて嬉しかったのです。教師は一般的には視学官の訪問を怖れているものだとすぐに知ったので、私の反応はとても珍しいものだったと思います。担当クラスの状況について、私の気持ちは混乱していたので、終わりに誰かのアドバイスや指示が得られたなら、ほっとできると感じていたのでしょう。
>
> あぁ、でも彼が言ったのは「頑張りなさい」だけでした。

たいへん皮肉なことに、リッチモンド教育委員会の人びとは、明らかにヒョウドウが日本語を話せるものだと思っていたのだが、彼女は日本語をほとんど話せないバンクーバー生まれの二世の一人であった。彼女は第一子として生まれ、家庭では当然、移民の両親が互いに日本語で話し、彼女や弟妹たちに日本語で話しかけるのを、聞いていた。しかしヒョウドウの家族はサウスバンクーバーという、日本語学校や日系カナダ人の集住地から遠く離れたところに住んでいた。だから彼女の日本語は相当に怪しいものだった[1]。

それでも彼女は新しい教師の仕事を続けた。そして間もなく担任の1年生と意思疎通ができるようになった。さらにロードバイング学校でその後の15年間、おもに二世の子どものクラスを指導した。

ヒデ・ヒョウドウの場合は、幸運にも教職に就けたわけだが、バンクーバーで教員養成の教育を受けた二世の卒業生の何人かは、他の職業に就かざるをえなかった。チトセ・ウチダはバンクーバー師範学校の最初の二世の卒業生で、たしかに教職に就いた。しかし、彼女は仕事に就くために、BC州からアルバータ州に移らざるをえなかった。

---

[1] もしも日本人の容貌で、親が日本人だったら、当然に日本語を話すだろうと推測されることは、現在も、我々の社会で広く見られる。20世紀の前半には、その見方は普遍的で、とくに当局者はそうであった。

また、ゴーストタウン学校組織のヒデ・ヒョウドウのアシスタントとなったテルコ・テリー・ヒダカはバンクーバーの幼稚園に勤めていた。アヤ・スズキはバンクーバーのキチラノ地区の日系人聖公会の幼稚園に勤めていた。フランス・タキモトはバンクーバーとナナイモの幼稚園で働いた。戦前のバンクーバー師範学校の他の卒業生には、ユキ・ワタナベ、カズコ・イワサとタツコ・タカハシがいた。タカハシは1942年のヘイスティングスパークでのボランティア教師の一人である。

ヒデ・ヒョウドウは、1908年5月11日にバンクーバーで生まれた。8人兄弟の一番上だった。移民の両親は1905年に日本からボストンに向かう途中でカナダに到着したという。しかし、短期間の滞在のつもりだった2人にとって、バンクーバーはとても魅力的であり、戦時の追放まで37年間生活することになった。

ヒョウドウはローラシコード公立学校に通いジョンオリバー高校を卒業した。彼女はバンクーバー師範学校に入る前にブリティッシュ・コロンビア大学で1年間学んだ。彼女は次のように学校生活の記憶を辿った。

> 高校で一番成績の悪い科目はいつも英語でした。私たちがあまり本を手に入れることができずに困っているときに、常に、本を読め、読めと促されているのは、不満の溜まるものでした。どうすれば手に入ったのでしょうか。
> 私が育った家庭ではすべてが日本語でした。サウスバンクーバーの4教室だけの小さな公立学校では、書棚のわずか一段だけが、いわゆる「図書館」でした。私はそこのすべての本を読んだと思います。唯一の公共図書館は3.2キロ離れたところにありました。距離だけではなく、2ドルの利用料は、行くことをためらわせました。第1次世界大戦のころ、その金額は親にお願いするには、かなりの額でした。
> 私たちが住んでいたのは労働者の居住区でした。私が公立学校を卒業したとき、高校に進んだのはわずか2、3人でした。我が家の書棚に大型の本があったのを覚えています。タイタニック号についての本でした。その本にはたくさんの写真入りで、私たちにとって絵本のようなものでした。後には私たちは

> 『知識の本』(訳者注：月毎に発行された子ども向けの百科事典のようなもの) を手にするようになりました。毎週の分割払いだったと思います。それは本当に読書する楽しみの源でした。表紙から裏表紙まで読み、ところどころは繰り返し読んだものです。
>
> 　高校生活の最後の年、少しぎこちない感じの英語の先生に教わりました。先生の動作はぎこちないところがありましたが、とても物静かで親切でした。彼こそ、英文学と偉大な作家の作品の美しさに大きな興味をもたせてくれた人でした。とくにワーズワースの詩「水仙」などです。
>
> 　教師が生徒に影響を与える方法は数多くあります。話すこと、思想や情報を伝えること、また経験を共有すること。すべては精神の地平を開くのを助けます。このすばらしいウィリアム・アシュレイ先生から受けた大きな恩をいつまでも感謝するでしょう。

　1925年、高校を卒業したヒデ・ヒョウドウはBC州初の教員養成所であるバンクーバー師範学校に入学する。翌年6月に彼女は低学年を教える資格をとって卒業した。1926年9月、彼女はスティブストンのロードバイング学校で初めてのクラスを引き継いだ。しかし、先述したように、学年が始まってから2、3週間後に仕事を始めたのであった。

　BC州の正規の学校の、最初にして唯一の日系カナダ人教師になって、ヒデ・ヒョウドウは日系カナダ人社会の有名人になった。日系移民が持ち込んだ支配的な日本文化では、教職や教えることが尊重されたから、なおさらであった。

　スティブストンでの仕事に加えて、ヒデ・ヒョウドウはパウエル街の合同教会のメンバーとして、バンクーバーの日系人社会の活動にも関わった。日系人信者たちと牧師のいる教会は、日本人街の要であった。1930年代後半、彼女は、二世の最初の主要な組織であり、発足間もない日系カナダ市民連盟（JCCL）の活動家にもなった。連盟は大学教育を受けたカナダ生まれの日系人集団によって設立され、完全な市民権、とくに選挙権の獲得を目指す運動を行った。

　州と連邦の投票権を欠くことは、二世の市民権を弱めるだけでなく、資格

のあるカナダ生まれの市民であれば認められるはずの、さまざまな専門職や職業への進路を閉ざしていた。

　1936年、ヒデ・ヒョウドウは、オタワに行き連邦下院選挙権委員会で陳述する4人からなる二世の代表団の一員となることを求められた。日系カナダ人市民連盟は、代表としてウィスコンシン大学の英文学教授でBC州ニューウエストミンスター出身のサミュエル・ハヤカワ博士を選んだ。他の3人は、バンクーバーで新たに歯科を開業していたエドワード・バンノ博士、高校時代にBC州ビクトリアの州議事堂で開催された青年議会のメンバーとして選ばれていた保険代理業のミノル・コバヤシとヒデ・ヒョウドウであった。

　1936年5月22日のオタワにおける意見陳述では、ヒョウドウが最初に発言した。カナダへの日系人移民についての経緯に簡単に触れ、1900年の失敗に終わった、選挙権を求める本間留吉の戦いを指摘し、次のように述べた。「私はカナダ生まれの日系人が、この国の人びとにとって恥ずかしくない市民であると自信をもって言えます。しかし、市民としての当然の権利を奪われたままであれば、私の教える若いカナダ人たちは、私が繰り返し説き聞かせている理想を実現しようとしても失望することになるでしょう」。

　続いてミノル・コバヤシ、エドワード・バンノそしてサミュエル・ハヤカワが順番に陳述を行った。二世たちの陳述はうまくいったようにみえた。カナダの新聞によれば、委員会の委員たちは、ヒデ・ヒョウドウの使う英語が上手なことに驚かされた[2]。

　しかし、この二世代表団による印象深いプレゼンテーションは、いささか勇み足だったことが分かった。次の年、カナダ連邦議会下院委員会は、BC州が日系・中国系・インド系のカナダ人の選挙権を否定しても、連邦政府として対抗措置をとらないことを決定した。BC州選出の反日的な連邦議員たちは委員たちに、前年に彼らの前で陳述した4人の二世は例外的な存在であ

---

[2] オタワでの陳述の後、ウィスコンシン大学教授のハヤカワは、アメリカに戻った。ハヤカワは、記号言語学を広めた『ランゲッジ・イン・アクション』の著者として国際的な名声を得た。また彼は、アジア系としては最初のアメリカの大学学長に就任した（1968年に学生紛争に直面することになるサンフランシスコ州立大学）。アメリカ市民権を取得し、カリフォルニア州の上院議員に選出され、1977年から1981年まで務めた。

り、カナダ生まれの日系人たちの真の代表ではないと説得したのである。

　この挫折にもかかわらず、ヒデ・ヒョウドウがオタワへの代表団に加わったことは、日系カナダ人コミュニティにおける彼女の地位をいっそう高めることになった。これらの日系人社会での活動を通じて、彼女は有能な西洋化した二世の友人たちのネットワークを発展させた。その多くが、1942年から43年に彼女がヘイスティングスパークやゴーストタウンの教師を集めるとき、呼び集められることになった人たちであった。

　日系社会での地位とその職業的な信望とを考えると、ヒョウドウが、収容された子どもたちの教育の初期計画に加わるように頼まれたのは当然であった。彼女は次のように思い起こす。

> 　私たちの教育問題は、1942年2月に沿岸部からの総退去の指令が出されて間もなく、まず話題になりました。日系カナダ市民連盟の教育部会では収容所の教育のために、何が最も重要かということについて活発な議論が行われました。クニオ・ヒダカと私は出席を求められ、ノーマン・ブラック博士とおそらくバークホルダー牧師夫妻も同様に招かれました。
> 　収容所学校の指導的な地位に立つのに最もふさわしい二世の名簿はこの委員会でつくられました。彼らの大部分は大学教育を受けていました。ゴーストタウン学校の校長になった二世の名前があがったのは、このような経緯でした。

　ヒデ・ヒョウドウの性格で重要な点は、当局も含めて人びとと連携できる能力であった。後述するように、ゴーストタウン学校の監督官の地位からして、彼女は時には、外の力から先生たちを守らなければならなかった。ヒョウドウのスタイルは、対立ではなく、どちらかといえば原則は曲げずに礼儀正しく丁寧な態度をとるものであった。

　そのため、BC州内陸部の収容所学校を襲った目まぐるしい変化や繰り返される混乱にもかかわらず、ヒデ・ヒョウドウはいつも交渉を勝ちとり、組織を順調に動かし続けた。

　1942年の春から夏にかけて、ヒョウドウの他の家族たちはバンクーバー

の家から追い立てられた。ヒデを含む7人の子どもと両親がいた。弟のマサハルはヒデより2歳年下だったが、11歳のときにバンクーバーで亡くなっていた。複数の成人メンバーのいる多くの家族同様に、ヒョウドウ家も総退去のなかで、カナダのいろいろなところに分散させられた。

> 両親は末っ子のトシとともに、1942年8月にカズロに、1943年にはさらにオンタリオ州のカールトンプレイス（オタワの近郊）に移動し、さらにモントリオールに向かいました。1945年、戦時の移動はハミルトンで終わり、そこが彼らの定住の地となりました。
>
> 弟のテッドは二世の第2グループとして、1942年4月、オンタリオ州北部のシュライバーに移動し、その後モントリオールに移りました。弟のヨシはオンタリオ州南部の農場で働くことを希望し、その後ブラントフォードに直接移動しました。
>
> 妹のチヨはオンタリオに向かった最初の疎開女性となりました。バークホルダー師の妹がオンタリオ州南部のビクトリアで病気になっていたので、彼女に援助を求めていました。チヨは、カナダ生まれの二世と帰化した一世の男性の大規模な移動が始まる前の1942年3月に移動しました。妹のアキはハミルトンで家政婦として働くために春に移動しました。
>
> 弟のマスは大学入学初級資格試験を受けるために沿岸部から移動するのが遅れました。その後、ハミルトンに移動しました。
>
> 私自身のバンクーバーからの移動は、教育計画に必要なものについて我々の要望に対するオタワの決定を待っていて遅れました。

1942年10月23日、ヒデ・ヒョウドウはバンクーバーを出立する日系カナダ人疎開者を乗せた最後の列車のひとつに乗車した。初めに、彼女はタシメ収容所に滞在し、保安委員会学校の立ち上げを援助した。

ついで、10月28日、彼女はスローカン地区に向かった。行き先はニューデンバーであった。BC州のクートネイ地区の元鉱山のゴーストタウンであり、BC州内陸部の収容所施設内の学校の監督官としての彼女の仕事の拠点となった。

家族と8人の兄弟の生まれ育った州に、彼女だけが残った。

第5章　最初の印象

　1942年春から秋にかけて、22,000人に及ぶ日系カナダ人の太平洋岸からの総退去は、いささか興奮気味に急き立てられているように行われた。多くの場合、家族たちは住居が完成する前に、内陸部の収容所に移動させられた。ニューデンバーとスローカン地区の収容所では、多くの家族は冬に対する備えを施した住居が整うまで数ヶ月間、テントでの生活を余儀なくされた。
　家族収容所は2通りの種類があった。旧鉱山町に設置されたところでは、長らく放置されていた建物が入ってくる疎開者のために改修された。もうひとつは、借地された農場や牧場に新たに造られた。

　スティブストン出身のタツエ・ナカツカとその家族は、サンドンに送られた。クートネイ地域の1890年代の銀山ブーム時代が去った後にゴーストタウンとなった街のひとつであった。

> **サンドン：これほど敵対的な大地は知らなかった**
>
> 　最初にサンドンを見たとき、信じられない気持ちでした。これが私たちの家？　いつまでいるの？　もしも母と妹たちが、父と私を待ってそこにいなかったら、私は列車から降りるのを拒否したことでしょう。
> 　サンドンはそれほどよそよそしかったのです。そこは、高い山の峰に挟まれた狭い谷間にありました。スティブストンで生まれ育ち、フレイザー川河口の豊かな島を知っている私には、大地がこれほど敵対的なものであることが信じられなかったのです。
> 　1942年7月中旬のひどく暑い日でした。母と4人の妹たちと、そして体が不

第5章　最初の印象

自由な父とのバンクーバーからの困難な列車の旅をした後では、サンドンはたしかに期待外れでした。旅はひどいものでした。列車はまだ蒸気機関車に引かれていました。列車が山々をめぐる線路を走るとき、私たちは窓から顔を出して、列車の最後尾を見たことを思い出します。顔がすすで真っ黒になったのは、そのためでした。父は介護が必要でしたし、母も具合が悪くなっていました。2度と経験したくない旅でした。

サンドン。1942年。クートネイ地方の狭い谷間の鉱山ゴーストタウンが、日系カナダ人の家族収容所のひとつとなった。

いつもなら旅行の行程に強い関心をもつはずですが、こんな情況では、そのような余裕はありませんでした。最終的にカズロに到着し、そこでサンドン行きの列車に乗り換えることになっていました。保安委員会のサンドンのリスター管理責任者の親切な提案にしたがって、その夜、父と私はカズロに1泊することになりました。
　母と妹たちが先に行くことで、サンドンでの生活の準備を整えられることになりました。父はカズロの地元の病院でその夜を過ごし、歯科医のエドワード・バンノ夫妻は私を泊めてくれました。父と私は翌日、サンドンに向かいました。とても遅く、シュポシュポと登り坂を進んでいく旅でした。
　サンドンでは最初に割り当てられた区画は不適当なことが分かりました。丘の斜面に建てられた建物の上の階でした。体の不自由な父にとって、階段を上るのは不可能だったのです。私たちはサンドン唯一の目抜き通りのもっとも奥まったところの建物に改めて落ち着きました。父はここの1階にいられることになったのです。
　人生で初めてのことでしたが、ここでは住居内の設備を他の人たちと共用しなければなりませんでした。この建物には他に3家族がいました。初対面の人もいました。1階の真ん中に大きな調理場があり業務用の大きさの調理台を共用しました。少なくとも食事の支度には混乱はありませんでした。
　両親が就寝するのは1階でした。上の階は、娘の私たちのために2段ベッドが設えられていました。とにかく私たち姉妹5人が同じ部屋を共用するのは苦になりませんでした。いくぶんかの安心感すら与えてくれました。大工たちが居住区域を分割したこの建物は、明らかにかつては商店でした。
　セルカーク山脈のなかのとても狭い峡谷にあって、このサンドンの元鉱山のゴーストタウンは人里離れて孤立した場所でした。ニューデンバーから16キロの曲がりくねった道のりを登ってくる自動車やトラックを除けば、まだ運行していた鉄道が唯一の補給路でした。
　そのうねる道を走るには度胸がいりました。至るところ、いったん滑れば、谷底まで車ごと落ちるからです。言うまでもなく道中のほとんどの場所で、車がすれ違う余裕はありません。日系人が到着したとき、せいぜい20人ほどの住民がいましたが、人びとがなぜそのような隔絶した場所に留まっているのか不思議に思ったものでした。地面は穴を掘るためにはツルハシを使わなければならいほどの硬さでした。夏は峰々の間から太陽が照り出すと、ひどく暑くなりました。冬はひどい寒さとなりました。
　サンドンでは、ホワイトクリスマスの前に、ホワイトハロウィーンを迎え

ました。そう、10月には雪が降り始め、4月でも雪の日がありました。
　町の商店街の目抜き通りは、まだましでした。車がすれ違うことができるスペースがありました。しかし通りは険しい坂道となっているので、奥に行けばどんどん狭くなりました。私たちが住む地区まで行くと、道はちょうど大型トラックが通れるだけの幅になりました。
　山々は正面の道に直接に接していました。建物のすぐ後ろには、カーペンタークリークが流れていて、夏でも氷のような冷たい水でした。せせらぎは、山の高いところから流れ出し、市街地を抜けて、ニューデンバーでスローカン湖に流れ込んでいました。
　初めてサンドンの中心部を歩いたときには、まるで別世界にいるような気がしました。素敵な舞台のあるユニオンホールがあって、背景幕があり、使える状態のピアノが置かれていました。酒場にはまだ元の名称が残っていました。まるでホンキートンクのピアノの音が聞こえ、今にも鉱夫たちが酔っ払ってドアから出てくるような気がしたものでした。
　またホテルもありました。ホテルはジョナサン・ハリス夫妻[1]が所有して営業していました。1890年代のスローカンの銀山ブームの開拓者の生き残りの一人であったハリスさんは当時、80代になっていました。彼は小柄でしたが、鋭い目で注意を払っていました。彼がサンドンを所有しているのだという噂もありました。ありえることでした。彼の頭脳は、しっかり動くレジスターのように、ちゃんとしていたのです。また彼は鉱山時代の名残である幅広の帽子をいつもかぶっていました。

　スローカン湖とクートネイ湖の間の山岳地帯のなかで、サンドンは日系カナダ人家族を収容するために選ばれた5つのゴーストタウンのひとつであった。他の地区はニューデンバー、ローズベリー、カズロ、そしてスローカンシティであった。スローカンシティ地区では、町の中心に居住地を設定するのではなく、何もない近くの農場にベイファームとポポフという名称の収容所が造られた。数キロ南のレモンクリークには借地農場にもうひとつの収容所が建てられた。これら7ヶ所の収容所は集中しており、それぞれの距離は5〜7キロから最大で約48キロだった。

---

[1] ジョナサン・モーガン・ハリスは、サンドンの開発者と言われ、銀山ブームの絶頂期の1892年にアメリカから来た。彼は1953年に亡くなるまで留まった。

8つめの収容所であるタシメは例外的であった。スローカン地区の収容所から直線で480キロ、鉄道や道路ではもっと遠かった。フレイザー川のほとりのホープという町から22キロほどのところにあり、日系カナダ人が追放された「防衛地区」の100マイル（160キロ）ラインのすぐ外側であった。スローカン地区のポポフ、ベイファーム、レモンクリークと同様、タシメも借地の上に建てられた。ここは牧場だった土地である。

　9番目の家族収容所はグリーンウッドのゴーストタウンにあり、スローカンシティから160キロ、西に離れていた。保安委員会はカトリックの家族がここに移動することを認めた。保安委員会はここでの教育費用を負担したが、学校教育は地域もしくはカトリック教会の聖職者と修道女によって運営された。したがって、グリーンウッドの学校は、保安委員会が運営して二世が教えた他の収容所とは異なっていた。

　BC州内陸部の山岳地帯のゴーストタウンに移動することは、人によってそれぞれ違う意味をもった。大部分の子どもたちにとって、わくわくするような発見や新しい冒険あるいは新しい友達ができることを意味した。一方で大部分の大人たちにとっては、適応することの難しい、辛くあるいは腹立たしい時代であった。

　BC州のゴーストタウンの収容所に移動するとは、どのようなことだったのか。タツエ・ナカツカは家族と一緒に2年間を過ごしたサンドンの第一印象を思い出した。他の元教師や元生徒の思い出も、当時の彼らの個性がどのようなものだったかを垣間見せてくれる。

　ローザ・ババは、BC州シドニーからヘイスティングスパークへ、そしてスローカンに送られた。

ポポフ：みんな同じ状況に置かれていた

　1942年7月、スローカンバレーの収容所に移動させられました。父と兄はすでに到着していて、収容所の建設に協力していました。母と弟と私とその

他の大勢はヘイスティングスパークからバンクーバーのどこかの引き込み線に連れて行かれ、列車に乗せられました。夕闇のなか、列車の日除けはすべて降ろされていました。西海岸から遠くに離れるまで、何も見られなかったのです。

不潔で長い旅でした。だから目的地に到着して喜びました。兄とは駅で会いました。私たちは荷物とともにトラックの荷台に乗せられ、ポポフ収容所の新しい家に向かいました。台所と寝室のある2部屋の小屋が、私たち5人のその後の3年ほどの家となりました。

最初到着したとき、食事のために収容所の反対の端まで歩かなければなりませんでした。秋になるとやっと、配給品を購入して自宅で調理して食事できるようになりました。家から近いところに揚水ポンプがありました。もう1軒の家族と共用していました。屋外便所は家の裏側にあって、これも共用でした。

大部分の人たちは菜園をもっていました。初めのうち、人びとはもってきた野菜の種を分け合いました。私たちは互いに可能な限り助けあっていました。みんな同じ状況に置かれていて、たいしたものはもっていなかったのです。

ポポフ。スローカンシティに近い借地に建てられた収容施設。

この収容所での日々、新聞を読んだりラジオを聞いたりした覚えがありません。たぶんいずれも手に入らなかったのでしょう。また当時、ラジオは許されていなかったのかもしれません。自分で楽しみを用意しました。

　収容所の大部分の男性たちは、コミュニティでのさまざまな仕事に就くか近隣の森林での伐採者として働いていました。父は共同浴場の管理人となりました。他のゴーストタウンの収容所と同様、ポポフには男女別の共同浴場（OFURO）がありました。

ヤエ・キタムラは彼女と家族がスローカンに移動させられたとき、小学生だった。

スローカンシティ：雨のなかのライラックの香り

　私の記憶は、1942年5月にスローカンシティに移転させられた最初の一団の11歳の子どものときのものです。雨のなかでライラックの香りを嗅ぐたびに、列車を降りてスローカンシティの廃れたホテルを見たのを思い出します。そのなかの1棟に私たちは住むことになったのです。

　私には断片的な記憶しかありません。古い軍隊用マットレスで南京虫に襲われたこと、お風呂からのきれいなお湯で洗った洗濯物を手で絞ることを教わったこと、水道管が凍ってバケツリレーで湖から水を運んだこと、庭の鉢のスイトピーのためにバケツの水を運んだこと、便所にいくたび、1、2本の薪を2階の共同コンロまで運ばなければならなかったこと、キャベツをもってきてくれたデュカボー（訳者注：本書 xvii 頁を参照）を歓迎したこと――ベーコンとキャベツをしょう油で料理することができました（ベーコンは、最初の週にグラハム雑貨店で手に入った唯一の肉類でした）。

　バンクーバーで私は病気がちでしたが、スローカンで1年近く、学校がないまま過ごす間に、健康を回復しました。町を見下ろす近所のミッキー崖まで毎日ハイキングしたことや長い廃道を歩いたことなど、田舎での生活を楽しむ気持ちを育ててくれました。

　授業が始まっても学校には行きたくありませんでした。私たちはスローカンからベイファームの学校に道路沿いあるいは線路沿いに歩いて行き、昼食のためにまたその道を戻りました。

ロイ・サトウは姉のグロリアと同様、バンクーバー島から内陸部への移動の前にヘイスティングスパークに移動した。退去時、10歳で5年生だった。

> **サンドン：空を見るためには、真上を見なければならなかった**
>
> 　1942年6月、カンバーランドから移動させられ、ヘイスティングスパークにいる間、母はさらに遠いサンドンという名のゴーストタウンへの「疎開」を「受け入れる」決断をした。母がこの収容所を選んだのは、サンドンだけに何人かの仏教の開教使たちがいると聞いたからだ。ヒラハラ、タチバナ、アサカ、カタツの各師はすでにおもむいていた。母にとって、彼らがいることでサンドンは監獄のなかの天国に見えたのだ。
> 　列車が停止して降りたとき、ショックを受けた。サンドンという名の土地は狭く太陽の光が届かない、ほとんど峡谷のような場所であり、小さなカーペンタークリーク沿いに町があった。険しい山の峰々がセルカーク山脈の地平線に千数百メートルの高さにそびえ、放棄された坑道と過去の雪崩の恐ろしい痕跡が残っていた。それ自体は美しいが、鉱夫でもないかぎり、生きていくことはできないようなところだった。空を見ようとすれば、首をまっすぐ上に向けなければならなかった。腕の強い若者だったら、野球ボールを投げれば峡谷の南側の頂から北側に届いたかもしれない。
> 　私たちの第4棟は、台所が各階についている2階建であった。母と私たち7人の子どもたちには2階の2つの寝室が当てがわれた（後に父がジャスパー地区にあるBC州とアルバータ州境の労働キャンプから解放されて家族と一緒になってからは、2部屋に9人が住んだ）。私たちより小人数の3家族は2階を割り当てられた。それぞれ寝室が一つの部屋だった。

　エルシー・イワサキは『大陸日報』の編集者・発行者だった故ヨリキ・イワサキの娘だった。その新聞は真珠湾攻撃の翌日、当局に閉鎖された3つの邦字日刊新聞のひとつだった。彼女と家族はバンクーバーからニューデンバーに移動した。

ローズベリー：連邦警察官に不安と恐怖を覚えた

　ある雨の日、救急車が病気の8歳の弟アルフレッドを連れて行きました。私たちは列車に乗り、少しわくわくしました。

　列車の旅は、ぼんやりと記憶しています。他の客車にいるつい昨日生まれたばかりの赤ちゃんのために私の下着を持っていった、と母から言われました。赤ちゃんには当然、オムツが必要でした。弟に会うため同じ病人用の客車に行ったこと。そこでは、大きないびきを立てている老人が上段の寝台に寝ていました。弟がその男が死にかけていると囁いたこと。私は死について何を知っていたでしょうか。庭に丁寧に埋めた子猫とカナリアだけです。

　連邦警察官も見ました。なぜだか分かりませんでしたが、警察官からは不安と恐怖を感じました。私たちは、ともかく列車を降りましたが、とても寒かったこと、そして大きなトラックの荷台に乗って、暗い山の森のなかを移動したことを覚えています。

　私たちは自分たちの「家」が用意されるまで、他の疎開家族と一緒に過ごしました。床の上で寝て、バターと蜂蜜を乗せた焼きたてのパンを食べ、キャベツとポテトと塩辛いハムの食事をとるため、大きなテントに行きました。誰も楽しくなさそうなことを除けば、まるでキャンプのようでした。初めのころの日々は、おぼろげな記憶しかありません。寒い冬の日々、ろうそくに照らされた夜、ニューデンバーの病院に母と弟が残って寂しかったこと。

　湖に行って、暗い山々に囲まれた暗い水面を見ていたこと、枯葉のように雪が降ってきて、孤独を感じたことを思い出します。私たちはやっと保安委員会の建物に移りました。父が棚を作ったのですが、それはたった1時間しかもちませんでした。私たちが何かおかしくて笑ったとたんに落ちてきたのでした。

　ロイ・ヤスイはバンクーバーから父親のいない家族とともにニューデンバーに来た。

ニューデンバー：なぜ怒りっぽく反抗的になったのか

　1942年夏、ニューデンバーに着いたとき、手つかずの自然が残るスローカン湖畔に結核療養所が建設中だった。僕は9歳だった。母、4人の姉妹と僕の6人

だった。1日の大半を療養所の脇の入り江で泳いで過ごした。その後患者が到着すると、その入り江は立ち入り禁止となった。

　最初、僕らはテントで暮した。ほとんどの家族は到着してしばらくはテントで暮らした。僕らは早く到着していたが、住宅が指定されたのはずいぶん遅くなってからだった。マタサブロウ・ウチダ先生は僕らに住宅が当てがわれるように交渉してくれた。3歳だった妹は心臓に穴がある状態で生まれてきて深刻な病状だった。先生の要求は容れられなかった。

　テントの中はとても寒かった。寒さよけにテントの周りに雪を詰めたものだった。空になったテントが取り払われるたびに、いつ僕らの番が来るのかと思ったものだった。母にとって、僕らの絶え間ない不満を聞きながら、何もできないことは辛いことだったはずだ。僕らがやっと住宅を指定されたときにニューデンバーで残っていたテントはわずかに3つだった。住宅も他の家族と共有しなければならなかったのだが。

　この出来事はニューデンバーでの僕の思い出のなかにしっかり残っている。先生たちに、僕が怒りっぽくて不機嫌で反抗的に見えたことの理由の一部だったかもしれない。

　ヘンリー・シバタもバンクーバー出身だった。1943年4月にやっとレモンクリーク収容所の学校が始まると、7学年に入った。

レモンクリーク：仮設だが牧歌的な環境

　レモンクリーク―牛の放牧地が収容所にされた―のメインストリートはジレッド通りと呼ばれていた。通りは南北に伸びていて、新たに建てられた簡素な兵舎のような3部屋の家が並ぶ住宅地を東西に区分していた。収容所は幹線道路につながっていて、スローカンシティ、ポポフ、ベイファーム方面とBC州のネルソン方面につながっていた。

　ジレッド通りには食糧や必需品を扱う3つの店、そして共同浴場（日系人にとってとても大事なもの）が集まっていた。僕たちの家はとても狭かったので、お風呂やシャワーをつけることができなかった。またレモンクリークの人たちと一緒に、毎日のように共同浴場で湯につかることは、人びとの交流を深めるのに役立った。

　ジレッド通りの端の収容所の門の内側には、広い校庭のあるレモンクリー

ク小学校となった2階建の建物があった。校舎の裏側には小さな建物があり、そのなかにレモンクリーク合同教会とレモンクリーク幼稚園があった。

　収容所の名前は、スローカン湖から流れ出し、スローカン川に流れ込むきれいな小川の名前にちなんでいた。レモンクリークは僕たちの集落に水を供給し、夏には小さなニジマス釣りもできた。スローカン川では夏の間、釣り人たちには、もっと大きなニジマスや色鮮やかなオショロコマ（訳者注：マスの一種）やたくさんのコクチマスの類やハゼの一種であるマッドサッカーを釣る楽しみがあった。川は冷たくて人目につかないプールにもなり、そこで長い暑い夏の日々に、泳いだりのんびりすることができた。冬になって川が凍ると、すばらしいスケート場になったので、通信販売で入手したスケート靴を履いて遊ぶアイスホッケーの仮設リンクにもなった。

　収容所の東側にはアンダーソン丘があり、それが自然の境界となっていた。丘はアンダーソン農場の所有地であり、その所有者はレモンクリーク収容所が建てられた元の牛の放牧場も所有していたようだった。この丘は僕たち子どもにとってすばらしい冬の遊び場となった。そこでは巧みに作られた手製のスキーやそりに乗って滑って遊んだ。

　収容所を囲む山々は森となっていて、父や他の男性たちが夏の間伐採した薪は、台所のこんろの燃料になった。こんろは1年じゅう調理用に役立つだけでなく、寒い冬には暖房になった。森林にはさまざまな花が咲き、動物が

レモンクリーク。9つある収容所のうち最後に完成したもので2番目の規模のもの。

いて、子どもたちにとって教育や楽しみの場所だった。大部分の子どもたちは、このような自然をめったに体験できない西海岸の都市部のゴミゴミした地区に住んでいたからだ。
　仮の施設だったが牧歌的な環境であった。

　J.C. ハリス[2]は、1900年代初めからニューデンバーに住んでおり、ゴーストタウンに日系カナダ人疎開者がやって来ると興味を示し、かつ同情して見守っていた。彼はまたハリス牧場とよばれた土地を保安委員会に貸し出し、そこに疎開者用の小屋が建設された。
　CCF（新民主党の前身）の指導的立場の人びとと深い関わりをもった老練な社会主義者であり、新聞読者欄の熱心な投稿者でもあった。ハリスはニューデンバーの日系カナダ人について2つの文章を書いている。そのひとつのなかで、疎開者の到着と影響について次のように書いている。

　　ニューデンバーで保安委員会が本格的に建設に着手できるようになったのは、1942年9月のことだった。日系人の看護婦が病院に配置され、患者や彼女たちが接する全ての人びとに、すばらしい印象を与えた。看護婦たちは病の体を癒すだけではなく、白人と日系人との間のとげとげしい感情をも癒したと思う。誰もが彼女たちを好きになった。
　　間もなくまるで魔法のように、きちんとした小さな家が建ち始めた。家々はごく質素な小屋であった。すべて同じ幅で、ただ一部は2部屋、一部は3部屋（大家族向けの場合）、といった具合であった。使われた材木はまったく新しいものだった。伐採されたばかりの木が製材所へ運ばれ、製材所から建設現場へ運ばれた。大部分は、ツガ材の組板が外壁と床材にたっぷりと使われた。屋根にはフェルト材が使われた。
　　日系人が直接入居してきて、火を使うようになると、材木は縮み、結

---

[2] サンドンのハリスと混同しないでほしい。このハリスはイギリスからの移民で銀山ブームの後、BC州に定住した。

露しはじめ、壁が非常に湿って、隙間風が入るようになった。一時は、恐ろしい情況になった。隙間風を防ごうと努力しても、材料がなかった。

その冬はスローカンにおいて経験したことのないほどの厳しさであった。この新しい隣人たちが、その厳しさを勇気と朗らかさで耐えたことは賞賛に価すると感じた。

薪の情況はたいへん悪かったが、もっとひどいことになっていたかもしれない。日系人たちが来る10年ほど前、森林火災がサミット湖周辺の谷に沿って広がり、良い木材が被害にあった。焼けた木材がまだ散乱したり立ったまま残っていて、モミとツガの木は腐っていたが、ヒマラヤスギとカラマツは傷んでおらず乾燥していたからだ。

多くの日系人はこの木材を引っ張り出す仕事に動員された。これは1日がかりであった。とても大量の木材が運び出され、トラックに積まれ、サミット湖から遥かサンドンまで運ばれた。

1942年の秋、立ち退きがほぼ完了すると、政府は、もうひとつの面倒な制限を設けた。カナダ在住の日系カナダ人同士がやりとりする、すべての手紙に対する検閲である。当時の政府文書によれば、これは戦時中の軍事機密を扱うほどに厳しくは実行されなかった。

実際、検閲官は手紙のなかに「日本に好意的またはカナダの軍事努力に敵対的」な文章があれば、回収することを求められた。しかし労働省日系人課(日系カナダ人の再定住の任務を引き継いだ)からのそれ以外の指示は、要するに、戦時中、連邦政府が日系カナダ人をどのように扱っているかについての日系人の意見を監視して情報を集めることであった。「日系人に対する政府の政策や彼らの雇用や住居に関する意見を述べる欧米人」の文言も、また対象となった。

検閲制度は疎開者に次のような影響を与えた。(1)手紙の配達は常に全面的に遅れ、生活をいっそう困難なものにした、(2)検閲が手紙の一部を切り取るようになると、分散した家族の間で、収容所からどこに移動するのかとか、戦争後にどうするかなどについての自由なやりとりができなくなった。

そのような困難が、BC州沿岸から遥か離れたゴーストタウンでの新しい生活を始めた疎開者に、降りかかってきた。その状況にあっても、少なくともひとつの収容所では、正規の教育が始められる前に、子どもたちを相手に、一部の成人疎開者が間に合わせの授業を提供し始めていた。

第6章　最初の4校の開設

　ブリティッシュ・コロンビア州（BC州）内陸部の収容所に送られた大部分の疎開児童たちは1942年から43年にかけて多かれ少なかれ学校教育を受けずにいた。大半の子どもたちは6ヶ月かそれ以上の期間にわたり授業を受けていなかった。家族が西海岸の家から移動させられ、教室から突然引き離されたからだ。収容所に着いた後も、子どもたちは学校の準備が整うまで何ヶ月か待たされた。

　慌しい立ち退きの過程で、収容所自体がまず建てられなければならなかった。その後に学校の校舎設備の改修や建設が始められ、同時に到着後間もない疎開者のなかから教師が採用された。

　この手順は、収容所学校の方針や準備が1942年10月上旬まで当局によって決められていなかったため、いっそうの困難を強いられた。決まったのは総退去が完了する1ヶ月足らず前であった。そのため学校はひとつの例外を除いて、12月まで開校できなかった。

　例外となったのは人びとが最初に定住した収容所であるカズロである。開校に向けて何人かの年長の疎開者が行動を起こした。若い二世の女性たちは、政府の学校が設立されるのを待たずに行動することにした。

　1942年6月、最初の日系カナダ人が沿岸部からカズロに到着した1ヶ月後、すでに非公式の「学校」が、「天気の良い日」に湖畔の公園の屋外で始められた。

　サチ・タキモトはビミィパークで始まった野外教室を思い出す。

カズロ：子どもを集めるのに鐘の音は必要なかった

6月で天気は良かったので、1年生から6年生までの半日の授業を、町の中心から数ブロック離れた野球場で行うことにしました。ビミィパークは、カズロで私たち10代後半の者たちがすぐに思いつく唯一の利用可能な場所でした。

　口伝えでこのニュースは広がり、子どもをパークに集めるのに鐘は不要でした。熱心な子どもたちのグループが次々と、おしゃべりしながら笑いながらやって来ました。子どもたちにとって、カズロホテル、大英帝国婦人会ビル、ウィルソンホテル、ランハムホテルあるいは古い銀行の階上の部屋などの限られた範囲を歩き回ったりすることよりはまともなことでした。

　学校のことを知らない通行人たちは「すばらしい！ 夏の日帰りキャンプ」と思ったかもしれません。遠くには青い山々が見え、静かな湖には水がキラキラと満たされ、砂浜が広がっていましたし、近くには滑らかな岩を越えて泡立つ小川がありました。

　ビミィパーク「学校」はこんな調子でした――一台のピクニックテーブルの周りに子どもたちの1グループが座り、先生の話を熱心に聞いています。芝の上には、他のグループが輪になって先生を囲んでいます。また公園の遠い端っこにいた他のグループからは大きな笑い声が聞こえてきます。全部で6つのグループがあり、それぞれに大人が一人ついていました。

　外で授業をしていたのは短い間でしたが、私たちは自然そのものの瞬間を経験しました。一度、ある男の子が捕まえた蛇を頭の上で振り回すと、女の子たちが突然叫びながら走り出したのです。一人の先生が落ち着いて、この瞬間を即興の自然学習に利用することで騒ぎは収まりました。

　驚くことでもないが、当時生徒だったテッド・シミズは蛇の事件を違うように覚えている。10歳と11歳の2人の友だちと彼は、近くの砂浜で「45センチ」ほどの蛇を見つけた。

カズロ：僕たちは蛇を見つけた

　友だちの一人が、蛇の首を折って、それを授業が行われるピクニックテーブルの上に置いた。僕らは草で蛇を隠した。先生の一人が到着してテーブルの上の草を払おうとして、蛇を発見した。絶叫が響いた。

　彼女の表情には激しい恐怖が表れていて、すぐに姿を消した。僕はそのことでトラブルに巻き込まれたか覚えていない。僕らはその先生を2度と

見なかったし、今に至るまで彼女が誰だったのか覚えていない。

疎開者がさまざまな収容所に落ち着くにつれ、多くの大人たちは全体を落ち着かせようとした。彼ら自身のため、また子どもたちのためにも。

サチ・タキモトとビミィパークの仲間の教師は1942年6月、年長の生徒のために遠足を計画した。

カズロ：ミラー湖の1日のスナップ写真

　私の写真帳には、非合法だったコダックのブラウニーカメラでとった8枚のスナップ写真があります。非合法というのは、1941年12月以来、どのようなカメラであれ持つことも使うことも禁じられていたからです。色あせたセピア色の写真は、カズロ近くのミラー湖へ6年生と遠足に行った1942年6月のあの日に連れ戻してくれます。

　白黒写真を見ていると、14人の女の子と8人の男の子たちが、紙包みや布製バッグに入った粗末な昼食をしっかりと抱えている姿がよみがえります。トミコとエミコの2人のタケダ姉妹は、白い綿のシャツに白ドリルのスラックスをはいて、格子縞のベージュのジャケットを羽織っています。ヨシコ・マツグはピンクと白の縦縞の半袖のブラウスにスラックスをはいて、いつものように笑っています。真面目なケイコ・アライ、親切なエイコ・ミウラ、物静かなフローレンス・マツバそして小柄なシズエ・サクラ、みんな色とりどりの綿プリント柄の服を着てボビーソックスをはいています。賢くて朗らかなタキコ・スズキと名前の思い出せない2人の子どもたちは綿のブラウスに紺色のスラックスをはいて、頭にバンダナを巻いています。

　男の子たちは明るい色のシャツを、いつもと同じく構うことなく、だらしなく着て、セーターとしわだらけのズボンをはき、野球帽やカウボーイハットや農民風の麦藁帽子を被っています。

　穏やかな夏の日、強い日射しが頭の上から照らしていました。険しい砂利道の坂道をひたすら登り、町とクートネイ湖から離れていきました。草が茂り、手入れされていないゴルフコースを登って行ったので、連邦警察官も私たちを止めませんでした。誰と行き違うこともありません。

　私たちは座って休憩をとりました。教師のフサコ・イノセは、うっかり柔

らかで暖かいタールの上に座ってしまいました。彼女が歩き始めようと立ち上がると、子どもたちがからかい、彼女もみんなと一緒に笑いました。
　CGIT（訳者注："Canadian Girls in Training"は1915年にYWCAの後援を受けて創立された、12歳から17歳の女子を対象として、さまざまなスポーツ・文化活動を促進することを目的としている）の歌やフォークソングを繰り返し歌ったり、なぞなぞ遊びをしたりしながら、やっとアビー牧場に到着しました。人懐こいアビー牧場の10代前半の年頃の子どもたちが、私たちを招いてくれたのです。セントバーナード犬のような大きな犬が、尻尾を振りながら、舌をはあはあ言わせながら、私たちを出迎えに走ってきました。ポール・マルヤマはお手をしながらすぐに仲良くなりました。アビーの可愛らしい金髪のお嬢さんが兄さんといっしょに、道から入ったところに木立に隠れるようにして建っている納屋から出てきて挨拶しました。
　カメラを借りて、すぐにこの様子を撮影しました。
　アビーのお嬢さんはミラー湖への道を教えてくれました。お弁当を食べるのに手ごろで静かな場所を、そこでみつけました。カシャ、カシャ、とカメラはこのときの瞬間をとらえました。他には誰もピクニックに来ている人はいないし、湖にも道にも空にも、なにもありませんでした。私たちだけでした。
　女の子たちは野の花を集めて花束にして、私たち教師にプレゼントしてくれました。フサコと私はすぐに大げさな演技をして、結婚式のまねをしました。フサコはジョージ・オイカワの麦藁帽を被り、私はだれかの農婦風の帽子を借りました。子どもたちの一人がカメラを取り上げてシャッターを押しました。また1枚、写真が撮れました。

　サチ・タキモトのカズロ滞在は3ヶ月と短かった。バンクーバー出身のこの二世は、9月にはクートネイレイク収容所から東のオンタリオ州に向かったからだ。1942年の同じ月には、カズロで保安委員会の最初の学校が開校した。その校長はサチの姉のキミ・タキモトで、ブリティッシュ・コロンビア大学を卒業したばかりであった。彼女は、サチとその友だちがカズロ湖畔の公園で授業を始めたとき、まだヘイスティングスパークで教えていた。
　キミ・タキモトのカズロの学校は、8つのゴーストタウン学校のうち最初に開校したというだけではなく、立ち退き完了の10月最終日のほぼ2ヶ月前には開校していた。このように迅速にスタートできた理由は次のようなも

のであった。

- 千人以上の家族収容所のカズロは最初に準備された。したがって、沿岸部からの疎開者で最初にいっぱいとなった。
- いったん定住すると、親と二世の大人の最大の心配事は、子どもたちが教育を受けていないことであった。
- カズロの改修されたゴーストタウンの建物のなかには教室として使える施設があった。

キミ・タキモト校長は、収容所学校を急いで始めるにあたって、ビミィパークのグループ・リーダーだったモリー・フジタとベティ・シノハラを含むカズロの教師たちが、どのようにして無給で教え始めようと決めたか説明する。

正式なカズロ校の開校

カズロ。クートネイ湖畔にあるこのゴーストタウンの疎開児童のための収容所学校が最初に開校した。メインストリート沿いにある元雑貨店だった建物が校舎となった。

> 小学校の教育計画は、まだ（保安委員会によって）準備されていなかったし、学校組織全体はまったく手つかずでした。それは、総退去が完了するまでにはできているはずでした。したがって、すべてが間に合わせでした。しかし、ヘイスティングスパークでさえ臨時学校は開設されていたし、「何もないよりはまし」という同じ感覚が支配的でした。歌と祈りとともに、すべては始まりました。
>
> 保安委員会の地区管理局（責任者はミノ・スズキ）の手配で、黒板と仕切りが用意されました。何冊かの教科書が地元の（非日系人の）教師や住民から寄贈され、学校組織や運営方法については、こうしたことに詳しい教師たちのアドバイスを大急ぎでいただき、教師たちに伝えられました。
>
> 1年生から4年生までは午前中、5年生から8年生までは午後とする授業予定が組まれました。2番目のクラスはドリル・ホール、3番目のクラスはかつてのカズロのパン屋、4番目は靴屋が使われることになりました。
>
> 二世の教師たちは、日曜学校と団体活動の指導しか経験したことがありませんでした。大部分は高卒で、大学教育を受けていた者も何人かいました。全員がとても意欲的で、彼らの弟や妹たちの窮状を救いたいと願い、親たちの不安を解消しようとしていました。
>
> 最初の教師たちは、モリー・フジタ、ヒデコ・ヒダカ、スエ・マツグ、アヤ・サトウ、ベティ・シノハラ、ナカ・スズキ、ノブコ・トダ、リリー・ウエダ、マリコ・ウエダとエイミー・ヤマザキでした。
>
> 生徒指導上の問題に関しては、カズロにいて私たち若い教師の仕事環境に最も関心を寄せてくれた元日本語学校の先生からの助言をもらいました。彼らはほとんどが一世でしたが、必要に応じて母親たちに話をして、子どもの問題行動を教室で扱うのではなく、母親たちに個人的に扱ってもらうようにしました。
>
> 教師たちは半日の仕事を、なんとかして、ほとんど独りで取り組みました。結果は上出来でした。最初の1年間、みな自分自身の計画によって仕事をし、また誰も教職の教育を受けていなかったことを考えれば、本当にすばらしく注目に値するものでした。

キミ・タキモトがこの思い出のなかで触れなかったことがある。保安委員会が疎開児童のための教育をどう準備するかまだ決められないでいる間、彼女は教職員を募集し、準備し、カズロでの学校を開設したことだ。この間、彼女は指示を仰ぐため、バンクーバーの保安委員会本部と手紙のやりとりを

カズロ。1943年。ヒデコ・ヒダカ先生と一緒に校舎の前での低学年児童たち。

通して定期的に連絡をとっていた。学校監督官になる予定だったヒデ・ヒョウドウは、直接には手助けできなかった。最初の保安委員会の学校がカズロで9月に開校したときも、彼女はまだバンクーバーにいて、全体的な教育計画の作成に協力していた。

　カズロ収容所の学校は、一世の親たちの支援を受け、二世のボランティアによって準備され運営されたが、9月に新年度が始まってから数週間以内に、保安委員会による最初の公式の学校となった。その時点で、収容所で保安委員会のために働いている人びとと同じように、教師には給料が支払われるようになった。

　先述のようにBC州の収容所のなかでグリーンウッドだけが、保安委員会の直接的な介入を受けずに教育の問題を解決していた。疎開者と一緒に来たローマカトリック教会の聖職者と活動家が、地元学校の関係者と一緒に疎開者のための小学校と高校を準備した。

他の8ヶ所の収容所では学校を準備することが、1942年から43年にかけての秋から冬の間、急を要する課題となっていた。急いで行われるべき物事は以下のような理由から、なかなか捗らなかった。

・適当な校舎や教室を建てるか改修する必要があった。
・教師は年長のカナダ生まれの疎開者から採用しなければならなかった。校長（初めは学校責任者）も任命しなければならなかった。
・8学年分の適切な教育課程を開発しなければならなかった。それもほとんど素人同然の教師たちがこなせるようなものである。

これらすべてのことが、BC州政府と教育省の協力が遅れがちで不足ぎみのなかで、達成されなければならなかった。

1942年の夏から秋の間、沿岸部からの立ち退きはまだ続いていたが、BC州収容所の疎開児童の教育について、保安委員会の職員、連邦政府労働省の保安委員会責任者およびBC州政府との間で懸命に協議されていた。

最終的には連邦政府側は、BC州政府が州内で移動した子どもの教育についての責任を一切拒否したという厳しい事実を受け入れなければならなかった。それだけではなくBC州教育省は、子どもたちに教科書を無償で提供することや、保安委員会が要請していた試験答案の採点さえ拒否したのである。そのため、保安委員会自身で教育プログラムの資金を調達し、運営することを余儀なくされたのである。

バンクーバーの保安委員会本部の長官補佐であるティアウィットは、収容所の子どもの教育に関する委員会の最初の担当者だった。1942年10月6日付の記録によれば、ティアウィットは、ゴーストタウンの管理責任者たちに次のようにアドバイスしている。

> ヒョウドウ先生は、学校監督官に任命されることになろう。彼女は充分に資格のある教師であり、立ち退き前にはリッチモンド教育委員会に

採用されており、日系人の教育体制を整えるだけの十分な能力がある。

ティアウィットは、委員会は必要な教育課程を用意し、教科書を2人に1セットの割合で提供するつもりであること、児童の250人から300人につき1人の指導主事を選ぶつもりであることも付け加えていた。指導主事たちは日系人の高卒者や大学生のボランティア職員を組織して、子どもたちに教えるのを援助することになっていた。

ティアウィットは助言を締めくくるにあたって、奥地に拠点を置き、収容所を運営するという変わった未知の仕事をしなければならない新設委員会の職員たちに必要と考えることを再確認した。

　教育に関するすべての準備と手配については、日系人自身が行うだろう。(中略)何を行うべきか計画が決まったので、私たちは、日系人が能率的なやり方で準備し、教師や授業を立ち上げるのを見届けられるのではないか。

ビクトリアの州政府との交渉も不首尾に終わり、白人の指導主事と校長を赴任させるというマックレイの最初の提案は不可能であることが明らかになった。これが立ち退かされた者が疎開児童の教育にあたるというユニークな日系カナダ人の戦時収容所の経験が生まれた事情である。

バンクーバーでは、政府の教育方針が決定されるのを待つ間に、新たに任命されたゴーストタウン学校の監督官が、学校開設の準備を進めていた。

10月末に最後の疎開者が内陸部に向けて出発すると、ヒデ・ヒョウドウはニューデンバーに到着した。そこがその後の3年間、彼女の拠点となった。このゴーストタウンは、その戦略的位置から保安委員会の総司令部の場所として選ばれた。

サンドンとカズロはどちらも東にあり、自動車でも列車でも行くことができる。ローズベリーはスローカン湖畔のわずか数キロ北である。その他のゴー

ストタウン収容所は、スローカンのポポフやベイファームとその近くにあるレモンクリークはニューデンバーの南にあり、やはり自動車か列車で行くことができる。タシメだけがスローカンバレーの西482キロのところにあり、かなり遠回りになる列車の旅が必要であった。

　2人の二世女性を伴って、ニューデンバーの住宅の1棟に移動したヒョウドウは、収容所学校の整備を始めた。1942年11月18日付のヒデ・ヒョウドウからジャック・ティアウィット宛の手紙には、スローカンバレーの学校を準備するために、彼女と2人の校長予定者のヨシコ・タナベとタカシ・ツジが、初めに手をつけたことが述べられている。

　　　タナベ先生とツジ先生と私は、スローカンと周辺地区の学校の教師候補者の面接のため3日間を費やしました。時間のかかる大変な仕事でしたが、とても満足できる経験となりました。私たちは教師を選ぶのに十分な情報を得ていました。ここの教師の教育水準は他のどこの町よりも高いものでした。彼らの年齢や経験も当然、他と比べて適切なものです。
　　　レモンクリークでもポポフとベイファームでも教師の全体会議を開催しました。また低学年の教師たちはレモンクリークで今朝も集会を開いています。他の教師たちの会議は月曜に予定されています。男性は昼間働いているので、日曜の午後に体育授業を担当するグループを集めなければならないでしょう。またレモンクリークから来る教師たちは、夜間にはここから出て行く交通手段がありません。
　　　レモンクリークでは、校舎建築のための整地が始まっています。計画はこの週末に準備が終わることになっていると理解していますので、建設は速やかに進むのでは、と期待しています。
　　　今朝ベイファームに行くと、ヘレン・ハード女史がやってきて、その収容所の校長の選考について聞いてきました。彼女は日本から来た十分な資格のある宣教師が来る可能性について教えてくれました。1月には来て就任する可能性があるということでした。そのような人物について私が聞いたのは初めてだったので、当然、選択肢のなかには入っていま

せんでした。

彼女は、もしツジ先生が私たちの計画どおりベイファームに送られるようならば、任命には反対せざるをえないので、その旨を理解して欲しいと言いました（彼が日本で教育を受けた仏教僧であるため）。

私自身は1942年3月にバンクーバーで日系カナダ市民会議が組織されたとき、ツジ氏に初めて会いました。私は彼に全面的な信頼を寄せています。彼はまだ23歳の若さですが、年齢よりは大人です。堅実な考え方と稀にみる適切な判断力と、市民会議との途絶えることのない協力関係の上で誠実な姿勢によって、知り合ったすべての人びとから彼は尊敬を得ていました。

ツジ先生が日本で仏教徒としての教育を受けていることを、ハード女史が問題にする可能性がありました。私はそのことがどんな印象をもつか理解はしていましたが、このことを理由に、彼に関する私たちの判断を変えたり、他のセンターに送ることは適当ではないと感じました。

前述した宣教師（ハード女史がベイファームの校長に薦めている）については、私たちは何らかの決定が下されるまでは慎重であるべきです。従来、宣教師の多くは、どちらかといえば考え方が古過ぎて、若者たちからは歓迎されませんでした。でも、この人物に関して、事前に意見を示すのは不公正でしょう。

選考の結果は、開教使のタカシ・ツジがベイファーム校の校長に滞りなく任命された。BC州のフレイザー川岸のミッションで生まれて教育を受けたツジは、僧侶としての教育を受けるために日本に渡った。彼は1941年8月、開戦直前の太平洋航路の客船に乗ってカナダに戻った。ゴーストタウンの校長となる別の2人の二世も偶然、同じ船に乗っていた。レモンクリークの初代校長になったアイリーン・ウチダとベイファーム校校長のツジの後任者となったマスコ・イグチの2人は両親の故郷を訪問した帰りであった。

ツジの任命に、合同教会の活動家が抵抗したとき、ヒデ・ヒョウドウが反論したことについては、彼女自身が合同教会のメンバーだったことを思い出

すとよい。タカシ・ツジの任命を貫いた彼女の行為は、彼女が保安委員会の学校の監督官として、常にとった姿勢の典型例である。当局に対しては決して従順ではなく、ただ一人の経験者として教師の仕事と責任が、大急ぎで準備された学校のなかでどれだけ大変なものか理解していたので、教師を守り必要とあれば自ら緩衝役となったのである。

　1942年秋の日々、ヒデ・ヒョウドウは多くの学校が必要としていた物品や設備などを手配するために奮闘していた。大部分の物品は、保安委員会の購入課を通じて受け取られた。
　机・椅子・黒板については、バンクーバーの敵性外国人財産管理局に対して働きかけた。この新たに創設された連邦政府の事務所は、防衛地域に残された日系カナダ人から没収し、引き渡しを受けたすべての財産を管理していた。財産のなかには、黒板や机や椅子を備えた日本語学校の建物群も含まれていた。たいていは、これらの学校で学んだカナダ生まれの子どもたちの父

サンドン。最初の教師たち（1942－43年）。
前列、左から、エイミー・スギウラ、ハルコ・イトウ、テリー・スギウラ校長、トシエ・タカタ、フミ・ナカツカ。後列、マス・ナカツカ、ミチコ・アンピ、タツエ・ナカツカ、アヤ・オノ、ベシー・ミヤケ、ゴウジ・スズキ。

親である一世らによって、1920、30年代に（日本語学校の建物そのものも）造られたものであった。

これらの備品のなかには、ヘイスティングスパークの学校で使われたものもあった。その使用された備品や沿岸部の日本語学校にあったものはゴーストタウンに運ばれることになった。もともとの持ち主である疎開者を追うようにして。

1942年12月1日、保安委員会の2番目の学校が開校した。今回はサンドンであった。この収容所の疎開者は仏教信者が多数を占めていた。保安委員会との取り決めによるものであった。

初代校長のテリー・スギウラは、地元に残っていた若干の人びとの援助を受けながら、新たに収容所に到着した住民が、どのように学校を準備したのか説明する。

> **サンドン：よいスタートを切って**
>
> 疎開者が到着した直後の1942年夏の間、マツジロウ・オオハシ氏の指導のもと、日系人委員会が組織されました。オオハシ氏はポートエシントンの仏教会の補教使（訳者注：浄土真宗で一定の修行を積んだ在家信徒）でした。委員会は住宅、福利、レクリエーション、宗教活動、教育のそれぞれの分野に議長を選任しました。コウヘイ・ウスイ氏は教育分野の議長となりました。教育プログラムみたいなものの立案が始まりました。
>
> 子どもたちの教育が何ヶ月も無視されてきたことに、とくにポートエシントンの多くの親たちは不安を訴えました。そのため日系人委員会は、地元の教育関係者に校舎を使えないかと打診しました。同時に疎開者のなかの高卒者たちに、教師として協力してもらうよう依頼しました。地元の教育関係者のおかげで、夏の間、私たちの子どもが、本や施設を利用できることになりました。
>
> 1942年秋、保安委員会が疎開児童の教育に責任をもつようになると、保安委員と地元の学校との間で、低学年の子どもたちが地元の校舎を使ってよいという合意に達しました。

第6章　最初の4校の開設　69

　もうひとつの合意事項は、地元の学校のルイス・リンド先生が、彼女の教えていた6人のクラスと日系カナダ人のクラスとを合同させるということでした。
　空の倉庫は直ちに改修され、残る3年生から8年生までの生徒のために、仕切りが作られ備品が用意されました。最終的には、リンド先生がもともとの白人生徒に加えて6年生を担当することが合意されました。校長室として、倉庫の建物の隅に小さな部屋が用意されました。
　その後、ボランティア教師のグループは、サンドンの保安委員会の正規の有給職員として採用されました。次の人たちがサンドン学校の初代の教師でした。
　校長：テルコ・スギウラ、1年生担任：タツエ・ナカツカ、2年生担任：トシエ・タカタ、2年生と3年生担任：フミコ・ナカツカ、3年生担任：アヤコ・オノ、4年生担任：ミチコ・アンピ、5年生担任：カナエ・ミヤケ、6年生担任：ルイス・リンド、7年生担任：エミコ・スギウラ、8年生担任：ハルコ・イトウ。
　夏の間、ゴウジ・スズキ先生という若くてスポーツに強い関心を持っていた男性が、地域の子どもの体育教育を引き受けました。しかし、保安委員会はすでに教育のスタッフとして雇用している若い男性たちを雇おうとはしなかったため、彼に代わってタマキ・ナカザワが体育教師となりました。

　サンドンの6年生の担任だったルイス・リンドは、ゴーストタウン学校が存在した4年ないし5年間で唯一の非日系人の教師であった。

　1942年10月に総退去が終了したとき、西海岸から移動した者の半数以上、約13,000人が家族用のBC州内陸部収容所に移動させられた。彼らは連邦政府機関である保安委員会に管理され、特別に任命された連邦警察官部隊によって監視されていた。
　『ニューカナディアン』紙の報道によれば、疎開者たちはすぐに落ち着いた。立ち退きの過程が終了に近づくと、日系カナダ人新聞の『ニューカナディアン』もバンクーバーから内陸部のカズロに移動した。カズロの収容所はかつての鉱山町にあり、多少の商業活動も残っていた。週刊新聞も残っており、その印刷機は『ニューカナディアン』紙のスタッフが利用できた。
　1942年11月30日にカズロで発行された最初の新聞には、立ち退きが終わっ

た翌月、内陸部の収容所の全般的な様子が最初のページに紹介されていた。見出しには、「収容者の町、より日常的な地域社会に」とあり、次のように詳しく述べている。

 住宅建設は事実上、というよりすっかり終了し、今後の4ヶ月間、どのように暖をとるかがタシメからカズロに及ぶ疎開者の最大の心配事となっている。(略)国じゅうの至るところで起きている燃料不足がこの不安を助長していた。(責任)当局にとっても同様である。(略)同じように、ストーブの用意と火災への用心とが暖房の問題を難しいものにしている。
 この問題に続いて、多くの人にとって尽きない悩みは、限られた生活費で家計のやりくりをどうつけていくかということである。

平常な地域の生活
 しかし、全般的な印象としては、これらの問題を除けば大部分の疎開者は新しい住宅にすみやかに落ち着いて、より日常的な地域社会の様子が見えてきた。
 学校教育についてはうまく準備され、多くの親の心配ごとのひとつを解決した。スローカン周辺地区のすべての家族が定住し、ニューデンバーとスローカン周辺地区で改善された水道施設が提供されたことは新たな前進である。住宅のいっそうの改善、とりわけ、今のところ新しい住宅を悩ませている湿気を排除するための換気口の設置や流し台の設置、ドアや窓の工事が完了すれば、より「定住」感が増すだろう。
 (略)病院や衛生施設の建設も、とりわけタシメ、スローカンそしてニューデンバーにおいて進められている。

この記事はさらに通常の地域社会の活動を支えるいくつかの組織ができたことも紹介している。これらのなかには、社交、教会、体育協会、さらに子ども会の類までが、町の行政と協力する地域協議会として含まれていた。

ゴーストタウンでの生活が実際にどのようなものであったかは、もちろん一人ひとりの当時の年齢によって違うし、家族情況、また自由の束縛度や、のしかかる将来の不確かさなどによって異なっていた。

　大人の疎開者にとって、その生活は状況に耐え、頑張りとおすことを意味した。日本の言葉で言えば、「我慢」と「頑張り」のときである。一方、幼い子どもたちにとっては、彼らの生まれた沿岸部と同じ国であるにもかかわらず、異なった土地での新しく刺激的な経験に満ちた、気ままな時間であった。

　改修と建設事業が完了すると、疎開者は沿岸部で生活していたときと同じような新しいコミュニティを直ちに組織した。例えば、最初に定住したカズロとサンドンでは、さまざまな活動がすぐに始められた。

　グロリア・サトウは、サンドン収容所でグループ活動が一斉に始まったことを覚えている。

サンドン：グループ活動が私たちを忙しくさせた

　到着時の最初のショックのあと、千人ほどの新移住者は日常生活の落ち着きを取り戻しました。おそらく他の収容所からも離れていたため、サンドンの人びとはよく協力して働き、さまざまな活動も始まりました。

　伝統文化に焦点を当てた活動もありました。生花、俳句、碁、詩吟や書道などです。歌舞伎グループや合唱団、ハイキングクラブ、洋裁クラブなどもありました。スポーツに関心のある人たちは、女子バスケットや男子野球や剣道、柔道に集まりました。

　1ヶ月後、公立学校が始まりました。ハイスクールの生徒の夜間授業も通信教育課程により全面的に始まりました。私たちは生活が順調に行っているふりをしていました。ある意味で、自分たちに起こっていることを否定しようとする行動でした。「くよくよするな。とりあえず忙しく動き続けよう……」。

　多くの一世には頼るべき宗教がありました。仏教徒にとってこれは「縁」、つまり自分の力の及ばない業による状況でした。

　この生活を耐えられるように思えたのは、そう長くはここにいないだろうと理解していたことです。政府は、私たちに出て行ってもらいたい、どこか東部に、そしてサンドンはただ仮の住まいだということです。

アヤコ・アタギはカズロ収容所の初めのころを思い出す。

> ### カズロ：時間を有効に使う活動
>
> 　日系人とは、総じて静観したまま、政府（あるいは運命）に対して不平不満をぶつけるようなことはしません。疎開者は、何の理由もなく強いられた自分たちの状況について、大声で不平をもらすことは、なんの役にも立たないと信じていたのです。だから平常心を保つためにあらゆる努力をし、互いに生活をしやすいようにして、余計なトラブルを避けようとしました。
>
> 　定住して、個々の建物の他の居住者と知り合いになると、時間を有効に使う活動を組織し始めました。教会（合同教会、仏教会）、クラブ活動、赤十字、ワークショップ（音楽、裁縫、料理など）、スポーツ（野球、バスケットボール、バドミントン、体操、ソフトボール、剣道）です。もし地元の子どもが希望するなら、喜んで迎えられ一緒に活動しました。女性の疎開者のなかには、赤十字のために編み物と裁縫を続ける人たちもいました。カナダ政府は彼らを「敵性外国人」とみなしていましたが、彼女たち自身は自分たちをカナダ人だと思っていたし、戦争への貢献を続けました。

ローザ・ババはポポフの疎開者も、自分たちをせわしなくする用事を作り出し始めたのを覚えている。

> ### ポポフ：古い慣習を再発見する
>
> 　収容所での生活は退屈なものではありませんでした。いろいろな文化活動グループができ、老いも若きも年配者も古い慣習を尊ぶことを教えられました。手仕事を教える才能をもっている者は誰でも自発的にあるいは頼まれて教えました。
>
> 　だから私たちは裁縫や料理、ペーパーフラワー、木工、将棋、日本語の読み書き、和楽器の演奏、歌などなどを習いました。
>
> 　時が経つうちに、年に何回か素人演芸会が開催され、芝居の公演もありました。

ヒデヨ・イグチはベイファームの典型的な土曜日を思い出す。

ベイファーム：イートン百貨店からの小包

　ビックベンの目覚ましの音に眠りから起こされました。土曜だと気づいて、2段ベッドのはしごをのろのろ降りていきました。すでに、母は洗面と朝食のためにアルミのヤカンに水をいっぱい入れていました。1942年11月の寒い日でした。スローカンに到着してから1ヶ月ほどが経っていました。冷え冷えとした日でした。一晩じゅう、ドラム缶ストーブはついていたのに、床の釘の頭には霜がついていました。

　それでも、壁をタール紙で覆い、壁の下のほうを1メートルくらい板で覆ったおかげで、以前に感じていた寒さに比べればはるかにましでした。もはや壁に隙間はなく、冷たい隙間風が入ってくることはなくなっていたのです。

　台所の木製の流し台で洗面を終えました。そのとき、外で誰かが「給水車が来た」と叫んでいました。その日は洗濯のためにいつもより余分の水が必要だったので、2つのバケツを急いで持ち出し、さらに古いトタン製の洗い桶を運び出しました。毎朝、中型トラックが来て2人の若い男性が、水を配給するために通りを行ったり来たりして、水を入れるのを手伝ってくれました。

　朝食の時間になり、母と妹、弟と私は収容所の友人たちの手作りのテーブルの周りに座りました。多少の果物（新鮮なものか缶入り）、粥、トースト、時に卵かベーコン、紅茶かコーヒーがいつもの朝食でした。弟のカツは7時半過ぎには鉱山（かつての銀鉱は疎開者たちの生活の場になっていました）に行くために家を出ました。彼とその仲間は、鉱山の住民が薪として使えるように丸太を割っていました。

　食器を片づけてから洗濯に取りかかりました。4.3×7.3メートルの住居の半分に活気がみなぎっていました。使い古された洗濯板が持ち出され、ひとりが洗うとひとりがすすぎました。そのような窮屈な場所では、チームワークこそが大切でした。雨さえ降らなければ、家の裏側に作った物干しに洗濯物を干しました。ほんとうに寒い日には、しばしばすべてが硬く凍ってしまいました。そんなことになったら、シーツほどの大きなものだと扱いがとても難しくなりました。

　数日間、誰もスローカンシティの中心部にある郵便局に行っていませんでした。購読していた『バンクーバー・デイリー・プロビンス』が届いているはずでした。イートン百貨店に注文した雪靴も届いているかもしれません。た

いていの家にはイートンかシンプソンの通信販売のカタログがありました。スローカンシティの乾物屋さんや2軒の雑貨屋、あるいはベイファームのデュカボーの雑貨屋かオルブライトの雑貨屋にないものを入手するには、カタログが必要でした。カタログはよい読み物でもありました。私たちは石油ランプの灯りの下で色刷りのイラストのあるページをめくって夜を過ごしたものです。

　出かけるときにはリバーシブルのレインコートを着て、頭にネッカチーフを巻きました。ベイファームからスローカンシティまではせいぜい1.6キロほどでした。道は埃っぽい砂利道で、底の薄い靴では歩きにくいものでした。雪の上の足跡は、幹線道路の歩道の印でした。よくベイファームやポポフから同じ方向に向かう人がいて、そのなかに友だちを見つけたものでした。道を歩きながらおしゃべりをして、ネルソンからひっきりなしにやって来るトラックを避けながら、すぐに郵便局に着きました。

　郵便局は小さな古びた建物でした。ドアを開けると、横いっぱいに広がったカウンターの設けられた壁が目に飛び込んできます。中央に窓口があって、そこに進んで、自分宛の郵便物が来ていないかどうか尋ねるのです。自分の名前と居住地（スローカンシティ、ベイファームまたはポポフ）を告げて。それから自分の家に宛てた手紙を受け取って家路につきました。

　私たちが戻ると昼食が用意されていました。湯気の立つ味噌汁と卵焼き、そしてバンクーバーから持ってきたお米で炊いたご飯を喜んでいただきました。私たちの外出中に、母はケーキを焼いてくれました。プレーンケーキでしたが、配給制にもかかわらず、母はいつもたくさんのバターを使うので、とてもおいしかったのです。

　昼食が終わるやいなや、イートンからの小包を開けました。とても欲しかった雪靴が入っていました。ラム・ウールのカラーが足首の上までついた白い靴でした。収容所のなかでは、私たちはみんな同じような靴を履いていました。だって同じカタログで注文していたのだから。

　共同浴場は午後3時ごろから10時ごろまで営業していました。いつもは夕食の前に入るのが好きでした。急いで洗面器、タオル、石鹸を用意しました。「お風呂に行く？」と隣の人に壁越しに聞こえるよう、言いました。「ええ、一緒に行くわ」という答えが返ってきました。ドアを閉めて、家の裏側に回って共同浴場への近道をしました。歩いて5分ほどでした。午後4時のお風呂は混んでいませんでした。早めの夕食を好む人たちは、家で料理している時間だったせいでしょう。浴槽は女の子が、2、3回、手をかいて泳ぐほどの幅が

ありました。
　今晩の夕食は玉ねぎとセロリを添えたソーセージでした。セロリはとても高価で1.5ドルもしました。私たちがバンクーバーを離れたころは、25〜35セントだったものです。それでも母は、値段に関係なく、私たちには新鮮な野菜が必要だと考えていました。レタスが1玉1.25ドルだったのも覚えていますが、ジャガイモや玉ねぎや人参がいくらだったのかは覚えていません。
　料理と暖房に使う薪は、たいていは切り出されたばかりのポプラの木でした。なかなか燃えません。幸い、親切な友だちがときどき家の裏側の薪置き場に焚きつけを置いていってくれました。私たちは黒い鋳物の調理コンロの上に灯りがさすように石油ランプをつけました。青白い灯りは小さな台所と私たちの家の半分を占める「食堂兼居間兼寝室」に長い暗い影を作りました。2、3本のろうそくの明かりとともに、ランプの明かりは夕食を楽しむのに十分でした。
　夕食のお皿を洗うと、私たちは外の世界で何が起きているのか知るために新聞に目を通しました。戦争がどうなっているのか関心がありましたが、ヨーロッパのカナダ軍のニュースはとても遠い出来事のように感じられました。
　たまには夜、友だちが立ち寄ることもありました。当然、話は戦争前のことになりました。古くからの友だちなら、バンクーバーの思い出話になりました。ゴーストタウンで新しくできた友だちとは、より親しくなるために昔の話を互いに語り合ったものです。この疎開時代に何人かととても親しくなりました。
　お茶の時間には、当時とても人気のあったリッツのクラッカーかお手製のケーキやクッキーが出されました。家に来た人には、懐中電灯かランタンを持っているかどうか聞くことが一種の慣例となっていました。家に帰る途中の道に街灯がなかったからです。多くの家庭はいろいろと工夫をしていました。私の家では缶の一方を切って真ん中にろうそくを立てるようにしたランタンを作りました。缶には棒が釘づけされ、取っ手にするための紐がついていました。
　夜の10時半か11時には寝る支度をしました。消毒用の石灰のつんとした臭いのするトイレに行くのは嫌なものでした。収容所での生活のなかで避けるわけにはいかないものでした。秋から冬の間は寝る前にいつも、ドラム缶のストーブに明け方まで燃えるだけの薪をくべました。危険でしたが、家を暖かく保ってくれました。それぞれ「おやすみなさい」をいって、薄い藁のマットレスが敷かれた2段ベッドの床に就きました。よりよい時代を夢見るために。

グリーンウッド、カズロおよびサンドンと違って、スローカン地区の収容所では校舎用に新しい建物が必要だった。ローズベリーとニューデンバーでは他地区のように新たに校舎を建てるのではなく、新築の委員会の住宅あるいは通常の家族向け3部屋の「タール紙で覆われた小屋」が、それぞれ校舎に転用された。ニューデンバーでは、オーチャード地区の学校用に明け渡すため、ハリス牧場と呼ばれた地区の小屋に移動しなければならなかった家族もあった。

　ヒデ・ヒョウドウがティアウィットに1942年12月24日付の手紙で報告している。

　　　ローズベリーでは、12月15日に4軒の住居を利用して、2学年ずつそれぞれの建物に入ってもらった。2軒の建物を改修して集会所が作られ、ここで今週末にニューイヤーコンサートが開かれることになっている。
（略）
　　　ニューデンバーでは12月18日に当面、5軒の住居を使って、複式授業が始まった。しかし11軒の建物が間もなく利用できるようになると伝えられている。それでも、2クラスある1年生は当面、ひとつの部屋を仕切って使わなければならない。春までにもう1軒の家が空くことを願っている。
　　　ニューデンバーでも1月2日にコンサートが開かれる。新しい病院で行われる予定で生徒たちは4回の出番がある。

　適度な人口規模にもかかわらず（1942年11月の時点で1,100人余り）、ニューデンバーでは必要な教師の数に対して適当な候補者が不足していた。主な理由は保安委員会が日系人患者のために、ニューデンバーに結核療養所を造ったことであった。療養所とスローカン共同病院が拡充されたために、教師候補者となるはずの成人二世の多くがすでに雇われていた。そのため開校の準

備に当たって、ヒデ・ヒョウドウは地元の委員会職員と交渉して、ローズベリーから3人の二世女性を教員として移動させることを認めさせた。トミコ・イワサキ、モリー・イワサキ、フキ・オオクラである。3人の教師には委員会のタール紙の住宅だけではなく、他の収容所にいる家族から離れて暮らすのに必要となる生活費も支給することで合意した。

　落ち着かない1942年も終わりに近づき、8つの保安委員会学校のうち4校が運営されるようになった。しかし残りの4校はまだ準備ができていなかった。開校までには、さらに準備の時間や新しい校舎の完成が必要であった。

第7章　ようやく残りの学校も開校

　1943年はバンクーバーの保安委員会事務局の重要な人事異動で始まった。ジャック・ティアウィットに代わる、収容所の教育の新しい責任者が任命された。1942年12月末にティアウィットは委員会を去って行った。当時の記録によれば、自動車のセールスマンが前職だったこの人物は、収容所の子どもたちに同情的な支持者となり、できる限りの教育を提供しようとしたことがうかがわれる。

　彼の後任のクレオ・ブースは「教育局長」の肩書を与えられた。彼女はその後、収容所学校が運営されていた5年間、ヒデ・ヒョウドウとその後任者にとっての上司である事務局責任者となった。

　ヒデ・ヒョウドウは、彼女にとって保安委員会の2人目の「上司」について、かつて、こうコメントした。

> ### ブース女史の紹介
> 　ブース女史は以前、バンクーバーの日本総領事館に勤務し、日系人についてよく知っていました。彼女は高度な教育を受けており、オンタリオ州の大学に入り、弁護士を目指していたこともありました。彼女が保安委員会の役職に就いたとき、教育に関して学ぶためにバンクーバー師範学校へ通いました。そうすることで彼女は、すばらしい繋がりを作りました。師範学校の有能な教員によって行われたニューデンバーでの年1回のサマースクールは、おそらく、そのことから実現したのです。

　ブース女史の最初の大きな仕事は残る4つの学校を開校させ、運営するこ

とであった。その仕事はBC州内陸部の自然環境の影響を受けてさらに困難なものとなった。

　1943年の初めの数週間は尋常ではない厳しい冬が猛威をふるった。BC州内陸部では過去数十年に経験したことがないほどの最悪の冬の気候となった。とくに太平洋沿岸の温暖な気候の地からやってきた人びとにとっては驚愕の経験となった。

　すべての収容所が影響を受けたが、厳しい気候のせいで、とくにタシメ、ベイファーム、ポポフ、レモンクリークの親や子どもと教師たちは苛立ちを募らせた。

　4校の開校はさらに遅れた。加えて、すでに運営されていた学校のうち2校が一時的な休校に追い込まれた。

　そうした衝撃的な冬について『ニューカナディアン』1943年1月23日号が詳しく報じている。

　　1週間前に本格的な冬がやって来た。寒暖計の水銀柱は下がり続けた。カズロでは－27℃を観測し、18年前に観測された－26.4℃の最低気温の記録を更新した。

　　郵便は局留めとなり、道路は遮断され、水道管は凍結し、一番深刻な事態としては、ストーブやヒーターがあらんかぎりに燃え盛るにつれて、貯えられた薪が消えていったことだ。カズロの労働者は何日間か、町から27キロ南の地点に動員され、ネルソン方面への道路の除雪作業を行った。同様に、1週間前にはスローカン、ニューデンバー、サンドンなどから、閉鎖された道路や冬の様子が報告された。

　　とくに温暖な太平洋沿岸地域出身の疎開者は驚き、身を切るような寒さに少しばかり恐れをなしていた。多くの収容者たちはそうした天候に必要な衣服を準備しておらず、ローズベリー、ニューデンバー、スローカンやタシメの同じような家のなかで、寒さを防ごうとストーブの周りで身体を寄せて温まろうとしたが無駄であった。

そして1週間後の1943年1月30日、同じ新聞に、スローカンシティからの報告が掲載された。

> スローカンシティでは水道管が凍結しているので、水は小川から運んでいる。ベイファームの水も同じ水源から供給されている。ポポフでは作業員宿舎の水道管が1本まだ通じているが、主婦や子どもたちが雪を掻き分けて、水を運んで歩く姿がよく見られた。
> 雪で覆われた山では（日系カナダ人の）伐採労働者たちが、彼らの同胞である町の住人たちのための燃料を確保するために忙しく働いた。

教師のアヤコ・アタギはカズロの最初の冬を思い出す。

カズロ：40年間でもっとも厳しい冬

　沿岸地域出身の疎開者はBC州内陸部の厳しい冬に慣れていなかったので、あの冬はとても大変でした。皮肉にも、40年間でもっとも厳しい冬のため、雪が窓の上方まで積もり、所々に掘られた道は、ほぼ150センチの壁に囲まれ、道幅はわずか人一人分だけでした。
　雪崩がネルソンに通じる道路やニューデンバーへの鉄路を遮断しました。風がすさまじかったので、蒸気船モイエ号（訳者注：クートネイ湖岸のネルソン市を拠点として沿岸主要都市を結ぶ外輪船で、沿岸部の人びとの生活にとって生命線であった。カナダ太平洋鉄道が運航していた）はクートネイ湖を北に向かってカズロまで進むことができませんでした。町は完全に外界から遮断されました。2週間で店の棚の商品はほぼ底をついたのです。厳しい寒さは残りましたが、ついに風は止みました。船がやっとカズロへのルートを定期的に往復するようになり、新たに生活必需品をもたらしたときには、天国からの恵みのように思えました。

しかし、収容所での多くの逆境と同じく、たいていの子どもにとっては厳しい冬は試練ではなかった。ミッヂ・ミチコ・イシイは、どのように感じたか思い出す。

第7章　ようやく残りの学校も開校　81

> **レモンクリーク：12歳の子どもにとって冬は楽しいものだった**
>
> 　レモンクリーク収容所の最初の冬は、新しい経験に満ちていました。大人たちの苦悩を感じてはいましたが、12歳の子どもにとって生活は楽しいものでした。スローカン川の雪や氷で何時間もそり遊びやスキーやスケートをすることができました。寒さは嫌ではありませんでした。朝、目を覚ますと、よく小屋の内側の壁に霜がついているのを見つけましたが。

　BC州最大の収容所では、待ちに待った委員会学校の開校日が、冬の厳しさで台無しになった。

　タシメの初代校長だったヒロシ（ロージー）・オクダは、BC州ホープから22.5キロ離れた学校を、どのように準備したか説明する。

> **タシメ：納屋は学校には十分な大きさではなかった**
>
> 　ヘイスティングスパークの収容センターがBC州沿岸の辺鄙な地区から来た家族を収容し始め、保安委員会が初等・中等教育レベルの子どものための臨時学校を開設することを決定すると、私はヘイスティングスパークで高校の生徒に数学全科目を教えようと申し出た。
> 　私はポポフへの疎開を希望していたが、1942年8月のいつごろだったか、タシメ収容所の学校を設立するために派遣される予定であることを知った。しかし、大きな納屋と2、3の別棟を除いて、疎開センター（収容所）は建設中だったので、タシメにすぐに行くような感じはあまりなかった。
> 　その後、一斉立ち退きの最終期限1日前の1942年10月30日にバンクーバーを出発した。私は疎開者がまだ増えつづけていたタシメに到着した。だから、学校を始める仕事に着手するのは容易なことではなかった。
> 　最初に2つのことを優先した。それは子どもたちを収容する適当な建物を探すことと教師を募集することだった。校舎には独身男性用の宿舎として使われていた大きな納屋を転用することが決まった。納屋は教室に区切られることになった。それで校舎の問題は解決した。教師の募集は、当初はかなりゆっくりと進んだのだが、12月の終わりには十分な人数の教師を確保していた。

タシメ。D棟。校舎に使われたサイロのついた大きな納屋。右上には2,600人余の大部分の住民が住んでいたタール紙の小屋の一部が見える。

　部屋を高さ180センチの可動壁で分割しなければならなかったため、納屋を教室に転用するまでには予想以上に時間がかかった。可動壁にしたのはときどき集会、会議、映画、コンサート、ダンスなどにも使えるようにするためであった。
　そうこうするうちに、(副監督官)テリー・ヒダカが、教育学的なことを新人に教えるというとても大切な仕事を援助するためにタシメにやって来た。
　長い間学校に行けなかった生徒たちの入学手続きの準備が整った、と親たちに知らせることができたころには、クリスマスになっていた。登録で明らかになったことは、沿岸地域の60の異なる学校からタシメにやって来た、1年生

> から8年生までの700人以上の生徒がいることであった。
> 　納屋は全学年の生徒を収容するには十分な大きさがなく、8年生は通りを隔てた別棟に部屋を探さなければならなかった。

　予定していた1月の開校日に、収容所D棟（オクダが教室用にスペースを分割したと語っていた大きな納屋）で集会がもたれた。およそ600人の生徒がタシメ校の初日に姿をみせた。しかし部屋のなかでさえ、寒すぎて子どもたちを長く留めておけないことが、間もなく明らかになった。
　オクダはバンクーバーのブース女史に以下のように報告している。

> 　1943年1月18日月曜日、開校式を挙行した。仮の会場もぎっしりだったため、100％の出席率だったと思われる。ひどく寒かったので、デブリゼイ氏（当時のタシメ保安委員会管理責任者代行）と相談のうえ、この寒気が去るまで、あるいは暖房設備がきちんと機能するまで授業を延期すると生徒たちに伝えた。
> 　開校式を行ったときの気温は－22℃、この報告を書いている1月22日時点でさえまだ寒い。開校式の翌日の火曜日の夜に寒暖計は－29℃を記録し、暖房設備があるにもかかわらず、学校を開くのはほとんど不可能であった。
> 　さらに火曜日から水曜日にかけて大雪となったため、学校に燃料を供給することができなくなった。暖房用の温水パイプは現在凍結し、校舎が十分に温まるには時間がかかると言われた。

　同じ週にタシメの管理責任者代行のデブリゼイも、失敗に終わった開校の事情についてブース女史に手紙を送った。

> 　学校は1月18日に開校しました。部屋に600人ほどの児童や関係者を集めましたが、気温が－25℃と低く、児童たちに二言、三言の言葉をかけるだけで解散させることが、ここでの最善の策だと考えました。私

たちは天候が和らぐまで授業はなしという指示を出しました。

校舎がどれだけ寒いか想像できないようでしたら、見に来てください。でも、実際は来ることはお勧めしません。本当に寒いんですから！

タシメの保護者、教師や多くの子どもが、この遅延でがっかりしたことを想像してみてほしい。立ち退きのため最低でも半年もの間学校生活を失った後、子どもたちはとても楽しみにしていた開校初日に早く帰宅しなければならなかったのだ。それだけではなく、子どもたちが家に持ち帰った保護者への伝言は、授業を実施するのに適当な状態になるまで学校に戻って来ないように、というものであった。

タシメの授業は、1～4年生の授業は8日遅れの1月26日火曜日、5～8年生の授業は9日遅れの1月27日水曜日に、やっと始まった。校舎の改修作業が続いていたので、1週目の授業は全学年で半日に短縮された。

厳冬はニューデンバーやローズベリーの学校にも打撃を与え、これらの学校は、1月の同じ期間中は休校を余儀なくされた。ニューデンバーやローズベリーの授業は、委員会が建てたタール紙だけで覆われた小屋で行われており、部屋の真ん中にある薪ストーブで暖められていたが、とくに凍てつくような寒さや薪の不足には弱かった。

1943年1月30日にヒデ・ヒョウドウは、バンクーバーのブース女史への手紙で以下のように語っている。

寒暖計を注文してくださって、ありがとうございました。何校かの学校は複数の建物を使っているので、各校に1本以上が必要になると思います。

続くリストで彼女は、タシメに寒暖計2本(各階に1本が望ましい)、ベイファームに2本(廊下で繋がれた2棟の建物を使っている)、カズロに2本(ここも建物2棟を使用)、サンドンに2本、ニューデンバーには10本(10棟使用中だが、でき

第7章　ようやく残りの学校も開校　85

ローズベリー。1942–43年の厳冬はローズベリーとニューデンバーの学校を休校に追い込み、他の4校の開校を遅らせた。

れば12本必要)、そして、ローズベリー4本 (4棟使用) を要求していた。

　寒気は2月末近くまで1ヶ月以上続いた。そのときになってやっとニューデンバーとローズベリーの学校が再開できた。

　スローカンシティのさらに南では、寒さや雪による困難のため、3つの収容所で学校の準備が遅れた。ベイファームやレモンクリークで新校舎が建設され、ポポフではもともとは独身男性用の宿舎が明け渡され、学校として利用するために改装された。

　じきに生徒になる予定だったショウゴ・コバヤシは学校を待ちきれなかった。

レモンクリーク：町から田舎へ

　1942年の寒い冬の間、僕たちレモンクリークの子どもは学校に通えなかった。代わりに僕たちの時間は、バンクーバーの都会的な雰囲気の生活から、収

> 容所の新たな、もの珍しい環境に耐え、適応することにもっぱら費やされた。
> 　僕は、小さな家で過ごすことや見知らぬ森や丘の周りを歩き回ることにも飽きてきていた。当時の疑問は「学校はどうなっているのだろう？」ということであった。
> 　収容所で家族が入居する住宅が完成すると、保安委員会は学校になる建物の建設に着手していた。大きな木造2階建ての2棟が建設され、屋根つきの廊下で繋がれるはずだった。冬の間、これらの建物2棟は収容所の日系カナダ人たちの手で建てられた。それはゆっくりとした作業に見えた。
> 　他の内陸部の収容所と異なり、レモンクリークには電気が来ていなかったので、委員会は、公立学校、収容所の診療所、救急治療所、また近くの委員会事務所にも、電力を供給するためのディーゼル発電機を支給した。
> 　大人たちは、他の収容所では学校がすでに始まっているのだと噂していた。レモンクリークはどうなるのだろうか。BC州の教育の基準に合う学校組織を準備することは、運営上も物資の調達面でも悪夢のような難題だったに違いないことに、何年かたって気づいた。
> 　沿岸地域から送られた公立学校の教科書を一時的に貸し出すとの連絡が、レモンクリークの家族に伝えられた。私たち上級生の何人かはときどき出回る根拠のない噂に傷ついていた。例えば、新しい学校は鉛筆削りすら4つしかないとか、もっとひどいものは、必要な人数の教師も補充するのは難しいとかであった。
> 　良い話としては、熟練した一世の大工たちが作ってくれた2人用の机と2人がけの椅子を下見する機会が早い時期にあったことだ。それらは、戦前のバンクーバーのアレクサンダー街の日本語学校で使われていた机や椅子を思い出させた。

　他の収容所でも人びとは学校の開校を待っていたので、多くの子どもは年長の二世から非公式な教育を家庭で受けていた。教師候補者は最初の授業のために忙しく準備をした。

　ベイファームで、ヒデヨ・イグチは準備を整えていた新しい教師の一人だった。

> ### ベイファーム：何でも間に合わせ
> 　ビクトリアの州教育省から通信教育用の教材が届きました。この教材は私

たちにとって指導の指針となるものでした。私たちのような訓練を受けていない素人にとっては、思いがけない贈り物でした。教科書、ノート、鉛筆、消しゴムは、委員会から支給されました。児童の入学手続きは2、3週間前に終わっており、児童は学年・クラスに振り分けられていました。

ベイファームの校舎が当初、ポポフの子どもたちと共用とされたため、時間割は半日授業で組まれていました。南へ1.6キロほどのところにあったポポフ収容所では、校舎が数ヶ月間、用意できませんでした。そのため最初、ベイファームの子どもたちが午前中に通学し、ポポフの子どもたちが午後に通学することになっていました。通信教育教材を使って熟考し、デントの数学、デントンとロードのカナダ地理、英文法、英作文などの教科書や、幸いにもバンクーバーから持ってきていた本のなかで役立つものは何でも使って、私たちは苦心して、最初の週の授業を準備しました。

開校日前日、「自分の教室」を確認するために学校へ行きました。教室は上の階の奥から2番目にありました。向かい側の壁の窓に面している扉を開けました。窓の反対側にある黒板に向かってきっちりと4列に2人掛け用の机が置かれていました。窓の下の書棚には教科書が並べられていました。扉の右側の前方の角には教卓があり、黒板用のチョーク、鉛筆、定規が置かれて

ベイファーム。この保安委員会の校舎はスローカン地域の収容所で新たに建設された。初期には近くのポポフ収容所の生徒も、自分たちの校舎が整うまで、ここで半日の授業を受けた。

いました。
　何年か後、オンタリオ州の公立学校で仕事をするようになって、担当した学年に応じて、色彩豊かな風景画やどこか遠い場所のポスターや童謡を壁に貼ったものです。しかし、1943年4月のベイファームには、書棚や窓台の上に置く植物ひとつありませんでしたし、子どもたちと話すときに話のタネになるようなアルマジロのぬいぐるみといった興味をひく物もありませんでした。そのときは教室が殺風景に見えましたが、2、3週間でその印象もすべて変わりました。

　1943年4月5日、ベイファームの学校はついに開校した。ポポフの子どもたちはポポフの学校が整うまで、半日の授業に通うため毎日ベイファームまで歩いた。

　1年生になったチエコ・タカサキは、初めのうち平日は毎日、ポポフからベイファームまで歩いたのを覚えている。

ベイファーム：森を抜けて学校へ

　ポポフにはまだ学校がなかったので、私たちは隣の収容所、ベイファームまで深い森を通り抜けて歩いて行かなければなりませんでした。片道どれくらいかかったか覚えていませんが、ベイファームの端に一人で住んでいる男が幼い子どもを誘拐するという噂に、皆が怖がっていることを知っていました。

　母や他の親たちは子どもが独りで歩くことをあまり心配していませんでした。私たちはいつも大きな集団になって通学していました。私の記憶が正しければ、最初は学校では毎日、半日の交替制をとらなければならなかったのです。

　パット・アダチ先生が担任でした。とてもやさしい先生でした。何年もたったある日、トロントの日系文化会館で彼女を見かけました。すぐさま先生だと分かりました。30年前と変わらないままでいたことに驚きました。

　ポポフの学校がついに開校したとき、私たちは皆で喜びました。かろうじて必要な物、黒板、机、椅子、ストーブがあるだけでしたが、これが私の最初の学校だったので、何も困りはしませんでした。

パット・アダチはチエコ・タカサキの最初の先生だったが、彼女もポポフの子どもの最初のクラスがどのようなものだったか覚えている。

レモンクリーク。左側の大きな２階建の校舎と校庭。

ベイファーム：リンゴの木の下の授業

　私の低学年教師としての初日は、いくばくかの不安とともに始まりました。しかし、その前の数ヶ月間、ペギー・フォスター先生（聖公会活動家）というお手本があったことは幸運でした。私たちはポポフにあった彼女の幼稚園クラスを見学することができました。小さな園児たちに対して、いつも穏やかに微笑み、やさしく接しているフォスター先生は、私たちがバンクーバーのカドバ街の聖十字教会の幼稚園に通っていたときと、少しも変わっていませんでした。

　ポポフの学校ができるまで、私たちは毎朝、子どもを集合させ、半日、教室を借りていたベイファームの学校に行進して通いました。リンゴの木の下で授業をした日の1日の終わりに、ご褒美として、子どもたちに木から1個ずつりんごをもぎ取らせたことを思い出します。

> ときどき、子どもたちや私は、家々の裏手の自然のなかに散策に出かけました。ある日、藪のなかから熊の声が聞こえたような気がしました。そこで散歩を終えたのはいうまでもありません。

ベイファームとポポフの子どもの授業がベイファームで始まった1943年4月5日の2日後、8番目でかつ最後となる保安委員会の学校が開校した。ヒデ・ヒョウドウはレモンクリークの学校が開校式を行った4月7日の午後のことを、次のように述べている。

> 簡単な開校式だったが、レモンクリークの管理責任者バーンズ氏が全校(児童と教師が講堂に集まっていた)を奮い立たせる言葉を贈った。椅子はなく、全員立っていた。アイリーン・ウチダ先生が責任者で、簡単な挨拶をしたのは私とチャーリー・タナカ氏(PTA代表)であった。PTAは子ども一人ひとりに練習帳と鉛筆を贈った。

ほぼ50年後の1992年、アイリーン・ウチダ校長はあの日を思い出した。

レモンクリーク。保安委員会学校の初年度(1943年)の教師たち。
前列中央アイリーン・ウチダ校長。右隣は野球チームのバンクーバー朝日元選手だった唯一の男性教師であるカズ・スガ。

レモンクリーク：最後の学校の開校

　レモンクリーク校は、1943年4月のうららかな日にその扉が開かれました。26人の教師と約500人の児童がいました。その春の日に、児童たちはどんなことが始まるのか分からずにいくばくかの不安を胸に、最初の授業にやって来ました。私たち未熟な教師の方が、児童と対面することにずっと不安を感じていたなど、彼らは知る由もありませんでした。

　授業は、剥き出しの薪をくべるだるまストーブと灯油ランプを備えた、完成半ばの木造の建物で始まりました。今となっては、毎日、燃えやすい建物にいたことをぞっとした気持ちで思い出します。でも、人生は幸せに流れるものです。ある4年生の児童は後にこう書いています。

　「子どもたちは1日中読み、書き、そして考える。
　先生たちは1日中教え、そして教える。」

　校長としての私は、子どもたちが考えている姿や、教師たちが教えている姿を見るのを楽しんでいました！

　すべての収容所で学校がやっと始まって、教える二世の新米の教師やその授業で学ぶ子どもたちの様子は、どうだったのだろうか。彼らの記憶は、最初の1942-43年度の1年間のさまざまな事実をとらえている。

第8章　初年度のあれこれ

　問題？　初年度はどの収容所学校でも克服すべきことが山ほどあった。まったく経験のないことに加えて、教師たちは、ほとんどの校舎でみられた施設・設備の不具合にも対処しなければならなかった。問題のある児童、問題のある保護者、そして、まれに問題のある教師がいたことは言うまでもない。かつての教師や児童の次のような話は、最初の年がどのようなものであったかを物語っている。

　最大規模の収容所学校の初代校長ヒロシ・オクダは、1943年1月のタシメの開校準備のことを覚えていた。

タシメ：25もの学級の騒音のなかの授業

　収容所での児童の登録は、1942年のクリスマスごろに行われ、タシメには1年生から8年生まで700人以上の児童がいることが分かった。

　全体集会では、年度の半分以上が過ぎていたので、すべての児童は立ち退き前の学年を再履修するよう保護者たちに助言した。さらに学習が遅れ気味の児童は下の学年に配置することもありうると伝えた。

　タシメは10本の街路と1本の大通りによって区画されていた。特定の地区から上がってきた問題は、その地区の代表と学校の間で話し合われることになっていた。

　多くの地区の代表から、下の学年へ移動する数人について、再検討するよう依頼があった。しかし、私は方針を曖昧にしなかった。なぜならば、下級学年配置は責任ある教師たちの評価によって決められたものだったからだ。下級学年配置は2年生から5年生の間で多く行われた。

25以上のクラスの間を遮るものは移動式の間仕切りのみというなかで、同時に授業が行われる状況を想像してみてほしい。教室から伝わってくる不快な音は、時折、大きくなって届いていた。こうした大変なハンディがあったにもかかわらず、教師たちはとてもよく任務を果たした。子どもたちも同様であった。

　マサハル・モリツグ氏らが代表となった保護者の会は、タシメの地域社会全体とともに学校を支えた。この支援によって教師たちの仕事がやりやすくなった。

　例えば、保安委員会は学年ごとに一定数の教科書を支給しただけだった。これでは同じ学年である科目を学ぶには、複数のクラスがあるので授業時間をずらさなければならない。例えば、1年生では4クラスか5クラスあったと思う。

　教科書は不足していたので、放課後は学校の事務室で保管しなければならなかった。これでは児童たちは教科書をもち帰って宿題ができなかった。このため、保護者会は予備の教科書を買うために収容所住民たちの乏しい給与のなかから資金を集めた。こうした助力のおかげで、児童たちは家で宿題をすることができるようになった。

　シズ・ハヤカワはオクダの下で教える教師の一人であった。

タシメ：教室の「扉」は委員会の毛布だった

　最初にタシメに到着して大きな古びた納屋があるのを見た者はだれ一人として、その後、間もなく起きた変化を想像できませんでした。その建物の2階部分を改築するのにどれだけ多くの大工や労働者が必要だったことでしょう。

　多目的ホールは、2,000人の地域住民がさまざまな形で使えるよう設計されました。納屋の完成した部分は「D棟」として知られ、3ヶ所の階段がホールへと続いていて、ホールの両側に1ヶ所ずつと主要路に面する場所に1ヶ所、設けられていました。週5日間、D棟は私たちの学校になりました。

　週末にコンサートや映画会やダンス会が開かれたホールは、月曜日には180センチほどの高さの間仕切り壁を設置することで、たくさんの小部屋に早変わりしました。各教室の間仕切り壁にはそれぞれ、ドアのない開口部が1ヶ所ありました。教室に挟まれた廊下は、建物の端から端まで通ってい

した。

　D棟の一角に設けられた常設の部屋は校長室でした。それは職員室でもあり備品室でもありました。部屋の中央に、長机と木製の背もたれがあるまっすぐの椅子が数脚ありました。2面の壁に作りつけられた棚には教科書や紙が備えられていました。古い手動式のレミントン製のタイプライターや謄写版もありました。それを使うと、手や指が紫色に染まりました。

　1942年秋、私たちの多くはボランティア募集の呼びかけに応じました。ヒロシ・オクダ先生を校長として、訓練を受けていない若いボランティアでスタッフは構成されました。授業を始める準備の過程で、自分たちが教えようとする授業設計のためのシラバス（厚い青い本）が支給されました。

　私は5年生のクラスの担任となりましたが、児童名簿を見ると3人の知った名前があることを知り嬉しくなりました。トシオ・アダチとケイジ・ナガミは、家族ぐるみの付き合いをしている友だちの子どもでした。そしてマサコ・カミノは私の兄弟の柔道の先生のお嬢さんでした。少なくとも対面するのは知らない子どもばかりということにはならなかったのです。

　メイ・イナタ、サディ・サクマそして私が5年生の3クラスの担当でした。立ち退き前のバンクーバーにいるころからメイとサディのことは知っていたので、彼女らと一緒に働くことに何の問題もありませんでした。私たちは最初に各曜日の時間割を作成することにしました。これはかなりややこしいことでした。授業をうまく編成しなければ、数少ない教科書を使う順番が円滑にまわらなかったからです。

　当時の典型的な10代の若者の服装は、カーディガン、ブラウス、膝丈より短めのスカート、足首の丈の靴下、そしてサドルシューズでした。私もまだ自分自身が10代だったので、この服装は私の教師1日目の服装そのものでした。私は短いストレートの髪を左分けにして、耳の後ろあたりで、ピンで留めていたと思います。

　初日は早く到着して、同僚教師とお互いに励ましの言葉を二言三言交わして、自分の教室を確認しました。

　教室の出入口にはドアがありませんでした。出入口に保安委員会の灰色の毛布を広げて、いくらかの「プライバシー」を保ちました。部屋の外側の壁には、多少の日の光が入る小さな上下に開く窓がありました。明かりは部屋の中央に長いコードにぶら下がっていた裸電球1個だけでしたが、部屋が暗かったという印象はありません。

　自分の教室の出入口の左側に、新しい小さな背の高い棚付きの机と足の長

い椅子を置きました。机のそばの間仕切り壁にかかる古い黒板が、部屋の前方になるよう決められていました。児童用には、キチラノの日本語学校で使っていたような使い込まれた2人がけの椅子のついた机が準備されていました。教室用の備品は、敵性外国人財産管理局によって沿岸地域から収容所学校に送られてきていました。

　初日の午前9時に大きな真鍮製の鐘が鳴らされ、子どもたち全員が事前に割り当てられた教室の入り口の前に集まりました。きちんと整列していました。私のクラスはD棟の端の入口にあり、私たちは問題なく部屋に入りました。

　戸口で毛布が引かれると、他のクラスと離れて初日が始まりました。私は黒板に「Miss Hayakawa」と自分の名前を書き、振り向いて言いました。「皆さん、おはようございます」。反応が返ってきました。「おはようございます。ハヤカワ先生」。

　クラスには10歳と11歳の女子10人、男子15人がいました。年上の体の大きい14歳の男子だけは例外でした。彼はその背の高さにもかかわらず、後ろに隠れてしまうほど、もの静かで控えめな子どもでした。実際、子どもたちの多くは、私と同じくらいの体格か、それより大きく背も高かったので、少し狼狽していました。

　出席をとった後、大判洋罫紙と鉛筆を配り、すぐに子どもたちは暗記学習のための「主の祈り」を書き写し始めました。時間割表も書き写しました。

　子どもたちに、学校にいる間は英語で話すようにと告げました。くすくすと笑う声も聞こえました。戦時中の収容所にいるのは皆、日系人だったので、それは奇妙な規則に思えたはずです。

　この初日、教室の間の壁が不十分なため、騒音がいかに大きいかということに気づくことになりました。私はもともと声が大きいので、自分が話しているときすら気をつけねばなりませんでした。

　ヘイスティングスパークで教えたタツエ・ナカツカは、収容所の最初の授業を思い出す。

サンドン：聞こえないふりをした

　私の担当した1年生のクラスはそんなに大きいものではありませんでした。サンドンの委員会学校が開校する前に、私が教えていた仏教会の午前の授業

に来ていた子どもも何人かいました。クラスの子どもは、都会、小さな町、農村など、出身はいろいろでした。

　サンドンに来る前にすでに何度か1年生をやり直していたトミコのことは忘れられません。じきに他の子どもが、彼女には障害があることを知って、彼女を助けようとしていた様子は微笑ましいものでした。私がトミコにある単語を読むように指名すると、隣の子は誰でも、小さな声で答えを教えていました。私は聞こえないふりをしていました。子どもたちが持っている他人を思いやる気持ちを失ってほしくなかったのです。

ヒデヨ・イグチは1943年4月のベイファームでの学校の初日を思い出す。

ベイファーム：7年生向けの暗算

　鐘が鳴るとツジ師の立つ、2つの建物をつなぐ通路の前で、子どもたちは走ったり押し合ったりしていました。彼を見たとたん、笑ったり叫んだり話したりする子どもたちの声は静まりました。静かになった集団に対して、ツジ校長は新しい学校への歓迎の言葉を述べました。彼は、不幸な境遇に置かれていても最善を尽くすように子どもたちを励ましました。その後、子どもたちは整然と、新しい教師たちに連れられて18のそれぞれの教室に分かれていきました。

　自分の後ろで教室のドアを閉じると、緊張気味の興奮した気持ちになりました。好奇とおそらく少しの不安をいだいたような7年生27人の子どもの瞳が、私に集中しました。

　「皆さん、おはようございます」。熱心に語りかけたことを覚えています。自己紹介の後、子どもたちの名前と顔を記憶させながら、同時に一人ひとりの特徴を見分けようとして出席をとりました。間違いなく、子どもたちも私のことを値踏みしていました。

　私は未熟でしたので、そのときは面白い話をして興味を引き出したりするような、子どもたちとの関係を作り出す術を知りませんでした。私はいきなり学校の授業を始めたのです。自分が7年生だったころ、多少でも楽しんでいた何かがあったと記憶しています。それは毎朝出される暗算の問題でした。私は自分のクラスで暗算に取り組むための用紙を配りました。問題は、子どもを元気づけるためにわざと易しいものにしました。ほとんどの子どもは、学校の授業から長く離れていました。

> これらの暗算に取り組む努力は、子どもの興味をかきたて、まもなく授業に集中する態度になりました。そうこうするうちに、初日の時間は速く過ぎていきました。

パット・アダチは夫ハリーと合流するため、バンクーバーからポポフのスローカン地区の収容所へと移動した。ハリーは、後からやって来る家族向けの家を建てるために他の男たちと一緒に数ヶ月前に到着していた。

ポポフ：どのように女性教師になったか

収容所の医療施設は十分ではなく、不幸にも私たちは、1942年11月に長男を亡くしていました。その後、手持ちぶさただった私を見て、ヒデ・ヒョウドウ先生が、教えないかと誘ってくれました。私が「女性教師」になったきっかけです。

ポポフ校の校長はヨシコ・タナベ先生でした。トシコ・ヤノと私は、それぞれ1年生のクラスを担当しました。私たちはよく意見を交換し、小さな子どもたちのために、一緒に計画を練りました。彼女は学習が遅れ気味の子どもには、よく土曜日に補習授業をしていました。

セツコ・セキは2年生、フローレンス・イケダは3年生、キヨ・イシイとシック・オキノは4年生を教えました。トキコ・ハシモトは5年生のクラスを受けもち、ローザ・ババは6年生を教えました。

ヨシエ・コサカとマリー・アサザマは7年生の担任でした。マスコ・イグチは8年生のクラスをもちました。フレッド・ヤノは体育と理科の教師でした。ハチロー・ヤギも体育を担当しました。子どもたちのなかには、人里離れた所の日系コミュニティ出身の子もいて、この子たちは、おもに日本語を使っていました。しかし、彼らは皆とても学ぶ意欲があり、私は毎朝自分のクラスの子どもたちに会うのが楽しみでした。

実際、毎日私と一緒に登校しようと玄関の前で私を待っている子どもが5〜6人いたので、私の期待はさらに高まりました。

けれども、ある晴れた日、ロイが授業を妨害し続けました。秩序を保とうとさまざまな方法を試しましたが、ついに彼を家に帰すことにしたのです。その日の夜、怒った両親が家にやって来ました。父親は私がなぜ彼の息子を家に帰したのか理解せず、どんな説明にも耳を傾けようとしませんでした。

テーブルを叩き、怒鳴りつけて帰って行きました。

　翌朝、ロイは私の飼い猫のために、小さな魚を1匹もって現れました。その魚は彼が前日の午後に捕ったものでした。

ベイファームで教えた姉のヒデヨと違ってマスコ・イグチはポポフの学校で教師の仕事を始めた。

ポポフ：毎日を迎える目標ができた

　ポポフの学校は、いわば隣の収容所といった感じのベイファーム校と比べると準備に時間がかかりました。保安委員会は、ポポフの校舎用に、もともと収容所の独身男性用に建てられた2つの宿舎のうちの一方を使用することにしました。そのため、最初に男たちが宿舎から出て行き、小人数家族用の家に移らなければなりませんでした。その後、宿舎が学校用に改修されたのです。

　そのためにポポフの子どもたちの学校の準備は、数ヶ月遅れました。そして、ベイファーム校が1943年4月初旬に開校したとき、この新しい学校は最終的にはポポフに行くことになるスローカン地区の子どもたちと、しばらく共用されることになりました。その結果、数ヶ月間、ポポフの子どもたちは1.6キロ先の学校に通うため道路沿いをとぼとぼと歩いて行かなければならなかったのです。

　スローカンバレーの最初の冬は、太平洋沿岸地域出身の私たちにとって未知の経験でした。すべての収容所の人びとの間に、耳が凍り、足先が凍えたといった噂が流れました。私たちの収容所では、ドアのかけ金に指が張りついたり、通り過ぎるデュカボーの男たちのあごひげから長いつららが下がっていたのを見たという類の話を皆でしたものでした。ベッドの下に霜が張り付いているので、これを取り除くのが毎朝の儀式のようなものになっていました。屋内の釘の頭は、夜の間に降りた霜で硬く覆われていました。

　4月にはやっと雪が溶け、ずいぶんと明るくなりました。太陽は谷全体を暖めました。ついにベイファームの学校が開校したのです。

　1943年4月5日、開校初日は晴れた明るい春の日でした。担当するポポフの8年生のクラスで、子どもの人数を数えたところ、20人いました。男の子と女の子が同数で均等に教室を埋めていました。

その初日に、私は過ぎ去った日々とこの谷の自分たちの土地での新しい生活について、子どもたちに話しました。私たちは前の学校やクラスについて話し、そしてこのゴーストタウンの学校は、どのように違うかについて話をしました。私は勉強を進めていくためにどうやって教材や教科書を共用するか説明しました。

この教室は、私たちが9月にポポフの学校に戻るまで8年生のクラスのホームルームとなりました。緑色の黒板に自分の名前を書いているそのとき、ドアをノックする音が聞こえました。

ベイファーム校のツジ校長（二世にしては背が高めでした）が、満面の笑みを浮かべて入って来ました。彼の笑顔が多少、意味深長なものに感じられたのを覚えています。「イグチ先生、あなたにもう4人の児童を連れてきましたよ」と彼は言いました。健康で大柄な体格のよい4人の10代の若者のなかには、校長と同じくらい背の高い子もいました。なんということでしょう！

彼らはクラスの他の子どもと比べてかなり年上に見えました。さまざまな考えが頭のなかをよぎりました。彼らは、近くの森で働く男たちの仲間に入るには若すぎましたが、家でのらりくらりするには歳をとりすぎていました。ポポフ収容所から強制されてベイファームに来たに違いありませんでした。彼らの親たちは、学校に戻って最低でも小学校は終えた方がよいと説いたに違いありません。学校以外、とくに私のクラス以外により適当な場所はあるのでしょうか。

ツジ先生が去った後、私たちは新入生といろいろと情報交換し、互いにある程度まで仲良くなりました。授業が明日から始まることを伝え、その日の授業は終わりました。

子どもたちが帰ろうとするときに、いくつかの注意を与えました。
- A　階下のクラスの邪魔にならないように階段は静かに下りること。
- B　校内や校庭をうろつかず、ポポフに急いで帰ること。
- C　対向車が来るほうの道路の端を歩くこと。そして、
- D　交通状況をよく見て、安全第一に考えること。

ベイファームとポポフの子どもたちや教師にとって、ベイファーム校での初日が終了しました。私たちにはそれぞれ、明日もその次の日もすべきことがたくさんありました。学校が始まった今、私たちの生活はもとの軌道に戻りました。今や、毎日を、毎週を、そして毎月を迎えるための目標ができたのです。

1943年春、ヨシエ・コサカは、ポポフの学校で13歳から16歳の年長クラス担当になった時、初めて難しい問題を抱えた。

ポポフ：7年生が問題を起こした

　私は7年生のクラスの担当となりました。収容所の子どもは少なくとも9ヶ月間（1942年7月から1943年4月まで）は学校から離れていました。彼らは、教室に閉じ込められているには元気すぎる若者たちでした。何人かの生徒は私と同じくらいの背の高さでした。私は権威的な人間ではなく、高校では弁論は避けていたし、声を荒げたりしたことがありませんでした。

　ですから、私のクラスでは規律が大きな問題となりました。私は彼らの担任を長くは務められませんでした。私よりは成熟した人と交替させられました。その人と会うたびに自分の至らなさを思い起こさせられました。

既婚で子どももいる教師、マリー・アサヅマは、ポポフの問題を起こした7年生のクラスを担当していたヨシエ・コサカと交代した。最初の年度にぶつかったしつけの問題を彼女はどのように扱ったか思い出す。

ポポフ：難しい7年生をしつける

　1年生と2年生の複式学級を2ヶ月半教えたところで、私に、最初の担任をてこずらせた7年生のクラスを担当するよう異動の要請がありました。初めは自分が上級の子どもたちの集団を統制できるか不安でした。彼らは私が以前に担当していた6歳や7歳のクラスの子どもと比べて、ずいぶんと大人びてみえました。年齢もずっと上でした。

　その日の朝、クラスに入っていくと、彼らは明らかに私のことを値踏みしていました。初めに、「おはようございます」と私が挨拶したら、返事を返すように求めました。

　最初は簡単なことではなく、とても厳しく臨まざるを得ませんでした。教室で本を投げることは顰蹙を買う行為だと分からせました。私のことを「アサヅマ先生」と呼ばせました。友だちと大声で話すことは認めませんでした。

　ある日の午後、生徒たちが互いに大声で話して、私の話を聞こうとせず、かなり騒がしくなりました。そこで、クラス全体に対して学校に居残りをさせました。

> その後、彼らが謝りに来るのを職員室で待っていると告げて部屋を出ました。3時の鐘がなり、7年生の私のクラスの子ども以外はみんな帰路につきました。丸1時間、誰も職員室に降りて来ませんでした。
> ようやく4時10分ごろ、2人の男子生徒が謝りに来ました。彼らは一人の女の子が泣き始めたことで決心したと言いました。私は教室に上がって行き、クラスを解散させました。
> 翌日、なんという変化でしょう。この騒がしい7年生のクラスから、以前の態度は消え去っていました。間もなく、彼らは良い生徒になりました。その学期の残り期間、たいした事件は起きませんでした。

　収容所学校できちんとした態度を身につけるべきは、子どもだけではなかった。シズ・ハヤカワも、タシメの教師たちが地域社会から行動規範を求められたのを覚えている。

タシメ：教師は品行方正であることを求められた

　日系人の親は教師を尊敬し、子どもにもだいたいその態度が反映されます。子どもは概して素直で勉強熱心でした。そして、親たちは私たちの努力を評価していました。
　しかし日系人の親たちは、年齢にかかわらず教師を理想化する傾向があります。その代わりに、私たちは、品行方正に振舞うことが求められました。例えば、私たち女性教師は道で会っても男性の友だちと話すことは不適切とされました。おのずと、公の場で女友だちと一緒にくすくす笑ったり、大声で笑うこともよしとされませんでした。そして、他の私たちと同年代の女性と違って、地域のダンスパーティーに参加することすら許されなかったのです。
　しかし2、3年たつと、私たちの行動が子どもの教育に影響しないと親たちが気づいたので、こうした制限はタシメの教師からは取り払われました。

　後にスローカンバレーで教えたグロリア・サトウには次のような思い出がある。

> ベイファームやニューデンバーでも教師がダンスをすることは歓迎されませんでした。しかし、構うことなく、とにかく私たちはダンスに出かけました。

ダグ・フジモトはまったく異なる形の教える仕事を受け持った。彼の場合、沿岸地域での経験が役に立った。

> ### タシメ：最も変わった教職の仕事
>
> 1942年4月15日からその年の9月25日まで、ヘイスティングスパークの移送センターにいた。バンクーバー島のカンバーランドからヘイスティングスパークへとやって来た。他の男たちのように、道路建設キャンプに送られなかったのは、内陸に移動するよう召集を受けた人びとを、バスに乗せるのを手伝うボランティアを申し出たからだ。その仕事のなかには点呼をして、指示を与えることが含まれていたので、日本語を話せたことが役立ったのである。それでヘイスティングスパークが閉鎖されるまで保安委員会に勤めていた。私は内陸へ移動する最後の一団に加わった。
>
> 両親はサンドンに行ってしまったが、私はタシメに行くことにした。一人だったので、初めは独身男性用の宿舎を割り当てられた。でもその後、一軒家に移った。一軒家を当てがわれるには1家族6人いなければならなかったのだが、ハタシタ一家は5人しかいなかった。だから、ハタシタ氏が私に移ってもらえるかどうかを打診してきた。柔道仲間だったので彼らと知り合いだった。
>
> 1943年1月にタシメ校が開校する前は委員会で働いていて、野球チームを作り、シゲ・ヨシダのボーイスカウト部隊の隊長補佐を務めるなどしていた。カンバーランドでは、ロイストン製材会社の野球チームの監督補佐や選手権に出場するサッカーチームのコーチを務めた。このように若者を指導する経験があった。
>
> 私はタシメの学校の体育教師の職を志願した。しかし、そうこうしている間に3年生担当の教師が子どもとの関係において困難な状況になり、その教師が私に「ダグ、こちらに来て、話をして聞かせるか何かできませんか。」と頼んできた。そこで、私は彼女のクラスの埋め合わせをし、その後、5年生の教師のクラスにも同様にした。
>
> 最近、ナガミ氏という人物に会った際、彼は「フジモトさん」と、私に挨拶してきた。「どうして私のことをご存知なのですか。」と尋ねたら、彼

は「そう、あなたは私が3年生のときに教えてくださったんですよ」と言った。「どうしてそんなによく私のことを覚えているんですか。」と聞くと、彼は「ええ、あなたはすばらしい話をしてくださいましたよ」と言ったのだ。

　私はこれらのクラスに入っていっては、ハックルベリーフィンの冒険、ロビンフッドの冒険、桃太郎、一寸法師、浦島太郎などの童話や民話を語った。カンバーランドでたくさんの物語を覚えていた。子どもたちに物語を語ることを楽しんでいたし、とてもいい時間を過ごせたとも思っている。そして、3年生や5年生の担任がピクニックなどで手伝いが必要なときには子どもたちを監督するのを手伝った。

　保安委員会の教育方針で重要な点は、学校内での子どもや教師による日本語使用の禁止であった。ブース女史は仕事を引き継いだとき、引き続き、この方針を重視した。

　保安委員会の上司への報告書でブースは、収容所のほとんどの日系カナダ人の子どもには、非日系人（あるいは英語を話す）仲間や人びととの接触がないことに懸念を示していた。そのため二世の教師たちは、英語を話す模範とならなければならなかった。

　ブース女史の名誉のために言うならば、バイリンガルとして成長することは学習にとって不利であるとする当時支配的だった教育理論は、「敵」の言語を話すことは「カナダ人」でもなく「愛国的な人」でもないことを意味しているとする戦時中の一般的な偏見とも一致していた。

　1930年代と40年代、そしてその後も「子どもの頭脳は限られた量の言語情報のみ吸収できる」、そして「他の言語を学ぶために時間を費やすと、英語を学ぶための時間が失われる。そのため、母語の流暢さを保ちながら、流暢な英語力をものにしようとすれば、英語の学習は犠牲になる」と多くの教育者たちは信じていたのだ[1]。

　こうした信念とともに、移民やその子どもは「カナダ人化」、「同化」しな

1　マリー・アッシュワース（ブリティッシュコロンビア大学教育学部教授）*Blessed With Bilingual Brains: Education of Immigrant Children With English as a Second Language*, 1988. Pacific Educational Press.

ければならない、とする多文化主義時代以前の考え方があった。これは単に言語と文化の面で、多数派である英語話者とできるだけ同じようになることを意味していた。

　そして、保安委員会の長期的方針は、日系カナダ人の疎開者を彼らの生まれた州から離れた、カナダのどこか別の地域に再定住させることであったため、少なくとも子どもたちは「同化できる」ようにしておくことが求められた。そのため公式の命令では、日本語は教室や校庭でも話してはならないとされた。

　最初から、日本語禁止の方針は親の母語（日本語）を話すことができる教師もきちんと守っていた。ほとんどの収容所学校で日本語会話能力がわずかしかないか、あるいは、まったくない教師が数人いた。これは子どもについてもあてはまった。

　しかし時折、あまり英語を話すことができない子どもが、ゴーストタウン収容所で学習を始めることがあった。これは、日本語しか話せない移民の親をもつ人里離れた沿岸地域出身の年長の子どもにありえた。漁村などでは、カナダ生まれの子どもの間でさえ日本語を話すことがごく普通のことになっていた。

　この問題を二世の教師たちがどのように扱ったかは後の章でふれることにしよう。

　1942-43年度の間に、収容所の学校で教師による不適切な振舞いとされた記録は、わずか2件だけであった。

　最初の1件は、政府の検閲にかかった、収容所の3人の教師が書いた手紙のなかの、いくつかのコメントが発端となった。ブース女史とヒョウドウとの間で1943年2月から3月の間にやりとりされたメモに詳細は記されていないが、その教師たちが日系カナダ人に関する政府の方針や処遇について批判的か非難するような意見を家族や友人宛に出したことだと考えられている。少なくともこうした教師のうちの一人が、夫に宛てた手紙には、このようなコメントが含まれていたかもしれない。彼女の夫は立ち退き命令への抵抗を

理由に、700人の日系カナダ人の男たちと一緒にオンタリオ州アングラーの元捕虜収容所に抑留されていた。

1943年2月、学校の教職員として、そのような教師を雇用し続けることの是非についてのブース女史からの問い合わせに対し、ヒデ・ヒョウドウは以下のように答えた。

　　2月5日付のあなたの手紙に書かれていた3人の教師に関して、私が理解している範囲では、一人は現在、商店で給料の良い仕事を得ており、教職に就くことはありません。2人目はスローカンで開かれた教師教育の講習に参加していたとても熱心な学生でした。彼女は私たちの教育プログラムを手伝うつもりでいて、彼女自身小さな女の子を抱えているので、彼女は仕事で多大な貢献ができると私は考えます。彼女もまたこの方法で自立できれば、家族の世話になる必要はなくなると期待しています。

　　当局の提案どおりの措置（教師を解雇する）がとられるとしたら、結果的にかなりの損害が生じると思います。委員会に対する過去の恨みが思い起こされるだけでなく、いっそうの敵対心や憎悪が引き起こされるでしょう。

　　私はこの教師とたまたま知り合いになり、委員会は彼女の仕事を上手に利用したほうが良いと感じています。もちろん、私たちは、注意深く見守られるべき、ある程度の基準が維持されなければならないことは理解していますが、何らかの重大な行動をとる前に、この問題に関してあなたのいっそうのご配慮をいただきたいのです。（略）

　　3人目の教師については、この人を知らないので、意見を言うことはできません。

　　教師を選ぶ方針について私たちに知らせていただけますか。私たちが教師の選考に関する方針を熟知していないと、おそらく他にも似たような意見の不一致が生ずるでしょう。

1943年3月9日付のブース女史の回答

　先だって意見を述べた3人の教師について、子どもの教育全般に対する行動が好ましいものであり、この国で受け入れられる見解と一致しているのであれば、そして、こうした若い女性の手紙と同じようなことが再発しないようであるならば、この教師たちを雇用し続ける用意があることを伝えます。

翌月にはゴーストタウンの教師に関わる別の事例がヒデ・ヒョウドウによって直接処理され、その後、ブース女史に報告された。1943年5月17日付のヒョウドウの記録である。

　ニューデンバーで教員の一人を手放さざるを得なくなったことは遺憾です。（略）
　彼女の教育の任務遂行は十分なものでしたが、彼女の学校内外での個人的な行動からして、私たちは差し当たり、彼女を仕事から離れさせるしかありませんでした。

この記録によれば、1942年から1947年の間に8つの収容所学校に雇用されていた数百人の教師の間で、このような事例はこのひとつだけだった。

収容所学校の初年度は、子どもたちにとってはどのようなものだったのか。次の思い出が示しているように、経験や反応はさまざまであった。

エルシー・イワサキは、1942年12月にローズベリーの学校が開校したとき、5年生になった。

ローズベリー：もし鹿の尻尾に塩を塗れば……

家の2段ベッドの上段に寝ていたことを覚えています。壁に霜が下りていました。壁の隙間から外を見ると、月明かりの下にぼんやりとした物影が見え、

コヨーテがごみ置き場を嗅ぎまわっていました。ろうそくのあかりで本を読み、台所で大人たちが話をしているのを聞いていました。ある日、「学校」という言葉が聞こえてきました。

　ある薄暗い朝、他の2人の子どもと一緒にひとつの机に座って学校にいたこと以外、ローズベリーの学校がどのように始まったのか覚えていません。私たちの前にろうそくがあって、本を1冊共有していました。休み時間ごとに、森で鹿を追って過ごしたこと以外、何を学んだかほとんど覚えていません。

　もし鹿の尻尾に塩を塗れるほど近くおびき寄せることに成功したら、その鹿は馴れて、私たちの家までついてくると、誰かが教えてくれました。自分の近くを走り回るような飼い馴らされた鹿がいる様子に憧れて、ずいぶんと努力し、追いかけっこの達人になりました。鹿を飼い馴らすという目標が達成できなかったからといって、やめることはありませんでした。今でさえ、塩の袋をもって、できるだけ静かに森のなかを歩いた、自分の子ども時代を思い出すことができます。私たちの囁き声は、澄んで冷たい山の空のなかに今でも漂っているに違いありません。

　私たちは校舎にあった薪ストーブで、交代で体を温めていました。みんな、しもやけに悩まされ、指はいつも赤く膨れ上がっていました。でも、ろうそくの炎の上に鉛筆をかざすととても変な臭いがするといった楽しみをやめなければならないほどの痛みではありませんでした。

　私は一度、冬服をいっぱい着込んだまま氷の張った湖に落ちて溺れかけて、大きな氷柱のようになって家に連れ帰られたことで有名になりました。

　小さな共同浴場で風呂を沸かすための釜の金属製のドアにぶつかって足に大やけどを負ったせいで、学校をほぼ1ヶ月休まなければならなかったこともあります。ろうそくのあかりだけに照らされた薄暗いなかで、誤って赤々と熱くなった扉を押してしまったのです。医者はおらず、救急医療施設もなく、母ができたことは、毎晩夜どおし私の足を雪のなかに入れて、濡れた包帯で巻いてくれたことでした。今でも小さな傷跡があって、あのひどくて辛いときを思い出させます。

ミッキー・マツバヤシの収容所学校での初日は1943年4月だった。

ベイファーム：子どもにとっての初日

> 学校がない？ しめた！ ベイファームの校舎建設が予定より遅れているという知らせのあった1942年9月、僕の反応はそんなものだった。これは他の11歳ぐらいの多くの子どもも同じ思いだった。とくに男の子は。
> でも当然のことだが、ついに学校は準備が整い、僕たちは入学しなければならなかった。僕たちはツジ師、つまり校長のツジ先生に会った（彼が聖職者なら、彼は学校で何を教えるのか？ という考えが頭をよぎった）。先生は、非常階段で遊ばないこと、廊下や階段では走らないこと、という決まりを作った。
> ある朝ツジ先生は、屋外で行われた全校集会で、僕たちの学校が開校して地域の活気のある活動的な場所になったのだから、学校の名前や標語が必要だと言った。
> 子どもたちは校名や標語案を先生たちに提出することになり、ツジ先生をはじめ先生たちが優秀作品を決定した。その後、優秀作品が発表された。
> 学校名：パインクレセント校　受賞者：ライコ・ミヤケ
> 標語：スポーツと勉強を通して、私たちはひとつになる　受賞者：僕

ゴーストタウンの同級生ライコ・ミヤケ（ベイファームの学校名・標語コンテストの受賞者であるミッキー・マツバヤシとライコは後にオンタリオ州で結婚した）も、彼女の収容所学校での日々を覚えている。

> ### ベイファーム：こんなにたくさん日系人を見たことはなかった
> スローカンでの生活は、本を1冊以上書けるくらい中身の詰まったものでした。私はバンクーバーではかなりこもりがちな生活をしていたと思います。ですから、スローカンの多くの少女たちがプリンスルパート、カンバーランドなどの以前にいた地域からお互いのことをとてもよく知っていることを知り、驚きを感じました。
> 私は、実際に多くの日系人が一緒に住み、そのうえ親友どうしであるのを見たことがなかったのです。彼らの多くは、良き友にもなってくれました。12歳ちょうどで、ゴーストタウンに引っ越したことによって事情に明るくなりました。何よりも、私が日系人であるということに気づかされました。そこでは「日系人」とは、他と違ってみえることを示す言葉ではなかったのです。沿岸地域と違って。

学校名コンテストで一等賞をとったとき、独創性が受賞の理由だと言われました。賞品はポスターカラー1箱でした。12歳の私はとても恥ずかしかったのですが、新しい友人たちは率直に私を祝福してくれました。
　母はいつも私をきちんとおめかしさせることが好きで、私もすてきな服が好きでした。しかし、「街」の女の子（スローカンシティに住んでいる二世）はもっとくだけた服装をしていました。溶け込むために彼女たちのまねを始めました。
　彼女らはゴムタイヤ製の靴底の紐つき合成紙でできた靴を履いていました（と私は言い切れます）。私は黒のバックル付きの靴を履いていましたが、他の女の子が履いているような醜い不恰好な靴を手に入れるため、母にその靴はつま先を締め付けると言いました。私の脚はやせていて、足先も同じようにやせていました。不恰好な靴に合わせるために、私は靴下を2足履き、登下校に苦痛を味わいました。おそらくその時の変な靴のせいで、今でも悪い歩き方に苦しんでいるのです。
　パインクレセント校で催されたすばらしいパーティのことを覚えています。友だちにからかわれたり強制されたりすることもなく、男の子たちと話す絶好の機会だったのです。かつて会の主催者が、パーティに各自の昼食をもち寄ってくるようにと決めたことがありました。あるときは、昼食は皆で分け合うものと知らず、誰かが自分の好物をお弁当に詰めて来たのだと思います。私はヒロコ・ウメツが菜っ葉の漬物のサンドイッチをつまんだときの表情をいつも思い出します。ヒロコはもう2度とその顔をすることができないでしょう。最大のコツは、それをともかく食べることでした。

　ベイファームのフェイ・コヤマは収容所学校が初めて通った学校だった年少の生徒だった。

ベイファーム：自分の名前が聞こえたとき、怖くなった

　学校に通うためには、両親や祖父母と暮らしていたＡ-10からＡ通りに沿って（道路沿いに）歩き、モリタ家、タケナカ家、イナバ家の住む家々を通り過ぎ、一番街へ左折しました。その後、Ｂ通りに向かい、新しい学校のある広場までＢ通りに沿って歩きました。
　あれほど多くの日系人の子どもと一緒にいることは、私にとって初めての

経験でした。というのも私たちはバンクーバーのポイントグレイに住んでいて、遊び友だちはイサオ・ジョン・ワタナベ以外、全員白人だったからです。

1943年4月のパインクレセント校のミッキー・サトウ先生の1年生のクラスで私の学歴が始まったことを示す通知票を、今でももっています。1943年9月にサカエ・カワバタ先生の2年生のクラスに進級し、1944年1月にタカコ・アリマ先生の3年生のクラスに進級しました。シック・オキノ先生には4年生のときに、ベティ・ヤマモト先生には5、6年生で教わりました。5年生のあるとき、他の級友と一緒に6年生に進級したことを覚えています。進級する前に試験を受けなければならなかったと思いますが、これについては確かではありません。

記憶に焼きついている光景のひとつは、全生徒がいつもの鐘が鳴るのを待ってクラスごとに学校の石段の前で並んでいた場面です。ツジ校長が私の名前を呼んで前に出て来るように指示したことを覚えています。私は当時、とても恥ずかしがり屋で、先生の質問に答えるよう指名されたときですらクラスで話すことをためらうほどでした。だから自分の名前が呼ばれると恐くなって、自分は何か悪いことをしたのかと考えていました。

でも前に出ると、ツジ先生は私が2年生に進級することを発表しただけでした。

レモンクリーク。4年生の生徒たち。学年修了の日。

ショウゴ・コバヤシは1942年9月、いつもの学校に戻ろうとして拒否されたバンクーバーの二世の一人だった。1943年4月7日、最後の収容所学校として、ベイファーム‐ポポフ開校の2日後に開校したレモンクリークでやっと学校生活に戻った。

レモンクリーク：僕たちはまだ必要とされている

　レモンクリークの学校が開校したとき、僕は8年生に入ることが認められた。ストラスコーナ学校のときと違って、新しいクラスメイトは全員が日系カナダ人だった。都市部出身者、農村出身者、人里離れた漁村や伐採キャンプやパルプ製紙業関係の町の出身者などがいた。流暢に日本語を話す人もいれば、日系人のいない環境で生まれ育ち、日本語を話したり理解することができない人もいた。

　レモンクリーク収容所では、僕を含めた一部の者には父親がいなかった。僕の父親は、オンタリオ州アングラーに民間人収容者として保護拘束の下にあった。レモンクリークでは女性の雇用機会が非常に限られていたので、僕たちのようなシングルマザーの家庭は保安委員会による生活保護に頼らざるを得なかった。このような状況では、自分と同世代の者たちがしていたように、イートンの通信販売カタログに出ているような最新の若者の流行の商品を買うことはできなかった。

　物質的にも経済的にも恵まれない状態で、自分より裕福なクラスメイトが自分を受け入れてくれるかどうか心配だった。幸運にも、それは子どもっぽい要らぬ心配事だった。

　急造のレモンクリークの学校では、教育や娯楽の設備が不足していた。沿岸地域の学校にあったような、十分な蔵書のある図書室や屋外運動施設などがなかった。冬には、暖房は薪を燃やすドラム缶のストーブで、保安委員会が雇った一世の学校用務員によって絶え間なく火が焚かれていた。

　ひとつの校舎の1階の木製の仕切りを取り払って講堂にすることができた。講堂は学校で使うだけではなく、映画上映会、ダンス、会議、コンサート、かるた大会など、一般住民にも利用されていた。

　この仮講堂では、禁煙の表示が貼り出されていたが、普段、大人たちがこの場所を使うとき、それは無視されていた。今でもときどき、建物が火事にならなかったのが不思議に思えるくらいだ。夜間には照明があったので、合同教会が運営する高校クラスが、夜間の授業で校舎を使用していた。

アイリーン・ウチダ先生が率いる熱心な若い教師の一団が、こうした恵まれず普通ではない環境にやって来た。沿岸地域からの立ち退きという激変によってもたらされた教育のギャップを埋めるために、僕たちを引き受けたのだ。こうした先生たちもまた立ち退きを経験し、収容所に住んでいたので、すぐに僕たちとの関係作りができた。強制移動によって自分たちが受けていた教育に深刻な影響を受けた教師たちもいた。

二世の教師たちは、僕たちの不平に我慢強く耳を傾け、僕たちを学問の世界の神秘に導いてくれた。彼らは、言葉や行動を通して、僕たち若者がまだ必要とされている存在であり、冷たく拒絶した社会に僕たちが貢献できることがあると感じられるように全力を尽くしてくれた。

第5章で、ロイ・ヤスイはニューデンバー収容所学校に初めて行ったとき、「怒りっぽく、不機嫌で反抗的」だったことを思い出した。

ニューデンバー：学校は怖くて屈辱的なところだった

「立ち退き」の後、収容所の親たちも怒り、混乱し、当惑していた。6ヶ月間近くの混沌と混乱を経験した後に、学校によって初めて秩序のようなものがもたらされた。

収容所学校で最初の2年間、何を学んだか少しも思い出すことができない。僕はあまり日系人家族のいないバンクーバーのフレイザー通り49番街に住んでいたので、英語はとても上手に話すことができた。

でも、僕には問題があった。ニューデンバーの学校では4年生になるまで声を出して本を読むように言われていた。そして、間もなく僕はひとつの文章すべてを読むことができないことが、クラスの皆に分かってしまった。いくつかの単語なら分かったのだが、文をすらすら読んだり書いたりはできなかった。

理由は簡単なことだったが、それを誰も分かっていなかった。僕はバンクーバーで学校生活を始めた。数ヶ月後に僕はヘネーに引っ越し、町の学校に転校した。その後、田舎の学校に転校した。数ヶ月後に父が亡くなり、バンクーバーに戻ってきた。その数ヶ月後に僕は肺炎で入院した。全部で1年生の3ヶ月間を欠席した。そして、復学したときはヘイスティングスパークの収容センターに移動するよう命令を受け、結局、読み方を習う機会を逸してしまったのだった。

結果的に、学校は僕にとって怖くて屈辱的な場所となった。分からない単語につかえると、くすくす笑いや嘲りの声が聞こえてきた。他の子をいじめて仕返しをした。僕はクラスの破壊分子だった。

僕の好きな悪戯は「見えない」ワイヤを鉛筆に結びつけ、それを通路に落としておくというものだった。先生が鉛筆を拾おうとすると、僕はワイヤを引っ張り、鉛筆をさっと動かした。ほとんどの場合、先生はもういちど鉛筆を取ろうとしたが、僕はまた鉛筆を動かした。

数日後、今度は同じ鉛筆をワイヤなしで通路に置いた。先生は注意深く鉛筆に近づき、周りを見て、すばやく鉛筆を踏みつけるとクラスは爆笑となった。僕が授業中に仕組んだこのような悪戯には、たくさんの種類があった。

ニューデンバーにいた初めのころ、先生のなかには僕にとても腹を立てた人がいた。なぜなら、僕が詩や歌の歌詞を勝手に替えてしまい、クラスは本当の歌詞で歌っているのに、僕が男子たちに、僕の替え歌で無理やり歌うように脅していたからだ。僕は完全にクラスを混乱させ、混沌とさせてしまった。

僕がいつものように居残りをしていたある日、先生が「なぜあなたは言葉の能力を無駄にしているの。」と尋ねてきた。

「僕は馬鹿なんです」と答えた。「僕は読むことすらできないんです」。

もし僕がきちんとした心構えさえもっていれば、読むことを学ぶことができる、と先生は言った。先生は、リズムを変えることなく「峠のわが家」の歌詞を替えられる子どもには、知性と言語に関する才能があるに違いないと言ったのだ。

「こんな才能を無駄に使うべきではないわ」と先生は言った。その後、先生が「峠のわが家」を歌う間、注意深く聞いているように僕に言った。

　　家をください。バッファローが歩き回り
　　鹿やアンテロープがたわむれ
　　落胆の言葉はめったに聴かれず
　　空は雲ひとつなく晴れ渡る……

先生の声は柔らかく、もの悲しいものだった。「こんな美しい歌の歌詞を、あなたはなぜ替えたいの。」と先生は歌い終えると尋ねた。僕は答えることができなかった。僕は何と言えばいいか分からなかった。

残念ながら、その後も僕は先生の教室の破壊者であり続けた。でも僕は二度と、どんな詩や歌詞も替えることはしなかった。

> ある日、自分で作った五行の戯詩を友人に歌って聞かせていた。先生はそれを聞いていて、それを繰り返すように言った。先生は、自分では書けないその詩を書き留めてくれた。その詩は次の学校新聞の号に掲載された。皆が驚いていた。それが僕の詩だとは誰も信じなかった。僕にとってはうきうきするような経験だった。
>
> この先生は自分の家族以外で、僕が身を入れれば学ぶ能力があると言ってくれた最初の人だった。不運にも僕は先生の親切に対してより破壊的な行為で応えていた。

生物学者でキャスターのデビッド・スズキはパインクレセント校が1943年に開校したとき、7歳だった。彼はそこで1年生を始め、彼は齢のわりに進んでいると考えられたので1年間のうちに4年生まで進級したという。彼の自叙伝『メタモルフォーゼ：人生のステージ』にある言葉によれば、スズキはその経験をあまりいいものとして記憶していない。

ニューデンバー。1年生の教室。住民の住居と同様のタール紙の建物で授業が行われた。

第8章　初年度のあれこれ

　ベイファームのパインクレスト校で最初の授業が始まった1943年4月、私は7歳だった。私たちの先生は高校を出たばかりの女性で、仕事をこなすには不十分な状態だった。私たちはベイファームまで1キロ弱歩き、私は7歳で1年生のクラスに入学した。秋には自分が1年生、2年生、そして、3年生へと速く進級していくのが分かった（数年前に、私はサトウ先生という名前で覚えていた1年生のときの担任に会ったが、そのとき、私が彼女のクラスにいる間に、かなり先に進んでいたと話してくれた。彼女は飛び級の推薦をしてくれて、ツジ師——その学校の校長を務めていた開教使——が同意した）。

　他の子どもよりも私が勉強で先に進むことができた唯一の原因は、『知識の本』から父が得た知識を吸収することにすべての時間を費やしていたからだった。（ほとんどが二世である他の子どもと違って）英語が私の第一言語であり唯一の言語であったということは、学校の好成績に寄与した。（略）

　私はなぜ次々とクラスを移らされたのか分からなかった。1年間で、1年生から4年生まで通過していった。しかしその結果、授業で何をしているのか、私には見当がつかなくなった。クラスが突然、掛け算や割り算をやり始めたとき、私は足し算をようやく習い始めたばかりだった。私たちが何をしているかを、わざわざ説明してくれる人は誰もいなかった。私が飛び級をしてきたので、先生たちは単純に私が分かっているものと考えていた。父は掛け算の九九表を、毎晩のように私が泣くまで反復練習をさせた。私はとても恐かった。記憶することが大変だったからではなく、自分がしていることの理由が分からなかったからで、不満が溜まっていった。それは教師になったときに覚えていて良かったことであったが、厳しい課題ともなった。（略）

　私はスローカンにいたころの他の多くの子どものことを多くは覚えていないが、ジョイ・ナカヤマ（現在、著名作家となったジョイ・コガワ）とデビッド・トグリ（国際的に知られる舞踏家・振付師）については、鮮明な思い出がある。あるとき、男子たちがジョイと私を教室に閉じ込める悪

戯をした。女の子と一緒に罠にはまったことが恥ずかしくなり、死に物狂いで窓から飛び降りた。

　デビッド・トグリは、父が釣りに連れて行っていた少年グループの一人だったが、当時から、彼は明らかに私たちと違っていた。彼には音楽の練習のために外出できないことがときどきあったが、それは収容所ではめったに聞いたことのないことだった。（略）

　収容所の私たちと同年齢の子どもたちの多くが、私の両親のように二世だった。だから、私の両親のように、彼らも2つの言葉を流暢に操っていた。多くは日本語の能力を保つために日本語学校に通っていた。私の父はカナダ生まれの自分の子どもについては、それが必要なことだと信じていなかった。英語が自分の家で使用される唯一の言葉だったので、姉妹と私は日本語を理解できなかった。このため私と他の子どもたちの間に緊張状態が生まれた。私は日本語を話せないことでよそ者となってしまったのだった。スローカンでは数人の友人ができたが、親しい人は一人もいなかった。そうかといってその地域のデュカボーの農家の子どもとも共通点がなかったので、なおさら寂しかった。

　一方、1年生のクラスにいたスズキを教えたサトコ・サトウ（サトウ先生）に、彼はどのように記憶されているのだろうか。

ベイファーム：非凡な子ども

　1年生として早くもデビッド・スズキは特別でした。彼はとても好ましい少年で、その年齢にしてはかなり背が高く、とても成熟していました。彼はクラスで出された宿題はすべて済ませて、その後、自分で他にできることを見つけていました。彼は上手に適応する子どもで、ひけらかす子どもではありませんでした。とても良く勉強ができました。

　ある日、デビッドは言いました。「ねえ、僕は歌を知っているんだ。みんなのために歌ってあげる」。私たちはどうぞと言い、彼はクラスの前に立ち、「ユー・アー・マイ・サイシャイン」の歌詞を2、3節歌いました。私は彼にどうしてその歌を知ったのか尋ねたところ、彼はこう答えました。「お父さんが教えてくれた」。

彼は社会的にも知能的にもとても成熟していたので、私はツジ校長に相談し、2年生のケイティ・オオヤマ先生のクラスに進級させてもらえるよう手配しました。

ベイファーム。1943年春の運動会のチアリーダーたち。

当然のことながら、学校は授業と勉強だけの場ではなかった。例えば、ヒデヨ・イグチは初年度に開催されたベイファームでの特別行事を思い出す。

ベイファーム：初めての運動会を祝って

1943年5月のある日のことです。教師たちは5月24日の休日あるいは6月の終業時期にふさわしいイベントとして運動会を提案しました。
職員会議で運動会は6月のある金曜日に開催することになりました。私たちは、全校の生徒をアルファ、ベータ、ガンマ、デルタの4つの組に分けることにしました。そこで各教師は自分のクラスの男子と女子を誕生日順に4つのグループに分けました。
その次に教職員を4組に分け、各組の担当者としました。ケイティ・オオヤマとサカエ・カワバタ（後に当時のツジ校長の妻となった）、そして私がアルファ組の担当になりました。私たちは、組の色を選んだり、組の歌を作っ

たり、応援の仕方を決めるために子どもたちと組の会議を開きました。

　小学校や高校のときの歌やエールは、私たちの心を揺さぶるものです。私たちがエールのなかに学校名の代わりに「アルファ」と入れると、真似もされました。徒競走やジャンプ競技の練習を見るような役割は、教師たちや年長の子どもたちの間で分担しました。私たちは働き蜂のようでした。放課後には、そのすばらしい日のためにアルファ魂を鼓舞するための紫と黄色の画用紙製のバッジ、ポスター、横断幕や飾りリボン作りを子どもたちが手伝ってくれました。

　一方、教師たちは昼食時や放課後によく打ち合わせをしました。運動会はパインクレセント校の裏の広い運動場で開かれることになりました。プログラムには50ヤード（45.7メートル）、70ヤード（64メートル）、100ヤード（91.4メートル）の徒競走、リレー、大袋競走、二人三脚、ジャガイモ競走、ソフトボール投げ、走り高跳び、走り幅跳び、綱引きなどが入っていました。

　数人の女性教師が、中学年や高学年の女子にメイポールダンスを教えました。企画担当の教職員と高学年の男子は、保安委員会や地元の製材場を訪ね、跳躍の着地点に敷くためのおが屑や走路に線を引くための消石灰を寄付してもらってきました。収容所の大工たちは高飛びのスタンドを作ってくれました。

　子どもたちは自分の身体能力に磨きをかけ始めていました。朝、始業前の8時ごろから、あるいは放課後にも、男子も女子も校庭の端に設けられた場所で、幅跳びや高飛びの練習をしていました。より速く走るために、校庭の周りや「大通り」の家の間で走る練習をする子どもたちもいました。

　たいへんな熱気が学校、家庭、ベイファームの地域全体に広がっていました。練習は続き、組の集会は、チアリーダーのリードするかけ声で満ちていました。

　運動会の日がついにやって来ました。すばらしい、雲ひとつない晴天でした。各生徒の家族も活気づいていたはずです。本当にきれいなシャツ、パンツ、ブラウス、スカートが揃えられ、洗ったばかりの白いズック靴が用意されていました。

　その大イベントは午後1時に始まることになっていました。しかし、そのしばらく前から、教師たちが年長の生徒の助けを借りて、審判用の机、得点板、各組の場所を示す目印などを準備していたので、熱心な子どもはすでに学校に向かいつつありました。

　学校の鐘が鳴るとすぐ、子どもたちは各組の場所に整列しました。みな誇らしげに組の色のバッジを身につけ、それぞれの忠誠を示すかのような紙の帽子や王冠、飾りリボンを身につけている者もいました。

足を動かしたり、頭をまわしたり、腕を振りながら、全員がツジ校長の大イベントの始まりの合図を待っていました。

こうした熱気のなかで、子どもたちが校長の開会挨拶をちゃんと聞くか疑問でした。でも、ついに競技が始まると大きな喝采があがりました。

最初は小さな6歳児の徒競走でした。徒競走が続き、応援席からの多くの叫び声、エールのかけ声やジャンプとともに進行していきました。

各組の前で、元気なチアリーダーが他の組と張り合うように、飛んだり跳ねたりしていました。

　1、2、3、4
　誰のための応援？
　アルファ組のために応援、ラ、ラ、ラ。
とか
　2、4、6、8
　誰を誉めるの？
　ベータ組、ベータ組、ラ、ラ、ラ。
などでした。

数字が得点板に入り始め、とくに得点が競っていると、声援は数百人の悲鳴で耳をつんざくほどの大きな音となり、耳を手で塞がなければならないほどでした。ついに最終種目、各組の高学年男子の綱引きになりました。

「それ引け！　ガンマ組、それ引け！」そして「引け、デルタ組、引け！」各組のメンバーたちがかけ声をかけます。綱のまんなかに結びつけられた白い布が前後に動きました。少しずつ、白い目印はガンマ組側へとゆっくり動き、そして、白い布は勝負の中間点を超えたのです。

「勝った！」喜びの叫び声がガンマ組の子どもに響きました。互いに抱擁し、叫び、跳び上がり、ガンマ組の色が揺れました。

全員の目がくぎづけになるなか、各組の最終得点が得点板に掲げられました…。

そして、さあ出たのです！　最初のベイファーム校運動会の優勝チームが発表されました（告白すると、どの組が優勝チームだったか覚えていません。はっきりしているのはアルファ組ではないということです）。「万歳」や「イェー」の、耳をつんざくような声の波が興奮した群集に広がりました。同様に保護者の見学者のなかからも悲鳴や叫び声が響きました。

もちろん、後になって考えてみると、どの組が勝ったかは、あまり問題ではありませんでした。重要なのは、私たちがみな、収容所のなかですばらしい、

> 見事なスポーツマンシップにのっとって戦い、すばらしい時間を過ごしたことなのです。

パット・アダチが思い出すように、ポポフ校は別の行事で最初の年を締めくくった。

> **ポポフ：フィナーレはコンサートだった**
>
> 私たちはコンサートを開き、保護者や友人を招待することにしました。わずかな小道具しかありませんでしたが、保護者がどんな形でも私たちを応援しようとしてくれました。
>
> 私たちは1年生のクラスだったので、発表にはみんなが参加できるように、マザーグースの詩を選びました。「ボーピープ」、「ジャックと豆の木」、「ネコとフィドル」などの衣装が、保護者などの暖かな心遣いによって念入りに作られました。
>
> 当日、子どもたちは真面目に自分の歌う一行一行を勉強してきたことが、すぐにわかりました。子ども一人ひとりが衣装を身にまとい、誇らしげに舞台上に進み出て、マイクで決まった詩の一行を歌いました。それは当時としては新しい経験でした。子どもたちは聴衆から喝采を受けていました。
>
> 最高の演技を見せたのはマモル・イノウエでした。彼は教室では決して目立つ子どもではありませんでしたが、明らかに自然に演じることができていました。彼がかつて演劇の世界にいたことがあるのではと思ったほどでした。

先に触れたように、保安委員会は収容所の疎開児童には高校教育を提供していなかった。またその時代、幼稚園の課程は公立学校制度に含まれていなかった。

しかし、ほとんどの日系カナダ人の保護者は自分の子どもにとって、高校や幼稚園が必要なものだと考えていた。沿岸地域では教会の幼稚園が英会話プログラムを提供していた。英語が使われる公立学校の文化に、二世の子どもを慣れさせるためである。そして、教会で働いていた人びと（ほとんどが非日系人）が、保安委員会の援助のない幼稚園や高校の教育を提供するため、BC州収容所の疎開者たちに加わっていた。

第9章　白人の友人たち

　ブリテシッシュ・コロンビア州（BC州）の収容所では、非日系人は極めてまれな存在であった。新たに建設された収容所のタシメ、ベイファーム、ポポフ、レモンクリークに駐在していたハクジン（文字通り「白い人」）は、おもに保安委員会の事務官であり、これに加えて数人の連邦警察官がいた。彼らは各収容所の行政と取り締まりにあたる職員である。再建されたゴーストタウン（ニューデンバー、カズロ、サンドン、グリーンウッド）には、わずかながら白人がいた。まだ住み続けていた一握りの地元民であり、商店やその他の商売を営んでいた。

　しかしすべての収容所に、別の何人かの非日系人がいた。彼らは、戦時追放処分を受けた日系カナダ人と一緒になるために来たのである。自発的に来たこれらの人びとは、ほとんどが合同教会、聖公会、カトリック教会の活動家であった。

　太平洋戦争勃発の直前に日本から戻ってきたバイリンガルの宣教師もいれば、沿岸地域の比較的大きな日系人コミュニティで宣教師や幼稚園教師として働いていたハクジンもいた。

　後に、これらの教会活動家に一握りの男性が加わったが、これも教会関係者であった。彼らは戦争に対する良心的兵役拒否者であった。こうした男性たちはゴーストタウンの高校で教えるために、労働キャンプから釈放された。さらに、（疎開者のなかの）二世の教会活動家が、教会から特定の収容所に派遣され、以前に沿岸地域でしていたようにハクジンと共同で幼稚園を運営していた。

　先に触れたように、（保安委員会の学校が開かれる前の）最初の数ヶ月間、BC

州内陸部の収容所の疎開児童には、年長の二世から個人教授を受けている者もいた。なかには、保安委員会が教育を1年生から8年生までとしたため、公式の学校教育から締め出された高校生たちを教える者もいた。通常、こうした支援は教える側の二世たちに収容所の仕事のない夕方か週末に行われていた。

典型的な例が『ニューカナディアン』紙の1942年12月19日付のサンドンの学校の報告に記載されている。

> 高校教育に関して当局の規定はないが、ここでは、若者に通信教育を利用して自発的に夜間学校の授業をとらせることで、高校教育が用意されている。
>
> 教師たち——そのほとんどはここで雇われている——は毎晩30分の授業を担当している。高校生を支援するのは、ヒデオ・シゲイ、エイコ・ヘンミ、アイリーン・シンタニ、ゴウジ・スズキ、ヤエコ・ヘンミ、H. クワバラ博士、トモイチ・ヤマモト、マサル・ナカツカ、フランク・ヨシイ、ジム・カガワであった。

カンバーランド出身のグロリア・サトウは、家族とともにバンクーバー島の故郷からサンドンへ移動させられたとき、11年生を終えるところだった。

サンドン：通信制の高校教育

私は手紙を雑貨店で投函したり受け取ったりしていました。手紙のなかに公的な感じの封筒がありました。封筒を開くと、受験した12年生のすべての科目試験——英語2科目、フランス語2科目、代数、幾何学に合格していることが分かりました。

すぐに、さらに2科目、歴史と地理の受験を申し込むことにしました。私たちを指導してくれた大学生のほとんどは東に移動してしまっていたので、自分で勉強する必要がありました。

グロリア・サトウはサンドンで、ビクトリアの州教育省直轄の通信教育課

程を受講して高校教育を終えた。この課程を履修する二世の保護者は、1科目につき9ドル支払わねばならず、合計で年間56ドルという金額となり、ゴーストタウンの家族の間では、衣食のために月に54ドル稼げれば良いとされていた貧しい時代にあって、それは大きな負担であった。

しかし、最初の1942-43年度が過ぎて行く間に、多くのゴーストタウンで組織だった形で高校の授業が提供されるようになった。

当初、保安委員会は、収容所には約千人の若者が高校段階であったと推計している。しかし、保安委員会は8年生を終えてからの教育に対して責任をもつことを拒んだので、生徒や教師の正確な数は、その後のゴーストタウンの期間については分からない。

二世の高校生への対応は収容所ごとに異なっていた。

・カズロでは、10代の疎開者は地元の学校に通うことができた。収容所の68人の高校生のうち、その多くが学校に通った。わずか数人の子どもが、親が授業料を払えなかったため学校に通えなかった。これは、クートネイレイクのゴーストタウンの地元住民が、新しい住民たちを全体的に温かく受け入れたひとつの例であった。カズロで起きたひとつの問題は、1942年度と43年度とも、9年生の始めに一時的な中断があったことだ。これらの緊急事態とそれへの対応がどうなされたかは、本章の後半で述べる。

・先述のようにグリーンウッドは、保安委員会の小学校のない収容所であった。代わりに、子どもたちはカトリック教会や合同教会の教師による授業に出席していた。しかし当初、保安委員会は、日系カナダ人生徒一人当たりにすれば少額ではあるが、授業料を払っていた。グリーンウッドの高校生について言えば、彼らも地元の学校に収容されていた。1943年春にグリーンウッド高校の校長ボワーリングは、二世の子どもが9年生に8人、11年生と12年生に一人ずつ在籍していると報告した。これらの高校の生徒数は、修道女のメアリー・サミュエラ（アトンメントのフランシスコ女子修道会）が校長を務める8年制セイクレドハート小学校の約250人の生徒数と比較された。そして39人の子ども（41人いたが、1943

年の3月後半には2人が町を去っていた) が、マデレイン・ボックが校長を務める合同教会小学校に在籍していた。
- ニューデンバーでは二世の高校生が、そこに移ってきたカトリック教会の司祭と修道女による教室か合同教会の教室のいずれかで授業を受けていた。1943年8月には、各教会が30人ないし40人程度の高校生を援助しており、翌年はさらに多くなる見込みだと報告された。
- スローカンの収容所 (スローカンシティ、ベイファーム、ポポフ) では、カトリック教会が、1942年の半ば、160人の高校生のために校舎の建設を計画していた。(当初、1942年の秋には聖公会がスローカンで高校生のクラスを立ち上げていた。しかし、高校教育を扱うカトリック教会関係者がやって来ると、聖公会は同じ収容所の幼稚園に力を入れていった。)
- レモンクリークでは合同教会が当初、約75人の生徒のために高校を立ち上げた。
- タシメでは、合同教会が高校生の世話をしており、102人の高校生のうち半数が9年生であった。
- そして、住民のほとんどが仏教徒で占められているサンドンでは、9年生と10年生の授業はカトリック教会の修道女によって準備された。修道女たちは東部出身で、もともとはカズロに配置された。彼女たちの活動がクートネイレイクのゴーストタウンでは必要とされていないと分かると、彼女らは最寄りの収容所に移った。11年生、12年生の生徒は当初6人程度であり、直接、ビクトリアの州教育省の通信教育課程を利用して勉強していた。

ゴーストタウンへ移ったキリスト教の聖職者の大半と仏教の開教使の全員が、追放された同胞の人びとだったが、高校や幼稚園の教師は数人の二世の聖職者やボランティアを除けば非日系人であった。

これらのハクジンのうち、合同教会の2人が、配属されたゴーストタウンでの高校の授業の思い出を詳細に記憶していた。

グエン・サティは対日戦争が起こった1941年、休暇でカナダにいた。合同

教会の宣教師として、彼女は日本の中等教育の学校で10年以上教えた経験があった。彼女は日本に戻ることができなくなったので、その教派の主たる日系人教会であったバンクーバーのパウエル街の合同教会に派遣された。そこで彼女は幼稚園を監督し、さらに年長の子どもや10代の若者とも一緒に過ごした。

1942年9月、グエン・サティはスローカンバレー地域の疎開者のための仕事に任じられた。

ニューデンバー‒ローズベリー：住民たちの複雑な反応

私は、W.M.S.（女性宣教師会）から車を提供され、ニューデンバー‒ローズベリーの日系人疎開者のなかで働くために派遣されました。これらの居留地はスローカン湖の東岸にあって、6.4キロ離れていました。

1942年9月5日に私がニューデンバーに着いた時、街はもちろん、かなり混乱している状態で、多くの地元住民も本当に日系人と同じぐらい戸惑っていました。ある夫婦は、私が日系人のなかで働くために来たことを知ると、自己紹介するのを拒否しました。その夫婦の夫は侵略者から市民を守るため、ニューデンバーに武器庫を提供するよう、政府に願い出る請願書を地域に回したと言われています。一方、カナダ在郷軍人会のニューデンバー支部は、日系人の流入を戦時に必要なことと断言し、この状況を受け入れました。そしてターナー記念合同教会の事務局は、礼拝を行っている時以外は、いつでも建物を使ってよいと言ってくれました。

サティ女史の最初の成果は1942年9月に疎開者の子どものために開いた日曜学校であり、ついで71人の子どものための幼稚園を11月1日に開園した。

他の宣教師たちがニューデンバーに来て、幼稚園や女子教育を引き継いだので、グエン・サティは次の仕事に取り組んだ。

ニューデンバー‒ローズベリー：高校の場所を探すのは難しかった

私が次に取り組んだのは日系人の10代の若者たち向けに教育の準備をすることでした。当時の彼らは単に通りをぶらぶらしたり、とくに何か迷惑をかけるわけではないのですが、自身にも他人に対しても無意味なことをしていました。
　私は高校を開設する資金を得るためトロントのW.M.S.に電報を打ちました。その回答は、当時でもその後でも、他の資金が許す範囲内ではあったものの気前のよいものでした。1943年の1年間でニューデンバー - ローズベリー合同教会のすべての事業（高校と幼稚園2園を含む）に対するW. M. S.の補助金の合計額は、4,680.72ドルでした。1944年は6,353.54ドル、1945年は7,588.54ドル、1946年（その年に高校が閉校となった）は4,663.19ドルでした。
　1943年の夏を、ニューデンバー - ローズベリー（の高校）の計画を練りながら過ごしました。ビクトリアでBC州教育省の監督官ウィリス博士と面会して、合同教会が計画している学校に3人の良心的兵役拒否者を派遣してもらう約束を取りつけました。
　私は、アルバータ州のある聖職者の子息で、アルバータ大学卒業生のジョン・ロウ氏を選びました。彼は、良心的兵役拒否のためにバンクーバー島の森林収容所にいましたが、そうでなければハーバード大学にいるはずの人物でした。彼はニューデンバーとローズベリーの学校で数学と科学のクラスを担当し、毎週金曜日の夜と土曜日の午前中は、42キロ南にあるレモンクリークで数学を教えました。
　社会科は、ミルドレッド・ファルニ女史が担当しました。彼女の夫のウォルターは当時、近くのジンクトンのラッキージム鉱山にいたのです。ファルニ女史は高校の教員資格も経験もあり、「どんな負担でも引き受ける」という働く熱意に満ちた高校教師でした。
　ハミルトンから来た教師、ヘレン・ローソン女史は、オンタリオ州に疎開させられた日系人と接触していたこともあり、BC州の日系人生徒のために何かすることを切望していました。音楽を十分に学んでいた彼女は女子のコーラスと男子のトネット（訳者注：当時、北米の小学校で一般的だった縦笛）バンドを指導しました（高校の英語も教えました）。
　私自身は、1922年にBC州が発行した学業証明をもっていたので、校長として働くかたわら、20年間忘れていたラテン語とフランス語を、語彙や熟語の点で生徒にかろうじて勝るように努力しながら教えました。9年生から12年生までの完全な高校課程の提供を計画しました。
　授業のための施設を探すという問題が、教師を探すことよりもっと難しい

ということが分かってきました。他の場所でも行われたように、日系人と西洋人の生徒をニューデンバーの高校でも一緒にできるかもしれないし、こちらの4人の教師をニューデンバーの教職員と一緒にできるかもしれない、と考えていました。でも、地元の学校当局は2つの人種集団を分けたままにしておく方がよいと考えました。カトリック教会は、ニューデンバーに私が到着してから2週間ほどして日系人のなかで宣教活動を始め、私たちと同じ時期に高校を開校する計画を立てていたのです。再度、教職員と施設は一緒にできないかどうか考えました。しかし、当時はキリスト教統一運動以前の時代であり、シスターたちは愛想はいいのですが、「私たちは協力できません」とはっきりと拒否しました。

そして、ニューデンバーの通りのあちこちで空いた建物を探すのが無駄に終わった後、地元の合同教会からかなり大きな1部屋の建物を提供するという申し出を受けました。保安委員会の責任者は再度、教会の同意を得て窓をもう2枚増設してくれました。私たちは戸棚を作りつけ、授業時間中は、信徒席の間に机を置けるようにしてもらいました。金曜の夕方、教会は掃き清められ、すべての学校の設備は緑色のカーテンの陰に隠さなければなりませんでした。月曜日の朝にはすべてを並べ直して、1週間を始めたのです。

ニューデンバーのグエン・サティの高校は1943年9月1日に45人の生徒を受け入れて始まった。委員会の学校から、さらに25人の生徒が9年生に入ってくると、町のレクリエーション・ホールは学校の授業用に整えられた。

卓球台はすばらしい机となりました。ホールは教会から2ブロック離れていたので、その往来は生徒や教師にとって運動の機会となりました。私たちは自分たちの学校を「レイクビュー学院」と呼び、湖の向こうに輝く山並みを見て、「Per aruda ad magna」（努力を通して偉大さへ）という標語を選んだのです。

タシメの高校教育は、収容所自体がほんの数軒の建物があっただけの広大な農場に建設されたため、だいぶ異なったものになった。BC州のホープから22.5キロ離れた孤立した場所であり、地域には住民もなく自治体もなかった。

ほとんどの疎開者はおよそ200棟もの委員会のタール紙を張った小屋に住んでいた。ごくわずかあった既存の牧場の建物や納屋は改修され、さまざまな用途のために使われていた。地区ホール、保安委員会の作業場、独身男性の宿泊所、小学校向けのA棟やD棟の教室や作業室などである。

ウィニフレッド・マクブライドはタシメに来た高校教師の一人になった。『タシメ：日系人再移動センター　1942-46年』のなかで、彼女は収容所で合同教会がどのように高校を設置したか伝えている。

タシメ：高校—教会がしてくれたこと

　保護者たちは、タシメで働く合同教会のマクウィリアム氏のところに行って「教会には何かしてもらえますか？　私たちの子どもには、高校が必要です。高校に行かなければ労働者になるしかありません」と言いました。

　マック氏（W.R. マクウィリアム牧師）は、メイ・マクラクランがグリップスホルム号（訳者注：日米交換船として1942年と43年、2回にわたってアメリカ大陸各地に拘留されていた日本人を輸送したスウェーデン船籍の船。東アフリカのポルトガル領で、日本に拘束されていた英米人を運んできた日本側の船と、外交官などの拘束者を相互に引き渡した）の最初の航海で日本からのカナダ人帰還者と共にその前年の夏に帰って来ていたことを知っていました。女性宣教師会の講演旅行の後、彼女はユニオン神学大学で学ぶためニューヨークへ旅立っていたのです。

　メイ・マクラクランは日本の地方の合同教会で何年間も過ごし、戦争の勃発後も居残り、1年間の自宅軟禁を経験していました。マック氏は彼女に電話し、戻って来て手伝ってもらえないかと訊ねました。マクラクラン女史は喜んで、すぐに西部に戻って来ました。

メイ・マクラクランは1943年1月にタシメに到着した。その年度の残りの期間、彼女とマクウィリアム牧師は通信課程の多くの高校生の手助けをした。後に教師として加わったマクブライド女史はこう続ける。

第9章 白人の友人たち 129

> 委員会はタシメに高校を設立することを望んでいませんでした。高校のために建物を建てる許可を求めた保護者や教会の要望を委員会は拒んだので、私たちは授業を終えた後の公立学校の教室を使いました。
> マック女史（マクラクラン）は、43年9月の学校の始まる前の数日間、フランス語を教えるために熱心に取り組んでいると、マック氏（マクウィリアムス）がやって来て「フランス語を教える人を連れてきたよ」と言ったのです。それが、アーニー・ベストでした。彼女は、彼に指導を分担してもらうことは、とても良いことだと言いました。あの学校が校歌や生徒会などもできて整った学校となったのは、その年だったと思います。生徒会は、週に1度の音楽鑑賞の時間、スポーツ、レクリエーション、そして生徒総会など多くの課外活動に責任をもちました。

ウィニフレッド・マクブライドは開校2年目の1944年に、タシメの高校教師として加わった。彼女は植物病理学を専門として農学の学位を得て、1940年にブリティッシュ・コロンビア大学を卒業した。彼女の職歴は父親の温室の仕事や、バンクーバーの臨海地区のカナダ漁業会社の研究室での魚油検査などであった。

学生キリスト教運動を通して、彼女はタシメで教師が足りないことを知り、まず2週間の休暇中に収容所を訪ねてみた。そこで彼女は、ヘレン・マクウィリアムス（牧師の娘）やアーニー・ベストらの教師たちから、科学を教えてほしいと説得された。

> 9年生になる生徒は90人いましたが、科学を教える人はいませんでした。私の最初の反応は「教員資格のある人はいないの？」であり、（その答えは）「誰もこんな人里離れた場所には来てくれない」でした。
> 私は教師になるための勉強をしたことも経験もありませんでした。でも、科学の領域では勉強をしてきました。私は人間愛を信じていながら、この課題を断るとは言えないと感じました。

1944年9月、ウィニフレッド・マクブライドが教師としてキャリアを始め

たタシメの高校は合計でおよそ175〜180人、9年生に90人、10年生に40人、11年生に30人、12年生には15〜20人の生徒たちがいた。

カズロの収容所では、地元の高校が疎開者の子どもたちを快く受け入れた。しかし最初の2年間、9年生のクラスが連続して一時的な問題に直面した。

1942年9月と43年9月、9年生を始めようとする20〜25人の学年が、自分たちの行く学校がないことが分かった。両年度とも、開校後約1ヶ月がたつまで、二世の生徒を高校に登録させるための予算措置が間に合わなかったのである。

カズロでは独自の解決法が取られた。一時的に行き場を失った生徒は、臨時教師たち（他の分野で専門をもっていた収容所在住の日系カナダ人のボランティア）に教わった。

1942年当時、保安委員会学校の校長であったキミ・タキモトは後に回想している。

> トマス・ショウヤマ氏（『ニューカナディアン』編集者）、ヘンリー・ナルセ氏（検眼士）、エドワード・バンノ氏（歯科医）、清水小三郎牧師（合同教会の収容所担当牧師）、バーノン・シモタカハラ氏（UBC卒業生）、ロイ・シノブ氏（同）、そして私のようなボランティアが9年生のそれぞれの教科の教師として協力を求められました。

翌年9月(1943年)には、筆者は一時的に行き場を失った9年生の第2グループを教えるボランティアの一人であった。授業は、表通りに面したカズロホテルの1階の大広間で行われた。建物の他の部分は、ゴーストタウンで急遽改修された他の建物でもそうであったように、疎開家族の数世帯が使っていた。

ボランティア教師は、1科目を担当し、だいたい毎日1コマの授業をうけもった。1943年のスタッフには『ニューカナディアン』編集者のトマス・ショウヤマ氏、歯科医のエドワード・バンノ氏、清水小三郎牧師が再び含まれており、それに保健師のヤスコ・ヤマザキ、委員会学校の校長モリー・フジタ、そして私であった。私は『ニューカナディアン』の編集助手であり、カナダ

生まれの独身者と帰化した男性を対象にしたレベルストーク地区の道路建設キャンプで16ヶ月間を過ごし、新たにカズロに到着していた。

これは私、モリツグの「教えた」経験の話である。1987年9月19日のゴーストタウン教師同窓会での講演から。

カズロ：行き場を失った9年生

　私の記憶では、新聞社の上司であるトム・ショウヤマが、私が教師になることを勝手に決めてしまった。私が教えることになった科目はフランス語であった。それが私の第一の希望であるはずはなかった。しかし、バンクーバーのキチラノ高校を12年生で卒業するまで、私は9年生から12年生までフランス語を履修していた。だから、その資格があったのかもしれない。しかし、事が進むに連れて、ほとんどその資格がないことが分かった。

　とても鮮明に覚えているのは2つの出来事だ。その日は後方にいる男子の一人が落ちつかずクラスの邪魔をし続けていた（ここでは14歳か15歳ぐらいのことを言っている）。ついに私は机の間を進み、その生徒をつかまえ、大きな声で文句を言っている彼を前に引っ張ってきた。その後、じっと見守るクラスの子どもたちの前で、私はズボンの上から彼をきつく蹴った。その後、彼やその後ろにいる彼の仲間とトラブルになることはもうなかった。私が正式な教師ではなく、ただのボランティアにすぎなかったので、その戦術をやりおおせたということを忘れないで欲しい。

　もうひとつの事件は、フランス語のアクサン記号を教えていた初級クラスで起こった。グラーブ、アキュート、シルコンフレックス、セディーユのことである。

　黒板にグラーブとアクサンテギュを混同して書いたことに気づいたのは、『ニューカナディアン』の事務所でトム・ショウヤマと紙面の校正をした後だった（今でも、私の柔道の生徒たちが、どちらの足が左か右かを考えるために自分たちの足を見るように、どちらがどちらか考えなければならない）。翌日、自分で訂正した。

　しかし私自身は常に、自分が9年生の賢い子どもたちのフランス語を学ぶ意欲を挫いていないことを願っていた。考えてもみてほしい。その当時、私がわが国の英語とフランス語の二言語主義の発展を－意図した訳でないにせよ－傷つけていたかもしれない。

1940年代、BC州や他の地域でも幼稚園教育は公立学校制度には含まれず、実現したのは後年のことである。子どもたちは、公立学校の1年生で初めて授業に出席するのが一般的であった。

　しかし、太平洋沿岸地域のある程度大きな日系人社会では、4、5歳児のために、半日の2年保育を実施していた。施設や職員はたいてい聖公会、合同教会、カトリック教会から援助を受けていた。このような教会系の幼稚園は、バンクーバーのダウンタウン、キチラノ、フェアビュー、スティブストン、ヘネー、ケマイナス、プリンスルパート、ポートアルバーニなどで運営されていた。

　同様に仏教側も、英語を話す二世教師の手によって、バンクーバーのダウンタウンで幼稚園を運営していた。キチラノのようなコミュニティでは、仏教徒家庭の子どもが、その地域で唯一利用できるという理由で、教会系の幼稚園に通っていることもあった。

　幼稚園は責任をもつ宗教系組織の財政支援を受けていたが、保護者が通常、子ども一人について定額の授業料を払っていた（太平洋沿岸地域の日本語学校に通う子ども一人ひとりの保護者が授業料を払っていたのと同様、これらも学校の保護者組織によって資金調達され、設置、運営されていた）。

　就学前の日系人の子どもに幼児教育を提供する教会の当初の目的は、子どもや保護者をキリスト教に改宗させることだったのかもしれない。戦前の聖公会の幼稚園で教えていたアヤ・スズキは、かつて教会から来たハクジンの活動家たちが、家族の世話をするために家にいることが多く、英語に触れる時間が限られている一世の女性のための英語クラスを教えに来ていたことを覚えている。

　しかし、ほどなく教会系幼稚園の主な役割は、日本から来た移民のカナダ生まれの子どもが6歳で入学する小学校の言語や文化になじめるようにすることになった。これは仏教系幼稚園も同じであった。

　そのため、幼稚園で強調されたことは、英語を話すこと、英語の歌やゲームを習うことであり、またその他に、子どもに北米の習慣や考え方に慣れさせようとした。

沿岸地域では、大部分の教会系幼稚園の職員は非日系人であった。日本に滞在したことのある宣教師が何人かいて、日本語を話す移民の保護者と気軽に話すことができた。もうひとつの例は、教会から BC 州の日系人社会に配置された宣教師だった。こうした白人の幼稚園教師は、多くの二世の子どもにとって、初めて日常的に触れる日系人以外の権威者であった。

　幼稚園教師のなかは、音楽や教職の教育を受けた経験のある二世も何人かいたが、自分たちの受けた教育は、主流社会の仕事のなかで適当な職を得るには役立たなかった。先に触れたように、保安委員会の学校体制で副監督官となったテルコ（テリー）・ヒダカは、バンクーバー師範学校の卒業証書をもっていた。しかし、彼女が育ったフレイザー川沿いのハニーハモンド地区の小学校における彼女の臨時教師としての努力は、（白人の）保護者の反対を受けていた。そのためヒダカはバンクーバーの合同教会の幼稚園で教えることを余儀なくされた。

　BC 州内陸部での疎開の最初の数ヶ月間、日系人と委員会職員によってゴーストタウンの生活に落ちつくための努力がなされると、就学前の子どもの親たちは、自然と収容所内に幼稚園を設立することを求めるようになっていた。しかし、保安委員会は、この幼稚園段階の教育を自分たちの責任とは考えていなかった。

　しかし、収容所の士気向上と、関心をもつ宗教団体からの圧力を和らげるため、委員会は高校の授業だけでなく幼稚園のためにも、教会の活動家が場所や体育施設を使用することを許可した。

　マーガレット・フォスターは、立ち退き前、バンクーバーの日系人の子どものための幼稚園教師だった。同僚の幼稚園教師アヤ・スズキが伝えるように、彼女の話は、困っている人を助けることに自分の人生を捧げた人道的カナダ人の典型的な例である。

ベイファーム、1944年。聖公会幼稚園。最後列左からアヤ・スズキ、アヤ・トクナガ、中央はマーガレット・フォスター園長、トミ・ヒライシ、右端は氏名不詳の補助教師。

ローズベリー、1945年。合同教会幼稚園卒園クラス。
後列左からスミエ・トクナガ、レディアード、ドット・マツモト。

3つの幼稚園を開設した聖公会教師

　友人の間ではペギー・フォスターとして知られ、多くの子どもには「フォスター先生」と呼ばれた彼女は、オタワ育ちでした。高潔な精神のもち主で情熱的な女性であった彼女は、日本、中国、インドへ伝道に行ったカナダ出身の女性たちのことを聞いていました。

　そこで、マーガレット・フォスターは、トロントで研修を受け、バンクーバー配属となりました。医師が健康上の理由から彼女の日本行きを認めなかったので、行き先はバンクーバーとなったのです。私たちにとっては幸運な選択でした。

　1929年8月、教育を受けた若い幼稚園教師マーガレット・フォスターは、バンクーバーのキチラノ地区の三番街とパイン通りの角にある、活気ある日系人の聖公会昇天教会に着任しました。教会は、その地区の大規模な日系カナダ人社会に奉仕していたのです。

　バンクーバーの日系人の子どもに、ペギー・フォスターは英語で歌、ゲーム、お話、手芸を教えました。彼女は、母親や年長の少女たちに保健についても教えました。平日は幼稚園、土曜日は少女たちのクラブ活動という仕事量にもかかわらず、毎週日曜日の午後には、ペギー・フォスターは都市間連絡電車でマーポールに来ていました。彼女はそこで、当時15歳だった私に日曜学校で賛美歌を演奏させたのです。私は彼女から感化を受け、師範学校を卒業した後にトロントで勉強を続け、ついには自分自身が幼稚園教師となる教育を受けたのです。

　1942年に太平洋沿岸地域から日系カナダ人の一斉退去が始まると、ペギー・フォスターと日本からの帰国宣教師アリス・コックスは、最初の列車に乗ってスローカンシティへやって来ました。日本語に堪能なコックス女史は成人の福祉に、フォスター女史は家族収容所の子どもの福祉に身を捧げたのです。

　5月に、彼女は補佐役として私（アヤ・スズキ）を派遣するよう、W.H. ゲイル師（東洋宣教師協議会の主事）に電報を打ちました。ゲイル師はすでに N. ホロビン、G. ショア、エルシー・ヒープスの各女史、そして、ゴードン・ナカヤマ師をスローカンシティに派遣していました。そして、レジ・セバリ師が、日系カナダ人が移動する BC 州のすべての地区の移動担当として配属されていました。

　まもなくフォスター先生が地元の小学校で2つのサマースクールのクラスを始めました。ある夏の暑い日、3人の元気な男の子たちが授業をずる休みし

てスローカン湖のきれいなビーチに泳ぎに行きました。そこに湖の南端と北端を結ぶ外輪船が現れ、その危険な水面下の逆流を知らずに、少年たちは船に近づきすぎて、一人が溺れてしまったのです。悲しい日となりました。

9月には高校が必要なことが明らかになりました。エルシー・ヒープス女史はG.ショア、アキラ・ナンバ、トヨ・ナカタ、私、そして、後にフレッド・ヤノを加えて、教職員を組織しました。1ヶ月後、日本での布教経験があるノラ・ボウマン女史をボストンでの引退生活から復帰させて、私が幼稚園の指導に専念できるようにしてくれました。

一方、カトリック教会は、スローカンの収容所の高校生を教えるための資格をもつ教師をモントリオールからすぐに派遣しました。そのため、聖公会はペギー・フォスターと私が運営する幼稚園を続けたのです。

私たちはヒロコ・シマダという有能な助手を迎え入れていました。彼女は両親と一緒にクリスティーナレイクの自活移動プロジェクト（10章参照）に行く可能性があったのですが、私たちのところに留まりました。彼女のピアノ演奏は大きな助けとなりました。

この時期に助けてくれた人にはピアノを演奏してくれたアヤコ・トクナガ、ベティ・シミズ、タカコ・ナガタ、トミ・ヒライシ、そして1年間だけ、ブラインドリバー出身のケイ・ナカガワがいました。彼女は、レジ・セバリ師からの推薦を受けていました。

幼稚園は、スローカンシティ、ベイファーム、ポポフにありました。ベイファームの幼稚園は、S.スズキの指導のもと、収容所の父親たちによって建てられたきれいな建物のなかにありました。資材と土地は保安委員会から提供されていました。

ポポフでは毎週、収容所内のたくさんの場所で子どもたちを迎えて、子ども一人ひとりにロープをにぎらせて、木の茂った所に沿って街道まで歩いて連れて行きました。ポポフの幼稚園までの道中、私たちは歌ったり話をしたりしました。幼稚園は家族向けのタール紙を貼った小屋と同じ建物のなかにありました。教会から与えられたテーブル、ベンチ、ピアノがありました。外側には砂場もあるほど良い大きさの遊び場がありました。幼稚園は小学校からほど良い距離にありました。

ある日、街道を歩いて行く途中で、放牧中の馬に出くわしました。運良く、私たちは道路の反対側にいたので、子どもたちに静かに歩くように言いました。馬のそばを通り過ぎた後、安堵のため息が聞こえました。

子どもは残酷にもなります。先生のお気に入りだったためにいじめられた

> 日系カナダ人の男の子のことを思い出します。
> 　賛美歌、物語、ゲームは、願いと祈りとともに行われました。かつて私は同僚の宣教師グレイス・タッカー（彼女はスローカンの福祉事務所で働いていた）に、ペギー・フォスターは日本での仕事を断られたのに、今なぜあんなに健康的なのか、と尋ねました。「そうね、私たちはどこでも歩き、山の空気を吸い、そして仕事を楽しんでいるからよ」とグレイスが答えました。

　ペギー・フォスターの指導に関するもうひとつの思い出が、幼稚園で手伝ったトミ・ヒライシから届いた。

> ### ベイファーム：「おはようございます、フォスター先生！」
> 　私は、ベイファームの幼稚園でフォスター先生を補佐する仕事を少しでもできて幸運でした。毎朝、いつも清潔で輝く顔をして、ハンカチをセーターにピン留めした男の子や女の子が登園してくると、フォスター先生が出迎えて子どもたち一人ひとりに暖かい愛情のこもった挨拶をしていました。
> 　その後、子どもたちは全員で車座になって座り、フォスター先生が「おはようございます、皆さん」と始めると、子どもたちは騒がしく「おはようございます、フォスター先生！」と返していました。その後、歌、ゲーム、お絵かき、お話と続き、休憩時間にはフォスター先生は、子守歌を歌いました。
> 　彼女には、子ども一人ひとりの優れたところを引き出す能力がありました。彼女が子どもたちに話しかけているときの子どもたちの表情を思い出すことができます。彼女は子どもたち一人ひとりが、大切な存在だと感じさせていたのです。
> 　その当時、子どもたちには幸せな日々だったのです。日系カナダ人にとっては落ちつかない時期でしたが。幼いときに多くの愛情と教育を受けた子どもたちは、なんと幸運だったことでしょうか。多くの子どもたち（現在、50歳代か60歳代前半ですが）にとって、フォスター先生と収容所で過ごしたこれらの日々がもっとも幸せな思い出のひとつとなっている、と私は確信します。

　戦時中の最悪な時期でさえ、日系カナダ人疎開者を支援するハクジンたちがいた。真珠湾攻撃直後の異常な興奮がBC州全体に広がり、1942年、日系カナダ人の追放を連邦政府に求める効果的な圧力が絶頂に達した時期、これ

らの友人たちは、勇敢なごく少数の者に限られた。彼らには、政府による日系カナダ人に対する戦時の不当な扱いを防ぐためにできることは、ほとんどなかった。また、あえてそのような不評を買うような立場をとれば、しばしば村八分の目にあった。

そして、彼らは次善の策をとった。立ち退きが始まると、ハクジンの支援者は被害者が受けた痛みを和らげるために働いた。彼らが支援できた方法のひとつが、とくに教育活動のために時間、労力、専門性を無償で提供するというものであった。最初はヘイスティングスパークの中継基地で、後にBC州のゴーストタウンの収容所に移動して行われた。

そして、このような非日系人のボランティアは、疎開者の子どもに幼稚園や高校教育の提供以上のことをした。彼らの私欲のない行為は、自分の国に裏切られたと感じていた多くの日系カナダ人に、カナダ人であることの価値を信じさせた。こうした支援や感化のさまざまな例は、すでに本書で引用してきた。しかし、最近報告された別の例について、ここで触れておく価値がある。

ハミルトンのビクター・カドナガはタシメの高校生の一人であった。彼は、本章の冒頭でかつての同僚ウィニフレッド・マクブライドが名前を挙げたアーニー・ベストに教えを受けた。1994年にベスト教授が亡くなった際、カドナガは弔辞のなかで次のように語った。

> アーニー・ベストについて、もうひとつの話に言及しなければなりません。それはマーク・フジノという名前の子どもと彼のバイオリンのことです。マークが私に語ったのですが、タシメで彼の隣に住んでいた男は、(沿岸に)置いてきた個人の所有物について敵性外国人財産管理局に申請を出していました。しかるべき手続きをへて、いくつかの段ボール箱がこの隣人宛に到着し、そのなかにバイオリンがありました。
>
> 問題は、バイオリンがその男のものではなかったことでした。また男は、その楽器を自分のものにするつもりがないと言いました。彼はマークにあげると言ったので、マークはその予期しない贈り物を、すぐに譲り受けたのです。しかし、マークはそれをどうやって弾けばよいのか分

かりませんでした。

　彼は新任の教師アーニーがバイオリンの弾き方を知っていると聞き、問題が解決したと思いました。マークは彼にレッスンをしてくれるよう頼み、先生も承知しました（後年、アーニーは私に、彼自身はバイオリンを弾くのはとても下手だったと話してくれました）。マークは楽器の持ち方、弓の弾き方、楽譜の読み方を教わらなければなりませんでした。

　アーニーはバンクーバーに行き、初心者なら誰でもなじみのあるロイヤル音楽学校の1年生のバイオリン教本を手に入れて帰ってきました。マークは一所懸命練習し、日に3時間練習することもしばしばでした。その後、アーニーは結婚して新妻と一緒に収容所を去ったので、マークには先生がいなくなりました。しかし、彼は自分で練習を続けたのです。

　1946年6月にオンタリオ州ハミルトンに再移動した後、マークは資格をもった教師をみつけ、19歳という比較的年齢がいったときに、本格的に勉強を始めました。彼は新しく結成されたハミルトン交響楽団で演奏するのに十分な能力をもつようになりました。1950年代、1960年代に彼が演奏しているのを何回も見ています。

　1959年にマーク・フジノは、ハミルトン音楽学校の教員となり、子どもたちにバイオリンを教え始めました。彼はたいへん効果的な教育法を開発しました。彼の教えた子どもの多くは地元や地域のコンクールで入賞しました。

　ハミルトンの『スペクテイター』紙の音楽評論家ヒュー・フレイザーは彼らのことを、愛情を込めて「フジノ流バイオリン弾き」と呼びました。彼らの多くは音楽のプロの世界に進みました。マークは、35年間に及ぶバイオリン指導で、数百人の子どもたちと何人かの大人を教えてきたと推計しています。

　マークはバイオリンを自分の2人の娘にも教えました。彼女らは若くして抜きん出た才能を示し、後にそれぞれ年間優秀学生として、金メダルを獲得してトロント大学音楽学部を卒業しました。キャロル・リンは現在トロント交響楽団で演奏しており、メアリー・アンはモントリオー

ル交響楽団にいます。

　すべては、タシメの昔の捨てられたバイオリン、無償の何回かのレッスン、アーニー・ベストからの励ましから始まった、とマークは語っています。

一方、同じ1942-43年の間、立ち退いた二世の子どものための学校は、BC州の別の場所にも設置された。これは、家族が自主的に自らの負担で移動するという、いわゆる自活移動プロジェクトによるものであった。すなわち、他の地域と同様に沿岸地域の自分たちの家を放棄して行かなければならないが、彼らは保安委員会による直接の監督は受けずに、自分たちで行き先を選び、手配でき、家族一緒にいることが許されていた。

　ゴーストタウンと同じように、自活移動プロジェクトの学校では年長の二世が教師となった。しかし多くの点で、これらの学校はやはり異なっていた。

第10章　自活移動プロジェクト：困難な道

　1942年に日系人が太平洋沿岸地域から一斉退去するなか、全員が連邦警察官に付き添われて、ブリティッシュ・コロンビア州（BC州）内陸部の収容所やその他の州の行き先に向かったわけではなかった。移動命令に従いながらも、BC州内陸部の自分たちで選んだ場所に自費で移動することを決めたものも少数ながら存在した。保安委員会によって「自活移動」と定義されたこの人たちは、自分たちで住む場所を決め、仕事も探した。大多数の疎開者の追放や拘束は、連邦政府の支出によって行われていた。他の日系カナダ人の間では、「自活移動」の人びとは追放という状況でさえ、独立して自活で

イーストリルエット。6ケ所に設置された自活移動キャンプのひとつ。校舎も住民たちによって建てられた。

きるほど裕福な人びとだ、と信じられていた。

　イーストリルエットの自活移動プロジェクトの教師だったスタン・ヒラキは、一部の家族が多くの人たちとは違う収容所を選んだ理由のひとつを教えてくれた。

イーストリルエット：家族一緒に

　自活移動キャンプに行った人びとの多くは、家族と一緒にいるためにそうしたのであった。それが主な理由で、独立を保つとか政府の計画を拒むということではない。

　リルエットへ行った人びとは、ゴーストタウンに行った方がよかったと考えたかもしれない。なぜ何もない、水道も電気さえもないリルエットだったのだろうか。それに自費で自分たちの家や学校を建てなければならなかった。

　彼らが自活移動に行くことに決めたとき、家族は立ち退きのために、父親たちと男兄弟たちはばらばらに送られ、引き離されようとしていた。自活移動は、家族が一緒にいられる唯一の方法と考えられ、すでに追放されていた父親たちと男の兄弟たちも一緒になれた。

イーストリルエットのスタン・ヒラキ校長と7、8年合同クラス。教師のフミ・コウノは共用教室の後方で教えている。

皮肉にも、まだ沿岸地域にいた日系カナダ人による「家族一緒に」の運動が与えたプレッシャーから数ヶ月後の1942年夏、保安委員会はBC州の道路建設キャンプにいた既婚男性に対して制限を緩和し、クートネイ地方に建てられつつあった家族収容所に移動することを認めた。

しかし、そのときには自活移動プロジェクトはすでに始まっていた。こうした自活家族の人数は合計で約1,600人となった。そのうち1,161人はBC州の6つのいわゆる自活移動プロジェクト（ミントー、ブリッジリバー、イーストリルエット、クリスティーナレイク、テイラーレイク、マッギリブレイフォールズ）のいずれかに向かった。残り431人は家族で自活するために、男性向けの仕事がある場所を意味する「独立産業事業」のある場所へと移動した。こうした家族は、チェイス、サーモンアーム、オカナガンバレーのようなBC州の内陸部の町へと、一団とならずに個別で行く傾向があった。こうした後者の事例では、そこにいた少数の子どもたちは、地元の学校に吸収されたと思われるが、彼らの状況についての記録は残っていない。

6つの自活移動プロジェクトでは、疎開児童の世話をするために新しい学校も開設しなければならなかった。ここでも教師は、より高い教育を受けた年長の二世が担当した。しかし、ゴーストタウンの収容所と違い、教育のすべての費用は家族が支払わなければならなかった。その費用には校舎入居費用、施設費、ビクトリアの州教育省からの通信教育課程の教材費、教師謝金なども含まれた。

それだけではなく、ここの教師たち（たいてい1校につき2、3人）は他の問題も抱えていた。これらの収容所が孤立していることで、もっと大きいゴーストタウンの学校の教師にはできたような、他の教師たちと意見や経験などを定期的に交換することができなかった。そして、学校監督官のヒデ・ヒョウドウ、保安委員会教育局長クレオ・ブースによる当初の数回の訪問を除き、自活移動キャンプの学校や教師たちの活動は、かなり自主性に委ねられていた。

自活移動の教師たちへの、たったひとつの専門家の指導援助は、ニューデ

ンバーで開かれるサマースクールに招待されたことであった。

　自活移動プロジェクトの教師にとってもうひとつ、ときに不都合になる点は、学校の管理すべてに保護者団体の直接的な関与があることだった。この二世の教師たちには、監督官（ヒョウドウとヒダカ）や校長あるいは委員会自身がゴーストタウンの教師に提供した、専門職としての自由を許容する緩衝材がなかった。

　自活移動プロジェクトのあった3〜4年の間、二世の教師はボランティアとして働き、プロジェクトの保護者たちがわずかながらの謝金を出せるとき以外は、ほとんど無給で働いた。

　自活移動プロジェクトは鉱山のゴーストタウン（ミントー）やカリブートレイルの南の起点（リルエット）、未稼働の水力発電会社の町（ブリッジリバー）、またはかつての人気リゾート地（マッギリブレイフォールズ、クリスティーナレイク）など、大部分は見捨てられた土地にあった。6つ目の場所である、テイラーレイクは、近くの伐採業に従事する男性たちの家族の到着を待って作られた町である。

　日系人が到着したとき、これらの土地はどのようなところだったのか。ここに4つのキャンプの記述がある。

　ミントーの自活移動プロジェクトについてもっともよく記述されているのは、1980年代に疎開経験者にインタビューし、『BC州リッチモンドレビュー』に書かれた歴史家ゲイル・カイトの記事である。

ミントー

　この日系人の総撤去という政府発表をきっかけに（1942年2月）、トラゴロウ・ニイミ率いる自活移動グループが結成され、人の住まなくなった町と認可されたゴーストタウンのリストを入手した（ニイミは当時、バンクーバーの日本人街のパウエル街で薬局を経営していた）。

　ミントーは、候補となった町のリストの上位にあり、リルエットに近く、バンクーバーから209キロの内陸にあった。ミントーは1933年に、

ミントー金鉱の社長ワレン（ビッグ・ビル）・デビッドソンによって造成された。鉱山の産出は1936年にピークに達し、金の産出は100万ドルにのぼった。その後、鉱脈は尽き、1940年に閉山した。

1942年までには、数世帯の家族を除いて町は寂れてしまった。家には電気と屋内配管がほどこされ、ブリッジリバーをつり橋で越えて山中の小川から引いた水道があった。きれいなホテル、生活必需品のほとんどを扱う雑貨屋、店の上にはアパート、そして郵便局もあった。小さな校舎がロデオ競技場に隣接する住宅地のそばにあった。売春宿は当時空き家だったが、他の家々から遠い場所にあった。その建物には部屋がたくさんあり、各部屋に給排水の設備があった。

ミントーは、物理的な面では最低限の困難でおさまる「ましな」再移動キャンプのひとつであった。それはタシメ、スローカン、レモンクリークのような収容所と比較して「裕福」と考えられていた。

自活移動キャンプに入る家族の資格としては、非公式な目安としては、最低でも1,500ドルの貯蓄が必要だった（今日の価値に換算するとおよそ1万ドル）。いずれにせよ政府からはなんの援助もなかった。

キリ・タカハシはブリッジリバーの自活移動プロジェクトの学校で教えていた。

ブリッジリバー

ブリッジリバーは、バンクーバーの北東約209キロ（BC州カリブー地方）に位置していました。もともとBC州電力会社が長期の水力発電計画のために先住民居住区から60ヘクタール以上を借りていました。第一段階は終了していましたが、第二段階は戦争のため保留となっていました。

企業町であるブリッジリバーには、ホテル1軒、病院1軒、事務所ビル1棟、約20軒の小屋、数軒のコテージがありました。町は沿岸地域からやって来た自活移動の日系人家庭のために3年間貸与されることになりました。

ブリッジリバー（自活移動キャンプ）。後列左端ハリー・キド校長とレイ・ニシノ、最も身長の高いカズ・ニシノ、右端キリ・タカハシと補助教師のサチ・マイカワ。

スタン・ヒラキはキャンプの代表教師だった。

イーストリルエット

　イーストリルエットの自活移動キャンプは、フレイザー川畔のリルエットの町の対岸にあり、8キロほど離れた場所にあった。キャンプの場所はバンクス松やヤマヨモギが育ち、コロガリ草が風に吹かれる土地にあった。

　疎開日系人のためのキャンプは2つの住居群から成り立っていた。ひとつは約40軒のタール紙を貼った家並みで、およそ240人が住んでいた。道路から百数十メートル行くともう一群があり、25軒の家におよそ140人がいた。このように1942年秋に疎開が完了したとき、イーストリルエットのキャンプの住民の合計は約400人となっていた。そのうち約65人が小学校段階の子どもであった。

　最初に2校がつくられた。その理由は、ヘネーから来た25軒の住居群のほうの家族が、最初の学校建設に協力することを拒んだからであった。そのため、そこの子どもたちは、彼らの家のうちの2軒を使って運営された臨時の

学校に通うことになった。しかし、この子どもたちも最後には一緒の学校に通うようになった。

フレッド・オキムラは自活移動プロジェクトで3年間を過ごした。

テイラーレイク

　テイラーレイクはアシュクロフトから南へ約140キロ、北のウィリアムスレイクから同じくらいの距離にあるカリブーの放牧地区にあった。日系カナダ人向けの自活移動キャンプはカリブー街道（当時は狭い砂利敷きの洗濯板のような道路だった）から約13キロの所にあり、太平洋東部鉄道の沿線にあるローンバットがもっとも近い村で、そこからも同じくらいの距離があった。

　海抜約1,500メートルの位置にあり、冬には－54℃、夏には49℃以上の気温を経験した。幸い、乾燥した空気のおかげで、沿岸地域で経験したものとはまったく異なった、このような激しい両極端の気候に耐えることができた。しかし、この乾燥のためにある夏、私は自分の声を失うことになってしまった（一部の子どもたちは大喜びしたが）。

初年度の自活移動キャンプの小学校段階の子どもの数は、以下の通りである。

イーストリルエット	65人
ミントー	64人
テイラーレイク	37人
ブリッジリバー	36人
クリスティーナレイク	17人
マッギリブレイフォールズ	16人
合　計	235人

　自活移動キャンプで学校を建てることには、いろいろな問題や困難があった。スタン・ヒラキは、彼とその同僚たちがイーストリルエットの学校をどのように始めたか伝える。

イーストリルエット：最初の学校はテントのなか

　最初の授業は、フレイザー川の近くにある地域の菜園の東側の敷地に作られた大きな白いテントで行われた。私たちの収容所には電気や水道のようなぜいたくなものはまるでなかった。寒い日には、古いドラム缶で作ったストーブで暖をとった。実際、ドラム缶ストーブはイーストリルエットのキャンプのすべての家庭でおもな暖房手段だった。

　学校のテントの近くにある木の枝に、学校の始業ベルとして使うために大きな鉄製のトライアングルを提げていた。最初の授業は1942年のある寒い10月の朝であった。枝に提げられていた鉄の棒を握って、9時にトライアングルを数回鳴らした。子どもたちは近くの遊び場から走って来た。彼らはテントへ行進して来て、木製の机の間に置かれている2人がけの木製のベンチに座った。ベンチと机はすべて新しく作られたもので、バンクーバーの日本語学校で使われていたものに似ていた。キャンプにいる大工たちの手作りであった。

　いつもの軽装（開襟シャツとスラックス）で教室の前に立ち、5年生から8年生までの20人あまりの子どもたちに語りかけた。私は子どもたちを知らなかったが、彼らのうちの何人かは私のことを知っているようだった。私は緊張したり落ちつきを失ったりはしなかった。おそらくバンクーバーでの短期間の教師とリーダーシップ訓練の夏期講座に続く、ヘイスティングスパークでの短い教師経験があったからだろう。

　ノブコ・オオクマもヘイスティングスパークで短期間教えていたが、同じテントで低学年を教えた。私たちには小さな黒板2枚とチョーク以外、なにもなかった。思い返すと、私たちはどのようにして、同じ時間に同じ部屋で、異なる学年の子どもの指導を行っていたのだろうか。そのためには、かなりな量の準備を要したのであった。

　他の自活移動キャンプと同じようにイーストリルエットでは、学習指導にせよ、教室や設備を用意するにせよ、ボランティア（無給）を基本に行われていた。これは保安委員会が自活移動家族の子どもの教育の提供には関与しなかったためであった。実際、私たちの自活移動キャンプの人びとは、自分たちが住む家から飲料水、材木の伐採権まで、すべてにお金を払わなければならなかった。

　ほとんどの家族はその春に到着しており、私が到着した夏の終わりには落ちついていた。このキャンプの人びとのために、誰かが学校を準備しなけれ

ばならないと感じていた。ノブコ・オオクマと私は、短期間ながら教育経験のあるただ2人の若手であった。そのため保護者たちは、私たちがその任務に一番適していると考えたのだった。私たち2人は、子どもたちが1年間を無駄にしないため、学校を間に合わせようと努めた。

政府の支援がまったくなかったので、テントに代わる「常設の」学校の建物を、キャンプの疎開者から集められた資金ですべて建てなければならなかった。ボランティアの大工の手で建物が完成したのは、1942年12月であった。

この新しい骨組みの校舎には、木製の仕切り壁で隔てられた、およそ5.4メートル×7.3メートルの小さな教室が2部屋あった。職員室や倉庫はなく、各部屋に小さな棚があるだけだった。学校には照明や水道はなかった。気温が冬には−40℃以下に、夏には43℃以上になるため、タール紙で覆われた2.5×40.6センチの板材で作られた壁は両極端の気候に耐えるには十分ではなかった。

新しい建物ができあがると私は校長に任命され、フミ・コウノが教員として加わり、40人の子どもを教えることになった。ノブコ・オオクマはひとつの部屋で1年生から4年生まで教え、フミと私がもう一方の部屋で高学年に別々の教科を教えた。

私たちは、5年生と6年生が一方の黒板に向かって座り、7年生と8年生は反対側の黒板に向き合うように工夫した。こうすることで私たちは同時に2つの学年を教えることができた。疎開の過程で子どもたちが失った時間を埋め合わせるため、最初の年は1943年の7月23日まで授業を実施した。

そして、このときの数ヶ月間は、高校生向けの授業がなかったので、高校の通信教育課程の監督を自ら引き受けた。ビクトリアの教育省に通信教育課程の受講を申し込み、子どもたちの勉強を手伝った。学年末試験のために、リルエットの町の地元の高校で、子どもたちが試験を受けられるようにした。

多くの子どもたちの成績がよかったという知らせを受けて、私はとても満足な気持ちになった。例えば、私の生徒のうちアキラ・ホリは医者になり、別の2人タダオとロイ・ツユキは歯科医になった。

キリ・タカハシはブリッジリバーで教えていた。

ブリッジリバー：学校はホテルのなか

その町には企業の従業員の子どものための公立学校はありましたが、疎開

者の子どもが入ることは認められませんでした。そのため保護者たちは、ハリー・キドと私を疎開児童の教師として雇いました。ハリーは5年生から8年生までを教え、私は1年生から4年生までを教えました。

　教室は町のホテルの1階のひと部屋に置かれました。部屋は1枚の板で2クラスに区切られ、保護者が当番制で管理する薪ストーブで暖められていました。

　最初、私たちには図書室も教科書もなく、基準とする教育課程もありませんでした。そのため、1943年に疎開教師にニューデンバーで開催された最初のサマースクールに参加するよう招かれたとき、私たちはその機会に飛びつきました。ヒョウドウ先生の初期のころの訪問にも助けられました。

　私たちには8学年全体で27人の子どもしかいませんでした。そのため、私たちが計画できる課外活動も多くはありませんでした。しかし、毎週金曜日の午後、子どもたちは、レイ・ニシオの指揮とサチ・マイカワのピアノで1時間の合唱を楽しんでいました。ピアノはたまたまニシオ家から提供されたものでした。

　そしてある12月には、ブリッジリバー公立学校、シャラス先住民居住区学校、ブリッジリバーの日系カナダ人学校が、クリスマスコンサートのために一堂に会しました。コンサートはみんなが楽しんでいました。

　1943年には、ハリー・キドが東部に行ってしまったので、レイの兄のトム・ニシオが校長職を引き継ぎました。翌年学校が終業式をむかえると、トムもウェスタン・オンタリオ大学で学ぶために東部へと行ってしまいました。

　3年（1942〜1945年）の後、疎開者のためのブリッジリバーの学校は、最後のときを迎えました。1945年8月で賃貸契約が切れ、一家族また一家族とBC州の他の場所やカナダのどこかに転居して行ったのです。閉校を目の当たりにすることはとても悲しく、同時に任務が終わったという安堵を感じました。

　3年前に保護者が私に最初に話を持ち出してきたとき、自分がこのような責任を引き受ける能力があるか不安でした。でも結局は、経験が自分自身のなかに多くの自信を育てたのです。

　私は教え子とは連絡を取ってきませんでした。しかし、彼らの多くが自分の選んだ職業で成功を収めていることを知り、嬉しく思いました。看護師になった者、高校教師になった者もいますし、そして一人は高校の校長になりました。

第10章　自活移動プロジェクト：困難な道　151

　フレッド・オキムラは、バンクーバーのダウンタウン出身で、テイラーレイク（引込み線）の自活移動プロジェクトで教えていた。

テイラーレイク：学校は新しいコミュニティセンターのなか

　私は道路建設キャンプに行きたくなかった。18歳を過ぎていたので、スローカンの収容所に年老いた両親と一緒に行くことができなかった。その代わり、伐採搬出業務で働くため、バンクーバーから320キロ以上北にあるカリブー地区のボーグ製紙会社が後援していた自活移動プロジェクトに行くことにした。
　その当時、その地域の主要産業は肉牛の牧畜、金鉱の採掘、観光農場の運営などであった。そのため、カリブーのこの地域での伐採業は目新しいものだった。
　1942年7月のある日、友人と私はバンクーバーで船に乗り込み（それはユニオン蒸気船の船だったと思う）、スカーミッシュまで行った。そこから私たちはアンティーク調の太平洋東部鉄道に乗り込み、1泊2日の旅をして、ある寂しい場所で下車した。その場所は名前もなく、駅さえなかった。しかし、以前の所有者の名前にちなんでテイラーと名づけられた湖が、そばにあった。そこはキャンプのある場所から1.6キロほど離れていて、やたらと蛭がいた。鉄道会社の人の監督のもとに、キャンプの二世の一団によって鉄道の引込み線が造られた。こうしてその土地はテイラーレイクと名前がついた。1週間に1回、北に向かうケスネル行きの列車は手紙や食料を下ろすためその側線で停車していた。
　テイラーレイク支線のキャンプは、もっとも近い医師や病院までおよそ137キロあった。南はアシュクロフト、北はウィリアムレイクである。そして、私はBC州の労働者補償協会の救急員資格を持っていたので、キャンプに近い場所で働くことになった。このため、1943-44年度は、キャンプ校の4年生から8年生を指導するチトセ・ウチダ先生の手伝いをすることとなった。
　（チトセ・ウチダは初めての女性二世のブリティッシュ・コロンビア大学卒業生であり、最初の女性二世のバンクーバー師範学校卒業生だった。出身地であるBC州で教職に就くことができず、彼女は家族をバンクーバーに残し、教えるためにアルバータ州に移住した。退去命令がじわじわと迫ってくると、彼女はBC州に戻り、テイラーレイクに移る家族に合流した。こうして彼女は、家族たちによって設立されたキャンプ校の校長として格好の人材となったのであった。）

私はバンクーバーのグランビュー高校の卒業生だったが、学校で教えた経験はなかった。そのため子どもたちに実際に教えながら、教えるための方法を学ばなければならなかった。私にとって幸運だったのは、子どもたちの行儀がよかったことであった。これは私が彼らより大きくて強かったからだと思う。それに、お行儀がよければ私から誉められることに彼らが気づくようになったからだと思う。
　当初の数ヶ月間の週末は、学校としても利用できる大きなコミュニティ集会所をキャンプの男たちが造っていた。毎日午前9時から午後3時までは、小学校の必修教科が教えられた。そして週1回の放課後、多くの保護者たちがカナダ生まれの子どもに不可欠だと考えていたため、日本語が教えられていた。これは、一世の親たちが子どもたちとコミュニケーションを取れるようにするためだった。そして、戦争が終われば日本に「帰る」ことを考える親もいた。
　最初に授業を受けもっている間は、とても不安だったが、日々が過ぎていくと、徐々に自信をもてるようになった。感情的にならずに教室の秩序を維持し、教師として（キャンプのただの仲間としてではなく）保護者たちと話をせざるを得なかったので、有益な経験をした。
　それにこの経験から、私は問題に我慢強く対処していく方法を学んだ。子どもたちにさまざまな方法で私のわずかな知識を伝えると、子どもたちがそれぞれの問題を理解するということも知った。テイラーレイクの子どものほとんどが、戦後に高等教育に進んだことから、私の荒削りの方法はうまくいったのではないだろうか。
　1944年、ニューデンバーで行われた第2回のサマースクールに参加したことは、子どもたちの指導や対応におおいに役立った。適切な指導法を学ぶ機会を得られたことに、今でも感謝している。この教員研修コースは、多くの疎開児童の人生の道筋を方向づける手助けをしていた、献身的な多くの若い二世の女性たちとの出会いの機会も与えてくれた。彼女たちの献身ぶりは、私に当時だけでなくその後も、よりよい指導を試みようとする際の刺激となった。
　サマースクールの指導者たち、とくにマニング先生、キャンベル先生、たぶん男性だったので名前を忘れてしまったが、美術の先生（バンクーバー師範学校のウェストン）の、子どもたちの指導や理解のための実験的方法はとても役に立った。
　テイラーレイク収容所で過ごした3年半は、孤立したコミュニティの退屈を打ち破るような部外者がやってこなかった。その経験は私に運命を共に

する仲間との相互依存の大切さや、自分と異なる生活スタイルを持つ人びとといかにうまくやっていくか、それぞれの家族がどのように機能し行動しているか教えてくれた。

私は子どもたちと野球をして遊んだり、雪合戦をしたり（全員で30人かそのぐらいの子どもたちに対して私一人で立ち向かった。結局、彼らに降参した）、夏に教室に大きな蚊が入ってきたり、冬には暖めるために古い20リットルドラム缶のストーブを薪でいっぱいにしたりとおぼろげな思い出がある。

戦後になって後悔したことの一つに、1945年8月にモントリオールに移動した後、教え子たちと連絡を取り続けることができなかったことがある。テイラーレイクキャンプの人びとの大多数は、1946年あるいはそれ以降まで移動せず、その後、ケベック州以外の場所に移動してしまったのだ。

スタン・ヒラキは、最初のテント校舎で過ごした厳しい冬を思い出す。

イーストリルエット：1942–43年の最初の厳寒の冬

BC州内陸部の最悪の冬がやって来る前の1942年10月と11月、2部屋ある校舎を完成させようとボランティアの大工たちは時間との競争で働いていた。毎朝、鐘を鳴らすのは（鉄製の棒を使って近くの木に提げられている大きな鉄製のトライアングルを叩く）、8年生のある子どもの役目であった。

11月のある霜の降りた日の朝9時、彼は右手で棒をつかみ、思い切りトライアングルを叩いた。驚いたことにトライアングルの一辺が折れ地面に落ちたのであった。彼は唖然として声を出すこともできなかった。私は彼の肩に手をかけ、心配しないように語りかけた。「代わりのトライアングルは、すぐに準備できるよ」。

鐘の音を聞いて子どもたちはテントに入ってきて、コートを脱がずに着席した。テントの隅にある石油ドラム缶ストーブでは、寒さを防ぐことはほとんどできなかった。ストーブのそばの棚に並べてあった瓶に入ったインクが溶けて、子どもたちがペンで書き始められるようになるまで1時間は必要だった。寒さのせいで子どもたちの誰も授業中に居眠りをしなかったことが、小さな慰めであった。

校舎建設が11月半ばに完了しても、冬の間、依然厳しい寒さに悩まされていた。気温がおよそ−30℃に下がった12月には、ストーブの熱では凍えた子どもたちの手や足を暖めることはできなかった。建物の壁はとても薄く、厳

> しい冬の寒さや焦げつくような夏の暑さにはまったく不十分だった。それでも校舎にいるのは、最初のテントにいるときよりもずいぶんましであった。

　数ヶ月後、ブース女史は大半の自活移動プロジェクト学校を訪ね、1943年7月8日に保安委員会のイーストウッド事務局長に報告した。その一部を引用する。

　　マッギリブレイフォールズ：マッギリブレイフォールズには約12人の学齢児がいる。多くて2人の教師が基本的にボランティアでこの学校を運営している。
　　ブリッジリバー：古いホテルの事務所を使っている。3.7×6.1メートルの寸法の教室を3つ作るために3枚のベニヤ板と植木で仕切られていた。ここには教師が5人、学齢児が約40人いる。彼らが勉強する場所が窮屈なため、午前と午後の2交替制をとり、高校の生徒が特別指導のために夕方に同じ場所を使っている。
　　ミントー：町の古い学校校舎を使っている。およそ30人の学齢児と4人の教師がいる（バンクーバー師範学校卒業生のカズコ・イワサ（ウメモト）はこの収容所で教えた）。
　　リルエット：ここでは2つの派閥に分かれている。大きい派閥は2つの大部屋からなる、ほぼ8.3×6.1メートル平方できれいに建てられた校舎を持っている。換気と照明の良い通常の学校校舎図面どおりに建てられている。およそ60人の学齢児と6人の教師がいる（スタン・ヒラキの最近のコメントによれば「教師は3人しかいなかった」）。

　　その他に2ヶ所の地下室を使う、もうひとつの派閥があり、マクブレイン氏は使用禁止の手はずを整えた。ここで指導を受ける子どもは、およそ15人か20人いる。間もなく、おそらく次の学期の初めには、この場所は閉鎖されるだろう。大きな校舎には十分な余裕があるので、すべてひとつのプログラムとして運営されることになるだろう。
　　テイラーレイク：6.1×7.6メートル程度の大きさの古い丸太小屋を使っ

ている。照明はとても暗く、換気も悪い。(チトセ)ウチダ先生がこの学校の校長を務めており、彼女の他に3人の教師がいる。学齢児はおよそ25人いる。9月1日までに学校校舎が設置されることを期待している。

ブース女史は報告書を以下のように要約した。
　　総じて自活移動プロジェクトは、とても知性的で尊敬に値する自発的な教育プログラムを運営している。子どもたちはみな熱心で、教師は高い教育水準をもつ高校や大学の卒業生であり、日系人の保護者たちは、それぞれの自活プロジェクトにおけるこの教育プログラムにとても積極的な関心を払っている。

これらの学校がすべて機能するようになって、BC州の家族収容所の生活は正常な状態に近づいていた。ゴーストタウンの生活の最初の年は、新しい環境に慣れることが、老いも若きも、ほとんどの疎開者の主な目標となっていた。

第11章　定　着

　ブリティッシュ・コロンビア州（BC 州）の家族収容所は、沿岸部の日系カナダ人に対する戦時強制移動の形式のひとつであった。しかし、そこには有刺鉄線も監視塔もなければ、武装した見張り兵もいなかった。そのかわり、連邦警察の小さな分署が各収容所を警備していた。収容所内の秩序は、各収容所の日系人組織を中心に収容者自身の手によってある程度保たれていた。また、この平穏さには、1940年代の日系カナダ文化によくみられた受容的態度も貢献していた。どうにもならない？　それなら現状を受け入れ、状況が良くなるまで我慢するのだ。

　だから、収容所から脱走を試みた者があったという報告はいっさい聞かなかった。たとえあったとしても、戦時中のカナダの軍事的問題を脅かすような者が出たわけではなかった。前章にも記したように、到着時の第一印象を覚えている人びととの話では、8つの収容所のうちで、サンドンが最も気がめいる牢獄のような所だったようだ。そんな所に留まらなければならないとは、いったいどんなことだったのだろう。以下の2つの回想は、その質問への答である。

　サンドンの初めての高校生であるグロリア・サトウは、家族のある1日を伝える。

サンドン：山あいの収容所での一日 —— 1943年

　サンドンの目抜き通りは、カーペンタークリークの急流にかけられたこぎれいな厚い木の板でできていました。道路の片側には、数インチ盛り上がっ

たでこぼこの歩道がありました。この歩道沿いに、ハリス雑貨屋、郵便局、午前中は幼稚園で日曜日には仏教会が使っていたカナダ合同教会、さまざまな集会や社交場や女子バスケットボールの試合にも使われていた鉱山労働者組合会館、サンドン病院、保安委員会の事務所や、疎開者の子どもたちのための公立学校、肉屋、靴修理店などがありました。

　通りの突き当たりには、私たちが高校の通信教育課程を受講するために夜間通ったカナダ太平洋鉄道の2階建の駅がありました。通りの向かいには、サンドンの新住民の住宅として使われていた建物が数軒並んでいました。その建物は、昔この地域が銀鉱で栄えたころの名残の古い下宿屋かホテルでした。10軒ほどあるうちの少なくとも2軒は、全盛時代にはよく人が集まる酒場で、古い石造りの暖炉やバーのカウンターが、その痕跡を残していました。

　私は第4棟の2階の窓から外を眺めていました。部屋は大通りに面していました。私にはサンドン病院で看護助手をしている姉が2人いました。妹のルイーズと私は、学期が終わったばかりの通信教育の成績を待っているところなので、そのときだけは自由で中途半端な状態でした。

　ルイーズは早朝からペイン山にハックルベリー（訳者注：コケモモの一種）を摘みに出かけていました。山道を6、7キロも登ると、広大なハックルベリーの薮があり、大きくておいしい果実がとれたのです。1日の終わりにコミュニティの長老たちが、重さを測って箱詰めして、近くはニューデンバーから遠くはネルソンあるいはグランドフォークスまで、需要のある所に出荷したのです。

　果実摘みをすると、1ポンド（453.6グラム）につき10セントもらえました。だから、もし明け方に起きて6、7キロ歩いてハックルベリーの藪へ行ってまじめに摘めば、結構良い小遣い稼ぎができたのです。私も何回か行ったことがあるので、また行きたいと思っていましたが、その日は病気の母の面倒をみて夕食を作るために家にいなければなりませんでした。それに、考えなければならないこともありました。暑い7月の太陽の下で、窓からサンドンの空をじっと眺めるのが、考えごとをするのにぴったりでした。

　まず、BC州のクートネイにいる小学校以来の友だちだったフミに手紙を書かなくては。彼女は、家族と一緒にミントー鉱山の自活移動プロジェクトへ移り、そこで寂しい思いをしていました。

　彼女からの最近の手紙に、オンタリオ州アングラーの第101捕虜収容所にいる知人からの手紙がかなり検閲されていたと書いてありました。その事を思い出した私は、次のような手紙を書きました。

「親愛なる15238へ。お父さんに穴だらけの手紙が届いたそうですね。だから、私、検閲官のお手伝いするために、私がこの手紙を検閲します。何が起きたか当ててみて！ 先週、とても素敵な若い男の子に出会ったの。彼の名前は＿＿＿＿で＿＿＿＿から来たの。彼は、「＿＿＿＿」と言ったのよ。それで、私は「＿＿＿＿＿＿」って答えたのよ。私たちは2人とも＿＿＿＿することに決めました。

追伸。ガムを2本同封します。一つはあなたに、そしてもうひとつはこの手紙を読んでいる詮索好きな検閲官へ。元気でね。すぐに会えますように。」

自分の日系人登録番号である「15237」を署名して、それに花や星の飾りをつけました。ほんのささやかな抵抗だけど、気持ちがすっとしました。

次のページには、サンドンでのあらゆる出来事について書きました。まず、数日前にあった盆踊りのこと。男たちが目抜き通りに木で櫓を組み立て、マイクとスピカーを設置しました。20人以上の女の子たちが着物姿でその周りで踊っていました。一人の男性が「江州音頭」を歌うと、それをきっかけに他の人たちも加わりました。とても楽しかった。

つぎに、時間があるときは鉱山労働者会館へ行って、ラジオのヒットパレードの最新曲を聴いたり、ビング・クロスビーかジーン・オートリーのレコードに合わせて歌えることや、キチラノの友だちのトシと一緒に行って、彼女がグランドピアノで練習する「ウィーンの森の物語」や「春の声」を聴けることも書きました。

それから、女子バスケットボールの打ち上げパーティの様子も書きました。女子がクッキーとサンドウィッチを作り、男子が飲み物を持ってきたこと、コミュニティの長老たちがダンスには眉をひそめるので、窓に紙で覆いをしてからダンスをしたこと、たくさんの人が東部のいろいろな土地へ旅立って行くので、ちょうど良いお別れ会になったことも書きました。

フミへの手紙を書き終えた後、母と自分に簡単な昼食を作りました。母は心臓が悪かったので、横になっていなければならないことが多かったのです。蒸し暑かったので、母ののぼせた顔を団扇であおいであげました。冷蔵庫がないので氷水すら手に入りません。でも母は、生ぬるい緑茶を喜んで飲みました。

午後から肉を買いに行きました。肉屋には背が高く太った赤ら顔の若い男がいて、いつも慌てているように見えます。彼は、まるで店に置いてないステーキ用のフィレ肉を注文されるのではないかと神経質そうに私を見ます（もちろ

ん、フィレ肉など買えやしないし、あの古い薪のストーブでそれをちゃんと調理できるかも分かりません)。私は、店に置いてある挽肉と小さなモモ肉のローストを頼みました。後で聞いた話では、彼の神経は、週3回ニューデンバーから険しい山道を旅することで、すっかりまいってしまったとのことでした。

　雑貨屋に行って、食品と生活必需品を買い、郵便物を受け取ります。店には生鮮食品はありませんでしたが、それでもサンドンに住む私たちは恵まれていました。スローカンやニューデンバーに住む人びとが、自宅の庭で作った新鮮な野菜を貨車で届けてくれたからです。自分たちのための配給不足や苦労にもかかわらず、見ず知らずの他人にもできるだけ分けてくれる同胞の日系人はとてもありがたいものでした。でも彼らの寛大さに、気持ちの上でしか感謝することができませんでした。

　午後は、裁縫をして過ごしました。ブラウスの型紙作りを習う簡単な講座を何回か受けましたが、第一作目の出来はまあまあというところでした。私は、型紙を修正して、布の上に広げました。

　明日はシンガーの古い足踏みミシンで、この洋服を縫い始めよう。繰り返し使われているそのミシンは、母がカンバーランドから送ってもらうように頼んだ唯一の備品でした。私たちがバンクーバー島を離れたとき、家の面倒を引き受けてくれたウォルターとジェシー・クラーク夫妻が送ってくれたのです。彼らは、このうえない最高の隣人でした。

　私は、共同炊事場で料理するのが大嫌いでした。私たちの建物の2階には、4家族が住んでいました。私の家族9人は、前方の2部屋を占めていて、2人の弟は押し入れのような小さな部屋で寝ていました。

　タナカさんの家族は、夫妻と小さなお嬢さんですが、裏手の大きな部屋に住んでいて、タニさん一家がその向かいにいました。クローゼットとタニさんの部屋の間にある小さな部屋には新婚のニシムラ夫妻が住んでいて、私たちの部屋とタナカさんの間にあるかなり広い場所が4家族の共同炊事場になっていました。

　どういうわけか、暗黙の合意ができていて、まずタナカ家が料理し、次いでタニ家、ニシムラ家、そしてサトウ家の順序で、子どもの多い我が家は最後に料理することになっていました。台所には大きなテーブルもありますが、食事は自分たちの部屋で食べました。

　しかし、私が家族の食事の支度をしているといつも他の家族が炊事場に戻ってきて、皿を洗ったり、テーブルに座っておしゃべりをしたりするのでした。そして必ず、私の料理の腕と内容に話題が集中したのでした。

「ちょっと見せてもらっていいかしら」。日本語でそう言っては、フライパンの中身を覗きに来ます。「サトウさんちでは、今夜はどんな御馳走を食べるのかな。なんだ、またハンバーガーか」。

私は何も言わずに立っていました。年上の人には敬意を払い、口答えしてはいけないという母の教えを、心のなかで腹立たしく思いました。

またハンバーグを焦がしてしまいました。でも、それは今に始まったことではありません。奥さんたちは、私が鍋ごとスープを床にこぼしてしまったときのことを笑い話にしました。「先にも後にもあのときほど床がきれいに磨かれたことってなかったわよね」と大笑いしたので、私もつられて笑ってしまいました。あのときは、ほんとうにおかしかった。スープが階下に住んでいる人たちに漏れる前に拭き取らなければと、皆、大慌てだったのですから。

ハックルベリーを摘みにいった妹が、夕食前に重い足取りで帰ってきました。すっかり疲れきった妹は、もう2度と行かないと宣言しました。しかし、その後イートンのカタログを眺めていて、目にとまった秋物のコートが20ドルだと分かると、明後日もう一度だけ山に戻る元気があるかもしれないと思い直したのです。

夕食後は少し涼しくなりました。私たちの建物のすぐ隣の空地に、人が集まり始めます。野球の試合があるのです。若くてたくましい選手たち。皆よくしゃべり、楽しいひとときを過ごしていました。サンドンの住民は、この野球場の周りで情報交換したり励まし合って、自分たちの置かれた状況を最大限に活用しようとしたのです。

生け花の講習や、洋裁、習字、歌唱や、お芝居の新しいシーズンがもうすぐ始まるという話が聞こえてきます。私は椅子をもって、父と母に続いて急な階段を降ります。母は、お決まりの場所に座って野球の試合を見ます。下の部屋に住んでいる婦人が、母に会釈して具合はどうかと尋ねます。「お陰さまで」、母は、頭を下げながら「ありがとう」と付け加えます。

アパートの共同浴場は、建物の横に増築されたものでした。部屋に戻る前にそこに寄ります。母と階下に住む婦人が話しています。母が「すばらしいことですよね。1年前は、ここで野球の試合を楽しみながら笑っているなんて考えられないことでした。ありがたいですね」と言っていました。

サンドンの教師タツエ・ナカツカはベリーを摘みに、近くの山に出かけたことを思い出す。

サンドン：ハックルベリー摘みで一時の自由を味わう

　サンドンへ来る前は、「ハックルベリー」という言葉は、マーク・トウェインのハックルベリー・フィンの物語でしか知りませんでした。昔よく、この主人公はいったいどこから名前をもらったのだろうと思ったものでした。ブルーベリーは知っていたけど、ハックルベリーのことは、内陸部の収容所を取り巻くハックルベリーの国に来るまでは知りませんでした。

　ある週末、私は妹のトッツィとハックルベリー摘みの冒険に出かけました。朝食後私たちは、バケツをひとつずつ持って山へ出発しました。ちょっと心配でしたが、山道をゆっくりと登っていくうちに、心配しなくてもよかったと思い始めました。

　心配したのは、高さではなく空気の薄さでした。サンドンに越してきて間もなく、気分が悪くなったことがありました。姉妹で小道を歩いて周囲の山に登ることにしたときです。登っていくうちに目眩がして、ふらふらしてきました。おそらくそのときは、まだ身体が山の空気に慣れていなかったのでしょう。なんといっても海面と同じ高さのフレイザー川デルタにあるスティブストンから、海抜915メートル以上ある内陸部の山間部の町に引っ越してきたのですから。しかし、今では、私の身体はその高度に慣れたようでした。

　しばらく息をきらせながら登っていくと、やっと山道が平坦になり始めました。なんというみごとな景色！　見渡す限りの山並みは、いまだかつて人が足を踏み入れたことがないようでした。なぜか魂が別の世界に持ち上げられるような気がしました。人跡未踏の森に覆われそびえ立つ山々の上を飛ぶ大きな鳥のように、自由な気持ちがしました。昂揚した解放感で、ふだんの寂しさ、不公正、ゴーストタウンでの生活の不安から、一時的に解放されたようでした。

　トッツィと私が丘を歩いていると、突然エンジンの音が聞こえました。とてもびっくりしました。はるか眼下にあるカズロに続く道路を見下ろしました。その高さから見る道路は、たくさんのカーブに巻きついた細い灰色のリボンのようでした。音を発している乗り物は小さなおもちゃのトラックのように見えましたが、そのエンジンの音はびっくりするほど大きかったのです。たぶんサンドンを取り囲んでいる周りの山々が、通風筒のような空間を作り出し、音を上のほうに共鳴させたのでしょう。

　まもなくハックルベリーの茂る場所に着きました。そこには緑地が広がっており、高い木はまったくなく、ハックルベリーの茂みが丘から丘へと続い

ていました。ハックルベリーの低木は最高で120センチぐらいの高さで、小さな卵形の葉に覆われていました。枝には、たくさんのハックルベリーの実がゆったりとした房のようになっていました。ハックルベリーの実は、濃いワインカラー色であること以外ブルーベリーとほとんど同じようでした。

　もうすでにたくさんの人が来ていて、実を摘みながらおしゃべりしたり、冗談を言ったりしていました。トッツィと私は、まだ摘まれていない場所を探して移動しました。でもカーブを曲がると、突然2つ先の丘に2頭の子熊をつれたブラックベアーが見えました。熊たちは、前足でハックルベリーの実をたたき落として食べていました。私たちは、しばらくの間その様子を見ていました。熊は私たちの存在に気づいていないようでしたが、念のため引き返して他の人たちに加わりました。

　摘み始めてみると、スグリの実を摘むのとは違うことがわかりました。ハックルベリーの実はひとつずつ摘まなければならず、一粒一粒の熟し具合が違っているようでした。しかし、すぐにバケツの底が見えなくなりました。バケツのなかでハックルベリーの山が高くなるにつれ、ときどき、身体を起こして背中を休ませなければなりませんでした。前屈みになって摘むのは楽ではありませんでした。

　バケツが4分の3ほどいっぱいになったとき、トッツィと私はそこで止めることにしました。もう十分摘んだし、家まで長い道のりを歩いて帰らなければなりません。山を下るのはずっと楽でしたが、2人とも足が疲れているうえ、ハックルベリーの実を抱えていました。夕食前に無事に家に着きました。疲れましたが満足でした。

　トッツィは、パイを作る分だけの実をとって、残りは売りました。当時は、1セントでも多く稼ぐことが大切でした。翌日パイを味わいました。私たちのどちらが焼いたのかは忘れましたが、そのハックルベリーのパイがとてもおいしかったことはよく覚えています。

　ゴーストタウンの収容所ではほとんどの子どもたちは、親たちによって、大人が感じていた怒りや苦痛から保護されていた。だから若い二世や三世にとっては、ゴーストタウンへ引っ越すことは珍しい体験になった。それは、新しいことをしたり、新しい友だちを作ったりすることを意味していたのである。

　家族とベイファームに送られたデビッド・ヤマシタの思い出は、収容所の

子どもの典型である。

> ### ベイファーム：子どもにとって人生は底抜けに面白い
>
> 　それまでの世界がバンクーバーのダウンタウン生活だけだった11歳にとって、ベイファームへの引っ越しは、新しく視野を広めてくれた。毎日のように何か新しいことが起きた。屋外のトイレを含めた田舎生活、新しい友だち、季節がもたらすすべての楽しみとともに体験する本格的なカナダの冬。
> 　何列にも並んだ木造の家並みを覚えている。それはみんな同じ設計であった。寝室2つと共同の炊事場があり、それをもう一家族と共有していた。僕たち5人（両親、2人の兄弟、僕）が、ひとつの寝室で暮らしていたことを思うと、今では驚きを感じる。
> 　照明は初めのころは灯油ランプが使われていたが、その後、通りごとに徐々に電線が引かれていき、近所の人たちが期待して待っていたことはよく覚えている。ベイファームには7つの通りがあり、僕の家は六番街の通りにあったので、最後になって電気が引かれた通りの一つであった。
> 　イートン百貨店とシンプソン百貨店のカタログで買い物をするのは楽しかった。それにカタログは、ホッケーをするときのすね当て防具としても便利だった。
> 　カミタカハラ家とコヤナギ家が、僕たちにホッケーというスポーツを教えてくれた。レッスン1：スケートができるようになること。路上にリンクを作ったので、かわいそうなデュカボーの農夫と馬が、氷の上を滑りながらそりを引いていたのを覚えている。
> 　夏も楽しかった。野球をしたり、スローカン湖や川で泳いだ。毎週日曜日には、ミッキー・マツバヤシがやって来て、ベイファームから一緒にスローカンシティの聖公会の教会に歩いて通った。実際は教会へは歩いてというより遊びながら行った。よく目標を定めては石投げしながら行ったけど、ミッキーが一度、電線にとまっていた鳥にみごとに石をあてたことを思い出す。
> 　まだ子どもだったから、スローカンで過ごした2年間、人生は底抜けに楽しかったのだと思う。50年後に振り返ってみると、一世が経験した苦労と、先生たちや宣教師たちの献身的な世話にとても感謝している。

　もし、レモンクリークの10代のアーサー・ショウゴ・コバヤシのように一匹狼だったら、スローカンバレーのゴーストタウンの世界には、また違った

冒険があった。

レモンクリーク：筏に乗った二世のハックルベリー・フィンの単独行

　僕がレモンクリークの8年生だった1943年、ドミニオンデイの祝日（訳者注：7月1日。英領北アメリカ植民地からカナダ自治領になった記念日。現在はカナダ・デイとして祝日である。）のことであった。スローカンバレーにある収容所どうしの野球のトーナメントがスローカンシティの野球場で行われた。レモンクリークの住民は、野球選手と、それに僕のようなその他大勢も一緒になって、保安委員会が提供してくれた何台かの幌なしのトラックに乗って野球場に到着した。

　僕はスポーツファンではなかったので、試合を観戦しているうちに飽きてしまった。レモンクリークから来た2人の仲間に、「先に家に帰るけど、収容所までの11キロを歩かないでスローカン川をボートか筏で下っていくよ」と告げた。友だちは、僕は気が狂っているとか、きっと溺れるか少なくとも遭難するだろうと警告した。

　そうした忠告を無視して、僕は青いスローカン湖がコロンビア水系に合流するまでの長い旅を始める場所を探して歩いていった。湖が急に細くなってスローカン川へと形を変えレモンクリークへ向けて南に流れ出る地点まで来ると、僕は川岸に係留されていた2つに割られた杉の丸太でできた筏を「拝借」した。その筏に乗りこみ、長い荒削りの櫂を使ってゆっくりと流れる川の中央へと漕ぎ出した。

　それは単独旅行だった。マーク・トウェインのミシシッピ川を舞台にした小説のハックルベリー・フィンのような連れはいなかった。明るい夏の日だったので、僕は綿の衣類を着て、ランニングシューズをはいていた。頭には、ゴーストタウン時代にはジャングル帽として知られていたフランクバック風のコルク製ヘルメットをかぶっていた。

　僕は、水面から10数センチ上で、濡れもせずに心地よく、筏に座っていた。川の流れに沿って、ときどき、櫂を使って筏を操縦するだけでよかった。

　最初にまず、ベイファーム周辺と思われる森林の川岸を過ぎた。しかし生き物が生息している様子はまったくなかった。川のカーブしたところを通過すると、左手に広い野原が現れた。それは、ポポフというレモンクリークのひとつ手前の収容所だった。日系人の子どもや大人が日光浴をしたり、川で泳いでいるのが見えた。驚いた数人が僕の名前を尋ねて、筏を川岸に寄せて筏から降りるようにと叫んだ。しかし、僕は無視して、まっすぐ前を見なが

ら下流のほうに進んでいった。川岸で人びとが自分のことを話しているのを聞きながら、なんだか漫画のヒーローになったような気がした。

　ポポフを後にすると、僕はまた巨大なスローカン川に一人ぼっちになり、南へと向かった。川面から見る森の丘や厳かな山々の景色は、畏敬の念を起こさせた。はるか高いところの氷河から水が注ぎ込んだ川は、とても透明で澄んでいた。ときどき川底が見え、そこでコイのような魚、ハゼ、ニジマス等が遊び戯れていた。川面と両岸には、さまざまな鳥が活動していた。昆虫や蛙もたくさんいたが、僕が彼らの領域を通過しても意に介さないようであった。

　7月1日の午後は、とても静かで平和だった。世界大戦の最中で、父がその犠牲者の一人として、東に何千キロも離れたところにあるオンタリ州北部のアングラー捕虜収容所に民間囚人として監禁されていることなど信じられなかった。

　ポポフからレモンクリークへ至るまでの間、人間の活動としては、機関車と炭水車、数台の有蓋車、それに車掌車が連結された列車が通過したことだけであった。それはスローカンシティとネルソンを結ぶ単線の線路を、ガタゴトガタゴトと音を立てながら南へ向かって走っていった。とても良い日で、空気は甘く、身体が充電されているような感じがした。

　時折、川の下手のほうに、漂白された枯木の幹が、一部は川岸の上に一部は水中に沈んでいるのが、まるで人間の手足のように見えた。もしこの旅が夜であったら、こうした木の幹がホラー映画から出てきたもののように思えて、とても怖かっただろう。

　流れる筏の上で一人、僕は隠者や僧侶、山に隠れ住む男女、荒野や孤独な場所に瞑想し精神性を高めるために出かける修行者のことを思った。僕は、人間の命のはかなさを感じた。なぜなら、川や湖や丘や山は、ただの人間よりもずっと長く生きるからだ。1943年当時でも僕は、人類は自然を守らなければならない、戦争や無関心や無頓着によって自然を破壊してはならいと考えていたのを覚えている。

　最終的に、スローカン川とレモンクリークの合流点から数百メートル上流で筏から降りた。そこから先、川は渦巻く急流へと変わった。

　そこで僕の水上の旅は終わった。4時間かかった。疲れてはいなかったが、とてもお腹が空いていた。2人の友だちは先にレモンクリークに帰って、僕の無鉄砲な冒険について母に報告していた。僕がちょうど夕食時に、気軽に歩いて家に戻ったときには、母はすっかり動揺しており、連邦警察官に助けを

求めようとしているところだった。僕は、悪戯を叱られただけですんだ。
　最後に、このずいぶん何年も前のことを振り返って、僕はそのドミニオンデイに「拝借した」信頼できる筏の持ち主にお詫びしたい。あなたのおかげで、僕は一生に一度の経験として、自然を楽しみ、十分に満喫することができた。
　なぜこんな冒険をしたのだろうか。考えてみると、たぶん僕は空を飛ぶ鳥か、川の魚のようになりたかったのだと思う。BC州の収容所に強制的に閉じ込められている生活に代わる、自由なひとときを楽しみたかったのだと思う。

しかし、収容所内の若者にとって、すべてが順調という訳ではなかった。上手に対処する方法を見つけることは、当面の新生活の重要な一部となった。

レイモンド・モリヤマは、今では国際的に有名なカナダの建築家だが、彼が家族とともにバンクーバーから移送されたベイファームの収容所に自分のツリーハウスを建てたとき、まだ10代前半だった。彼の父親は、オンタリオ州北部のアングラーに強制収容されていた。

ベイファーム：ツリーハウスは秘密の「避難所」

　1942年10月11日、13歳の誕生日に、僕はベイファームの近く、スローカン川を見渡すリトルマウンテンのそばにツリーハウスを建て終えた。あのツリーハウスのことを覚えている人が何人かいるだろう。でもその本来の目的を知っているのは、ほんの数人だけだった。
　あのツリーハウスは原始的だが実用的な見張り台として、13歳の子どもが川で秘密の水浴びをするときプライバシーを守るために生まれた。僕は、両腕と身体にひどい火傷の痕があったので、共同浴場で不快にじっと凝視されたり、横目で見られたり、他の少年や若い男たちから傷つく言葉を浴びせられるのを避けたかった。明らかに、火傷の痕が僕を他の人びとから際立たせ、嘲笑のもとになった。「それは感染するのか」、「あいつは病気だ！」、「病気、病気、病気！」、「醜い、醜い、醜い！」、「ひどい姿だ！」等々。
　だから、僕がまだ子どものころに受けた差別体験は、近所の人たちからだった。僕にとっては、氷のように冷たいスローカン川へ身をさらすほうが、熱い涙を流すよりもずっと楽だった。
　「自分は本当に病気なのか。自分は本当に醜いのか。自分はひどいのか」と

自問したが、分からなかった。でも、とにかく僕は大人になったら建築家になって、人とは違っていて恵まれない人びとを助けようと決心した。

　僕が建築家になろうと決めたのは4歳半ばのときだった。建築家になる決心は、皮肉にも、僕の事故が直接結びついていた。煮えたつシチュー鍋で火傷を負って治るまで痛みと闘っていたとき、バンクーバーで、ある建物に小さな部分が増築されるのを眺めていた。そのときのことは、痛みのためによく覚えている。その痛みを忘れるために考えようとしていた。

　僕は職人が溝を掘って、コンクリートを流し込んで土台を築き、その後に石や材木を積む職人、大工、ブロックを積む職人が続くのを見ていた。この建物を考え出した人がいるに違いないという考えが浮かんだ。僕は土台を掘ったりコンクリートを流し込んだり、ブロックを積んだりする人にはなりたくなかった。ときどき、一人の男が大きな丸まった紙をもって来ては、現場で働いている職人たちと話をしていた。僕はその人のようになりたいと思った。その後、ずっと後になってから、建物を考え出し製図する人は建築家と呼ばれるのだということを知った。

　ベイファームでの13歳の誕生日から数週間、僕は勉強の終わった後や週末にその川岸の見張り台を、徐々にツリーハウスへと進化させた。大工の手伝いをして時給の5セントを稼いだり、砕けたビスケットを買ったりして少しでもお金を貯めた。製材場で働いていたおかげで、道具や材料を手に入れることができた。

　ツリーハウスは、すばらしい秘密の城となった。というのは、なんだか破壊活動を謀る破壊工作員のような気分になったからだ。まるで樹上に潜む地下組織ゲリラ！　そのツリーハウスについては、長い間、誰にも話さなかった。以前バンクーバーで連邦警察官が父を連れ去ってオンタリオ州アングラーの捕虜収容所に強制収容したのと同じように、自分も連邦警察官に逮捕されると信じていたからだ。

　ツリーハウスは、一人になって夢想したり、自然と親しんだり、考えごとをしたり、疑問を投げかけるのにとてもいい場所であった。

　なぜ父さんは僕らと一緒にいないのか。なぜ父は自分で選んだ国で、戦争犯罪人にならなければならないのか。今どこにいるのだろう。どうしているだろう。当然のことながら、僕は父親に会いたかった。それまでは、母親の愛情とつり合う男性的なものを必要としていることに気づかなかった。

　なぜ、僕の未来の弟はお母さんのお腹のなかで失われてしまったのか。どうしたら母さんと2人の姉妹を幸せにできるのだろう。なぜカナダは僕たちを

監禁するのだろう。なぜイタリア系やドイツ系のカナダ人は監禁されないのだろうか。

単純な疑問だった。思春期だったから僕はひどく混乱して無力さを感じた。

自分の国に背を向けられ、自由と権利を奪われれば、虐待されていると感じるのは当然だ。父がいなかったため、当時の僕は逆さに吊るされたような、不安で不自然な失われた魂が、傾きかかった柱を固定しようと必死に手を伸ばしているような感じだった。そして、自然のなかに安定があることを見出した。

ツリーハウスで僕は初めて、自然はそのすべてが融通無碍であること、最も永遠で安定した力であることを認識した。広大な夜空と宇宙の星を眺めれば眺めるほど、山々を眺めれば眺めるほど、川のささやきに耳を傾け、岩や、土や、木々などの自然の匂いが分かるようになればなるほど、心に安らぎが感じられた。

僕には、雷も嵐もまったく怖くなかった。それどころか、それは晴れた夏の日の出と同じように美しかった。違いは人の認識の仕方にあるだけだ。つまり、嵐と自然をどう見るかということ。後になって気づいたのだが、ツリーハウスは僕の人生が自然界と調和される場所だった。そこでは僕は、巨大な宇宙や草の葉とひとつになった。

ツリーハウスを建てて間もなく、人との関係でも３つのすばらしい魔法のようなことが起きた。

まず、ベイファームの二番街にあった共同浴場の管理人が、ある日突然、他の人が入る前に風呂を独りで使うようにと勧めてくれたのだ。それからは、彼が風呂を沸かすときに一緒に座って話すようになった。彼のことを愛情を込めて「おじさん」と呼んだ。なんてすばらしい言葉。今でもあのおじさんの名前は知らない。彼はダイヤモンドの原石みたい人で、僕に率直さと温かい思いやりを教えてくれた。

２つめは、ジョージ・カダとグレン・コウノという親しい友だちができたこと。ジョージは足が悪かった。悲しいことや悔しいことがあっても笑い飛ばせる、彼の寛大な才能と人柄の良さに、僕はよく驚かされた。ジョージとグレンは、僕に笑うことを教えてくれた。

３つめは、ジョージとグレンと僕が、学校の若い先生たちに出会ったことだ。皆すばらしかったが、僕にはイグチ姉妹が特別であった。本人たちはたぶん知らないだろうが、僕はもう少しでヒデヨとマスコの養子になるところであった。２人は僕を家に連れて行ってくれて、教育の大切さと、秀でるために努力

することを教えてくれた。といっても、当時僕は一所懸命それを見せないようにしていたんだがね。やんちゃ小僧でね！

　1943年、大きなジレンマに直面した。僕は、ジョージが他のみんなのように、朝鮮人参を探しにスローカン川の向こう岸に行きたがっていることを知っていた。向こう岸に渡る唯一の橋は、ベイファームから数キロ先の町にあり、足の悪いジョージにはかなりの距離であった。

　解決策として筏を使うことにしたが、僕たちが見つけた筏はどちらかといえば潜水艦に近かった。それに浮きをつけて浮かし続けるためには、補強する必要があった。川の近くにある大きな木を探した。木を倒し、枝を落とし、幹を川に転がし入れて筏にくっつけるというアイデアだった。大きさも場所もぴったりの完璧な木が見つかった！　それは僕のツリーハウスを支えている木だった。ツリーハウスかジョージか？　僕は選択を迫られた。数日間考えた。ジョージは知らないが、彼を乗せてスローカン川を下ることになった筏の片側は僕のツリーハウスの木だったのだ。

　ジョージは僕にかけがえのないものを与えてくれた。僕に、人生には自分以外にもっと大切なものがあるということを教えてくれたのだ。それからの40年間、僕はまたツリーハウスを建てたいと思っていた。今度は、公共の場として、そこですばらしい人間関係が生まれ高められていくような場所を。

　9年前（1984年）、僕たちの事務所はその機会を手にした。新しいツリーハウスは、東京のカナダ大使館として1992年10月1日に完成し開館した。僕はその日、引渡し式に出席した。

　1943年夏、それぞれの収容所で疎開児童が夏休みを楽しんでいる間、2年目の学年が始まる前の二世の教師たちにも楽しくて新しい経験が待っていた。最初の年をなんとか無事に終えることができたので、今度はニューデンバーで7月から8月の4週間を、バンクーバーから来る専門教員による研修を受けるように招かれたのである。

第12章　最初のサマースクール：1943年

　収容所の初年度は、1943年6月に終了し、遅れて始まった学校でも7月には終了した。しかし教師たちは息つく暇もなかった。今度は、ニューデンバーでの思いがけない夏の研修の機会が舞い込んできたからである。多くの二世教師にとって、沿岸部から収容所に移動後、初めての旅だった。なかでもタシメの住人にとっては、とりわけそうであった。クートネイ地域の他の収容所から孤立したその収容所の自宅からニューデンバーまでは、列車でブリティッシュ・コロンビア州（BC州）の内陸部を抜けていく数百キロもの旅であった。

　シズ・ハヤカワは長旅をした34人の教師の一人だった。

> **タシメからはるばるとニューデンバーへ**
>
> 　私たちは、収容所学校の教師のための最初のサマースクールに参加するため、1943年7月26日から8月20日までの4週間、タシメを離れることになっていました。家族、友人や生徒たちが、見送りのためにD棟の前に集まりました。
> 　私たちの出発は、堂々として気品にみちた光景というわけにはいきませんでした。2人は運転手と一緒に運転台に乗りましたが、残りの32人と荷物は、古い作業用トラックの後ろにぎゅうぎゅう詰めにされたのです。いったんトラックが動き出すと、ぐらついてガタゴト音をたてているトラックの木の縁か、お互いをしっかりつかみながら、狭いベンチに座っているのが精一杯でした。私たちの車は、タシメから22.5キロ離れたホープという町にある小さな駅まで、細いでこぼこの山道をゴトゴトと音を轟かせながら下っていきました。

古い赤い機関車が車体を揺らしながら止まると、割り当てられた最後尾の2両にやっと乗り込みました。車内は不潔で、ひたすら暑かったのです。列車が動きだすと、むせ返るような熱さで、なかには具合が悪くなる教師たちもいました。私は緊張しすぎて気分が悪くなるどころではなかったので、氷をもらいに行って、友だちのために冷湿布を作ってあげました。車掌さんも助けてくれましたが、それも列車に氷がある間だけでした。
　グランドフォークスで列車が止まると、ダグ・フジモト、ノーブル・ホリ、ミキオ・ナカムラ、サム・ミトベ、ロイ・シンが、もっと氷を手に入れようと列車から飛び降りました。しかし、駅長は同情を示してはくれませんでした。私が最後尾の車両のデッキに立っていると、列車が再び動き出しました。男の子たちに向かって叫びました。車内の人には、車掌をつかまえて、非常ブレーキのひもを引いてもらうようにと呼びかけました。3人の男子は、列車が速度を上げると追いかけるのを諦めました。しかし、運動選手のダグとノーブルは、列車になんとしても追いつこうとしました。あの2人が、線路につまずいて転んだり、捻挫したり、怪我をしなかったのが不思議なぐらいです。
　最終的には列車が停止したので、5人の男子はみんな乗ることができました。彼らが取り残されるのではないかと気がきではありませんでした。でも、列車のデッキから見えた、走っているダグとノーブルのむきになった表情はとても愉快でもあり、笑っていいのか泣いていいのか分かりませんでした。残りの旅は、氷なしで行かなければなりませんでした。
　その後は、列車に乗っていてもとくに何ごとも起きませんでした。小さなひなびた駅は、先に通りすぎた駅と同じに見えるだけで、日中の熱さは堪え難いものでした。ただ、列車が深い渓谷を切り裂くように流れる川を渡ったとき、カーブした高い構脚橋からの景色は壮観でした。前方のいくつも連なる車両とそれを引っ張る機関車が見えました。まるで列車がくねくねゲーム（訳者注：子どもの遊戯の一種で、一人の子どもに他の子どもたちが手をつないでいく。広場や氷の上で遊び、列が長くなると手を離してしまう子が出てくるが、末端の子どもが中心に近づいていくことで遊びが進む。）をしているみたいで、最後の2両に乗っている私たちは、必死にしがみついていました。
　クートネイ地方にさしかかると、前方にそびえ立つ大きな山並みが現れました。窓を開け放しにしたまま最初のトンネルを抜けました。再び日の光を見たとき、皆ひどい有り様でした。お互いを見ながら、煤けた顔に涙が筋になって流れるほど笑いました。熱さで具合が悪かった教師たちでさえ、微笑を浮かべたり、くすりと笑ったりしました。旅のこの段階で、笑いはとても

良い薬でした。それからもたくさんのトンネルを通りすぎましたが、残りの行程ではどの窓もしっかりと閉められたままでした。
　スローカンで列車からやっと降りて、待っていたバスに乗り込んだときは嬉しかった。ニューデンバーのサマースクールの宿泊所に到着したときには、午前零時をかなり回っていました。監督官たちは、私たちが遅れたので心配していましたが、とにかく無事に到着しました！

　第1回のサマースクールは、驚くべきスピードで準備された。第一段階として、バンクーバーの退職教員で副校長だったエラ・ロバートソンによって、3月と4月にゴーストタウンの学校の視察が行われた。彼女は保安委員会の教育局長であるクレオ・ブースに採用されていた。何週間かにわたりすべての収容所学校を訪問する間、ロバートソンはブース女史と一緒だった。教育局長自身も収容所と学校を初めて訪問したのであった。
　偶然だが、ロバートソン女史はサウスバンクーバーでヒデ・ヒョウドウを教えたことがあり、ヒョウドウは次のように回想する。

　彼女は私が6年生のときの先生でした。ローラシコード学校だったと思います。ロバートソン先生はとてもいい人でしたが、あまり規律が厳しくなかったので、授業中ふざけすぎる生徒もいました。
　それからまったく思いがけず、1943年にニューデンバーでロバートソン先生に再会。およそ22年ぶりに大好きな先生に会えて、どんなに嬉しかったことでしょう。

　ロバートソンの報告書は、新しい収容所学校の運営方法を基本的に支持する内容であった。彼女のコメントには、スローカン地域の学校（ポポフ、ベイファーム）とレモンクリーク周辺の学校さえも含まれていた。しかし、この3つの学校は新しく、ロバートソンとブースの視察旅行が進んでいる間に開校したばかりであった。
　ロバートソン女史が示した唯一の懸念は、最初に訪問したタシメ校の環境

についてであった。

> タシメで運営されている24学級には、ひとつの教室に平均約26人の児童がいる。各部屋は約4.5メートル四方で、3メートルの高さの仕切りで区切られており、ドアはない。その結果、教室は騒がしく、クラスが互いに影響し合うので、満足のいく授業を行うことは不可能だろう。多くの教室の黒板は使い物にならない。換気と暖房は良いが、照明はまあまあという程度である。
> 観察の結果で好ましい点としては、どの教師も熱心でやる気があり、BC州教育省の通信教育によって規定された教育課程に忠実に沿っていた。通信教育課程がなかったら、資格のない若い教師たちがこのように満足のいく仕事をすることは不可能だっただろう。不要な動揺を和らげるために断固とした努力がなされること、また多くの教室に黒板を支給することを薦める。

1943年春、ロバートソン女史は各収容所を2日間ずつ訪問した。二世教師にとってそれは、ヒデ・ヒョウドウが前年の秋と冬に行った短期の教育セッション以外に、公開授業を観察したり参加したりする最初の機会でもあった。ヒョウドウの教育セッションは、学校施設が開校に向けて準備されている一方で、急ぎなされものだったので、ロバートソン女史は、旅の主な目的のひとつに教授法の実際例を見せることを加えた。

> どのセンターでも、教授法、カリキュラム、それに規律についての話し合いを一時間ほどもった。教師たちの提案に従い、ときどき、教師たちを生徒にみたて、英語か算数の授業をしてみせたが、とても興味深かった。私の職務は、観察することよりも、むしろ援助することだと感じたので、少なくとも50回は授業をしてみせた。お手本ではないにしても、心配している人たちに何か役に立ってくれればと願っている。
> 各クラスは主の祈りで始まり、どの教室にも国王と女王の写真が飾っ

てあり、日本語は一言も話されていなかった。私は、どの教師も児童もみなクリスチャンで忠実なるカナダ人という想定のもとに授業をしてみせた。私の推測が間違っていると思われる理由はまったくなかった。

結論としては、あらゆる困難にもかかわらず、かなり効率的な教育システムが運営されていると言える。現状では、唯一タシメに問題があるが、全職員が一丸となって努力しているので、そこの規律の問題も間もなく解決するであろう。

ロバートソンとブースの視察旅行のずっと前から、ヒデ・ヒョウドウは収容所学校で働く教師たちに、より継続的な研修を行うべく活動を開始していた。1943年1月初旬には、彼女はすでに保安委員会の担当者に手紙を書き、専門家による援助が必要であると説得している。そして、その同じ月にオタワの連邦労働省のパメットが収容所を訪問した際に、ヒョウドウは「教育部の現状改善に関する提言」という文書を提出した。給与の調整、定期的な校長会議、必要な備品などを要求するとともに、主に以下の2点を要求した。

1. 「現在の緊急（教育）プログラムは、なんらかの公認された計画にとって代えられなければならない」。そして彼女は、「すでにかなりの助言と補助をしてくれている」からという理由で、援助してくれそうな数人のバンクーバーの教育者の名前を挙げた。推薦された人びとは、教員組合の公式機関誌である『BCティーチャーズ・マンスリー』の編集長であるノーマン・ブラック博士、組合総書記のハリー・チャールズワース、組合執行委員長であるトム・アルスバリー、バンクーバー師範学校校長ロード、それに師範学校副校長であるホールであった。
2. 「すべての教員たちの利益となるような何らかの計画がなされるべきである。夏期休暇中に10日間から2週間ほどの短期研修があれば、測り知れないほど指導水準が上がることだろう。数人の教育者の支援により、講義をしたり研修グループを主導することもできるかもしれない」。

第12章 最初のサマースクール：1943年

　ブース女史は、ヒョウドウの夏の教員研修プログラムへの提案をすぐに採用した。1943年4月、保安委員会の委員長イーストウッドへの報告に、彼女は次のような勧告をしている。

　　師範学校か教育学部で認定された教員によって行われる何らかの形のサマースクールに、日系人教員を参加させることが得策である。推薦された適切な人物のサービスが受けられるようにするためには、確かな手はずが早いうちに取り決められなければならない。場所としては、ニューデンバーが良いと思われる。なぜなら白人教師用にはホテルが使えるし、日系人教師はテント内の教室に宿泊させ、YMCAキャンプ系統の商業的食堂があれば……。

　この提案は、バンクーバーからもオタワからも極めて速やかに認められたので、同じ4月中に、ブース女史は7月26日から8月20日まで、ニューデンバーで第1回のサマースクールが開講されると発表した。バンクーバー師範学校のロード校長とブース女史によって選ばれた講師のなかには州の教員養成の第一人者も数人含まれていた。

- サマースクールの校長と社会科の教師はバンクーバー師範学校の社会科担当教員のボーイズ。
- 英語と芸術はバンクーバー師範学校付属学校の校長であるゼラ・マニング。
- 体育はバンクーバー師範学校体育科教員のマジョリィ・リー女史。
- 数学と科学担当教員は、BC州教員組合の授業支援を担当しているハリー・ボルトウッド。
- 初等教育法はバンクーバー師範学校付属学校の低学年担当教員であるベルマ・キャンベル。

　そして特別に、バンクーバー師範学校のロード校長自身が4週間のニュー

デンバーでの第1回サマースクールの最初と最後の週に参加する予定となった。

ヒデ・ヒョウドウがバンクーバー師範学校を卒業してから、17年の歳月が過ぎていたが、第1回サマースクールにやってくる講師の一人が偶然にも彼女の恩師だったので、とても喜んだ。

忘れがたい先生が来ることになった

1925年のバンクーバー師範学校時代に公民と保健を教えてくれた先生は、忘れがたい人でした。彼の教科を履修している学期は、多くの学生にとって大好きな学期でした。彼から話の材料が尽きることがありませんでした。クートネイのかなり広い地域に点在する学校担当の視学官でもあり、そのほとんどの学校はデュカボーの子どもたちの学校でした。さまざまな経験談や、定期的に行う視察旅行の話で、私たちをおおいに楽しませてくれました。

私はよく、このわくわくする授業の終わりになって、授業のノートをほとんどとっていなかったことに気づいて驚いたものでした。保健科の最後の課題は、保健規則のパンフレットを作ることでした。それぞれの規則を描写するため、雑誌からカラー写真を切り抜いて貼りつけることはとても簡単でした。そうするうちに、すばらしいインスピレーションが浮かびました。規則を詩にするのです。押韻は思ったより難しくありませんでした。私は、韻を踏んだ、まずまずの詩をなんとか作りあげ、注意深く手で書き写しました。

表紙のデザインには、日本の絵葉書からの風景を使いました。それは白黒で、今でいう墨絵のようなものでした。私は、絵の出来と詩の仕上がりに大満足でした。点数が戻ってくると、「もう少しで10点中8点」という点数でした。「もう少しで」というのは、私の点数が8から7に変えられていたからです。それにもかかわらず、私はその点数に満足でしたし、とにかくアーサー・ロード先生の授業で受けた純粋に楽しい時間についても満足していました。

こうした個人的な理由もあって、ヒデ・ヒョウドウは、今始まろうとしている新人教員のための夢が実現することを心待ちにしていた。

ベイファームの教師マリー・アサヅマは、結婚していて学齢期の子どもをもっていたため、サマースクールに参加することには、始め迷いがあった。

夏休みを返上

　最初の学年で忙しい思いをした後だったから、気楽でのんびりした夏休みを楽しみにしていました。ところが、それどころか、ニューデンバーに教授法を勉強しに行くようにと要請がきたのです。ベイファームとポポフからトラックで、スローカン湖の北を通ってニューデンバーに入りました。10か12のベッドがある家を宿泊に割り当てられ、全員が大きな食堂で食事をしました。それに、共同浴場もついていました。他の教師たちと話したり勉強したりの暑い一日の終わりに、一日ごとの入浴を楽しみました。

　最初の講習会では、バンクーバー師範学校校長のロード先生が挨拶をして、何回かの講義もしてくれました。彼は、日系人収容所では英語で授業をすることを忘れないことや、生徒たちにはどこの学校でも英語が使われているということを認識させるべきだと言っていました。

　英語、数学、歴史の授業に加えて、体育もあったので、かなりの時間を屋外で過ごしました。もちろんそのおかげで、私たちは緑の草や、美しい木々や、湖やニューデンバーを取り囲む山々を満喫することができました。

ニューデンバー、1943年。第1回サマースクール。各地の収容所から来た研修生とバンクーバーから来た講師およびニューデンバー収容所の役員。

4週間にわたるサマースクールの校長でありバンクーバー師範学校の教師のボーイズの報告書によると、カリキュラムは以下のように設定されていた。

> もちろん師範学校で教える全教科をカバーすることは不可能だったので、最も支援しやすそうな教科を選択した。英語、社会、数学、一般科学が、3年生から8年生までを担当している学生への基本内容である。基本教科を教える予定の学生たちには、段階ごとに毎日3時間が割かれており、そのうち1時間は「工作」のために使われた。
>
> さらに、医師の診断書がない限りは、全員が1時間の体育をとらなければならなかった。私たちは、特にこの点を重視した。なぜなら多くの学生が、まじめ過ぎてリラックスできない傾向にあることが分かったからだ。
>
> サマースクール終了時までには、学生たちも体育の授業で行われたことを心から楽しめるようになり、自分の失敗を笑いとばせるようになった。各講師は学生一人ひとりに、ニューデンバーから集められた児童か、自分が所属しているグループの学生たちを相手に1回授業をさせるか、または授業の一部で教えさせた。

ローズベリーの新任教師ジョシー・マツモトも、第1回サマースクールに参加した。

家族から離れた最初の夏

　1943年春のある晩、家族の友人であるソガ家を訪ねていたときのことでした。ソガの娘のジューンが、私にもサマースクールに参加するようにと勧めました。さんざん考えたあげくに、この研修を受けることに決めました。1943年7月のよく晴れた明るい朝、1台のトラックがローズベリーまで私たち数人を迎えにきたとき、私はしぶしぶとその0.5トンのトラックの後ろによじ登りました。家族のもとを離れるのは、そのときが初めてでした。脳裏をよぎる寂しさで、涙が頬を流れ落ちました。

　今になっては、恥ずかしく思います。なぜならニューデンバーは、ローズ

ベリーからたった6.4キロほどしか離れていなかったからです。今思い返すと、道中の景色はきれいでしたが、あのときは、左側に広がる雄大な山並みも、右手に広がるスローカン湖も目に入りませんでした。

　ニューデンバーに到着すると、何軒かの小屋が用意されていて、他のゴーストタウンからの顔見知りが何人か見えたのでほっとしました。私は、ローズベリーからのマリエ・ヨシダと一緒の建物に割り振られました。私たちの寮長はマスコ・イグチでした。私たちの宿舎には10人ほどの女子がいました。お互いに自己紹介をした後は、ずいぶん気持ちが楽になりました。

　翌朝、早起きして、屋外にある蛇口の冷たい水で、顔を洗い歯磨きをしました。なんてすがすがしいことでしょう！　よく晴れて澄み渡った朝に、広々した野外で日の出を見て、小鳥のさえずりを聞きました。

　朝食後、サマースクールが開かれました。最初に開校の挨拶とバンクーバー師範学校から来た講師の紹介がありました。その後、自分たちの教室に行きました。新しい学校に入学したての子どものような気分でした。2週目に講師のマニング先生が、友人でありルームメートでもあったマリエ・ヨシダを授業実習に指名しました。マリエは椅子から立ち上がり、堂々と教室の前へ進みました。私たちの方を見て、すばらしい笑顔をみせ、授業をすすめながらも、まだ微笑を浮かべていました。なんて落ち着いていて冷静なんだろうと思いました。その後、マリエにこの感想を述べると、マリエの返答は「最初はニコニコして普通に話そうと思ったけれど、笑いが顔に凍りついてしまって、止めることができなかったのよ」。私たちはその話に大笑いしました。

　毎朝、民家の裏の道や庭の前の道を散策しているとき、よく学齢期の子どもの親たちが、腰かけて話しているのを見かけました。あるとき、一人の男性が別の男性に日本語で「何だ、まだ子どもじゃないか。これでも先生になれるだろうか」と言っているのを耳にしました。そのとき、自分には資格がないような気になりました。

　ある意味、彼らがそう考えるのを咎めることはできませんでした。なぜなら私たちのなかには、まだ飛んだり跳ねたりするような人もいたのですから。しかし、それ以後私は、気をつけて淑女らしく歩くように心がけました。

　サマースクールの授業は、監督官ヒデ・ヒョウドウにタシメ校の感動的な経験を思い出させた。

> ## 自己表現力を伸ばす
>
> 英語講師のゼラ・マニングは、学生教師たちに自己表現の技術を伸ばし、自信を持つように指導しました。これはほぼ全員の学生にとって必要なことでした。日本人の家系であることは、通常、公衆の面前やグループでの発表がうまくないと感じていることを意味していました。口語英語の時間を使って、あらゆる発表の機会を生み出すことができましたが、それはバンクーバーから来た先生の励ましのお陰でした。
>
> タシメでの8年生の授業を訪問したときのことを思い出します。ある少女が、順番がまわってきたので、やる気まんまんで発表をするために前に出てきました。彼女は、目をきらきらさせて、嬉しそうにゲティスバーグ宣言をまるごと完璧に暗唱したのです。それは息をのむほどすばらしいものでした。その当時私たちが置かれていた状況の皮肉さを思い、胸がいっぱいになり涙ぐみました。そのアメリカ大統領の演説の美しい言葉は、国全体に（そして世界中に）民主主義が必要であることを、しっかりと訴えていました。

研修生たちは普段は真面目だったが、パット・アダチは、家を離れたこの学校生活には楽しみの時間もあったことを回想する。

> ## 毛布の下のホットドック
>
> 1943年のニューデンバーでの第1回サマースクールで、私たちは、学校を出たての10代みたいな悪戯者でした。「消灯」後に毛布の下でホットドッグを食べた夜のことを、誰か覚えているかしら？　たぶん、あなたたちのうちの何人かは、孫に話しているかもしれないので、あえて名前はあげないけれど。修了コンサートで披露する予定だったモダンダンスの順番を忘れてしまったことは覚えている？　どれほど素人じみていたことでしょう？　まあ、そんなこともあったけれど、なかなかよくやったと思います。私たちの教えた子どもたちが、その後1943年12月の標準学力テストと1944年4月のスタンフォードテストで、とてもよい成績をあげたのですから。

通常の授業とならんで、モダンダンスなどの課外活動もサマースクールの養成講座の重要な一部であった。校長のボーイズは次のように報告している。

第1週目のセッション中に、英語の追加授業について急な要請があった。そのため午後は忙しくなって、大人数の学生たちが1時間の口語英語と1時間の文章英語とに分けられた。このグループは平均80人の学生からなり、達成した学習量は見事なものであった。

口語英語グループから派生したのが、弁論クラブであった。もうひとつの活動は木彫で、ハリー・ボルトウッドのもとで、削ることに熱中するグループができた。握りや刃の部分に美しい模様が彫られたペーパーナイフは、よく見かけるものとなり、幸運な音楽教師たちへの美しい指揮棒もあちこちに現れた。

もちろん、音楽愛好会もあった。初めて合唱の練習を呼びかけたとき、女子ばかりで男子は来ないのではと想像していた。現実には、約60人の女子とその半数の男子学生が集まった。ベルマ・キャンベル先生の指導のもとに、練習は毎週2回行われ、出席率はいつも良好だった。男子は、朝の集会で歌う2曲を練習して披露し、その努力に大喝采をあびた。女子は最終コンサートで3曲を歌ったが、こちらも見事であった。

モダンダンスはマジョリィ・リー先生によって女子学生に紹介された。かなり活発な運動だが、学生たちは楽しんだ。上達してきたと感じると、彼女たちは最終プログラムで披露したいと言い出し、実現することになると、さらに一所懸命に練習した。結果はとても楽しいものになった。

その他の活動としては、最後の2週間を一緒に過ごしたマジョリィ・リーの夫君によって指導された人間ピラミッド組み体操があった。それに、水泳クラブは人気があった。しかし驚いたことに、野球が日系カナダ人の好きなスポーツであるにもかかわらず野球リーグはうまくいかず、研修生たちは忙しすぎて、ほんの数試合を行っただけだった。ニューデンバーの地元住民がコートを提供してくれたが、テニスクラブも同じ理由で比較的不活発であった。

成功した課外活動は、サマースクールの出版物『サマースクール・エコーズ』

だった。1年目は一人の学生の編集により、3号まで発行された。
　その他の課外活動としては、インディアンパウワウ（社会科のプロジェクト）、ニューデンバーのボーサンホールでの男女混合親睦会（プログラムは陸上競技会、ゲーム、スクエアダンス、ビッグバンドのレコードに合わせたボールルーム・ダンスだった）。それに最後の木曜日の晩には、野外コンサートが開かれた。そのコンサートの主な出し物は大成功であった。ボーイズ校長は最終報告で、そのきっかけを次のように描写している。

　　　口語英語のグループから演劇クラブが生まれ、ただちに目標が定められた。歴史に関心のある学生は、この地域の初期の歴史を掘り起こすことにした。この地区の開拓者全員にインタビューをして、話を記録し、ひとつにまとめることになるので、大仕事であった。だが、その仕事に対する戸惑いはまったくなく、第2週目の終わりまでには最初の報告が、演劇クラブに渡された。この情報と開拓者自身の人物描写をもとに、演劇クラブは最終コンサートに3幕の劇を用意し、それは関係者全員の名誉となった。

　ベイファームの教師マリー・アサヅマはニューデンバーの歴史劇に没頭した。

夏の終りのコンサート

　サマースクールは、コンサートによって締めくくられました。最初の年のコンサートの目玉は、ニューデンバーの歴史に向けられ、町の起源や、鉱山が閉じたときにはどんな様子だったのか、その後何が起こったかなどを劇にまとめたのです。私は町の図書館に情報収集に出かけ、他の教師たちは地元の人びとにインタビューをし、それから出演する男子を選びました。最初はひどかった。というのも男子が練習に出てこなかったからです。残りあと2週間というときに、まだ一度もリハーサルができてなかったのです。
　いらいらして、私は係から降りようと決めましたが、ジャッキー（マスコ）・イグチに説得されて思い留まりました。それで、男子を説得して、練習して

第12章　最初のサマースクール：1943年　183

協力することにやっと同意させたのです。発表のわずか2週間前、その週末に男子たちが上演することに同意したのです。3度か4度の練習をした後、なんとか劇を上演することができ、結果的にまあ成功だったと思います。

ニューデンバー、1943年。最終コンサートの衣裳をつけた年少クラス担当の教師たち。

　地元の開拓者であるハリスは、第1回サマースクールの研修生たちが創作上演したオリジナルの演劇についての説明を残している。彼は、その劇をニューデンバーに長年住む人たちと一緒に観たのであった。

　　劇はニューデンバーの歴史を初めから描いていた。カヌーあるいは歩いて湖岸にやってきた最初の探鉱者が、小屋を建て、鉱石を発見し、ボートを造り山道を開き、道路を建設したこと。最初の「白人」女性が、実はなんと黒人だったこと。初期の開拓移民、苦労、最初の娯楽やダンスの楽しさ。教師たちは、われわれ古参に相談しながら、忘れかけられていた情景を再現し、すばらしい水準の娯楽に仕上げた。

　その最後の劇は、第1回サマースクールを熱狂のうちに閉幕させるととも

に、各収容所からの研修生たちとニューデンバーの住民、疎開者と非日系人、との間の良い関係を築きあげた。

　ニューデンバーでの第1回のサマースクールは、1943年8月20日の閉講式で幕を閉じた。ロイ・イトウは当時、その前年秋にバンクーバーからカズロに移って刊行を続けていた日系カナダ人の週刊新聞『ニューカナディアン』紙の副編集長であった。バンクーバー生まれの二世でちょうど21歳になったばかりのイトウは、サマースクールの最後の週を取材するためにニューデンバーに来て、「ハイ・アンド・ロウ」というコラムに次のように記した。

　　BC州ニューデンバー――二世教師のためのサマースクールは、先週金曜日の朝、ニューデンバーの校庭にある高い松の木立の下で講師から最後の講義を聞いて終わった。忘れられない光景であった。二世の若い男女たちが、半円に並んで立って、静かに、若さに満ちて、しかし威厳をもって、講師たちからの最後の励ましの言葉を聴いていた。州の教師のなかで一番すばらしいと誉められた。「ゴッド・セイブ・ザ・キング」を歌って研修は幕を閉じ、学生たちは2週間後からまた教えるために、それぞれの収容所に帰る準備をした。

　　サマースクールはいろいろな意味でユニークであった。二世の若者たちは、市の新聞が誤って記したような大卒者ではなく、高校を出たばかりであった。なかには17歳、18歳という若者も数人いた。新学期からは彼らの肩に、子どもたちをカナダ市民にするという大仕事がのしかかってくる。しかもその子どもたちには、1年前に沿岸部から追放された親がついている。

　　サマースクールで何を覚えているだろうか。たった4週間のことだったが、たくさんのことがあった。どんな思い出にせよ、仲間の学生や講師たちと分かち合った友情は、とても鮮明に覚えていることだろう。多くの学生が、講師たちをほとんど崇拝したのも当然だ。ロード先生、リー夫妻、マニング先生、キャンベル先生、ボルトウッド先生、ボーイズ先生のことは忘れないだろう。そして講師たちも、7月のある朝やってき

たときは深刻な目をして、硬い態度だったのに、4週間後には笑顔をみせたり、大声で笑ったり、くすくす笑ったり、冗談を言い合うようになった152人の二世のことを、たぶん忘れないだろう。

　学生たちは4週間で何を学んだのだろう。ぎっしり詰まったプログラムでたくさんのことを学んだが、それにもまして、教室で、舞台で、野外で、課外授業で、彼らは自信をつけた。最後の週、おとなしいと思われていた二世たちが、教室の前に堂々と進んでいき、スムーズな身のこなしで短いスピーチを行ったときに、その自信がうかがえた。彼らは平均的な二世だ。教師たちは決して選ばれた二世グループではない。きちんとした指導と機会が与えられたなら平均的な二世に何ができるか、サマースクールは示したのである。

　ニューデンバーの住民は、彼らのことを覚えているだろうか。きっと、多くの二世が町のあちこちに立ったり座ったりしながら、写生したり絵を描いている姿を、微笑みながら思い出すことだろう。町の人びとは、町の歴史に関する演劇の資料集めに、夕方、家を訪ねてきたグループのことを覚えているだろう。また、カーペンタークリークの橋を、朝の8時に快活に学校へ通う女子学生の長い行列を覚えているだろう。

　「果樹園」の「住民たち」は、学生たちが寝泊まりした小屋から、際限なく聞こえてくる甲高い笑い声を覚えていることだろう。学生たちは、ここでできた友人や、自分たちで皿洗いをした大食堂のことをずっと覚えているだろう。そして全員があのコンサートを覚えているであろう。

　いろいろな意味で、コンサートはそのひと月におよぶプログラムのクライマックスであった。そのプログラムは星空のもと、市庁舎の前の緑の芝生で、涼しい夜気のなか、ニューデンバーの地元の人びとのもてなしへのお礼として贈られた。大音量の音楽や、大声で早口のおしゃべり、大声でのひやかし、それに際限ない食事などの、いつもの日本のお祭り騒ぎはなかった。簡素に愉快に行われた娯楽プログラムだった。二世は自信をもって、自分たちの得意な曲目を披露し、歌ったり、踊ったり、演劇を披露したりした。ニューデンバーの人びとは、それはこの周辺で

見た最高のプログラムのひとつだったと言うだろう。しかし、私が覚えている次のエピソードが、他の誰かの記憶に残っているかどうかは分からない。

　それは、タシメのリツ・シンが「ダニー・ボーイ」を歌っていたときであった。なぜか私の目は、暗くなりかけてもまだ日の光の筋が残っている空に、すらりと高くのびた近くの旗ざおにとらわれた。その先端になびく国旗を見た。旗は、映画でよく見るように風に雄々しくなびいてはいなかったが、旗ざおの周りに巻きつきながらも、時折広がって夜風がその色をとらえた。その旗が私の目に焼きついた。その下で、カナダの町で日系人の少女が歌うアイルランドの歌、「ダニー・ボーイ」が聞こえていた。

　ただそれだけのことであった。しかし、そのときの状況と、新年度にカナダの子どもたちを教育するというその少女の役割とを考え合わせると、その一瞬に垣間見た特別な風景が、より幸福な日々と将来のすべての人々の間の友愛、友好、親切の前兆であるかのように、私には思えたのであった。

　ロイ・イトウが記したように、ニューデンバーの第1回のサマースクールには、総勢152人の教師が参加した。最年少はタシメのバーバラ・ヨネダであった。彼女は15歳で、まだ若すぎたために公式の記録には彼女の名前の後に日系人登録番号が書かれていない。

　ほとんどの教師たちは8つの家族収容所から来ていた。しかし、9人は自活移動キャンプからきていた。法的には、彼らは保安委員会の職員ではないが、自活移動キャンプの教師たちは、1943年もそれ以降の年も同様に招待されたのであった。

　ボーイズ校長はサマースクールの経験を次のように語っている。

　　とても楽しい仕事であった。いささかの時間の無駄もなく、あれだけスムーズに、あれだけ多くのことが達成された成功例はないだろう。あ

れほどよく勉強する学生たちはいないだろう。
　「次はどうするか？」これが、われわれ全員の頭にある課題である。もしこの学生たちを日本に送還するつもりなら、教育はたぶんもう十分に施されただろう。しかし、もし戦後、彼らをカナダに残すなら、彼らへの教育をもっと広げていかなければならない。
　もう少し良い宿泊施設が用意されるべきである。すでに暗い照明に悩まされている目を救うためにも、もっと明るい照明が必要だし、高校教育課程を受けることが有益な者がいるのであれば、それが提供されるべきである。近い将来、こうした必要な変化が起きることを祈ろう。

　第1回のサマースクールへの参加は、タシメの教師メイ・イナタにさまざまな利益をもたらしたが、自分の収容所とクートネイ地方の他の収容所との違いについて目を開かれたこともそのひとつであった。

タシメがいかに違うか分かった

　私は、ニューデンバーやクートネイ地方西部の他の収容所に住む人びとの生活習慣やものの見方に、大きな違いがあることに気づきました。
　タシメは、牧場だった土地に疎開者を収容するために特別に建てられた住宅のならぶ居留地でした。ホープの町から22.5キロ離れたところにあり、町からは舗装されていない道路だけが交通手段の山のなかの谷間に位置していました。この道路は後に、日系人収容者が建設を手伝ったホープ〜プリンストン道路の一部となりました。
　ホープは、100マイル（160キロ）の防衛地区内にあったので、私たちにとっては「立ち入り禁止」地区でした。収容所の門には、つねに連邦警察官の見張りがいて、人の出入りに目を光らせていました。
　とても孤立し制限されていたため、私たちは、日系人・非日系人を問わず他のコミュニティとはまったく交流がありませんでした。それに、もちろん非常事態以外には、町の外へ出ることが禁止されていました。たとえ非常事態でも、連邦警察官の特別許可なしでは、外へは出られませんでした。
　時がたち、疎開者が最終的にタシメに落ちついてくると、収容所には徐々に学校、雑貨店、肉屋、郵便局、消防署、靴の修理屋、病院等、必要なもの

が揃い、ほぼ自給自足が可能なコミュニティになりました。収容所には医師のシモクラ先生がいたし、歯科医のクズハラ先生もいたので、必要とする人は誰でも診てもらうことができました。食料の一部も収容所内で栽培されていました。

　行動と倫理の厳しい規範が支配する完全な日系人コミュニティに暮らし、白人との接触がほとんどない暮らしは、抑制的であるだけでなく、とても自信を失わせる感じがしました。

　そんなとき、ニューデンバーで全く新しい体験をしたのです。サマースクールの初日、私たち教師は、町の学校でのサマースクールの授業に参加するため、宿舎の日系人用集合住宅を出発しました。門もなければ、不安にさせる見張りの連邦警察もいないのには驚きました。私たちには、どこでも行きたいところに行ける自由がありました。その後、私たちを温かく迎えてくれる町の商店街を、ぶらぶらとウィンドウ・ショッピングをする貴重な楽しみも味わいました。

　ニューデンバーでの滞在、またそれに伴うスローカン地方から南のベイファーム、ポポフ、レモンクリークなどの収容所を旅しながら、私は他の収容所の疎開者は、タシメの人びとよりも、ずっとゆったりとして受容力があるのを観察しました。ひとつの収容所から別の収容所へ自由に旅する経験は、刺激的で気分が高揚するものでした。そんな気分は、開戦前からこのかた味わうことがなかったものでした。

　そのときに、それでタシメがいかに抑圧され制限されていたか、そして、なぜ私たちがこんなに内向的になったかを理解しました。その結果、他の収容所から来た学生たちが、私たちの一般的に排他的で非社交的な性格について指摘した理由が分かりました。

　タシメ収容所の学校には、1943年春の訪問時にエラ・ロバートソンが指摘した施設面の他にも問題があった。第1回サマースクールが始まったころ、詳細はいまだにはっきりとしない、わかりにくい話だが、一人の二世の校長が退職して収容所に戻るように求められた。それはタシメのヒロシ（ロージー）・オクダであった。保安委員会、とくに教育局長のブース女史と彼の間に、どのような問題が起きたのか、残存する政府文書からは明らかではない。しかしオクダは校長職を辞職するよう求められ、その後ただちに東部へ移動した。

第12章　最初のサマースクール：1943年　189

タシメ校の教師たち。1943-44年度。前列左から5番目副監督官テリー・ヒダカ、右隣ミエ・オカムラ校長。このとき、男子教員は移動させられていた。

　しかしタシメの特異な環境が、収容所の日系人指導者たちおよび委員会学校の運営に対する彼らの影響について、バンクーバーの保安委員会本部に不審を抱かせたのは間違いなかった。

　前述したように、ヒデ・ヒョウドウは、ニューデンバーを拠点にしていたため、クートネイ地方の他の7つの学校に対してと同じようにはタシメの学校とその職員のための緩衝役になることはできなかった。タシメは、スローカン湖とクートネイ湖の間に点在する他の収容所から480キロも離れていたので、ヒョウドウがタシメ校を直接監督することは不可能だった。そのために彼女の副監督官であり、バンクーバー師範学校のもう一人の卒業生であるテリー・ヒダカが、1943年初めにタシメに送られていた。しかしヒダカは、委員会の学校運営に他の収容所より大きな影響力を持とうとするタシメの保護者会とうまく折り合うことができなかった。失敗の主な原因としては、ヒダカが、保護者や収容所指導者たちの主言語である日本語を流暢に話せな

かったことがあげられた。
　一方、各収容所での2年目には、ふたつの要因が、学校運営と教師たちの努力に、影響を及ぼすことになるのであった。

第13章　2年目の学校：1943-44年

　ニューデンバーでの第1回サマースクールは、教師のほかに収容所の多くの住人にも影響を与えた。それは、1943年9月に2年目の学年が始まるとすぐに明らかになった。

　サマースクールの講師たちによると、研修に参加した二世教師は、指導技術と教室での自信という点で、めざましく進歩したということであった。その結果、収容所の教師たちは、前年度に初めて教えたときにつきまとっていた「正しいことやっているかどうか分からない」という気持ちとはまったく違った態度で新しい学年に臨んでいた。

　マスコ・イグチは、第1回サマースクールのあと、学校に戻ってどう感じたか思い出す。

> **ポポフ：自信をつけて戻ってきた**
>
> 　バンクーバー師範学校と師範学校付属学校の先生方は、4週間で私たちを自信に満ちた啓発された教師に変えました。彼らは、教えることを楽しむこと、もっとリラックスして、もっと笑うようにということまで教えてくれました。その秋、私たちはどんな準備をして、各教科をどう教えて、毎日をどう始めればよいのかをよく理解したうえで教室に戻ったのです。

　しかし、ニューデンバーの夏の研修のもう一つの思いがけない結果は、若い教師たちに対する多くの保護者の態度が、大きく変わったことだった。大半の保護者は、未熟な教師たちを熱心に応援していたが、当然ながら初めの

ポポフ、1943–1944年。校舎の階段に座るパット・アダチと年少クラスの生徒たち。

ころは、きちんとした訓練を受けていない二世にどの程度の教育水準を維持できるのかと疑いを抱く保護者のグループもあったのである。

　その疑いは、教師の大半が比較的若くて、そのうちの何人かは高校すら卒業していないという事実に基づいていた。さらには、政府による強制疎開という、特殊で先の見えない縄に縛られていると感じていた多くの保護者の怒りと不満が、教師たちの自信をさらに損なうことに繋がっていたのであった。

　しかし、こうした状況が、教師たちが第1回サマースクールに参加した後にかなり変わったのである。ある保護者は次のように報告している。

　　子どもたちのために、あなた方若い先生たちは夏休みの4週間を研修のために犠牲にしてくれた（1943年には、ゴーストタウンの学校のいくつかは、7月まで授業を行い、遅れて学年が始まった分の埋め合わせしていたのである）。だから、あなた方は今後、コミュニティの感謝と全面的な支援を受けるに値する。

第13章　2年目の学校：1943-44年

前年度とのもうひとつの劇的な違いは、職員から男性教師が正式に外されたことであった。なぜなら、成人男性の多くは男性だけの労働キャンプに送られており、始めからそれほど多くは残っていなかったからである。第1回のニューデンバー・サマースクールに参加した8つの家族収容所からきた教師のなかに、男性はたった18人しかいなかった。

男性教師のほとんどは独身であったにもかかわらず、内陸部の家族収容所に住むことになったのである。その多くは、家族の沿岸部から内陸への移動を、運搬員として手伝った人たちであった。

しかし、サマースクール開催中の1943年7月から8月の間に、保安委員会は、給料支払い名簿から独身の男性を外すことに決めた。政府の考えは、残っている独身男性にロッキー山脈より東部で新生活をスタートさせれば、ゴーストタウンにいる彼らの家族もゆくゆくは彼らに加わる可能性が高くなるというものであった。これは、BC州の家族収容所から人びとを追い出すための刺激となるだろうし、全員は無理としても、ほとんどの日系カナダ人をBC州から追い出そうとする政府の総合的な目標を補強するものだった。

その結果、1943-44年の間に、体育あるいは技術教育またはその両方を教えていた比較的少数の男性教師たちが、確実にゴーストタウンから追放されていった。

タシメの教師で、手に負えないクラスでお話を聞かせて静かにさせたダグ・フジモトは出立しなければならなかった者たちの一人だった。

タシメ：東部へ出立しなければならなかった

私は、第1回サマースクールに参加して、教壇に戻るのを楽しみにしていた。しかし残念なことに、独身男性は全員、立ち退かなければならない、さもなければ捕虜収容所に送られるか、日本に送還されるかだ、と言われた。そこで、私は「じゃ、仕方ない」と言った。

そのときには、私の兄がすでにトロントにいたので、彼は「ダグ、いつで

> も来ていいぞ。お前のための仕事を探してあるよ」とよく手紙をくれた。だから、行けば私には仕事があった。1943年9月、私はタシメを離れた。
> 　途中、許可をもらって両親のいるサンドンを訪ね、そこに1週間ほど滞在し、その後トロントに向かった。私は一人でトロントに着いた。連邦警察官はいなかった。朝の5時にユニオン駅に到着し、その夜の12時には、もう私はインペリアル眼鏡店で働いていた。着いた当日だった。

ヒデ・ヒョウドウは1943年、ブース女史への月間報告書に次のように記している。

> 　11月8日、タシメの4人の男性教師が、選別機関に連れていかれた。それは職員の間にかなりの混乱を引き起こした。連行された教師は、ノーブル・ホリ（男子体育担当）、イサム・ミトベ（8年生担任）、ミキオ・ナカムラ（7年生担任）、ロイ・シン（8年生担任）である。

その翌月、ヒョウドウの報告書は記している。

> 　カズ・スガはレモンクリーク校を12月9日に辞めて、12月11日に東部へ出発した。

スガは、レモンクリーク校の創設メンバーで唯一の男性教師であったが、強制収容以前は、野球のスターとして戦前のバンクーバーのスポーツ界の有名人であった。スガが沿岸部から強制的に立ち退かされた当時、バンクーバーの日系カナダ人チームでは最強で、セミプロや非日系のチームとも対戦したことのある「バンクーバー・アサヒ（朝日軍）」の投手兼外野手として、4シーズン連続首位打者であった。だから、彼を体育の教師として迎えたことは、一番遅く開校したレモンクリーク校にとっては、特別の授かりものだった。
　スローカン時代も、スガの運動面でのすばらしい腕前は、クートネイ地域の各収容所の野球チームや、近隣地域のチームとの対抗戦を通して繰り返し示された。さらに1943年、ニューデンバーのサマースクールで、忙しい教

師たちが行った数少ない野球の試合のひとつに、地元「ニューデンバー・二世ナイン」との対抗試合があった。地元チームも負けてはいなかった。シグ・オクムラやジョージ・ヨシナカのような第一級の選手も含まれていた。1943年の『サマースクール・エコーズ』第2号のなかで、教師のハリー・キドは次のように報告している。

> 一塁のボーイズ先生（サマースクールの校長でもあり、チームのなかで唯一の非二世）によって火をつけられ、やる気になった教師たちは大奮闘。最初の2回で9点を先取。地元チームもすばらしく盛り返したが、「クールな」トビー（投手マイク・トボ）と捕手のダグ（フジモト）が抑え、11対6という勝利をおさめた。シグ・オクムラと打撃が大当たりのカズ・スガの活躍がおおいに貢献した。

その教員チームには、ベイファームの校長であり第1回サマースクールの生徒会長だったタカシ・ツジ師も入っており、2塁手として、ショートのカズ・スガとともに守備についていた。

レモンクリークの生徒だったショウゴ・コバヤシは、カズ・スガを先生として覚えていた。

レモンクリーク：枝から笛を作るのを学ぶ

僕が教わった何人かの先生は、即興が上手だった。女子が調理の授業を受けている間に、スガ先生は僕らにポケットナイフをもたせ、森に連れて行き、ナイフの研ぎ方や小枝を使って木笛を作る方法を教えてくれた。僕のような都会育ちには、それははっとするような発見だった。それから、いろいろな種類の木の名前や特徴についても教えてくれた。それは、まさに体験教育であった。

またあるときには、スガ先生はポケットナイフを使って、若木から飾り模様つきの杖を作る彫り方を教えてくれた。彼が僕たちに見せようとして、かつ印象に残っているのは、たとえ簡単な道具からでも、誇らしい物が作れる

ということであった。
　アサヒ野球チームの選手である彼は、僕たちのアイドルだった。そして、大人への入り口に立っている14歳の少年たちに、彼は進んで豊富な経験談を話してくれた。

レモンクリーク。収容所学校は通常の学校活動をするように努力した。1943–44年の生徒会。中列左端スエ・コヤナギ、右端ペギー・ゴロウマル、左隣はアイリーン・ウチダ校長。

　カズ・スガは、第1回サマースクールに参加しレモンクリーク校の職員として2年目のわずかの期間を過ごした後、モントリオールに引っ越し、そこでもまた、まもなくセミプロ野球をすることになった。
　独身男性がBC州の家族収容所から追放されたために、2年目に学校で起きたもうひとつの大きな変化は、ひとつを除くすべての委員会学校の校長が、女性になったことだった。例外は、ベイファームのタク・ツジ校長で、彼は地元の仏教会の聖職者だったためにそのまま残ったのである。
　タシメ校では、ミヤ・オカムラがヒロシ・オクダの後を引き継がないと決

第13章 2年目の学校：1943-44年

めたため、副監督官のテリー・ヒダカが代行という条件で校長になった。カズロ校では、キミ・タキモトが東部に引っ越し、カズロの最初の年である1942-43年の間は、ロイ・シノブが引き継いだ。しかし、6月に学年が終わったとき、シノブも東部に越したので、モリー・フジタが交代した。残りの5人の校長（マリー・ナガイ、エイミー・イワサキ、テリー・スギウラ、ヨシコ・タナベ、アイリーン・ウチダ）は留任した。

こうして1943年後半には、7人の二世の女性が、BC州の8つの家族収容所の校長となった。これは皮肉な現象だった。当時カナダでは男性教師は戦時動員によって激減していたが、それでも女性が学校長の職に就くことは極めてまれであった。ゴーストタウンの学校運営にあたった二世の女性たちは、カナダの教育制度で、女性校長が珍しいものでなくなる何十年も前に、すでに最高の責任を負っていたのである。

1943-44年度の新学期が近づいたある日、『ニューカナディアン』紙は、BC州の収容所学校の予想生徒数を発表した。新年度には、およそ130人の二世教師により、計2,500人以上の子どもたちが指導を受けることになるとの予測だった。600人以上も生徒がいるタシメを筆頭に、レモンクリーク（530人）、ベイファーム（460人）、ニューデンバー（275人）、それに他のポポフ、カズロ、サンドンの各校は、200人近くの生徒数になっていた。そしてローズベリーは一番少なくて100人だった。

多くの家族や教師までもが、常に東部へ出立していったことを考えると、これらの予測はほぼ正確であった。

一方で、沿岸部からの一斉移動が終わっておよそ1年がたち、各収容所での生活はある程度の落ちつきをみせるようになった。より着実な学校運営と、新たに自信をつけた教師たちは、疎開者たちが切望していた平常心をもたらすことに明らかに貢献した。とくに、新しい生活を無邪気に冒険的なものと考えた大部分の子どもたちのようには思えなかった大人たちにとっては。

校長たちは、条件が許す限り学校システムを完璧に運営することに加え、児童のために、収容所内の生活を活気づけるような多くの課外活動を行うこ

とを勧めた。保護者や収容所内の他の組織の支援をうけ、疎開者の太平洋沿岸での生活の一部であった学校や地域の行事を復元する、さまざまな学校行事が行われた。

　すでに述べたが、ベイファーム校の第1回運動会や、ポポフ校のコンサートは、こうした最初の年の行事であった。ほとんどの収容所でも同じような行事が催された。タシメとレモンクリークでは、メイデーのパレードが、コミュニティ全体がひとつになって行われた。タシメでは、メイクィーンが8年生から投票で一人選ばれた。その大切な日に彼女は、タシメのスカウトマスターであるシゲ・ヨシダの指導のもと、二世のボーイスカウトの儀仗隊によって、戴冠式にエスコートされた。

　1年目と2年目の年度の間に、各学校は生徒会役員を選出し、教師が生徒たちに規律を守らせる手助けとなる完璧なシステムを整えたり、機能的な避難訓練プログラムを作り上げたり、カズロでは保護者が忙しくて手伝えないときに校庭を掃除する作業部隊を組織したり、レモンクリークではコミュニティのスケート場を作ったりした。

　さまざまな課外活動クラブが結成され、それらには歌唱（グリークラブまたは合唱）、自然学習、演劇、編み物、体操、手芸・工芸、フランス語、ラテン語、ダンス、各種スポーツ、ボーイスカウトやガールガイドなどがあった。カズロでは、内陸部の収容所でただ一人、保健婦の資格を持っていたヤスコ・ヤマザキを指導者として救命救急クラブもつくられ、さらに、教師のベティ・カズコ・シノハラが応急処置や解剖学の基礎を若いメンバーに教えた。

　各校では、しだいに謄写版で印刷した独自の生徒出版物も作り始め、たいていは高学年の生徒が組織しているジャーナリズム委員会を通して発行されたが、『サンドン・スポットライト』が最初に発行されたようである。1943年7月発行の『ニューカナディアン』紙によると、それはミチコ・アンピとアヤ・オノの教師に指導されたサンドン校のジャーナリズム部によって作られた3ページの謄写版印刷の学校新聞だった。『ニューカナディアン』紙は、生徒のシズコ・カナミツによる「私たちの小さな灰色の校舎」から、数段落を

引用している。

　私たちの小さな灰色の校舎は、工務店の2階に造られた。電気のこぎりがぶんぶん、金槌がトントン、トイレや水道の水が流れる音のなかで、一日中勉強する。1年生と2年生と6年生は、昔の市庁舎で勉強し、残りの学年は、灰色のレンガの学校へ通った。

同じ号の別の項目に、「知っていた？」というコラムがあった。

　サンドンは、初期の探鉱者ジョン・サンドンにちなんで名づけられた。(中略)カーペンタークリークは、エリー・カーペンターにちなんでいて、彼はもう一人の探鉱者ジョン・シートンと一緒に、1891年にペイン山からサンドン北部に登った探鉱者だ。(中略)サンドンを走っている鉄道の末端の部分は、北米で一番、勾配が急な鉄道だそうだ。

もうひとつの初期の出版物は、『テイルズ・フロム・タシメ』で、収容所の8年生の3クラスによって作られた、リーガルサイズで25ページのものである。この学校新聞にはクロスワード・パズルまで載っていて、クラスの報告や、さまざまな学校行事やクラブ活動のニュースや、短いエッセイや詩などの文学のコーナーもあった。そこには、収容所内を一軒一軒手渡しで回される日本語の定期的コミュニティ会報である『回覧板』を主題にした3つの作品が載っていた。8年生のケイコ・ササグチの詩は次のようなものであった。

　ドアからドアへ、「回覧板」
　ご近所さんかお隣さんがもってくる
　いつも面白いニュースがいっぱい
　給料日のこと、店のこと
　日常の出来事を大ニュースに仕立て上げる
　葬式のこと、学校のこと、まあ本当にたくさんのことが

色あせ、ぼやけて、破けた紙に書いてある

とん、とん、とん、誰かが戸口を叩いている
たぶん、それはエプロン姿の女の人
その人の忙しい1日は、夜明けとともに始まる
笑顔か溜め息のどちらかで回覧板を受け取って
店で新しく買えるものを確認してから、
さっさと閉じて、隣の家に回してね

集会の予定が載っている　サイレンのことも載っている
アパートが火事だなんて興奮しないように、
「漢字」は、読もうとするだけで
忙しい二世は目を回す
読むのに時間がかかるから
目を大きく開けてくるりと回して
さっと目を通したら、お隣さんに渡してね
そして、後でもう一度訪ねて、お隣にニュースを教えてもらうのよ

　このタシメの生徒新聞第1号の面白い特徴は、収容所の7年生や8年生や9年生のことを「中学校」(Junior High)としてたびたび記述していることであった。この区分は、沿岸部の「中学」に相当するわけだが、収容所内の保安委員会学校には、7年生と8年生しかなかったので、このタシメ中学の最高学年である「9年生」とは、収容所の高校で、合同教会の職員によって教えられていた入学レベルの高校生たちのことであった。
　つまり、タシメ校では、保安委員会の規則によって定められた法的な学年区分を無視して、中学の生徒会は3つの学年から選ばれた学級代表（ホームルーム委員）から構成されていた。同様に、スポーツのプログラムも生徒を3グループに分け、それぞれのグループは3学年の各クラスによって構成されていた。

2年目の年度は、システム全体としてはとてもスムーズに進んでいたが、2つだけ問題があった。それはポポフ校の貧弱な施設環境と、タシメ校の校長職が空席のままだったことであった。

その他の学校は、全学年に全日の授業が運営されていた。しかしポポフでは、不規則な授業を10月の第1週目まで続けていた。というのも、設備がいまだに整わず不十分だったからである。ヒデ・ヒョウドウは、ブース女史への月間報告書に以下のように記している。

> 教師と校長は、教室の完成を待たなければなかった長い期間中、ずっとやる気を示していたという点で誉められるべきである。全教室に今までに、1階にストーブ、2階には暖房用ドラム缶が支給された。さらに、横1.8メートル×縦0.9メートルという、学校用としては哀れなほど小さいが黒板も取りつけられた。5年生、6年生、7年生を仕切る2つの壁はまだ応急的な紙である。
>
> 10教室のうちの4教室は、机が全部揃っている。他のクラスは、生徒が本を置く場所がなく床に置かなければならない。学校の建物は、虫害がひどく、間隔をおいて今まで2回週末に燻蒸剤で消毒したが、害虫駆除はいまだに終わっていない。この学校のために何か手だてはありますか。

ポポフの状況は、クリスマスの数週間前にやっと解決し、ヒョウドウは、1943年12月31日には、こう報告している。

> ポポフのクリスマスコンサートは、12月17日午後、子どもたち用は昼に、保護者用には晩に行われた。希望により、18日と20日の晩にも追加公演が行われた。
>
> 同時に、PTAが音頭をとって、校舎（完成し、備品もしっかり整備された）の公式落成式が生徒の作品展示とともに行われた。担当の委員会が、全学校に展示用作品を送るようにと要望を出し、結果はたいへん成功であった。作品は全収容所学校とグリーンウッドの学校から送られてきた。

タシメの問題はかなり違っていた。それは、1943年夏に初代校長のヒロシ・オクダが免職されたことが原因で起こったことだった。彼の解雇には収容所のPTAが強く反対した。PTAはまた、2年度の初めには教師のダグ・フジモトの立ち退きを延期するよう、保安委員会に向けて署名運動を行った。ブース女史の1943年の9月から10月の教育報告書によると、

　タシメ校のPTAとの問題が解決しないため、当分タシメ校には新しい校長を任命しないことに決定した。少なくとも日系委員会の選挙が終わるまでは。副監督官のヒダカ女史が、校長の適任者が見つかるまで校長代理として留まる。校長には、まだ日系人PTA（現在タシメの日系人委員会の付属委員会である）に所属したことがなく、できれば他の収容所からくる人が良い。

もともとは、タシメの福祉職員であるミヤ・オカムラが、オクダの後任者として発表されていた。しかし、労働条件で合意が得られず、ヒダカの代行が決まったのであった。

　1943年秋には、レモンクリーク校校長アイリーン・ウチダか、ベイファーム校校長のタク・ツジが、タシメ校の校長職を引き継ぐかどうか打診された。ウチダは辞退し、ツジは引っ越すことも可能だが、自分の教団グループと話し合う必要があると返答した。ヒデ・ヒョウドウはこの件に関して、ブース女史への提言のなかで、もしツジがベイファームを去ったら、彼の職には近くのポポフ校のヨシコ・タナベ校長が就くこと、そしてポポフの教師マスコ・イグチが、ポポフの校長に昇任することを薦めた。

　そして、1944年1月に学年が2学期に入ったとき、ブース女史は、タシメの状況が解決したと発表した。スローカン地域の校長たちは移動せずにすみ、ミヤ・オカムラが、その職を引き受けることに同意した。

　一方、1943年12月、クリスマスコンサートがレモンクリークとサンドン以外の学校で開かれた。レモンクリーク校はハロウィーンコンサートをした

ので、またサンドン校ではインフルエンザのため地元の医者が12月21日に学校を閉鎖したため、イブに予定されていたコンサートを延期したのだった。しかしヒョウドウは、その1943年12月の報告に次のように記している。

> サンドン病院の看護婦長が、患者のためにクリスマスツリーを飾ってほしいとサンドン校に依頼してきた。子どもたちは、色紙、染めた卵殻、色づけしたトウモロコシ、その他手に入る材料は何でも使って装飾品を作り、すばらしい仕事をした。子どもたちは、このような仕事を依頼されたことをとても喜んだ。私も、看護婦長のアイデアは、とても良かったと思う。なぜならこうしたことは、子どもたちに他人への思いやりを教えるからである。

1943年12月が、ゴーストタウン学校システムにとって、思い出深い年になったもうひとつの理由は、児童の学習進度と正確な水準を測るために、初めて統一テストが行われたことであった。それは、委員会学校の「学校局長」に任命されたベテラン教育者アーサー・アンスティによって計画された。バンクーバー師範学校の元副校長で、BC州の前視学官にとって、その仕事は退職後の非常勤の仕事であった。

アンスティは、収容所学校の視察旅行を定期的に行っていた。彼が戦後にまとめているように、

> その予備訪問の目的は、(中略)(1)教室内の環境と備品、教授法や組織を観察すること、(2)教室環境や備品などで見過ごすことができないものを改善するために必要な手段をとること、そして指導実演や会議、議論などの方法によって、教師たちを補助することであった。それ以上の公式の「視察」は、批判の声が上がっていたように、明らかに場違いというものであった。というのも、(すぐに明らかにされるように)教師陣は、すでに真剣でとても信頼できる仕事をしていたからである。

アーサー・アンスティの最初の視察旅行は、1943年9月から10月にかけて行われた。第2年目の学年の最初のころの教授法と学校組織についての彼のコメントは、次のような内容であった。

　概して言えば、教室を訪問したときの第一印象は、効率的かつ順調に運営されているということであった。どの学校も、運営され始めて1年足らずである。教師たちは、あまり慣れておらず、子どもたちは変化と混乱の1年を経験しており、建物と備品に関しては、しばしば必需品と思われるものの多くが欠けていた。
　しかし、全体にやる気に満ちていることは間違いなく、ほとんど信じがたいほどだった。それは、現状を忍耐強く受け入れること、与えられたものを利用するという熱意を含んでおり、教師の仕事に対する真剣さとエネルギーにも同様に見られた。また、子どもたちの新しい状況への適応能力は、彼らが以前に受けた教育だけでなく、地元の思いやりと健全な家庭環境によるものに違いなかった。
　通例の組織化された学校の日課から、新しく困難である環境に、このように簡単に移行しているのは、どう説明すればいいのだろうか。BC州の学校で、日系人の子どもを隔離することについての議論が持ち上がるずいぶん以前から、教師たちは、この生徒たちの従順さと勤勉さについて述べていた。彼らが少数グループとみなされていた事実が、そうさせた原因の一因かもしれない。保護者、そしてたぶん子どもたちも、新しい土地では自分たちの将来の地位は、教育レベルによって決定されるので、学友よりも努力しなければならないことを認識していたのであろう。彼らがバイリンガルになる傾向があるという事実も、彼らの精神的発達を助けていたかもしれない。なぜなら日本語を学校外で使用したり、勉強したりすることは、勉強し過ぎというわけではないが、確かに多くの努力と集中力を必要するであろう（中略）。
　それに加え、深く根ざした愛国的なプライドも、一役買っていたかもしれない。教師も子どももカナダ生まれだ。何度も何度も、もの悲しげ

に、ほとんど哀れなほどに「私たちはカナダ人だ」という訴えを聴くことが多かった。彼らは、カナダの学校と大学で教育を受け、その意味では教師たちは決して日本人の子孫ではなかった。今、彼らはまだカナダの学校制度に入っているが、やむをえない状況から教える責任は日系カナダ人のうえに委ねられている。彼らが、この学校が一般に認められた教育水準以下になることを許容すべきであろうか。学校を成功させ、生徒も教師も今まで受けてきたカナダの水準に見合うようにするのが、保護者、教師や子どもたちの任務ではなかったのだろうか。

アンスティは、収容所学校にほとんどいない男性教師の役割と、彼らが保安委員会によって1年後に立ち退かされたことの影響についても次のようにコメントしている。

> このとき（1943年秋の最初の視察旅行）、各学校にはほんの一握りの男性教師しかいなかったが、その後、彼らのほとんどが立ち退かされ、どの学校にもほぼ女性教師しかいなくなった。児童の半分は男子であるという事実を考慮すると、統制という点や、遊びや運動の企画運営という点からしても、数人の有能な男性教師の存在は望ましい。ほとんどの学校で、教師陣から男性が退いたことで、全体的なやる気と行儀の良さが変化したようには見えなかった。（中略）このことからは、人それぞれの結論を導けるかもしれない。

さまざまな学校で子どもたちが所属させられている学年について、アンスティは次のように述べた。

> 深刻な欠陥があることは明らかだが、それは当然のことである。なぜなら子どもたちは、州の広い地域にまたがった水準の異なる学校から集まってきている。多くは、バンクーバー、ビクトリア、その他の都市の高度に組織化された学校に通っていた生徒たちだ。その他は、沿岸部の

漁村や地方の成績評価が出ていない小さな学校から来ている。立ち退きのため、前年度の学年を何ヶ月も学習できなかったことが理由で、ほとんどの生徒が、普通通りに夏に進級する機会を逸している。そうした状況のもと、新学年の勉強を終えることができそうな成績の生徒は、1944年6月までに上の学年に進級させることが決定した。

それで、1943年12月の始めに生徒の実際の学力水準を測定するため、スタンフォード標準テストが校長と教師によって6つの収容所の委員会学校の4年生から8年生の生徒を対象に行われた。低学年の子どもは、テストを受けないほうがいいと考えられた。なぜなら、筆記の解答に頼ることは幼い子どもにとっては、結果が不正確になるからである。

カズロ校とサンドン校では、1942-43年度を滞りなく終了しており、児童たちも前年度6月に進級していたので、誰も標準テストは受けなかった。他の6つの学校は、1年目はかなり短い期間しか開校できなかった。だから、ニューデンバーとローズベリーでは、1943年7月に8年生だけが昇級した。他の4校（タシメ、ポポフ、ベイファーム、レモンクリーク）では進級はまったく行われなかった。

スタンフォードテストはもともとアメリカで開発されたものだが、綴り、計算能力、数学的推論能力、文章読解、語彙の意味、言語の使い方の6科目で生徒の習熟度を測った。このテストが当時、その目的のために作られた数少ない標準テストのひとつであった。比較の基準として使われた測定水準は、合衆国の小学生の各学年の標準であった。

試験の得点を再点検した後、教師と校長は、進級についての最終的な決定を行った。アンスティはアメリカの水準は、ガイドとしてほんの参考とする程度で、それほど厳守する必要はないと指導した。さらに、彼は監督官たちに次のように提言している。

　　　ボーダーライン近くの場合は、自分の判断と、教師や校長の判断で決めること。児童の年齢、特徴、前歴を考慮に入れるべきである。降級は

ごく少数におさえられるべきで、学年に合った年齢の生徒は、必要でない限りは、降級させるべきではない。

1944年1月、6校で試験の結果が発表された。試験を受けた1,200人の子どものうち472人は、学年途中のこの時点で進級した。これは、受験者の約40％にあたった。子どもたちが1944年7月の学年末に、再度試験を受けることが発表された。

スタンフォードテストは、教師たちに自分たちがどの程度やっているかの目安となった。しかし、それはまた保護者の間に一種の動揺を引き起こした。ヒデ・ヒョウドウは、1944年1月の教育報告書に次のように記している。

> 予想通り、たくさんの保護者がこの学年替えについてかなり反対した。なぜなら、彼らの子どもが次の学年に進級できなかったからだ。今回は、ほとんどの生徒がそのままで、特に進んだ生徒だけを進級させたのだと説明しても、彼らには理解できないようであった。同じ理由で、6月に全体の進級が行われるときには、大部分の子どもが、次学年に上がれるはずなので、保護者は喜ぶだろうと期待している。

カズロの生徒であったエイミー・キタガワは、スタンフォードテストの結果に対するある教師の反応を覚えている。

カズロ：先生は取り乱していた

学校時代のことで覚えていることといえば、たいがいは奇妙なこと。標準テストで落ちた後、4年生に据え置かれたときのことを覚えています。当時の教育環境からすれば、多くの生徒が同じ運命にありました。でも、後から分かったことですが、私の先生のスエ・マツグは、この結果の知らせに困惑して、母を訪ねて詫びたそうです。彼女は明らかに、私よりも取り乱して、母の前ですすり泣いたそうです。こんな面倒見の良い、愛情深い先生をもって、どんなに幸運だったことか。私たちは彼女から、学校の教科だけではなく、もっと多くのことを学びました。

その一方で、学校は続いていた。1944年2月までには、十分な学校新聞が発行されていたので、『ニューカナディアン』紙は、当時の収容所学校の新聞を特集した。その記事は、副編集長としてロイ・イトウを引き継いだ記者によって書かれたものである。

　　設備の整わない不便な学校を、疎開者の子どもたちにとって面白く楽しいものにするため、教鞭をとっている年長の二世は、知恵を絞り合って、校内組織、さまざまなクラブ、表彰制度、その他の校内、校外活動などを考え出した。学校新聞は、こうしたすべての努力の記録である。こうした印刷物は、今から何年もたった後に、強制収容の歴史を物語る資料となるであろう。

『サンドン・スポットライト』と『テイルズ・フロム・タシメ』に加えて、記事ではレモンクリークの『スコラスティック』、ベイファームのパインクレセント校の『ザ・ブリーズ』、カズロのクートネイレイク校の『ネイビー・アンド・ホワイト・ウェイブズ』に触れていた。最後に、8年生の生徒の一人が、クラスのスケートパーティーについて、次のように記している。

　　ある晴れた月曜日、私たちはつるつる滑る道を、うきうきとミラー湖のほうへ登っていった。男子はちっとも紳士的ではなかった。なぜなら、彼らは何の荷物ももってくれなかったから。でも、閏年だから仕方がないかと思った（訳者注：たまにしかないことだから、思うようにならないという意味のこと）。
　　スケートはすぐに始まり、ソーニャ・ヘニー（訳者注：ノルウェーのフィギアスケート選手でオリンピック3連覇を達成した後、ハリウッド映画にも出演）のように上手な人たちはさっそうと滑り、初心者たちは相変わらず脚が広がったりもつれたり。あっ、かっこよく滑ろうとしたジョージが、すってんと転んだ。鬼ごっこのときは、大笑い（S先生を追いかける生徒が多すぎた）。初心者の何人かがお尻を痛めて家に帰った以外、事なくすんだ。

このスケートパーティーの話は、学齢期の疎開者のほとんどが、収容所での生活を楽しんでいた事実を、典型的に映し出している。当時の生徒によって最近書かれた回想からも、同じことがうかがえる。

ヒデコ・シミズはポポフの生徒だった。

ポポフ：小学校の思い出

ポポフの小学校時代の思い出としては、時間的にはばらばらですが、さまざまな行事が浮かんできます。
- 屋外集会。そこでは全校生徒が、クラスごとに一列に並び、ユニオンジャックが掲揚されるとき、校歌と国歌を歌ったこと。
- スミスブラザーズの咳止めキャンディを休み時間に楽しんだこと。なぜならそれは、砂糖が配給制であった時代には、キャンディに一番近いものだったから。
- 先生が生徒の有志を組織して、とても長い赤と緑の紙の鎖と、その他のクリスマス用の工芸品で、教室を飾りつけたときの12月の興奮。
- クリスマスコンサート。そのときは、誰もとり残された気持ちにならないように、先生がクラス全員を劇に関わらせたこと。
- クラス庭園。生徒たちが掘り、技術の授業のときに作られた計画に従って注意深く花の種を蒔いて、その芽が出始めて誇らしげに手入れをしたこと。
- きれいな洋服を着て靴をはいて撮ったクラス写真。
- 運動会。そのときは、全校生徒が2つのチームに分けられて、各生徒は、「スピットファイアーズ」の青白のリボンか、「ハリケーンズ」の赤白のリボンを、誇らしげにつけたこと。
- 学校が燻蒸消毒されたので、一時的に教室として使った職員室に恥ずかしそうに座っていたこと。

ノブコ・サガラは、ベイファームの学校時代の次のような思い出がある。

ベイファーム：想い出

- 「赤ずきんちゃん」の劇の手伝いでイチゴとして使うための石を赤い紙で覆ったこと。

- レース編みと鍵編みができるようになったこと。
- クラスでハイキングに行ったとき、誰かが「あっ、オニ！」と叫んで、私たちを山道で止め（山が恐ろしいものだったのを覚えているでしょ？）、それから「ユリ」と付け加えたこと。まったく、あの時の彼の笑いようったら。
- 野原を通り抜けたこと。牛の糞にご注意！
- ある寸劇で男子のグループが、「ボルガの舟歌」を歌いながら、舞台の上で重いロープを引いていた。でも、とても力強く引いていくと、最後に小さなボートが引っぱり出されたこと（そのアイデアは前の年に、教会の日曜学校で使ったもの）。
- 明るい太陽のもと、みんなで校外に立って、「メープルリーフ・フォーエバー」などの愛国的な歌を歌ったこと。

ジョージ・タカシマは、1942-46年の間、ニューデンバーの学校に通った。

ニューデンバー：想い出

　ニューデンバーのオーチャード校には、いくつかの校舎があった。僕の記憶が正しければ、各校舎にそれぞれ1学年が入っていた。各校舎には、薪ストーブがひとつずつあった。薪ストーブやその他カナダの田舎にある、一教室だけの学校のようなものであった。

　カリキュラムはすばらしかったと確信している。
- 英語。少なくとも、綴り、文や文節の書き方、手紙の書き方を学び、語彙を増やし、短編小説や詩を読んだ。それに、何人かの先生が、きれいに書くことの大切さをどれほど強調したか覚えている。まったく、どんなに書かされたことか。ペン習字は日課だった！
- 数学。詳細を話す必要なし。先生たちは、とてもよく教えてくれたと思う。
- そして、音楽。これは、すごかった。いったい他のどこで「赤い河の谷間」(Red River Valley)、「Pistol Packing, Mama」、「Deep in the Heart of Texas」、「Don't Fence Me In」等の歌を習えるだろうか。これは「音楽鑑賞」で、僕たちみんなが音楽の授業を楽しんだ。
- 芸術。僕たちはいろいろなことをした。水彩画、鉛筆のデッサン、それに油彩。目の前にたくさんの興味深い主題があった。とくに山並み、森林、川（カーペンタークリーク）、湖（美しいスローカン湖）。どんなにたくさん

の男子がジャングルヘルメットをもっていたか覚えているか？　あれに色づけしてデザインしたものだ。ジャングルヘルメットをかぶるのは、とても「かっこよかった」。
- 工作技術。ほとんどの仲間が、いつもポケットナイフを携帯していた。当時は子どもがナイフをもっていても大丈夫だったので、僕たちは木を彫刻して、ブローチ（漫画の登場人物）などを作って色をつけた。柳の枝から笛を作った。

　オーチャード校のカリキュラムには直接関係なかったが、僕たちの一部は週に一度、長老派教会のハンソンさんに会って、手動の道具を使った木工を教わった。彼は杉の木を正しく彫って、何かを作り出すことを教えてくれた。スキー、そり、ボブスレーの作り方も習った。彼は、僕たちを地元の機械工作の店か鉄工場に連れて行ってくれ、そこで僕たちは、ボブスレーに鉄の棒を取りつけたりして、作品に最後の磨きをかけた。
- 体育。これには、水泳、陸上競技、球技、スキー、そりすべり（ネルソン牧場、ハリス牧場、サンドン通りで）などが含まれていた。試合には、まず一番得意な選手か最も人気のある人をキャプテンとして2人選んで、その2人が順番にチームメンバーを引き抜いていく。僕は、いつも最後に選ばれるのではないかと気が気ではなかった。
- 社会科はいつも興味深かった。僕たちが学んだことのひとつは、二世の生徒の親たちが、日本のどこから来たかについてだった。滋賀県、福岡、鹿児島、鳥取、名古屋、熊本、長崎、北海道など。それぞれの地域に、独特の方言があるのを学んだ。とにかく、僕たちも独自の「言語」を作ったものだった。「メイド・イン・ニューデンバー」方言と言えるかもしれない。
- 愛国主義。僕たちが、国王と国家に対して忠実だったことは間違いない。毎朝「ゴッド・セイブ・ザ・キング」を歌い、クラスによっては国家に対する忠誠についての短い読み物も置いてあった。時事問題については、あるクラスでは日課であった。
- あの時代は、僕たちはたくさん「野外教育」を受けた。時代を先取りしていたのだと思う。とにかく、スローカンクリークの川岸を探検したり、カーペンタークリークに沿って歩いたり、スリーフォークス（ニューデンバーからサンドン道路を東に5キロほどいったところ）にある廃坑を探検したり、ハリス牧場で野ウサギをつかまえたり（ウサギを檻に入れておくのは難しかった）、キノコの鑑定法を習ったり、あらゆる種類の植物や動物の生命

について学んだ。
- 僕たち男子は、靴底に鋲のついた靴をはいていた。言うまでもなく、教室の木の床には、ひどい跡がついた。先生たちが、「学校に、どうかその靴を履いて来ないで」と何度言ったことだろう。しかし、何人かの男子はその靴を履くのをやめなかったので、先生たちの気分を害したものだった。
- クリスマスコンサートは、ボーサンホールで催されたのを覚えている。ある年のクリスマスは、「西部」というテーマであった。僕たちのグループは、電球の周りに薄い赤い紙を巻いて作った「キャンプファイヤー」の周りに座って、カウボーイの歌を歌った。
- 学校外でやったことについては、筏を作って「オーシャンブルー」に向けて帆をあげたことを覚えている。実際、ローズベリーかシルバートンによく筏で行ったものだった。それは、僕たちにとってとても楽しいときであり、どちらかの場所でたっぷりと時間を過ごすという日帰り旅行だった。
- よくアイスクリーム屋さんに立ち寄り、暇をつぶした。それはボーサンホールの隣にあった。そこにはジュークボックスがあり、僕たちは喜んでそれを聴いた。
- 老いも若きも、みながジャムの空き缶で提灯を作った。手作りの提灯には、缶の底に釘で穴をあけて、針金で取っ手をつけた。明かりを灯すには、ろうそくが使われた。これは風が無い限りとても役に立った。
- よくビー玉で遊んだ。鋼鉄製のものが一番上等だった！ 秋は栗を使ったゲームを考えた。よくジャンケンをして過ごした。何人かは地面からかなり高いところに、ツリーハウスや、あるいは木製の台を作った。僕たちはそこに登ってただのんびりと時間を過ごした。ときどき、気が狂ったようにツリーハウスや台から下の地面に向かって飛び降りた。たいてい、飛び降りたときに怪我をしないようにするため、木の根元の周りに、葉のたくさんついた枝でクッションを作っておいた。

ジョージ・ドイは、ベイファームのパインクレスト校でトラブルに巻き込まれたときのことを思い出す。

ベイファーム：想い出

たいてい僕たちはまあまあ行儀がよかった。というのも、僕たちはそんなにしょっちゅう革ひもで打たれなかったからだ。先生たちの意見は違うかもし

れない。
　あのころは、毎朝ベルが鳴ると、正門の前に一列に並ばなければならなかった。そしてひと固まりになって教室へ行進した。僕は、いつもある女子たちの後ろに並んで、髪の毛をひっぱったり、他の誰かがやったようなふりをしてちょっと押したりした。教室に行進して入ろうとしているときに、よく走っていって友だちを抱えこみ別の教室へ押し込もうとし、僕が走って列に戻ってくると、今度はその友だちが僕を追っかけてきた。
　たしか4年生か5年生のとき、この特別な事件が起きた。起きたというより、むしろ正確には、僕がその事件を起こしたのだった。友だちのテリーと僕は、ある休み時間になにか騒ぎを起こそうと決めた。テリーは、22口径のライフルの薬莢を半ダースほど、火が燃えさかる薪ストーブに投げこんだ。休み時間が終わり、子どもたちが戻ってきて席についた。ちょうどそのとき、薬莢が爆発し始めたのだった。
　言うまでもなく、これはちょっとしたパニックを引き起こした。先生は、建物から避難すべきか、連邦警察官を呼ぶべきか決めかねていた。混乱して取り乱す生徒もいれば、落ち着いている生徒もいた。その間、テリーと僕は教科書の後ろに隠れて、忍び笑いをしていた。
　僕たちの楽しみも束の間であった。というのも、僕たちは校長室（ツジ師）に行かされ、革ひもでお尻を打たれた。僕もその事件の共犯者として罰せられた。テリーが薬莢をどこで手に入れたのかは、その後も聞かずじまいであった。

　ミチコ・イシイは、レモンクリーク校の8年生と特別な先生のことを思い出す。

レモンクリーク：私の会ったなかで最も熱心な先生

　最も鮮明に覚えているのは、1943年の終わりから1944年6月までの期間です。他とは離れたクラスにいた私たち30人は、初めは「速成8年生」と呼ばれていました。教室は、ホーリー通りにありました。それは仕切りを取り外して改修された家でした。担任はミヨ・ゴロウマル先生で、マーガレット・タカオカ先生が保健と社会科を教えてくれました。
　その後の高校から大学時代にも、ゴロウマル先生ほど才能に恵まれ、誠実

で、熱心な先生に出会うことはありませんでした。説明し、啓発し、やる気を起こさせることにかけては、先生の才能の右に出る人はいません。英語の時間に習った詩は、私の頭に残っています。そして、今でもそれらを一気に暗唱できます。多くの生徒に、公衆の面前での話し方を、選挙演説、公共のアナウンスメント、芝居の演技などを例にとって教えてくれました。英語の文法をそよ風のように、数学を簡単に、科学は好奇心をそそるように変えてくれました。

　ゴロウマル先生がフランス語の授業中に、通信教育講座の教材がやっと到着したので、1年間の内容をたった3ヶ月以内にこなさなければならないと伝えた4月のその日のことは、今でもはっきりと、まるで昨日のことのように覚えています。先生は私たちに、やる気があるかどうか尋ねました。先生は、自分はやる気があると言いました。私たちにもその気があることを、熱心に先生に伝えると、翌日は朝6時に学校に来るようにと言いました。保護者たちが驚いたことに、いつもは9時に子どもたちを学校に行かせるのに苦労していたのに、その朝、私たちは全員6時には学校にいて、ゴロウマル先生の到着を待っていたのです。

　あまりにもひどいストレスと過労のせいで、ゴロウマル先生はついには「倒れてしまった」のですが、短い期間で回復して戻ってきました。私たちはゴロウマル先生をどんなに愛していたでしょう。男子はときどき彼女に悪戯をしかけましたが、彼女はそれを楽々とかわしていました。

　1944年6月、学期の終わりが迫ってくると、小さなグループで集まって、愛する先生にどうやって感謝の気持ちを表すかを決めようとしました。最終的には、ジョニーの提案を受け入れて、彼の姉にゴロウマル先生のために絹のクッションを探してもらうことにしました。また、サイン帳を買って、それにクラス写真を貼って、全員が個人的なメッセージを寄せ書きすることも決めました。

　今では信じられないですが、カタログでも地元のどの店でもサイン帳を見つけることができなかったので、クラス写真に署名できただけでした。終業式の日、私たちはささやかな贈り物を大好きな先生に贈り、顔に浮かんだ驚きと喜びの表情を見て嬉しい気持ちになりました。後になって聞いた話では、ゴロウマル先生は職員室に駆け込み、生徒にもらった物を大喜びで見せびらかしていたそうです。

　エルシー・イワサキは、ローズベリーで生徒としてユニークな経験をした。

ローズベリー：姉は校長先生だった

　私の姉のエイミーは（ローズベリー校の）校長で、とても厳しい教師でした。
　私たちのクラスはときどき彼女のクラスと教室を共有しました。彼女が誰か、あるいは全体を叱っていると、彼女の声は2つのクラスを分ける薄い仕切りを通して、はっきりと聞こえてきました。私たちのクラスはしーんと静かになり、みんな私を見ないようにするか、または非常に哀れんで見るかのどちらかでした。私はといえばいつもできるだけ無頓着を装ったものでした。
　エイミーは熱心な教師でしたから、生徒たちは彼女のことを決して忘れないと思います。彼女は、私が通常の学校に通えないせいで苦労しないようにと一所懸命でした。だから毎晩私にラテン語を一緒に勉強させました。彼女からその過去の言語を学んで、それはまったく新しい世界を開いてくれました。その当時のことを思い出すと、ほとんど絵に描けそうな気がします。
　山に囲まれ、理由も分からず監禁されて、コヨーテが遠くで吠えているのを聞きながら、ぽつんと一軒だけの小さな木造の小屋で、姉のエイミーが私にラテン語の名詞と動詞を教え、プラトンを読んでいる光景です。

　教師たちにとって、2年目は多くの成果があった。ポポフとベイファームの教師であったヨシエ・コサカは、どうにか立ち直らせた生徒を思い出す。

ベイファーム：やりがいのある生徒

　1943-44年に、私がベイファームで2年生と3年生の混合クラスを教えていたとき、ここではグレゴリーと呼ぶことにする一人の児童がいました。彼は他のクラスメイトと比較して知的能力が不足していました。彼は他の生徒よりも年上で大きくもありました。よくふざけてクラスメイトを押すと、他の少年はグレゴリーの力のために、よろめいたり床に倒れたりしました。
　ある日グレゴリーに関してある出来事があって、職員室では次のような会話が交わされました。
　（ケイティ）オオヤマ先生：コサカ先生、グレゴリーに何かしたの？
　私：今朝はどんな悪戯をしたんですか？
　オオヤマ先生：何も。ただグレゴリーが「おはようございます、オオヤマ

先生」と言ったのよ。彼からその言葉を聞いて驚いたわ。
　私：実はグレゴリーに、校内でどうすれば他の人とうまくやっていけるか、その方法をいくつか教えようとしているのよ。
　オオヤマ先生：グレゴリーが、何か良いことを学んでくれて嬉しいわ。

　その成功の秘密は、グレゴリーが学校で全教科を学ぶことは無理なようだったので、算数だけを教えることに集中したのです。彼はそれを無事にこなせました。私は、グレゴリーが将来大人になって働き始めたときに、きちんと給料をもらっているかどうか分かるように、数を良く知ることが大切だと思ったのです。

　そして、彼の学習の重点の置き方を変えたことのおまけとして、グレゴリーは落ちつくようになって、同僚のケイティ・オオヤマが気づいたように、より礼儀正しくもなったのでした。

　一方、ポポフ校の教師パット・アダチは熱心な年長の生徒に、授業で協力させる方法を見出した。

ポポフ：勉強兄弟

　私のクラスに7歳のサブロウという子がいました。疎開のために学年をやり直していました。彼はいつも、他の子どもたちが手を上げようとする前に答えを言ってしまうのでした。ある日の授業の後、彼と少し話をしました。
　「サブロウ、あなたがとてもすばやく答を言ってくれるのは分かっている。でもちょっと助けてくれない。分かっていると思うけど、他のクラスの子たちにとって学校は新しい経験なの。あの子たちは、まったく知らない子たちと教室にいるという経験がまだないの。だから私たちは、あの子たちを居心地よくさせなければならないのよ。あの子たちに声を出させて授業に参加させてあげましょう。どう思う？」。
　サブロウは頭を掻きながら、はにかむように笑った。
　「どうすればいいんですか。」
　「そうね、まず、私には21人の生徒がいて、一人ひとりをみる時間はないの。そんなことしていたら、きりがないわ。あなたはとてもよく読める。だからミノルが読むのを手伝ってあげてくれない？　私が指示したとき、日の当たる向こうの隅の席について、あなたとミノルは一緒に読むの──でも静か

読んでね。彼に読ませてあげて、そしてあなたは、あの子がつまずいたら助けてあげるのよ。あの子のお兄さんになってあげるの。やってみる？」
「いいよ。分かった」
「明日からやってくれる。」
　サブロウはうなずきました。彼の目の動きに少し不安になりました。しかし、やってみなければならない。私たちは試しに新しい本から1ページを選びました。翌日、私たちは15分間試してみました。まあまあでしたが、サブロウだけが目立つのを望みませんでした。他の子どもたちに「サブロウとミノルは兄弟のように一緒に勉強しようとしているの。他のみんなにも課題ごとにペアを組んでもらおうと思うの。そう、みんな兄弟をもつのよ。どう。」と言いました。
「賛成、賛成。私の兄弟はだれ？」
　子どもたちはとてもこの提案に乗り気になりました。まとまるのに少し時間がかかりましたが、結果的にはうまくいきました。私は定期的に組み合せを変えました。
　これをきっかけに、サブロウは私に促されずに、リーダーの役をしてくれました。授業の鐘が鳴ると、クラスの児童を並べて、教室に入ってくるようになったのです。重たい、あるいは大きな物を運ぶときには、サブロウは真っ先に手伝いにきました。彼は私の右腕になったのです。

　ベイファームの教師サトコ・サトウは、児童の一人から巧みな手品を習った。

ベイファーム：ハサミをストーブの上に

　ある日私は、何かを置き忘れました。クラス全員でそれを探したのですが、見つかりませんでした。そのときウォルター・カスブチが発言したのです。「サトウ先生、ハサミをストーブの上に置くといいよ。」
「ハサミをストーブの上に置く？　いったい何のために。」
　ウォルターは言いました。「僕の母が何か無くしたときは、ハサミをストーブの上に置くと探し物が見つかると言うんです。」
　それで、教室の温かいストーブの上にハサミを置いてみました。すると、その探し物が出てきたのです。ウォルターが教えてくれたおまじないのせいで、彼のことを忘れたことはありません。このちょっとしたまじないは、私の娘にも伝授して、彼女もそれを信じています。

問題のある生徒を助けるためにサトウ先生は、保安委員会の教育方針で定められている規則のひとつであった「学校で日本語を話してはいけない」を破ったことがある。

> 私のクラスに、英語があまりよく話せない子どもがいました。彼はもの静かな、気の利く子どもで、彼の教科書はとても良く保管されていました。彼の書体は完璧でした。ある日、彼が算数の問題をよく分かっていないようだったので、私は彼を居残りさせました。最初は話がぜんぜん進みません。ついに私は日本語で話しかけました。突然、彼は言いました。「ああ、そうか！」―彼は理解したのです。いったん基本的なアイデアが理解できてからは、大丈夫でした。

保安委員会の指示にもかかわらず、教師たちが経験を積むにつれ、児童を大きく進歩させるために日本語に戻るという場合が何度かあった。

ゴーストタウンの2年目の学校で、ルールを破ったというほどのことではないにせよ曲げられたもうひとつのタブーは、検閲官を通さずに手紙をより早く手にいれることであった。ある成功した方法を、何人かの疎開者を助けたスローカンの非日系住民の一人が回想している。

> スローカンバレーの日系人の大きな心配の種のひとつは、手紙の検閲であった。すべての手紙は、検閲官がいるトロントに送らなければならず、返事がくるまでに時間がかかった。それは馬鹿げていたが、そういうことになっていた。
>
> 私たちには、42キロ離れたニューデンバーに教師の友だちがいて、日曜日には彼らをよく訪ねたものだった。日系人がそれを聞きつけて、何通か手紙を持ってきて、それらをニューデンバーの親戚や友だちに届けてほしいと頼んだ。彼らは許可をもらわなければ旅ができなかったし、旅をするにはきちんとした理由がなければならなかった。明らかに、友人を訪ねるというだけでは十分ではなかったのか、彼らには交通手段が

なかったのかもしれない。ほんとうのところはよく知らない。

　私はその手紙を届けた。他の人には話さなかった。なぜ話さなければならないのだ。これらの手紙は何の害もなく、ただトロントに手紙を送る2、3週間を待たずに、すぐに家族のことや個人的なことを伝えたいだけなのだということが、私には分かっていた。電話はあったけれど、日系人はそれを使うことはできなかったので、手紙しかなかったのだ。

　1944年5月から6月にかけて、アーサー・アンスティは、8つの収容所学校への第2回目の視察旅行を行った。その後の報告書で、彼は生徒数にはほとんど変化はないが、建物や設備の面では必要な改善が行われ、とくに前年度に深刻な不備がみられたタシメ校は、改善されたと記している。そして、ゴーストタウン学校に関する仕事のまとめとして、アンスティは2年目の年度について次のように記している。

　　1944年春学期の始めに、いくつかの変化が起こった。州の教育課程に合わせるため、年長の子どもたちの科目に技術科と家庭科を入れることが決められた。高学年の生徒の多くはすでに沿岸部の学校でこうした科目を教わっており、本来備わっている教育的価値とは別に、こうした教育は、学校卒業後に就職する生徒に、より適していた。
　　日系人で、現にいる教師のなかから選ばれた指導者には、こうした科目を教える資格がないものの、州の高校や技術学校で学んだことのある事実上の指導者が、数の上では十分いた。
　　したがって、5つの大きな学校には作業室が準備され、小さな学校に在籍する高学年の生徒もそのクラスに出席できるような措置がとられた。調理と裁縫のための作業用の椅子と机は、地元の大工によって作られ、洗濯用のたらい、薪の調理用こんろ、それに裁縫ミシン（普通は日系人の家庭から賃借した）が、比較的安い価格で設置された。
　　裁縫、調理、それに洗濯に必要な道具など、限られた必需品が供給され、イースターまでにはちゃんと授業ができるようになった。これらの

科目は、設備と環境が許す限り、州の履修課程に沿って教えられた。子どもたちや、保護者からも新しい取り組みは歓迎された。手仕事と技能は、日系人の得意分野で、男子も女子も特有な器用さと能力を発揮した。

それから7月14日に、アンスティは2回目のスタンフォード標準テストについての報告書を提出した。今回は8つのすべての学校で、実際の学年の水準と進級できるかどうかを測定するために6月中に行われた。結果は以下の通りだった。

　　去年の12月に比べ、各学校でより高い水準が達成されていた。試験を受けた63クラスのうち32クラス（51％）で、中央値が合衆国の学年終了の標準と同じか、もしくはそれを上回っていた（第1回の試験では37％だった）。
　　その試験でまたもや英語力が不足していることが明らかになった。ほとんど例外なく、最初の3つの部門（英語）では合衆国の標準よりも低かったが、算数と綴りの得点は、アメリカの学校よりも相当に高かった。

レモンクリーク。1943年の明るい春の日、屋外で行われた第1回卒業式で挨拶するウチダ校長。

6月の終わり、収容所学校の2年目が終わったとき、すべての学校で卒業式が行われた。ミチコ・イシイはレモンクリーク校の最初の卒業式に参加した。

> ### レモンクリーク：1944年、最初の卒業式
>
> 卒業！ 校長先生と先生方とPTAの大変な努力のおかげで、それは思い出深いものとなりました。女子は薄紙で作った花を胸につけ、男子はえりのボタン穴に挿しました。私たちの家族は女子には白いドレスを、男子には白いシャツをどうにかこうにかして手に入れました。式は野球や運動会といった行事が行われる、私たちがアバロンと呼んでいた広場で行われました。式のあと、PTAの婦人たちによって準備された謝恩会が続きました。それから、パーティがありました。
>
> ダンスはPTAに禁止されていて、パーティの余興もすべて保護者から事前に了解を得なければなりませんでした。私の父が母に、目隠しした男子と女子が互いに追いかけ回るというゲームについて、男女のカップルが互いに抱き合い踊るのと同じくらい不適切だと囁いていたのを覚えています。

1944年6月はサンドン校にとって、単に学年が終了したということ以上の意味があった。収容所自体の閉鎖が差し迫っていることも意味していたのだ。ゴーストタウンからの立ち退きについて、政府の表向きの理由は、比較的離れた地にあるため物資を供給するのは困難であり、費用もかかるということであった。収容所への道路は、厳しい冬の気候の間、しばしば閉鎖された。11月、ヒデ・ヒョウドウはブース女史へのメモに以下のように記している。

> サンドン日系人委員会が、町が閉鎖される可能性についての知らせを受けたとき－たぶん、それは春になると思うが－教師たちについてはどうすべきか。家族に病人がいて東部へ移動することができない者が何人かいる。それで、思いついたのだが、その人たちを別の収容所で解放を申請している人たちと交替させたら良いのではないだろうか。

ヒョウドウには、またも先見の明があった。数ヶ月後、アーサー・アンスティとブースの両者は、疎開者を収容所から立ち退かせるという働きかけがあるが、今や経験豊富になった教師たちには収容所から離れるように勧めるべきではない、と報告書で訴えている。教師たちは学校組織にとって絶対に必要である。後に、ヒョウドウの予測通り、サンドンの教師の何人かは家族とともにスローカン収容所に引っ越し、そこで教えた。

グロリア・サトウは彼女の最初の収容所での最終の日々を思い出す。

サンドン：最初に閉鎖された収容所

　1944年春は、すべてのサンドン住民にとって、とても不安で心配な時期でした。収容所がそのうち閉鎖されるという噂は聞いてはいましたが、ついにそれが現実になったのです。政府は、なるべく東部へ再定住するように、とかなりの圧力をかけたのです。そして二世の多くはそれに従い、小さな子どもたちがいる一世の大部分は、一番不本意に感じていました。見知らぬ土地で、また初めから自力で始めなければならないのです。しかも今度は「ロッキー山脈の東側で」。それは考えたくないことでした。だから春になっても、多くはサンドンに留まったままでした。

　別のゴーストタウンに移れる場所があると知らされたときには、とてもほっとしました。私たちは、オンタリオやケベックやその他の土地で新生活を始めるため、他の収容所を離れた人たちの空きを埋めることになったのです。

　収容所閉鎖までの数週間には、やることが数多くありました。送別会がたくさん開かれ、列車の駅では長い別れが交わされました。2年間も世界から隔絶されていたので、サンドンの日系コミュニティの人びととはお互いにとても親しくなっていたのです。そこで生涯の友だちができました。そして、互いに再び会えるのはしばらく先のことになるか、もう2度と会えないかもしれないと分かっていました。野球チーム、柔道部、剣道部、裁縫部、書道グループ、俳句グループ、生け花教室やグリークラブともお別れでした。

　テリー・スギウラ校長のもと、委員会学校は運動会や終業式を行いました。カトリック教会のシスターたちに教わっていた9年生と10年生のクラスは、学年修了書を受けとり、修道女たちに別れを告げました。

第13章 2年目の学校：1943-44年

サンドンの閉鎖は、サンドン住民の戦時中の生活のひとつの章が終わったに過ぎなかった。タツエ・ナカツカは、その収容所学校で教えた2人姉妹のうちの一人である。

サンドン：すべては受け入れ方次第

　サンドンで過ごした2年間は、とても早く過ぎました。そこでの暮らしは概してそれほど悪くありませんでした。私たち姉妹の何人かで夜こっそり出かけて、やや急な丘を平底そりで滑り降りたことも今では笑い話です。私たちは、生徒が寝静まっているのを確かめてから、夜遅くに楽しんだのです。

　高い山から摘んできたハックルベリーで作ったおいしいパイの味を、今でも忘れません。耳を澄ますと、火災と野生動物に警戒するための見回りで夜警が通りを足取りも重く歩いていくザク、ザクという音が、今でも聞こえてきそうな気がします。

　サンドンで最初に感じた狼狽は、徐々にずっと温かい気持ちに変化していきました。そこで経験したことのすべてから、たくさんの知恵を学んだと思います。不幸な状況は克服できるということを学びました。それは、私たちが物事をどう受け入れるかにかかっています。違いはただひとつ、人が流れに従うか、あるいはそれに逆らって働きたいかということです。

サンドン校の閉校は、当時生徒だったロイ・サトウに生涯忘れられない印象を残した。

サンドン：閉校の講話

　1944年6月のサンドン校最後の日、テリー・スギウラ校長のとても情熱的なスピーチを覚えている。彼女は僕たちに、解放されてカナダの他の子どもたちと一緒になれるときに備えて、他の学校の子どもたちに遅れをとらないように一所懸命勉強しなさいと訴えたのであった。

　1946年と1947年、僕と姉妹はついに収容所から出て、オンタリオ州ハミルトン近くの学校に通った。僕たちは2人とも、なんなくクラスでトップをとった。これは多くの二世の典型的な経験だと思う。若いゴーストタウンの教師たちは、僕たちをきちんと教育してくれたのだ。

テリー・スギウラはサンドン校の最初で唯一の校長であった。

サンドン：別れのとき

　1944年、サンドンの疎開者の生活に幕が閉じられました。新学期が始まるまでに、ほとんどの住民がさまざまな地方に分散しました。カナダ東部で新生活を始めた人たちもいれば、別の収容所に移送された人たちもいました。それは別れのときでした。

　この2年間、年配の世代、私たちの親の世代にとっては困難な時期でした。数々の不正義の痛々しい思い出が、長い間彼らの生活に影を投げかけ続けていました。しかし、二世の教師たちは若く立ち直りが早かった。彼らは、この新しい暮らし方を、若さに満ちた楽観とともに受け入れました。新しい友情を培い、進んで新しい挑戦を受け入れました。彼らは、新しい経験に熱心に取り組んだのです。サンドンでの2年間は、二世が成長して責任ある大人になる歳月だったのです。

　「正常」という形容が、1943–44年度の内陸部の収容所での2年目の学校の様子を描写するのには適しているだろう。開校時期がずれたことで生じた難題と闘った1年目の1942–43年とは違って、どの収容所学校も、他のカナダの小学校と同じように9月から6月の日程で完全に運営された。

　教育局長のクレオ・ブースによると、この第2年目には、8つの収容所学校に合計2,345人の子どもと114人の教師がいた。タシメが最大で、生徒数634人、教員数29人、ついでレモンクリーク校で、生徒数478人、教員数23人、そして、ベイファーム校で、生徒数429人、教員数21人であった。ローズベリー校は最小で、生徒数94人、教員5人であった。サンドン校は夏に閉校になる前は、生徒数108人、教員数6人であった。

　その2年目が終わったとき、校長、教師、そして収容所を離れた教師の空席を埋めるために指名された新任教師は、サマースクールを再び心待ちにしていた。4週間にわたる2回目の研修が、またニューデンバーで7月後半から8月前半まで行われることになっていたのであった。

第14章　第2回サマースクール：1944年

ニューデンバーの1943年のサマースクールに参加した多くの収容所の教師にとって、今回は2回目の研修であった。しかし東部へ移動していった教師の後継者として、初めて参加する人たちもいた。教育局長のブースは、上司に次のように報告している。

> 研修生には、たくさんの変化が起きている。しかし、去年のサマースクールの参加者の約3分の2が2回目の参加で、今年の夏は上級課程をとっている。初心者課程をとっている新しい教師たちの数は、35人前後である。

ニューデンバー、1944年。第2回サマースクール。研修生はまた記念写真に納まった。バンクーバーから来た講師たちは最前列。

ニューデンバー、1944年。第2回サマースクール。開会式で挨拶する社会学者のフォレスト・ラビオレット。集まった教師の一部のみがみえる。

ニューデンバー、1944年。第2回サマースクール。講師と各校校長たち。前列左から、ローズベリー校長カヨウ・オチアイ、ポポフ校長テリー・スギウラ、レモンクリーク校長マリー・ナガイ、監督官ヒデ・ヒョウドウ、副監督官テリー・ヒダカ。後列左から、ニューデンバーの地元学校長ハリス夫人、カズロ校長エイミー・ヤマザキ、マニング女史、ベイファーム副校長マスコ・イグチ、ロード校長、タシメ校長ミエ・オカムラ、ウェストン。（ベイファーム校長タカシ・ツジとニューデンバー校長ヨシエ・タナベはいない）

1944年のサマースクールの参加者でもうひとつ異なる点は、137人の二世教師のうち、男性は2人だけだったことである。前回のサマースクールには、男性が18人いた。残った2人は、ベイファームの校長であるタカシ・ツジ校長と、テイラーレイクの自活移動キャンプで教えていたフレッド・ユタカ・オクムラであった。前年度のうちに、ほとんどの独身男性は家族収容所から立ち退かされた。戦時中の連邦政府の選別管理機関が彼らを移動させたのだ。

サンドンの教師たちに関しては、ほとんどが家族と一緒にBC州の別の収容所に移動した。例えば校長のテリー・スギウラは、ポポフ校の校長職を引き継いだ。タツエとフィンクス（フミ）のナカツカ姉妹はニューデンバーに移り、そこで教えた。

サマースクールの新米教師の一人は、サンドンの2年間で高校を修了した元サンドン住民のグロリア・サトウだった。

新米教師

7月、家族がスローカンへの引っ越しの荷造りをしている最中に、私は1944年のニューデンバーのサマースクールに参加するためサンドンを出発しました。テリー・スギウラ校長が、サンドンで私とその他の何人かに、教師になるようにと励ましたのです。監督官のヒデ・ヒョウドウが、すべての校長たちに、収容所から東部へ移動していった人たちの空白を埋めるため、新しい教師を募集するように求めたのでした。

1944年のサマースクールが始まる前、ベイファームから来たスミ・ハヤシとスローカン地域の何人かの二世教師は、バンクーバーの教師フィンドレイターによる音楽教育の特別授業に参加した。

スローカン：音楽の教授法を学ぶ

1944年の7月、フィンドレイター夫妻がバンクーバーの快適な自宅からスローカンシティの荒野にやってきました。彼はエルガー青年合唱団の指導者

として音楽界では良く知られていて、その合唱団は1943年にカナダを巡回しました。

　3週間、フィンドレイター先生は、毎朝9時から11時半まで、私たちの地域の二世教師のために授業をしてくれました。最高の練習とともに、楽譜を初見で歌う方法や、子どもに音楽をどう教えるかについて教えてくれました。

　私たちは、彼が黒板に書いた曲の楽譜を書き写しました。「ビリー・ボーイ」、「希望と栄光の国」、「カム・トゥ・ザ・フェア」、「ユビラーテ」、「オールド・フォークス・ライク・トゥ・サイ」、「リンカンシャー州の密猟者」などの歌でした。発声練習をした後、写し終えたばかりの最新の曲から歌い始めました。そして前日の歌を、一部は歌いながら一部はユニゾンで復習しました。フィンドレイター先生の期待は高いものでした。音を外したり、遅れて歌ったりなどということは絶対にできませんでした。

　3週間のコースが終了するときには、私たちの合唱団のレパートリーはかなり広がり、ゴーストタウンの収容所でのさまざまな機会に歌いました。

　アヤ・トクナガが美しいピアノ伴奏をしてくれました。そして、ヨシコ・クリタは指揮を練習し、フィンドレイター先生ができないときには、よく代わりに指揮をしました。私たちの合唱団は、そのすぐ後に始まったニューデンバーのサマースクールの開校式に参加しました。

　1944年7月のスローカンでのフィンドレイターの音楽教育は、ブース女史が前年度に行った以下のような勧告の結果であった。

　　一般の学校においては、音楽はそれほど重要な教科とはみなされないが、委員会学校では、もっとおおいに西洋音楽に力を入れる必要があると思う。日系人はこの方面の才能に恵まれていないし、私たちの音楽は、年配者の世代にはなじみがない。そして、子どもたちは低収入の家庭に属しているので、どんな音楽教育を受けることも難しいだろう。収容所には、文化と音楽的レクリエーション施設が欠けている（ラジオもほとんどない）ので、この芸術を奨励し発展させていく必要がおおいにあるのではないか。それが、この子どもたちに西洋化の影響を与えることとなるのは間違いない。

　　もし、十分に適性のある若い日系人女性たちを見つけられるなら、す

べての学校にではなくても、せめてタシメ、レモンクリーク、ベイファームなどの大きな学校には専属の音楽教師を一人ずつ配属することが望ましい。

　カナダの学校で行われている普通の歌唱の授業に加え、ある程度の時間を英国の学校で行われているように、ピアノのグループレッスンにあてることもできる。そうすれば、私たちの音楽への根本的な親しみと愛情を、子どもたちに徐々に教え込むことができる。

　以上の勧告の唯一の目的は、可能な限り、あらゆる面でのカナダ化の影響を促進することである。なぜなら、この子どもたちには、強い日本的な家庭環境によるハンディキャップがあるからだ。さらに、子どもたちを日本語学校から遠ざけるように、放課後の活動としても奨励できればよい。

　よって、スローカンのフィンドレイターによる歓迎すべき音楽教育は、たとえ所見が誤ったものだったとしても、保安委員会の教育局長による善意の結果というわけである。収容所で二世たちがダンスをするとき、戦前や戦中のアメリカのビッグバンドのレコードがかけられていなかっただろうか。収容所のコンサートで、二世の出演者たち——ケイティ・オオヤマ（ベイファーム教師）、スー・ホンマ、ファッジ・トヨタ、それにとても若いロバート・イトウ（当時はボビーとして知られていた）は、戦前の日本の流行歌に加えて、英語の歌謡曲や民謡を歌わなかっただろうか。いずれにしても最終的には、この特別指導は受講者全員に肯定的な結果をもたらしたのである。

　2回目のサマースクールにバンクーバーからやってきた講師は、一人を除いて1943年と同じであった。新しい講師は、バンクーバー師範学校出身のウェストンで、美術を教えた。前年の夏に数学と科学を教えたハリー・ボルトウッドの代わりだった。だから、再び校長になったボーイズとともに、師範学校校長であるロードがテーマを決める責任者を務め、以下、ベルマ・キャンベル、ゼラ・マニング、マジョリィ・リーにとっては2回目の夏であった。

第2号であり最終号にもなった1944年の『サマースクール・エコーズ』は、その年の研修の一部を伝えている。(サマースクールの)校歌の歌詞が公開された。それは、第158棟に宿泊していた研修生たちの作品であり、「アイ・ワナ・ガール」のメロディで歌われた。

　　喜べ、立ち上がれ、声高らかに
　　サマースクールに乾杯
　　歌えよ、楽しい想い出と、友人に
　　そして黄金律に
　　山のふもと、さざ波をたてる小川のほとりで、
　　希望と夢のシンボルがそびえ立つ
　　誇らしげに、手と手を取り合って、立っている
　　輝く光に導かれながら

1944年のサマースクールの生徒会長は、カズロのアヤコ・アタギだった。彼女のメッセージには、次のようなことが含まれていた。

　　昨年の夏、ある講師が描写したように、私たちは厳粛な面持ちで、憂鬱そうに、哀れにさえ見える姿でここにやって来た。
　　昨年ここへ到着したときは、ニューデンバーがどんな所か、他の研修生たちがどんな人たちなのか全然知らなかったし、とりわけ、講師や授業内容のことや、私たちが何を期待されているのか全然分からなかった。だから、昨年の開校日には真面目な顔で、小さくなって、当惑しながら、お互いに向き合っていた。
　　今年は、喜びに満ちた期待と意欲をもって、ここに戻ってきた。講師や仲間の研修生たちと再会するために。昨年終わったところから始めて、できるだけ多くを学び、たくさんの課外授業に参加するつもりで。
　　4週間はあっという間に過ぎてしまった。この9月には、私たちはより自信をもってクラスと向き合い、より良い教師として授業ができる。

第14章 第2回サマースクール：1944年

　講師のみなさんが労を惜しまずに教えてくれたことを忘れないようにしよう。教えることは単なる仕事ではなく、神聖な使命だということを覚えていよう。
　9月に生徒たちが戻ってきたら、彼らの人生は私たちに委ねられるのだ。読み書きを教えるだけでなく、子どもたちの人格を形づくる手助けをするのだ。自分の生徒たちを、将来のカナダの良き市民に育てることが、私たち教師の仕事である。

そして、謝辞として1944年の『サマースクール・エコーズ』の編集者は、次のように記している。

　親切は美徳であり、私たちは、ニューデンバーの全住民がこの特質を備えているに違いないと確信している。私たち研修生は、グランドピクニックを開いてくれた日系人委員会の皆さんや、（大食堂などで）測り知れないサービスを提供してくださった婦人会の皆さんに、この紙面を通して感謝の意を表したい。最後に、事務所を提供してくれた（ニューデンバーの保安委員会の管理責任者である）ラオヒード氏と彼のスタッフにも感謝している。
　最後にもう一度、ニューデンバーでのあまりにも短い滞在期間中にしていただいた、すべてのことに感謝します。

この2年目の講座で特に重点が置かれたのは、英語教育であった。前年度のアーサー・アンスティが実施したテストの結果は、他の教科に比べると、収容所学校の生徒の英語力が劣っていることを示していた。この主な原因としては、収容所での不可避的環境が指摘された。子どもたちが、英語を話す非日系人と接触する機会はきわめて限られていた。
　こうした懸念もあり、子どもたちも教師も、日本語を話すことは、学校の規則として禁止された。
　1944年のサマースクールについての最終報告書に、ロードは、次のよう

に記している。

　　口述と筆記の作文には、とくに力が入れられた一方で、英文法にはほとんど注意が払われなかった。なぜなら日系人(教師たち)は、学校で文法を強調されすぎたために、英語という言語を実際に話したり書いたりして使うことに苦労しているということが分かったからだ。

ゼラ・マニング女史の英語の授業からも、2年目のサマースクールの主要な課外活動プロジェクトが生まれた。それは、カナダの日系人の歴史についての四幕劇を創作して上演することだった。ベイファームの教師であるマリー・アサヅマが脚本と総演出をつとめた。劇は、架空の家族であるスズキ一家がカナダに移住してから1944年のゴーストタウンで生活するまでの話であった。その劇はとても野心的で、四幕のそれぞれに別々の演出家がいた。ヒデヨ・アイリーン・イグチ(ベイファーム)、ユキ・アライ(タシメ)、マスコ・イグチ(ベイファーム)、そしてマリー・ミズハラ(ニューデンバー)であった。劇は大成功で、その脚本は後に、別の収容所でも地元の出演者によって上演された。

ニューデンバーの開拓者ハリスは、第2回サマースクールで教師たちの最終コンサートで上演されたその劇について詳しい記述を残している。

　　その劇の上演は、まったくついていなかった。野外で上演されることになっていたので、そのため、とてもよく準備がなされていた。しかし、雷雨がすべての計画をぶち壊し、急遽、空いている大きなホールで行われることになったが立ち見席すらなかった。
　　しかし、元気な少女たちは挫けることはなかった。彼女たちは劇をやり通し、その翌日は屋外で再演した。しかしその再演では、悲しいことにまた強風が邪魔をして、大道具の一部を飛ばしてしまった。さらに町の発電機に落雷したために、拡声器が使えなくなった。だが、公演は続

ニューデンバー、1944年。第2回サマースクール。講習会のリー先生のモダン・ダンスのグループ。

行され、私たちはシェイクスピア時代のように、背景だけでなく、風が強くなりすぎて聞こえないときには台詞の大部分も想像力で補った。

　第一幕は日本で、古き良き日本の伝統にのっとった花嫁と花婿が「仲人」によって、あるいは家族によって決められた「写真花嫁」としてカナダに移民する日本人の家族が、娘の嫁入り仕度をしている。みなはとても友好的で、両家とも丁寧な話し方と祝辞を競っていた。明らかに、その時代に日本で結婚するためには、かなりの量のお辞儀と大げさな身

振りが必要だったようだ。そして、婚姻は重大なもので、花嫁は花婿の家に迎え入れられ、2人の性格の相性などにはほとんど配慮が払われなかった。

　しかし、ものごとはとても順調にすすみ、第2幕で舞台は25年後のバンクーバー島に移る。そこでは、スズキ家は明らかにしっかりと生活を固めたようで、4人のすてきな子どもとたくさんの友人がいた。そこで、彼らは長男の結婚の準備、あるいは少なくとも、そのことについて話し合っている。親の権威はいくらか弱まり、日本にいたときのように父親の言葉が最終的なものではなく、2人の娘は断固として最新の流行ファッションを身につけたい様子であった。そこへ、ある友人が駆け込んできて、アメリカと日本、英国と日本、カナダと日本の間で宣戦布告がなされたと伝えた。

　非常な驚きと興奮が引き起こされる。新しいニュースが届く。すべての家族は、週末までに疎開する準備をしなければならない。すべての日系人男性はただちに連邦警察に出頭しなければならない。脅えた母親たちは準備に取りかかりながら、不吉な予感について話している。

　第三幕。バンクーバーのヘイスティングスパーク。そこに、ほとんどの日系人が集められている。非常に混雑しており、田舎の新しい家に引っ越す前の状況はかなりひどい様子であった。日系人は心身ともに病気にかかりやすく、衛生状態は悪く、配給される食糧は単調で、仕事は無く、内陸部のさまざまなプロジェクトに送られた人びとは、疑念にみちて腹を立てていた。張りつめた感情は、劇によく反映されており、新しいトラブルの噂がすばやく入ってくる。

　あるシーンには、洗濯をしている婦人たちが出てくるが、そこでは明らかにお湯が不足していて、洗い桶も漏れてぼろぼろになっている。新しい赤痢の発生が報告され、食料の質について意見が出される。しかし、彼女たちはその次の晩には計画準備してきた大きなコンサートが開かれるというニュースに活気づけられる。

　別のシーンでは、婦人たちが（ヘイスティングスパークの）大食堂に並

んでいる。婦人たちは、それぞれに大きなブリキの皿の山から大きな皿を取り出し、ひとつのドアの前に長い列を作っている。そのドアの向こうでは日系人の女性が、大きな桶から温かいご飯を盛りつけている。スズキ家の夫人がその列にいるが、近くに立っている息子のジミーに話しかけている。彼は学校に行っているが、母親にその日学校で先生と口論になった話をしていた。話を聞いて母親はとても驚き、息子に先生にそのような失礼は決してしてはならないと言い聞かせた。現代的なジミーは納得しなかった。先生との議論が必ずしも失礼だとは感じなかった彼は、「結局は民主主義なんだから、僕たちは自分の考えをもちたければもってもいいんだよ」。しかし、彼がご飯の皿をもって婦人たちの前に割り込もうとすると、婦人たちは直ちに彼に西洋式のマナーを教え、彼は何度か強く押されて列の最後に送られた。

　スズキ夫人と仲良しのイトウ夫人は、そのとき、別々の収容所に送られることを知った。一人はニューデンバーへ、そしてもう一人はレモンクリークへ。2人は同じ収容所へ送られることを強く希望していたので、別れると考えるだけで胸が痛んだ。しかし、レモンクリークはニューデンバーからほんの数キロ離れているだけだと知って元気づけられる。第三幕の最後のシーンは出発の準備で、2人の友人が互いに荷造りを手伝っている。彼女たちは泣き崩れ、互いに慰め合う。

　第四幕。1年後のニューデンバー。スズキ氏は、道路建設のキャンプから戻り、家族と一緒にいる。彼らは、落ち着いて快適そうだ。2人の娘、長女のヨシコはもの静かで日本的だが、妹のヴィは西洋式にあこがれていて母親と姉は古いと思っている。父親は東洋風と西洋風両方の一番良いところが調和してくれればいいと望んでいた。

　第一場ではスズキ夫人が、東部で働いている長男のトシオから長いこと便りがないと文句を言っている。そこへヨシコが、トシオからの手紙をもって入ってきて、彼が家へ向かっていると告げる。トシオは、オンタリオ州ロンドンでとても寂しくしているので、妻を探す決心をしたとのことだった。その知らせに家族は大喜び。スズキ夫妻はトシオに似合

いの娘を選ぶことを楽しみにしているが、ヴィは、ここはカナダなんだからトシオは自分で決めたいと思っているに違いないと言う。

スズキ氏はそのアイデアにぞっとして、自分の結婚がいかにうまく行ったかを指摘する。彼の経験豊かな親たちが、とても賢い選択をしたから、こうしてうまくいっているのだと。スズキ夫人は夫を制し、トシオはきっと適した女性を選ぶだろうから、彼の選択について心配する必要はないと言った。

家族は、知り合いのいろいろな娘たちについて話し合った。背が高すぎる、軽薄すぎる、無能すぎる等々、その多くは排除された。ついに、ナカさんという少女が、すべての資格を備えていると、家族全員の意見が一致した。彼女は、優しく、みためが良く、能力があり、よく働く。すると、スズキ夫人が「彼女こそぴったりだわ。機械の油のように能力のある女性だわ」と言った。

それから、ジミーがスーツケースをもって入って来る。「母さん、父さん、みんな」。トシオが家へ帰ってきた。トシオが入ってくると、皆が取り囲んで心から歓迎する。スズキ氏は「ヨシコからニュースを聞いたよ。だから、お前のためにすばらしい嫁を決めておいたぞ」と言った。トシオが答える。「それはいい、父さん。でも、僕も選んだよ。彼女は優しくて、きれいで、おとなしくて、すばらしい、最高の女性なんだ。料理はできるかって？ 彼女のレモンパイは忘れられないよ」。

スズキ氏は、かっとして、「お前！（スズキ夫人が父親をなだめる）。息子よ、私たちの選んだ人も考えてくれないか？ ところで、お前の考えている人は誰なんだ？」

真実の愛を貫くには困難がつきものとはよく言われるが、このときだけは、真実の愛はスムーズにいった。なぜならこの劇では、すばらしいナカさんがトシオの理想の女性だったのだ。彼らは結婚し、東部に戻っていった。そして最後のシーンは、年をとった両親が真剣に、家族全員で東部に引っ越すべきかどうかを討論している。

男性の教師の不足のため、男性の役は女性の教師たちによって演じられた。

ミチコ・イシイは、マリー・アサヅマが成功させた劇をレモンクリークで再演した。

レモンクリーク：ニューデンバーの劇の再上演

　劇はレモンクリークの仏教会の青年会によって上演されました。そのときの写真を何枚かもっています。私は日本の花嫁（文字通り、花のお嫁さんという意味）のどちらかといえば生意気な妹を演じました。当時まだ杉のタンスに入れてしまってあった和服を着ました。劇の背景には、あまり上手とはいえない「フジヤマ（富士山）」が描かれていました。彼らが真珠湾攻撃のニュースを聞く結婚記念日のパーティーのシーンの写真もあります。コンサート（歌唱など他にもいろいろな演目があった）の参加者の集合写真には、1月2日と3日に行われたとメモしてあります。私の記憶が正しければ、私はフランシス・アキヨ・シシド（リリーとジョージ・シシドの妹）が日本の歌を歌ったときに、オルガンで伴奏したと思います。彼女がアンコールで英語の歌を歌ったときには、ボブ・ヘンミがトランペットで伴奏しました。それから、私はもう一つの端役を演じました。それはヘイスティングスパークで、大食堂の列に並んで、腐った食べ物にぶつぶつ文句を言っている年配の女性の役でした。その役の写真はもっていません。そのとき、場違いにも笑っていたからです。あれが私の悲劇役者としての活動に幕を降ろす始まりだったのです。

　1944年の夏の間、遥か遠くで戦っている連合国軍にとって、戦況はますます優勢になっていた。7月の上旬、連合国軍はすでにドイツ軍からローマを奪回していた。2日後、7月6日はノルマンディー上陸の日であった。それは、待ちに待った、連合軍が英国海峡からドイツ軍に占領されたフランスに侵攻する反撃作戦の始まりであった。太平洋では、アメリカ軍がグアム島を占領し、日本に向けていっそう北に進んだ。8月の半ば、ニューデンバーのサマースクールが最終週に近づいたころ、連合軍は南フランスに進攻したのであった。

　BC州のゴーストタウンの疎開者のなかで、当時そのことを知っている者

はほとんどいなかった。しかし、1944-45年の新学年は、重大な年となった。第2次世界大戦の戦況変化が、政府によるまた別の衝撃的な動きをもたらしたからである。それは、依然としてBC州内に住んでいる10,443人の日系カナダ人の男女と子どものすべてを、再度強制移動させるための法令だった。

第15章　3年目：1944-45年

　1944年9月6日、保安委員会学校の3年目が始まった。夏期のサンドン閉鎖後に残った7つの収容所では、サマースクールの研修で勇気づけられた教師が、教室に戻ってきた子どもたちを迎えていた。

　唯一の大きな変化は、4つの学校で新しく校長が代わったことであった。前の年度が終わったとき、当初からの校長のうち2人が東部へ移動したためである。その一人がレモンクリークのアイリーン・ウチダで、彼女の手腕と革新的なプログラムは、他校の先導役を果たしてきた。もう一人は最も小規模校だったローズベリーのエイミー・イワサキであった。

　彼女たちに代わって、ニューデンバー校校長マリー・ナガイが大きなレモンクリーク校に着任するため南へ移動し、ポポフ校校長のヨシコ・タナベはニューデンバー校校長になるため北へ移動し、サンドン校校長のテリー・スギウラがポポフ校に着任した。

　ローズベリー校の交代はそれほど複雑ではなかった。エイミー・イワサキの後任には、地元スタッフのカヨウ・オチアイが校長に就いた。異動しなかった校長には、カズロのエイミー・ヤマザキ、ベイファームのタカシ・ツジ師およびタシメのミヤ・オカムラがいた。

　グロリア・サトウは、この3年目の年に初めて教師となった一人だった。

ニューデンバー：まさに最初のクラス

　新学期の最初の日、初めてのクラスと対面しました。それは面白くて、熱心で、楽しいことが好きで、悪戯も好きで、イライラさせられるグループだっ

たけれども、いつも愛すべき4年生と5年生でした。
　質素な備品しかない教室へ通じる小さなポーチに立っていると、子どもたちは好奇心や疑わしさでいっぱいの目で私のほうを見ました。一方、自分の顔はどのような表情を浮かべているのだろうかと考えていました。それはつまらなさそうで気難しい表情か、はたまた「はい！　子どもたち！　楽しい？」とでも言いたげな表情だったのか。幸いなことに、大半の子どもたちは、私の前を通り過ぎるときに、それぞれの顔をみるチャンスをくれましたが、子どもたちは目を逸らしていました。
　野球のバットとスポンジのボールをもっていた大柄な少年が、前の少年とぶつかりながら、私の前を急いで通り過ぎていきました。彼はドア近くの机を飛び越え、教室の一番後ろの隅の席、教卓からもっとも離れたところを見つけました。まぁ、問題児の可能性ありと思いました。
　そのとき、自分の前に誰かが立っているのに気づきました。その女の子は朗らかに笑みを浮かべて私を見て、わずかにお辞儀をしました。そしてもう一度、笑みを浮かべて立ち去っていきました。その子の後ろには、サンドンで知り合いだった男の子が立っていました。
　私は歓迎の挨拶をしようとしましたが、驚いたことに彼はあからさまに無視したのです。彼の顔はそっぽを向いており、私の前をそそくさと通り過ぎるときに「おはようございます」も「失礼します」もありませんでした。まあ、彼は私が知り合いだなんて友だちに知られたくないのだと思いました。ならば私も彼と同じように、彼を無視したほうがいいでしょう。
　一方、ショージ少年はとても面白くて悪戯好きでした。彼もまた前のサンドン住人で、私たちはほとんどお隣同士でした。はやるような思いで階段を飛び跳ねてきて、ニューデンバーじゅうに聞こえるような大きな声で、「グロリアだよね？」と言いました。だから私も大きな声でやり返して、「いいえ、ショージ。呼び名を変えました。これからは『サトウ先生』です」。「あっはっはっ」と彼は教室中に響くような大笑いをしました。
　子どもたちの列は終わろうとしていました。背の高い痩せた少年が私の前に立ち、手を差し出して「トミーです」と言って握手しました。「新しい学校を気にいってくださるといいのですが」。もう一人の子どもがいることに気がつきました。彼女は華奢で小さくて、こざっぱりとした服を着て、輝くような髪を大きな白いリボンで後ろにまとめていました。彼女は恥ずかしそうに笑みを浮かべて、正面近くの席に座りました。
　最初のクラスでの時間がどれくらいたったころだったでしょう、教室のド

アがノックされて男性に連れられた小柄な少年が入ってきました。父親—男性がそう言ったのですが—は自分と息子を紹介した後、子どもたちに向かって、教室での振舞いやお互いにやさしくすることなどを話し始めました。それから私のほうを向いて、もし彼の息子、ジョージが父親の言ったとおりにしないようだったら、ただちに知らせてほしい、そして自分がお仕置きすると言ったのです。

その男性が学校委員会かPTAからやってきたのかどうか分かりませんでしたが、自分の教室には絶対にいてほしくないと思いました。そこで、もしこの件でお話があるのなら、後日放課後にお立ち寄りください、と男性に伝え、ドアの外に押し出しました。

正午になり子どもたちは昼食をとりに家に戻りましたが、十分な時間をとれないまま、学校へ戻ってきました。子どもたちの態度に変化がありました。子どもたちは新しい学期、新しい同級生、そして新しい教師までも受け入れたように思われました。私が何をしているのかを見ようと私の机のところにくる子どもたちもいました。

明るい笑顔をたたえた少女、マーガレットは皆にも笑顔をふりまきながら狭い机と机の間を急いで歩いてきて「お母さんがよろしくって言っていました。たくさんの宿題を出してくださいって。お母さんは日本語学校の先生なんです」。

ススムは、とうとう私が知り合いであることを認めたようでした。クスクス笑いながら友だちのリチャードと連れ立って私の机までやってきて「僕の姉さんのマーサの知り合いでしょう。僕のこと、覚えている？　弟だよ」と言ったのです。「もちろん、覚えているわ」、「あなたはとってもやんちゃ坊主で、うちの元の家の窓を壊したことがあるわ」と私は答えました。「それは、先生の弟が親分だったんだよ」と嬉しそうに言って、「先生の弟と知り合いだって言っただろう」と友だちを小突いていました。

ススムの友だちのリチャードは別のことを考えていました。ゴホンと咳をして喉の調子を整えてから、キーキーとした声で聞きました。「先生はボーイフレンドがいるの？」自分が18歳の田舎者だということに引き戻されてしまい、「いいえ、もちろんいないわ」というのがやっとでした。「そう。僕には2人の兄さんがいるから、どっちかをボーイフレンドにできるよ」とリチャードが言いました。そして2人は私が気のきいた答えを返す前に、ドアから出て行きました。

午後は何事もなく過ぎていきました。午後4時、授業が終わり、日誌をつけ

るために自分の席にいると、ドアのところで足音がしました。親友で3年生担任のフミ・ナカツカが通路を横切って教室からやってくるのを見つけました。彼女もサンドンの元住人で、以前から知っていた子どもたちもいたので、初日の様子を訊ねに来てくれたのです。

続けて彼女は「おチビなジェーンのことをどう思った？ お利口さんじゃない？ たった今私に会いに来て、元の教室が懐かしいって言っていたわ。思いっきり抱きしめてあげたわ。私たちはよくゲームをしたの。大きな蝶結びのときには思いっきり抱きしめて、小さな蝶結びなら軽く抱きしめるの。今日、大きな白い蝶結びをした女子に気づいたんじゃない？」。ええ、私は気づいていたけれど、それが抱きしめてあげるということと関係しているとは知りませんでした。私のような冷淡な女性教師に、ジェーンが好意を寄せるにはしばらく時間がかかるでしょう。

自分のクラスにこうした面白い子どもたちがいることは、とてもラッキーだと感じました。後日、野球のバットをもった少年シンジはとても頼もしい生徒の一人になることが分かりました。ジョージは完璧を目指すとても頑張り屋で、ミスをしたら気落ちしてシクシク泣いてしまうかもしれません。ショージは私のことを教師ではなく姉のように思ったようでとても苦労しましたが、陽気な性格で、自分のやり方で魅了しようとしました。しかし、トミーはどの新人教師でもほしがるような本当にいい子でした。他の子どもたちも彼を尊敬して、彼のリーダーシップを優しく受け入れました。そして彼は他の誰よりも私の教師としての最初の年を幸せに、そして思い出深いものにしてくれたのです。

生徒のムツム・マーク・エノモトと彼の家族はベイファームからニューデンバーに移った。

ニューデンバー：思い出は良いものばかり

1年にも満たないスローカンでの生活の後、僕たちはニューデンバーに移った。そこで父は地元のドラッグストアに仕事を見つけた。もとの市街地にあった店の近くの家に移り住んだ。つまり、疎開家族のために保安委員会が用意した収容所に造られた家では味わうことのできない贅沢（水洗トイレ、個人用浴室や暖房装置）を楽しむことができたのだった。空いた部屋があったので、

大きな部屋が1部屋貸し出された―最初は白人の教師に、後には当時神学生であったヨシオカ師に部屋を貸した。この2人とも僕の勉強をみてくれたが、詩についての2人の複雑な解釈は僕には退屈だった。

　そのころの最も忘れがたい経験は、ヨシオカ師と白人の教会関係者（この人は僕にギターも教えてくれた）がスローカン湖の向こうの山の氷河に登ろうと誘ってくれたことだ。僕たちは熊に出くわしてしまい、とっても怖かった。そして僕は生まれて初めてチーズを食べたことも覚えている。今ではチーズが大好きだ。このハイキングについて書いた作文は、学校新聞にも載った。

　ニューデンバーでの最も悲しい経験は、自分のパチンコでコマドリを撃って、思いがけず殺してしまったことだ。コマドリを埋めてやりお墓に十字架を立てた。そして僕はそれ以来パチンコを手にしていない。

　当時イートン百貨店とシンプソン百貨店のカタログはとても貴重だった。僕は家族のなかで注文書を記入する役目を与えられた。あるとき、他のものと一緒にスキーを（両親の許しを得ないで）注文するというすばらしいアイデアを思いついた。スキーが届いたとき、両親はとてもとても怒ったが、返却しないことを許してくれた。これが僕の最も恐ろしくて幸せな日になった。

　父がドラッグストアに雇われていたので、僕は運がよかった。父は僕に漫画、『ライフ』誌、キャンディなどをもち帰ってきてくれた。自分に必要だったものはすべて手に入れられたと思う。

　でも、他の日系人コミュニティから離れた街のなかに住んでいたので、他の二世と一緒に過ごす時間は少なかった。僕は秘密の場所に釣りに行ったりスキーをしたりして、一人で過ごした。残念なことにニューデンバーで親友はできず、さらに戦後僕の家族は日本へ行ったので、すべてのつながりを失ってしまった。

　今でもゴーストタウンでの日々は僕の人生で最も幸せな時間だったと思う。

　おなじころ、グロリア・サトウは最初の月の授業でもうひとつの新しい経験に直面しようとしていた。

ニューデンバー：少年の体育授業

　9月のある天気のよい午後のこと、疎開児のためのニューデンバーのオーチャード校の校長であったヨシコ・タナベが私の教室にやってきたとき、自分に降りかかろうとしていたことにまったく気づいていませんでした。

教員としてまだ2週間目の新米教師だった私は、4年生と5年生の児童と一緒で幸せでした。この楽しい仕事で—最初の安定した仕事でもありました—一月に40ドルをもらっていました。おまけにヨシコは街の少し外れにこざっぱりとした、家事つきの小さな家に住んでいて、外からやってきた我々4人はそこに逗留していました（ヨシコとスコットの家族はレモンクリークに住んでおり、マリーの仲間はベイファームにいたし、私の家族はちょうどその夏の早い時期にサンドンからスローカンシティに移ってきたところでした）。

新しい収容所で自立して生活するにあたって、責任とやりがいのある仕事に就き、同じ関心を持った人たちと一緒に働くことは、将来のことを考えない限り、理想的な状況でした。

ヨシコ・タナベに会った瞬間から、心から彼女を敬服するようになりました。彼女にはバイタリティがあって、一所懸命働き、そして問題を解決しました。問題が起こる前にそれを感知して、すばやくそして静かにその発生を防ごうとするのです。彼女には重要であるとか、価値があると皆に感じさせるような稀有な特質があり、親たちや保安委員会の人間ともうまくやっていました。後年、親友といえるほど彼女と仲良くなるのですが、あの9月の午後は、私にはまだ「タナベ先生」であり、畏怖していました。

彼女は児童の机のひとつに腰をおろし、うまくやっているかと尋ねました。これまで自分がやったことやこれからやりたいことを早口で話しました。私たちは何人かの児童のことを話し合い、彼らがうまくやっていけるような方策について話し合いました。彼女はどの子どもにも心から関心を示しました。

そしてなんの予告もなく「グロリア、あなたに高学年の男子の体育をみてほしいの」と言ったのです。

私はポカンと彼女をみつめました。そしてそれは冗談に違いないと判断して、声を出して笑いました。「あははは。あなたって面白い人ですね、タナベ先生。冗談でしょう」。

彼女は笑っていませんでした。冗談ではなかったのです。彼女は説明しました。その年のニューデンバーのスタッフは11人の教師がいて、全員が女性でした。そのうち4人は私のように新米教師で、3人は他の収容所からの異動者で、もとからいるスタッフは5人でした。高学年の男子の体育を受けもっていた教師は、東部へ移動してしまったのです。だれもこの仕事に乗り気ではありませんでした。それは絶望的な状況であって、まったく未経験の新人を混乱のなかに飛び込ませるような、思い切った方法を用いなければならなかったのです。

私は断る理由を挙げました。「自分のクラスの担任を続けたいのです」。
「ええ、あなたは引き続きこのクラスの担任ですよ。体育の授業は1週間のうち午後の2回だけです。あなたが体育の授業を担当しているときは、ほかの誰かがあなたのクラスを見ます」。

他の理由—この種の授業の研修を受けたことがないとか、ほとんどの子どもたちは自分より大きい—を挙げましたが、ヨシコにはなんら影響を与えませんでした。

「あなたならできるわ」が彼女の言葉で、こうして私は7年生と8年生、年齢でいえば12歳から14歳の、24、5人の少年の女性指導者となったのです。

少年たちとの最初の時間は間もなくやってきました。心配そうに私をジロジロ見ながら、彼らは列になってレクリエーションホールに入ってきました。少年たちに整列する場所を示して、2列に並ばせました。彼らは不安そうに、疑わしそうに私を見ていました。

静かにさせるために笛を吹きました。彼らは私が何を言うのかに集中していました。私はいかめしく見えるように努めながら、「こんにちは。私があなた方の新しい体育の教師です」と言いました。

その時、彼らがすでに扱いにくい厄介者には見えないことに気づきました。彼らの目には笑いが浮かんでいました。なんでも楽しい、と彼らが考えているのが分かりました。私はリラックスして、何気ない調子で言いました。「それから、私のことをコーチと呼んでもいいわ」。

彼らは突然笑いだし、ワーッと大声をあげる者、口笛を吹く者や、手をたたく者もいました。少なくとも、その日は問題なくやれそうでした。

最初15分間かそこらは、跳躍のリズム体操をさせて、息が上がるようにしました。そしてチームに分けて、輪のなかのもう一人を追い出すゲームやドッジボール等の簡単なゲームをやりました。最後の10分間は、足を組んで床に座らせ、他の学校ではどのようなことをしていたのか、今年はどのようなことをしたいのかについて話してもらいました。床運動はすぐ飽きることや、少年たちの興味を持続させるためには、やりがいがあって長期的な課題が必要だということが分かっていたので、聞いた話をちゃんと書き留めておきました。

その機会は思いがけなくすぐにやってきました。

ヨシコが中古のマットを探し出してきて、私たちはそれをレクリエーションホールに運び込み、きれいにしました。マット運動についての小冊子をど

うにかして入手して、すべての用意を整えました。翌日、子どもたちが体育の授業にやってきて、マットを目にしました。彼らの反応を見ていると、とくに一人の少年がマットを見てとても喜んでいるようにみえました。私は手短にマット運動の説明をして、彼らにやってみるようにと言いました。

「一番簡単な前転をやってみましょう」と言いましたが、だれも動こうとしません。すると、「実演してくださいよ」とクラスじゅうから声が上がりました。

完全な沈黙。少年たちはむしろ悪戯っぽい目で私を見ていました。自分には前転、たぶん連続した前転もできるし、やろうと思えば後転もできると分かっていましたが、指導者として期待されるように正確かつ上手にはできません。急いで考えねばなりませんでした。そしてすばらしい考えを思いつきました。

再び笛を吹いて、「私にはマット運動の技術がないの。でもヒカルは完璧にできると思うわ。ヒカル、前に出てやってみてくれない？」と言いました。

全員がヒカルを見ました。ヒカルはマットを見たとき、目を輝かせた少年です。彼は躊躇しましたが、他の少年たちが「やれよ、ヒッキー」と促しました。彼は進み出て、完璧な動作をみせてくれました。何も言わず彼に小冊子を渡しました。すぐに24人全員が簡単な運動をやりのけてしまい、3人の大きな少年に手伝ってもらうと、さらに難しい運動にチャレンジするようになりました。すぐに授業時間の終わりがやってきました。私はこの新しい体育のプログラムについて意見を聞くために何人かに残ってほしいと頼みました。彼らはとても夢中になり、クリスマスコンサート用の体操の曲についても熱心に話していました。

こうして体育の授業の最初のリーダー・グループが生まれました。コンサートの後は、別のグループが卓球大会を計画、実行して、春には3番目のグループが年長者のソフトボールチームを組織しました。その年度、私には一度たりとも生徒たちを罰する必要はありませんでした。彼らは誠実で、思いやりがあり、遊びが大好きでした。

クリスマスコンサートですか？　彼らはすばらしいショーを上演し（私のひいき目かもしれませんが）、聞こえたかぎりではみんな、あの生徒たちが「私の子どもたち」であることを分かっていたと確信しています。

しかしグロリア・サトウにとって、教師としての最初の1年のすべてが良いことばかりではなかった。

ニューデンバー：学級新聞の発行

　私たちは9月の第3週目には良い関係ができ、4年生と5年生の授業を十分に楽しんでいました。子どもたちを自分の弟や妹のように思い始めていましたが、それが大きな間違いでした。

　ある午後の話し合いの時間、トミーが「ねえ、学級新聞を作らないか」と急に言い出しました。他の幾人かも「うん、うん。やろう、やろう」と賛同しました。そこで新聞の発行が決まりました。5ページの労作—表紙と論説が1ページずつ、学級ニュースと児童の紹介が2ページ、そして漫画とクイズの1ページです。印刷にはヘクトグラフ・ゼリー・パッドを使うので、片面印刷をすることにしました。

　そしてタイプライターは簡単には利用できなかったので、ヘクトグラフ用の鉛筆かペンとインクを使ってすべて手作業で行うことになりました。トミーが言い出したことだったので、最初に彼が編集長に選ばれ、彼は喜んで引き受け、ただちにスタッフとして他の4人も選びました。さあこれで準備は整いました。その週は早く過ぎ去りました。表紙は完成し、印刷を待つだけでした。表紙はおんぼろのバラック小屋—それは、みんなが知っている山々と湖を背景に配した彼らの校舎の粗いスケッチでした。前景には遊んでいる子どもたちが描かれていました。校舎の階段には丸めた紙を唇に当てた人物も立っていて、丸めた紙には「オーチャード校ラッパ」と書かれていました。

　金曜日には25枚の表紙が印刷され、児童の紹介ページもゼリー・パッドへ送られる準備が整いました。トミーの論説ページも間もなくでき上がる予定でしたが、自分で満足できるようになるまでにはもう1時間ほど必要でした。他の子どもたちはやきもきしていて、進み具合がとても遅いことも分かっていました。子どもたちは明日の土曜日もやってきて作業をするのでしょうか。私にはそれでも良かったのです。

　土曜日の朝、子どもたちは私が教室に入る前に揃っていました。そして始めるのを待ちわびていました。すぐに私たちはみな忙しくなりました。トミーは論説ページの作業をしました。エバは児童の紹介ページの最終修正をしました。ヒロコはクイズのページに注意深く四角の線を引いていました。ロイとミツルはゼリー・パッドの担当で印刷係でした。

　午前11時までに大方の作業は終わりました。残りはトミーの論説ページだけでした。子どもたちがパッドにインクが定着するのを待ちながら、おしゃべりし、浮かれて冗談を言い合い、私がもってきたクッキーを食べていました。

冗談の声で、ちょっと騒々しくなりました。子どもたちは覚えたての「侮蔑語」を使って、互いに情け容赦ない言い方をしていました。「立派な表紙にクッキーのかけらを残したおバカ（STOOPID）なやつはだれだ？」、「どのおバカ野郎がこのページを汚したのか？」、「ページを数えたオバカなアホはだれだ？ 1ページの追加だ」などなど。全員が正式な授業という条件を外れた特別なクラスのプロジェクトに皆で取り組んでいるという興奮した気持ちでした。子どもたちと一緒に取り組んで、私も一員になったと実感していました。
　そのとき、最悪な事態が起きたのです。トミーは耐え切れず、自分のページをつかんで、必要なゼリーのテストや、表面をちょっと湿らせることもせずに、パッドの上に自分の原稿シートを置こうとしたのです。焦っていたので、彼は位置を間違えてしまい、角が先に貼りついてしまいました。彼はグイッと引き剥がそうとしたので、原稿のシートは引き裂かれてしまいました。その日の午前中の彼の仕事は無駄になったのです。
　「まぁ、あなたはなんておバカさんなの」と考えもなしに言ってしまいました。「自分がしたことを見てみなさい」。もし私が他の子どもたちのからかいの言葉が続くと期待していたとするならば、私は間違っていました。そのようなからかいの言葉はありませんでした。代わって恐ろしいまでの沈黙がありました。
　トミーはまるで急に泣き出すかのように、傷つき、うろたえたようでした。突然、彼は帽子をつかんでドアの外へ駆け出していきました。他の子どもたちは何も言わず、でも私を非難するように見ていました。私は呆然としてそこに立ち尽くしました。私は友だちかもしれませんが、仲間ではないということを子どもたちは間違えようのない明確な形で示したのです。それゆえ、子どもたちは私に言い返すこともしないし、トミーを「バカ」と呼んだかわりに私を「バカ」とは呼ばなかったのでしょう。私が教師であるかぎり、そうなのでしょう。常にこの壁はあるのでしょう。無言のまま私たちは片づけをしました。朝の活気はもうなくなってしまいました。
　約10分後、トミーは思いがけなく戻ってきました。「ただいま」と彼は言いました。「飛び出してしまって、ごめんなさい。ちょっと新鮮な空気を吸いたかったんだ」。「戻ってきてくれてよかったわ」と私は言いました。今や再び完全に女性教師に戻ったのでした。「それからお友だちの前であなたに謝りたいの。私は2度とあんなことは言わないわ」。
　「分かったよ」と彼はにっこりと笑いました。「本当にバカなことをやった

もんだよね」と彼は周囲を見渡しました。「確かに、お前、バカだよ」とミツルが言いました。「いやぁ、正真正銘の能なしのバカに違いないよ」と、ロイは頭をふりながらため息をつきました。普通の状態に戻ってきました。彼らは子どもであり、私は教師、だからこのとき、口を閉じたままでした。

私は教師としてのキャリアを積み、35年以上にわたって教えてきました。その間、子どもたちが呆れるほど馬鹿なことをしたときはいつも、私は口を閉ざし、子どもではなく、その行為に私の怒りを向けました。ニューデンバーの私の最初のクラスは、決して忘れられない教訓を教えてくれたのです。

元サンドン住民の教師タツエ・ナカツカもニューデンバーの教師になった。

ニューデンバー：新入生を教える

サンドンとニューデンバーで教えていた間ずっと、私は新入生のクラスを受け持ちました。新入生を教えるのはとても楽しかった。というのは児童の進み具合がとても鮮やかに分かるからです。9月、自分の名前をほとんど書けない子どももいましたが、6月までには1ページまるごと、あるいはそれ以上のお話を書くことができるようになります。子どもたちの目に輝き－達成に対する満足感－がともるのを見るのはとても楽しいことでした。そうした気持ちを、その年だけではなく、将来にわたっても維持し続けることが私の責任でした。1年生の教師は、子どもたちに学習の正しい道筋を定めてあげる責任があると思いました。

私が教えた最後の年はニューデンバーでの1944年9月から翌年6月までです。その年を一番鮮明に思い出せるのは、たぶんそれまでにいくらかの経験を積んだことと、また結婚するために去ることになったからだと思います。

その年、1年生と2年生の合同クラスを受け持ちました。新年度の最初の日のことをとても鮮明に覚えています。国旗掲揚と入学式のため、すべてのクラスが自分の教室の前で整列しました。私のグループのなかに、明るい水玉模様のバンダナを頭に巻いた少年が反抗的な態度で立っているのに気づきました。私は何も言いませんでした。教室に入り、出席をとっている間、彼の名前にとくに注意を払いました。2年生の一人、ゴードンでした。私はニューデンバーでは新米教師、だから彼は私を試していたのです。

「ゴードン、前にいらっしゃい」と言いました。彼は気取った風に歩いてきました。「すてきな赤いバンダナをしているのね。1度それを外してもらえな

いかしら」と頼みました。彼はバンダナを外しました。
　「ではバンダナを頭に巻いてみて。そうするとカッコよくなるわ。もしできないなら、私が巻いてあげるわよ」。私はすばやくバンダナの端をつかみました。彼は驚いて、必死でバンダナを握りしめました。バンダナが真っ二つに裂けました。その年の残りの期間、彼はトラブルを起こしませんでした。
　その年はたくさんの親に学校に来てもらいました。親たちは子どもが下の学年に下げられたことにとても心配していました。彼らの不安を取り除くために、安心させねばならないことが山ほどありました。そこで私は両親たちに会うことにしたのです。こうした状況下で求められる自制を通じて、子どもたちはたくさんのことを学ぶのだということも説明しました。
　面白いエピソードを覚えています。ある日の保健の授業で、肺について話をしました。私たちは左右にひとつずつ肺をもっていると説明しました。キミオが即座に手をあげて言いました「肺がなにか僕は知っているよ。僕のお母さんは赤ちゃんの妹にミルクをあげています」。
　私は爆笑しないよう我慢しながら、肺は見えない、肺を守るために周囲には骨があると急いで説明しました。その日の休み時間、私は1度か2度一人笑いをしていたことを分かってもらえるでしょう。
　子どもたちに3R（訳者注：Reading, Writing, Arithmatic を併せて3Rとし、基礎学力を意味する略語）を教えることに私は全力を尽くしました。子どもに情緒的な問題があるときはいつも、可能なかぎり手助けしようとも試みました。私は多くの点で厳格でしたが、子どもたちは私にたくさんの愛をくれました。赤いバンダナのゴードンでさえ放課後やってきて、私の仕事が終わるまで静かに遊んでいました。そして私の本を彼のワゴンにのせて、ドアまで運んでくれたのです。
　週末には弟や妹と一緒に私の家に訪ねてくる子どもたちもいました。半分寝たきりだった私の父にとってはとても残念だったでしょうけれど。私は子どもたちに教えようとしていましたが、子どもたちも私を教えていたのです。とてもたくさんの愛を子どもたちからもらいました。教職を離れるにあたってはさまざまな感情が渦巻きました。結婚することはとても嬉しかったのですが、子どもたちと別れるのはとても悲しかったのです。

　ベイファームの教師ヒデヨ・イグチは1944年秋、慎重な扱いを要する難題に直面した。

ベイファーム。1944–45年。生徒会メンバー。
左端はタカシ・ツジ校長、右端はマスコ・イグチ副校長。

ベイファーム：喫煙者を突き止める

　どんな社会でも若い10代の喫煙は問題です。私たちが収容されたスローカン地区の収容所も例外ではありませんでした。1944年の秋、私たちはそこで2年間を過ごしていたので、確立された日常業務をこなしていました。内陸部のBC州収容所の生活は、周囲の見えない「有刺鉄線」を除けば、「普通の」カナダ人の生活の装いをもつようになっていました。

　担当していた7年生の少年数人がタバコを吸っているのではないかと最初に疑いをもったのは、11月上旬のある日のことでした。私の出した数学の問題を解くべく、クラスが没頭していました。私は生徒たちが質問を理解しているか、正しく答えているかどうかチェックしながら、通路を行ったり来たりしていました。突然、かすかに煙草の匂いが鼻をつきました。素早く息を吸い込むと再度その匂いがしました。信じられない思いでした。どの子が吸っているのだろうか。

注意深く周囲を見渡し、ミノル、カズオ、ジムそしてイチロウを見ました。煙草の匂いはこの少年たちの誰かからしているのか。向きを変えると、その匂いがイチロウの方から漂ってくるのは疑いないように思われました。彼は平均的なレベルの子どもよりよくできるし、指導力もありそうですが、ちょっと乱暴者を装っている少年でした。
　彼のシャツから煙草の匂いがしたからというそれだけで、彼が吸ったとは言えない、と自分自身に言い聞かせました。彼の父親あるいは友だちが煙草を吸っていたのかもしれないし、狭い宿舎ではそうした匂いは喫煙者の周囲の何にでもついてしまう。待て！　と自分に言い聞かせました。行動を起こす前にさらなる証拠をつかむまで待とう。
　その後、放課後教師が集まる職員室で、「あの、私の生徒の一人が煙草を吸っているようです。間違いなく彼から煙草の匂いがしていました。どうするべきでしょうか」と言いました。
　「まぁ、なんてこと」、「恐ろしい」、「なんとかしなくては」とみんなが囁き始めました。
　タカシ・ツジ校長は「えー、あなたは彼が煙草をもっている現場や、煙草を吸っている現場をおさえたわけではありませんよね。証拠をつかむまで我々ができることはそれほど多くはありません。当面、私たち全員が、煙草を吸っているかもしれない生徒たちを厳しく監視せねばなりません」と言いました。
　数日後、イチロウが教室を出てもいいかと聞いてきました。いつものように、手助けが必要かどうかをチェックしながら、教室内を巡回していました。窓のそばを通り過ぎるとき、男子便所の建物を見ました。個室の一つからかすかな煙の筋が立ち昇っていました。
　立ったまま見ていると、その個室から人影が現れました。男の子の顔は見えませんでしたが、着ていたシャツはその日のイチロウのシャツと似ていました。それがイチロウであることを確認できる前に、その人影は廊下のかげに消えました。煙草を吸っていたのがイチロウであることを証明できるものは何もありませんでした。
　彼と対決すべきか、それとも待つべきかという思いに、私は激しく揺れました。もしこの件で私が彼と話すなら、ただちに実行せねばならないでしょう。どうしたらよいか。良かれ悪しかれ、もっと明白な証拠を得るまで待つことにしました。
　その後のある朝のこと、職員室に着くと、すでに幾人かの教師はもう来ていて、そのうちの一人が「ところで、オルブライトの店員の一人がうちの生徒

のなかに煙草を盗む子が何人かいると疑っていると聞いたんだけど」と言いました。

「誰?」、「いつ?」、「どの子どもたち?」

「店員は少年たちのグループで、ヒデヨ、あなたのクラスのイチロウがその一人だといっていたと思う」。

「イチロウですって? その少年たちを捕まえたの?」と私は尋ねました。

「いいえ、捕まえていないわ。少年たちがいなくなった後に煙草が無くなっていることに気づいたそうよ」。

「どうしましょう」と私は聞いた。

「その店の出来事は、本来は私たちの責任ではありません。しかし我々全員で煙草を持っている生徒に目を光らせねばなりません」と、ツジ校長が言いました。「私たちは何が起きているのかが分かるまで待たねばなりません」。

1週間後、校舎の角に立っていた少年たちのグループのそばを通ったとき、彼らの会話の一部を耳にしました。「そうさ。ヤツが線路に煙草を隠した……」。

私が耳にしたことは興味深いものでした。彼らは若者のことを話していたのか、はたまた成人男性のことを話していたのか。職員室で立ち聞きしたことを他の教師たちに言いました。

「ええ、そうなの」と一人の教師が言った。「イチロウが煙草を吸っていることを知っている子どもたちがいると聞いたわ。イチロウがどこで煙草を手にいれたのかを知りたくて、その子たちはある日彼をつけたの。イチロウは線路に煙草の缶を隠していたらしいわ」。

なにをすべきか? どうすれば彼を止めさせられるのか? 彼の両親は気づくべきだが、怒らせずに、もしくは恥をかかせずに、気づかせるにはどうしたらいいのか? これが問題でした。事実を立証できる確かな証拠がまだなかったのです。私たちは何もできませんでした。その証拠を手に入れるまで待たねばなりませんでした。結局、証拠はあがりませんでした。イチロウが自分の悪さを誰かに知られたと感づいたに違いないと思っています。彼は賢かったので、もし自分の行為を両親が知ったなら、どんな結果が待ち受けているか分かったのです。そして煙草の匂いは教室から消え、こうして10代の喫煙問題は解決したのでした。

1944-45年度カリキュラムの大きな変更点は、上級学年の男子には工作、女子には家庭科に重点を置いたことであった。この重点化の主な理由は、教

ベイファーム。7・8年生の屋外での工作授業。

育局長のクレオ・ブース側が決めた基本方針の二番目にあった。それは、BC州の収容所で生活する家族にとって2度目の移動、今度はロッキー山脈の東へ移動するよう働きかけることであった。そこで考えた末、若い収容者に対して大工仕事や他の工作技術、あるいは調理や裁縫の教育をすれば、収容所を出た後の生活でも雇用が促進されるだろうということになった。

そうした追加的な教育は、当初、初年度の早い時期から成人収容者によって実施されていた。ニューデンバーでは婦人会が、1943年春に自分たちで経費を負担する裁縫教室を開催したいと申し出ていた。同様な自己負担の裁縫教室はカズロでも始まった。

そして初の工作技術の教室がカズロで開催された。カズロでは二世のハリー・ツチヤが保安委員会の承認をえて、ユニークな仕事を始めていた。彼は販売用の木工製品を製作するクートネイクラフトと名づけた施設を立ち上げていたのだ。ツチヤ自身の他に、少年たちに木工細工を教えた教師にはヒトシ・ネコダ、ジミー・ハセガワとジュンジ・イケノも含まれていた。イケノは『ニューカナディアン』紙用のライノタイプの鋳植字工になるため、レモンクリーク収容所から移動してきていた。

1944年までにほとんどの収容所で、似たような実務教育が提供され、通常は地元の保安委員会学校と連携していた。

1944年12月、タシメのシズ・ハヤカワの3年生のクラスでは、間もなくやってくる休暇の季節の特別な祝い方をみつけた。

タシメ：1944年のクリスマスツリー

クリスマスが近づいていました。そこで子どもたちはツリーを手に入れようと決めました。山の麓にある森に行く途中、校舎からそれほど遠くないところの川に丸木橋がかかっていました。私は自分たちの収容所の中心からそんな遠くまで歩いたことはありませんでしたが、少年たちはそこにはクリスマス用のすばらしい木があると自信をもって言いました。

雪が降って、外は美しい眺めでした。子どもたち全員を伐採の冒険に引っ張り出すという考えは好ましくないと思ったので、3人の少年に行かせることにしました。

昼食後、ジミーが家から小さな斧を持ってきて、彼とショージとピーターが森まで歩いていくことになりました。

残った私たちは彼らが戻ってくるのを待ちながら不安な時間―とても長く感じました―を過ごしました。8歳の少年3人を雪で覆われた森のなかに、とくに斧を持たせて行かせたのは重大な間違いだったのではないかと思いました。もしやだれかが怪我をしたのではないか。あらゆる種類の心配が私の心をよぎり、ほとんど精神的に参ってしまいそうになりました。

そうして、やっと少年たちが教室に飛び込んできました。雪まみれになっていましたが、木は手にしていませんでした！ 彼らは息を切らして、笑いながら、興奮して、そして一度にすべてのことを話そうとしていました。彼らはとても多くの木を見てまわり、そして最上の木を切り倒すために時間をかけたのです。それは2.4メートルぐらいある大きな木でした。興奮して、深い雪のなか数キロも学校まで獲物を引きずってこなければならないことを忘れてしまったのです。彼らは大きなふさふさした木を引きずってきたに違いありません。

教室のドアから木を入れることができなかったので、窓を最大限に開けました。雪まみれの少年たちが外に出て木を押し、他の生徒たちは教室のなかから木を強く引っ張りました。これぞ真のクラス活動で、私の手伝いは不要

タシメ、1944年。教師のシズ・ハヤカワ。生徒たちがクリスマス・ツリーを入れるのに十分な大きさの窓。

でした。木を立てるスタンドが組み立てられ、窓の近くに置かれました。クラス全体で空き時間は紙の鎖やデコレーションを作り、家からオーナメントを持ってくる子どももいました。私たちは自分たちの木が自慢で、それは学校じゅうの羨望の的でした。

　私もクリスマス気分でした。幾晩か私がシュガークッキーを焼いている間、母は薪ストーブの火をつけたままにしてくれました。クッキーの抜き型がなかったので、星、木や靴下を形取ったダンボール製の型紙を使いました。とても時間がかかりました。クッキーは大きくて3色の糖衣をかけたものでした。クリスマスパーティが開かれ、子どもたちは私の努力の成果を貪るように食べてくれました。

　その月、1944年12月は日本との戦争が始まった真珠湾攻撃から3年目であった。連合国は敵を敗走させていた。太平洋では、我々の軍隊は日本軍を日本の方角である北に追い返していた。そこでアメリカ合衆国政府は北米の太平

洋岸にはもはや軍事的脅威はないと判断した。

　沿岸州に住む日系アメリカ人もまた内陸部の収容所に1942年、大規模に移動させられていた。1944年12月17日、アメリカ陸軍省はその月末には日系アメリカ人収容者は家やコミュニティに戻ることが許されるだろうと発表した。1945年1月初め、日系アメリカ人はカリフォルニア州、オレゴン州やワシントン州にある自分たちの家にぽつぽつと戻り始めていた。これは対日戦争が終わる数ヶ月も前のことであった。

　しかしながら、カナダでは日系カナダ人収容者に沿岸部へ戻るのを許可することは、オタワ（連邦政府）の計画のなかでは、優先順位が最も低かった。立ち退かされた日系カナダ人は戦後の自分たちの運命が、通常の生活に戻った日系アメリカ人と比べて、いかに違うかということを認識し始めるようになった。

　その間、BC州内の収容所の生活は続いていた。1944年夏にフィンドレイターが音楽を教えた生徒の一人、スミ・ハヤシは、半年後の1945年初めには彼女自身が音楽教師になった。

レモンクリーク：音楽を教える喜び

　1944-45年度、私はベイファームの新任教師でした。すぐ近くのシルバーマイン裁縫学校で自分のクラスを続ける時間が与えられたので、これはとてもうまくいきました。

　1945年2月、私は、およそ10キロ離れたレモンクリークに行って、保安委員会学校で音楽を教えるよう頼まれました。もと住んでいたプリンスルパートでは、私は何年もピアノと音楽理論のレッスンを受けていました。レモンクリークでの仕事を引き受ける前に、私はケイティ・オオヤマが教えているのを見学するため、ベイファーム校とポポフ校を2週間にわたって訪問しました。彼女は才能ある音楽家で、とても豊かな声量をもち、楽譜なしでピアノを弾く才能をもっていました。彼女の演奏は独創的なものでした。

　レモンクリークで私は音楽を教えることが真の喜びであることに気づきました。目を大きく見開いた生徒たちは音楽の初歩を習いたがり、歌いたがり

ました。学校の演奏会に向けて、異なる学年からなるいくつかの合唱団を編成しました。マリコ・トクナガが合唱団の伴奏者でした。そしてヒデコ・ヤマシタが7人の女子に指揮棒の振り方を教えて、幾人かの女性楽隊長を出現させました。彼女はまた多くの生徒を集めて、「偽りの結婚式」という題名の劇を上演し、もっとも背の高いマナブ・マルバシに頬を紅で染めて花嫁を演じさせました。一番背の低いジャッキー・ワタナベはもちろん新郎になりました。花嫁介添人にはトミー・ヤマモトがなりました。劇はとても愉快でした。

1945年5月24日のビクトリアデーに向けて、キクエ・モチヅキが8年生の女子のなかからメイクィーンに選ばれました。準優勝者は、マリー・ハコダ、ミツコ・ヤノとツヤコ・ミツキでした。もちろんその当時しゃれた音楽設備などはありませんでしたから、そうしたすべての大事な行事において生徒と教師による音楽は重要な役割を担いました。

8年生の卒業式がその年の仕事の仕上げでした。そして、もちろん音楽は式ではその役割を演じて、「オー・カナダ」（訳者注：現カナダ国歌）から始まり、いくつか他の選曲も含まれていました。レモンクリーク校で自分の好きな教科を教えた4ヶ月間が私の人生のなかで最も幸せな時間でした。

カズロ、1945年。1945年の演説会の参加生徒。男子左から右へ、シニー・クマガイ、ゴロウ・マルヤマ、ヨシアキ・ウノ、ロイ・オオホラ（1位）、サカエ・コスギ、テッド・シミズ（3位）。女子左から右へ、ヨシエ・オオモリ、ネリー・スギウラ、スーザ・ミヤシタ、パッツィー・オオノ（2位）。

1945年、テッド・シミズは7年生だった。彼の父親はバンクーバーからカズロに移動した合同教会の清水小三郎牧師だった。

> ### カズロ：1945年クートネイレイク学校弁論大会
>
> 僕は他の大会参加者と一緒に、暗く狭い通路で緊張して立っていたのを覚えている。ホールへ入るその瞬間を待っていた。イライラし、恥をかくのではないかという思いを抱いていた。僕はそこにいたくなかったということを覚えている。僕はどうして、そして誰が言ったのか、ということを思い出せないが、確かに参加を強制されたんだ。一列に並んでホールに入っていき、段を下りると、両親や「高官たち」を含めた、とても多くの人びとが下に集まっているのが見えた。
>
> 1945年2月23日金曜日の僕の日記によると、
> 「今朝、昨日と同じく、いつもより早く登校し練習した。今日の午後、コンクールに出るためカズロのホテルの宿舎に行った…。僕は『戦後になしうる発展』について話をした。僕はあそこにいたとき、とても緊張して汗をかいた。審査員が再び戻ってきて、ロイ（オオハラ）が優勝、そしてパッツィ（オオノ）が第2位、そして僕が第3位だと言った。賞品として本をもらった」。
>
> （弁論大会の僕のスピーチについて）今覚えていることは2つだけあり、ロケットで行く未来の旅行について話したこと（ノートによく描いたものだった）と、雑用はすべてロボットがやるだろうと予測したことだ。

その日、全部で11人の生徒がカズロ学校弁論大会に参加した。優勝したロイ・オオハラのテーマは「未来の世界」、そして第2位のパッツィ・オオノは「私の好きな本」について話した。

1945年1月1日から4月11日のテッド・シミズの日記はまたクートネイレイク校の彼と7年生の同級生がどのような生活だったのかを記録している。

> 午前中は作文、文学、数学と保健だった。体育は外で雪合戦をした。
>
> ＊＊＊
>
> 今朝、「湖の乙女」をやった。僕たちはその本で一番盛り上がる場所に差しかかっている。数学は方程式だったが、僕はよく理解できなかっ

た。数学の後は音楽で、「ドント・フェンス・ミー・イン」、「アイブ・ガット・シックスペンス」や他の歌を歌った。午後は美術だった。

＊＊＊

　今日の午後は社会科と調理だった。学校でシュガークッキー用の材料を混ぜて、それを焼くためにドラッグストアに行った。(シミズの後日のコメントは、「ドラッグストアは学校の通りの反対側にあり、2階に何世帯かの日系人家族が住んでいた。僕たちはその共用台所を借りていた」というものであった)。

＊＊＊

　今日の午前中は誰も教室に来なかったが、午後はたくさんの訪問者があった。(シミズが思いだすには「子どもたちの様子を見学するために教室に親が招待される日があった。子どもにとっては、強い緊張と気恥ずかしい日となった」)。

＊＊＊

　今朝、学級会があった。もっと活動的なスポーツをしたいということ、(エイミー)ヤマザキ先生がいなくなるので、プレゼントをしようと提案した。

＊＊＊

　今朝、7時15分前に起きて、ヤマザキ先生とお別れするためにガソリンスタンドへ行った。(ヤマザキ校長は1945年3月1日にオンタリオに向けてカズロを去った。アヤコ・アタギが彼女の地位を継いだ)。

＊＊＊

　今朝、集会でやらなければならないことがあった。学校の正面にいって、「アクセンチュエイト・ザ・ポジティブ」を歌わなければならなかったのだ。歌の途中で詰まったので、最初からやり直した(おそらく前日練習する代わりに僕たちは卓球をしていたからだ)。

　文学の時間に「ヘルベ・ライエル」、フランス人とイギリス人の戦争の詩を取り上げた。最後の2時間は、男子は全員ブランケットステッチやほかのステッチのやり方を習った。放課後、友だちのタモツを見送るために駅まで行った。(シミズは「僕たちがステッチをやるということは決めら

れていたとぼんやりだが覚えている。男子や女子が通常あるいは伝統的にはやらない活動をさせられた」と付け加えている）。

テッド・シミズと親友は厳禁されていたことをした。

カズロ：湾を横断する筏乗り

（クートネイ湖のカズロ沿岸の）浜辺で、僕たちは見つけた流木や丸太でよく筏を作った。僕の筏は2〜3本の古釘で打ちつけられたもので、すぐにばらけそうだった。でもタケオ・オオハシは工作が得意で、筏のなかの筏ともいうべきものを組み立てた。それは小さかった。でも床、ベンチ、オール受け、そして見事に作られたオールもついていた。

その特別な日は、放課後にソフトボールの試合が予定されており、（いつもは）僕はチームの一員としてショートを守っていた。タクが試合のメンバーではなかったので、新しい筏に乗って一緒に湾を横断しないかと誘ってきた。タクは親友だったから、僕が「ノー」という可能性はまったくなかった。新しい筏も僕をひきつけた。そこで僕たちはベンチに座って悠々と湾を漕いで横断した。

翌朝、僕たちは校長室に呼び出され、隣の部屋で待つように言われた。その部屋は校長室よりもおよそ30センチ低くなっている大きな部屋で窓はなかった。僕たちはしばらくの間―かなり長い時間、気をもみながら座ったまま待たされた。タクと僕ができることはビクビクしながら互いを見ることだけで、とても厄介なことになったのは分かった。その朝、アタギ先生から責任ということについて説教された。僕が誰にも言わずソフトボールの試合をさぼったことも十分に悪いことだったが、筏で湾を横断することを禁じる厳しい規則があったのだ。

1945年4月、カナダ政府は日系カナダ人収容者、とくにまだ内陸部のBC州収容所にいた者たちの将来に影響を与える、新たな厳しい措置を導入した。それは大部分の成人たちに、さらなる困惑と苦痛をもたらすもので、そのなかには教師とその家族、児童たちの両親も含まれていたし、その意味を理解できる子どもも同様に含まれていた。いわゆる本国送還の手続きであった。

第16章　本国送還の危機が収容所を襲う

　戦争終結の年となる1945年、カナダ連邦政府は戦後、なるべく多くの日系人を日本へ送り返そうという情け容赦のないキャンペーンを開始した。そしてカナダに残る人びとは、BC州外に分散させられることになった。これはアメリカ合衆国で起きていたこととまったく対照的であった。アメリカ連邦政府は太平洋地域での軍事的緊急性はなくなったと判断し、日系アメリカ人は西海岸州の元の家に戻ることを許可されていた。

　カナダの政策は、連邦政府がブリティッシュ・コロンビア州（BC州）の人種差別的政治家や組織に、黙従するところから生じていた。戦争中、こうした反日系人キャンペーンに関わる人びとは、日系カナダ人を、国からではないにしても州から排除するよう激烈に煽動していた。日系カナダ人の多くはカナダ生まれの、あるいは帰化したカナダ市民であるという事実はまったく無視された。

　「ジャップ排除」政策の最初の手段が、いわゆる「本国送還」調査であった。1945年4〜5月にBC州内、続いて国内のすべての疎開者に対して連邦警察が実施した調査だった。16歳以上のすべての日系カナダ人は自分の将来を決める調査票にサインすることが求められた。

　「本国送還」に「はい」と答えるということは、戦後、連邦政府の経費で日本へ移送され、出発のときまではBC州内に留まることが許されるということを意味していた。「いいえ」と答えることは、収容所名簿から削除され、ロッキー山脈の東側に「再定住」するためBC州を離れなければならないことを意味していた。

ベイファームの教師マスコ・イグチは本国送還調査に対して断固として「いいえ」と回答した。

ベイファーム：「カナダに残るつもりです」

　1945年春、疎開者全員が将来について自分の意思を明確にすることが求められる日がやってきました。ある日、すべてのBC州収容所にあったすべての家庭と同じように、2人の連邦警察官がベイファームの二番街にあった我が家の戸口にやってきました。「決めましたか？」と一方の警官が聞きました。「日本に戻りますか？」
　「いいえ」と答えました。「私はカナダ人です。カナダに残るつもりです」。そうすると、彼らは私の氏名と日系人登録番号「15074」のところに反対の印をつけました。彼は礼を言って立ち去りました。数週間後の6月に学年が終わったとき、オンタリオ州ロンドンに向けて発ちました。

タシメの教師シズ・ハヤカワと彼女の家族は結論に達した。

タシメ：家族の決定

　タシメでは、本国送還調査の知らせは回覧板で家から家に伝えられました。両親と私は弟や妹も一緒に台所のテーブルの周りに腰かけて、私たちの生活を激変させる、この最新の出来事について話し合いました。私たち子どもはカナダ生まれなのだから、行ったこともない日本へ、どうやって「戻る」というのかと議論しました。そして父、祖母と母は1920年代にカナダにやってきてからは一度も生まれ故郷に帰ったことはありませんでした。その国に戻らねばならないような親戚も財産ももたなかったのです。だから本国送還を選ぶかどうかは、難しい決断ではありませんでした。カナダに留まることを選んだのです。
　しかし私たちは東部のどこに送られるのでしょうか。今度は、それが私たちの関心事になりました。
　決断した日に私は手続きのためにD棟に行きました。印刷された用紙を受け取り、自分の選択した箇所にX印をつけました。若い連邦警察官が私のすぐ後ろに立っていました。BC州政府は、本当は私たちを「本国送還」したいのだと思いました。

> カナダに残ると決断して間もなく、ポップと私はタシメでの仕事を失いました。各々、保安委員会からもはや勤務は不要、という通知を受け取ったのです。
> 　同僚の教師や友人と将来のことを語り合う時間はありませんでした。一人ひとり、自分自身で、あるいは家族の他の一員や親戚と一緒になるため、東部を目指してタシメを離れ始めました。
> 　収入が絶たれたとき、私たち家族はより差し迫った危機に直面しました。私たちの経済的苦境から抜け出すプランを知り合いが提案してくれました。それは弟のミキに本国送還に署名させるというもので、いずれそのときがくれば弟の署名は無効になるというのが私たちの考えでした。弟がタシメ収容所内の保安委員会の仕事を続けることができるということを意味しました。家族8人を助けるために18歳のわずかな給料に頼るという危うい手法でした。

　急な本国送還調査の過程で生じた間違いのなかには、タシメも含む収容所で、日本へ送られることに同意しても後に取り消しが可能だ、と警官が確約したケースがあった。このことは、収容所の何千人もの人びとに、見知らぬ東部の土地で新しいスタートを切るという空恐ろしい将来の企てよりも、BC州に留まるための引き伸ばし策として、「本国送還」に同意させることになったのである。

　タシメの教師メイ・イナタは運命を決した1945年春の家族の反応を覚えている。

タシメ：父の決断

　1945年の本国送還調査の間、タシメで私たちが耐えたトラウマのような経験はいまだに多くの悲しく不幸な思い出として残っています。伝統的な日系人家族の慣習として、子どもに関する大きな決断というのはすべて父親が下しました。
　父は15歳のときに国を出て、もはや家もなかった日本へ戻るか、すべての子どもが生まれて育ったカナダに残るかについて、非常に苦悩したに違いないと思います。私たち子どもは日本やその風習文化に不案内でした。父はまたこの国の見知らぬところに再定住するという代替案や、そこで直面する不確かさについて悩んだに違いありません。

第16章 本国送還の危機が収容所を襲う

　製材所の機械組立工の中年男性として、父は東部で似たような仕事を見つけることができるのだろうか。子どもの幸せ―子どもたちの将来になにが待っているのか、BC 州で味わったと同じような偏見にまた会わねばならないのかといったことも、また父の大きな関心事であったに違いありません。
　戦争の何年も前に、カナダ生まれの兄は6歳のときに、教育を受けるために日本の祖母の家へ送られました。これは当時の日系カナダ人家庭にありふれた習慣でした。当時 (1920年代と1930年代前半) の移民の多くは、ゆくゆくは故郷に戻り、ひいては息子をそこで育てたいと思っていたのです。
　そこで1945年4月、父はついに、戦後はこの国の不案内なところで不確かな将来に直面するよりは、むしろ兄のいる日本へみんなで行こうと決心したのです。
　いやいやながら「本国送還」に署名した日に感じた、望みのない落胆するような予感を覚えたことを決して忘れないでしょう。この国で生まれ教育を受け、自分自身を生粋のカナダ人だと考えていたし、戦争におけるこの国の大義に共感していました。私にとって日本は、兄―別れたとき、わずか3歳だったので私には見知らぬ兄でした―がたまたまそこにいる、知らない、遥かかなたの外国でした。皮肉なことに、私が本国送還用紙にサインした日は4月12日で、まさにその日にフランクリン・ルーズベルト大統領が亡くなった―対日戦争の最終的な方向性が変化したという人もいた―というニュースを聞きました。

　本国送還調査の直後に、数人の教師が収容所や BC 州を去った。しかし大半の者はしばらくの間学校の仕事に従事したし、カナダに残ることを選んだ者ですら残っていた。仕事と住まいが見つかれば、彼らは東部に移送されるだけだった。「本国送還」に署名した教師は、終戦後に日本へ行くことになっている人びとを集めた収容所であるタシメ、レモンクリーク、ベイファーム、ポポフおよびローズベリーに送られた。

　メイ・イナタはタシメに残り、引き続き教えていた。収容所に残っている他の教師と同じく、できるだけクラスの子どもたちの日々の生活を通常の状態に保とうとした。

タシメ：忘れられない参観日──1945年

　タシメで私が教えた日々のなかでもっとも忘れられない出来事は、7年生を受けもっていた1945年の春に起きました。ある日、私たちは参観日を設けたので、授業中のクラスを見ようと親たちがやってきました。

　当然のことながら、その日は親の到着を待ちながら、みんなとても緊張していました－生徒も教師も同様に。私はきっと来校するだろうと思われる父親の一人をとくに気にかけていました。その人はとても批判的で手厳しい男性だと聞いたことがあったのです。彼の息子ジョニーは確かに生徒のなかで最優秀の一人というわけではありませんでした。ジョニーはやる気がなく、ぼんやりとした少年で、いつもそわそわして、机のうえで何かをおもちゃにしていました。彼はめったに靴ひもを結んでいなかったし、学校へ来る前にまったく髪を梳かしてこなかったのではないかと思う朝もありました。

　タシメの教室は狭く混み合っていたので参観した親が様子をうかがうことのできる唯一の方法は、開けっ放しの出入り口に立つことでした。その日あまりたくさんの親は来ませんでしたが、ジョニーの父親は最初にやってきたうちの一人でした。予想どおりに、子どもたちは最善の行動、たいていは静かにして、はにかんでいました。

　ひとつの単元を終え、いつものように質問することで復習を始めました。しかし子どもたちは間違った答をすることを恐れたので、もっとも賢い生徒ですら手を挙げません。打ちのめされた気分になりました。この状態が教師としての私の能力を反映していると思われるのではないだろうかと。

　沈黙が永遠に続くかと思われた後、挙がったのです、ジョニーの手が！ほっとして、答えてもらうために彼を指名すると、少し驚いたことに、彼は正しい答をしたのです。次の質問にも同じことが起きました。それ以降、ほとんどどの質問も同じような結果でした。その日、ジョニーは私のスター生徒でした。

　授業が終わると、子どもたちを解散させて、親たちが自分の子どもの進捗状況を話し合うためにやってくるのを待っていました。驚いたことにジョニーの父親はいませんでした。彼は2度と自分の息子のことを聞きに戻ってはこなかったのです。父親は参観日のジョニーのふるまいに良い印象をもったのだろうと思います。

　同じ月、ニューデンバーでは新米教師のグロリア・サトウはだいぶ変わっ

た学校体験を分ち合っていた。

ニューデンバー：毛虫の攻撃

　クラスは30分早く、午後4時には終わり、5月中旬の太陽は人気のない学校の通路を暖かく照らしていました。ほとんどの教師は自分たちの教室で翌日の授業の用意や答案の採点をしていました。突然、耳をつんざくような悲鳴が静けさを引き裂き、完全にパニック状態の甲高い声が続きました。私は本を落とし、ドアに向かいました。声は2つ3つ先の3年生校舎のドアから聞こえました。若い3年生の教師が急いで階段を降りるのが見えたとき、急に立ち止まりました。続いて彼女の児童の一人が葉のない大きな枝を振り回しながら「ねぇ、待って！ 見て、見て！ わぁーわぁー」と叫びながら後を追いかけていました。枝の間に、まるで綿菓子のように、大きなフワフワした白い球状の塊がありました。若い教師はまだ叫びながら通路を逃げ回っていて、2、3人の年上の教師の後ろに隠れようとしていました。年上の教師は騒ぎが始まったとき、自分の教室から走り出てきた人たちでした。

　年上の教師の一人が枝をもった少年をひっ捕まえて、彼をすばやく押さえました。残りの教師は調べるためにかけよりましたが、私たちもまた枝の球状の塊にたじろぎました。今まで見なかでもっともおぞましくて醜悪なテンマクケムシの巣だったのです。忌まわしい生き物は巣の内側や外側、そして巣の全体で、もぞもぞと動いており、地面に落ちたものもありました。「うわっ！」私たちはそろって叫び、すっかり興奮して息を切らしている小さな犯人のほうをじっと睨みつけました。

　その子の顔は喜びに輝いていて、目は「わあ、面白い！　女の先生はみんなバカみたいに怖がったんだよ！」とでも言っているかのようでした。

　まあ、眠気を誘う午後に、自分で見つけた枝で楽しみを作り出した8歳の小さな子に誰が腹を立てたままでいることができるでしょうか。とうとう私たちはみんな、ついには犠牲になった若い教師ですら笑い出しました。彼女はおぞましい生き物から安全な距離にまで離れていましたが。

　最近、1990年5月に、立派で有能なコミュニティリーダーに出会いました。彼こそかつてのこの小さな悪戯好きな少年だったのです。彼も私のことが分かり、ニューデンバーのオーチャード校の古き良き日々について話しました。私はテンマクケムシの件を覚えているかと尋ねました。「誰が、私が？」と彼が悲嘆にくれたように見えました。「私が？　いいえ、私ではありません。自分の大好きな先生にそのような悪戯をしたなんて考えられません」。

でも彼は向きを変えると、ニコッとした小さな笑いを顔に浮かべました。まるで45年前の疎開児童だったころの、おぼろげで長い間忘れていた喜びを思い出したかのようでした。

ニューデンバーの、鉛筆とワイヤーの悪戯と読みの能力に問題を抱えた生徒だったロイ・ヤスイは教師のグロリア・サトウを覚えている

ニューデンバー：彼女が私に勉強させた

　僕が最初に見たのは、サトウ先生が友だちとうちの近くのスローカン湖畔を散歩しているときだった。2人とも、ニューデンバーから南に32キロのところにあるスローカンから来たと思う。

　サトウ先生はキラキラして、生き生きとした快活な人柄だということがわかった。同級生たちと同じように、彼女の受けもちで自分はついていると思った。しかしこうした前向きな感情を抱いたのは短い間だけだった。僕が初めて彼女に見えないワイヤーと鉛筆の悪戯をした時、彼女は子どもっぽい行動に対しては寛容ではないということを明確に示した。彼女が言うには、学校は学ぶところであって、クラスの他の人たちを邪魔するようなことをしてはならないということであった。

　収容所の学校にはワークブックの類はまったくなかった。サトウ先生はなんでも黒板に書いて、僕たちはそれを自分のノートに写した。僕の場合、居残りのとき―ほぼ毎日だったが―追加の課題が課せられた。僕のために特別に用意された、やや簡単な課題だった。読解力、推理、スペリング、単語や句読法に関する問題を解かねばならなかった―来る日も来る日も。

　サトウ先生の手助けをするためにいつも教室の雑用を買って出ていた少年たちをうらやましく見ていた。戦争のために紙は不足しており、通知は特別な場合のみ家庭に配布された。今まで完全に忘れていた複写の手順を思い出したので、こうしたことを記している。この子たちは、大きな平らな皿に広げたゼリーのようなものを使っていた。通信文はゼリーに印刷され、紙は皿のゼリーのうえに置かれた。こうやって印刷されたと思う。他のどこでもこの手順を見たことはないし、話を聞いたこともない。この印刷に参加する機会があったかのように、この複製手順を覚えているが、僕が手伝いましょうと申し出ても、サトウ先生はあっさりと黒板を指すだけだった。

　すべての立派な教師たちは厳しかった。もし子どもが勉強していないと、

> それは自分の責任だと受け取った。これを生徒や親は、子どもを不公正に選び出して情け容赦なく指導しているとしばしば思い違いをした。サトウ先生は情け容赦なく、かつ熱心だった。僕は勉強しなかったが、彼女が僕に勉強をさせた。彼女は僕の頭にあらゆる単語や規則を叩き込んだ。それはとてもエネルギーのいることだった。たいていの教師はそれほどきつくやろうとはしなかっただろう。多くの有能な教師と同じように、サトウ先生は面白い活動やお話、ゲーム、歌、そして教室にいて楽しくなるようなことを毎日用意しようとしていた。
> 　その学年の春には、姉のマリーが小さな学校図書館から借りてきたナンシー・ドリューのミステリー本が、自分に読めると分かった。読む力に問題があったので、僕はそれまでたいてい絵本しか借りていなかった。ナンシー・ドリューのミステリーにチャレンジすることは何か違ったことだった。それは興奮するような経験―本の最初から最後まで読むことができるということ―だと分かった。僕は貪欲な読者になった。その図書館にあったあらゆる本を読んだ。今も貪欲な読書家である。

　一方、戦いの前線では、1945年5月8日が第2次大戦終結の端緒となった。その日はヨーロッパにおける連合国の対独勝利を祝う V-E デー（欧州戦線勝利の日）となった。イタリアはそれ以前に降伏していた。カナダの市や町では、V-E デーをパレードや祝賀のスピーチで祝った。

　今や連合国にとって残った唯一の敵が日本であり、残された戦場はアジアとなった。しかし BC 州収容所に残された日系カナダ人にとって、ヨーロッパにおける勝利の知らせは、現代史上の重要事件のひとつに過ぎず、彼らが気にかけていた戦争は、継続中の対日戦争であった。対日戦争が終わると、BC 州収容所の何千人もの住民の最終的な運命が明らかになるのだ。

　予想されたとおり、本国送還調査とその実施により、多くのゴーストタウンの教師は、他の収容所への移動あるいは東部への出立を促された。

　タシメは「本国送還」にサインした人びととの中継収容所のひとつになった。そのためシズ・ハヤカワと彼女の家族の大半は他の収容所に移動した。

タシメ：ローズベリーへ、さらにニューデンバーへ

　1945年7月4日、私たちはタシメを去り、ローズベリーに移りました。弟のミキはタシメに残り、彼の年齢を考慮して親しい友人が彼を見守ると約束してくれました。これは、保安委員会が本国送還にサインした者と、ここに残るとサインした者を分けるというプロセスの一環でした。

　ローズベリーにいた1ヶ月の間、そこの収容所の学校で教えてほしいと頼まれました。その依頼がきたとき、私は不在だったので、母が言い訳をしてくれました。私の嫌いな人がスタッフにいたことを知っていたので、お金に困ってはいたけれども、私がそこでは働きたくない理由を母は理解してくれました。

　1945年8月22日、近くのニューデンバーに移りました。すぐに恐ろしい知らせが私たちのもとに届きました。それはタシメで「ミチ」が死んだというものでした。どうやら夜に亡くなったらしく、弟の面倒をみていた私の友人が、弟の名前である「ミキ」と「ミチ」を混同したのです。後になって知ったのですが、彼女は、落ちついて名前を区別できるようになるまで、なんと伝えたらよいのかと心配して半狂乱の状態だったとのことです。

　亡くなったミチは、私たちも知っていましたが、タシメで生まれたチアノーゼ症の乳児でした。当時、健康上の問題を抱える乳児が、生き永らえるチャンスは多くはありませんでした。間もなく弟のミキは本国送還を選んだことを取り消して、ニューデンバーにやってきて、私たちは一緒になりました。

　BC州収容所内の多くの家族が、私たちのように収容所から収容所へ移動したり、最終的な落ち着き先が決まらなかったり、あるいはありとあらゆるストレスを経験することに巻き込まれている間に、新学期が始まろうとしていました。サマースクールに参加したときからの知り合いである教師のサッシィが、モントリオールに行くためニューデンバーから離れると言いました。私が彼女のクラスを受け持つのだろうか？　教職に戻りたくなりました。ある朝、校長の（マリー）ミズハラ先生が面談にやってきました。洗い桶で家族のものを洗濯していて、腰を曲げたままの私を彼女はつかまえました。そして、他ならぬその日の午後に、私は5年生と6年生の児童に紹介されたのです。

　1945-46年度の大半を、ニューデンバーの学校で教えました。その後、1946年4月13日に私たちの一家はオンタリオ州南部のバインランドにあるA.W.スミス農場をめざしてニューデンバーを去りました。

ベイファーム校の校長として、タカシ・ツジ師を引き継いだマスコ・イグチは1944-45年度の終わりに東部へ向けて移動した人たちの一人であった。

ベイファーム：校長としての最後の日

　晴天の日、目が覚めました。空は澄み切って明るかった。隣人のオノさんが別の隣人のカミトモさんに丁寧に（日本語で）「おはよう」と挨拶しているのが聞こえました。2人とも裏手のそれぞれの小さな家に向かうところでした。

　この朝、ぐずぐずしてはいられませんでした。学校へ行って、保安委員会の教育局長のブース女史に提出する報告書を仕上げねばなりませんでした。急いで朝食をとった後、姉のヒデヨと私は、母の後に続いて家を出ました。毎朝、母は自分の花壇を見るため、私たちと一緒に家から出ました。この朝もいつもと違いはありませんでしたが、母は一番上の踊り場に出たとき、「見て、見て、ポピーよ」と叫びました。実際に、継ぎ目のところに背の高いポピーの花が咲いていました。週の初めには満開になるかもしれません。母がここを離れるにあたって、なんと素敵な贈り物かと思いました。前庭に放置されたままの大きな岩は醜悪でしたが、その岩にあたった太陽の熱のおかげで、通りのどの家よりも先に母の花がよく開花したのです。もちろん母がよく面倒をみたこともあります。

　手を振りながら元気よく（日本語で）「行ってまいります」といいながら、二番街を横切り、我が家の反対側の家々の間を通り抜けて一番街のほうへ、そして校庭にたどり着きました。

　用務員はすでに仕事を始めていました。職員室へ入るときに彼にむかって「おはよう」と挨拶しました。まだ誰もおらず、部屋はひんやりしていました。新鮮な空気を入れるため、2つの窓を開けました。

　最初の教師が来て「閉校にはよい日になりそうですね」と言いました。

　続いてすぐにスローカンシティ・グループ（1.6キロ離れたところに住んでいました）が到着しました。そのうちの一人が「暑くなりますよ！　街道沿いに歩いてきて、もう感じました」と断言しました。

　ケイティが甲高い声で「半日の式でよかった」と言いました。そしてもう一人のベイファームの住人が「私のクラスが集中するには、今週はあまりにも暑すぎました」と付け加えました。

　会話は、学校最後の日に関する別の話題へと移っていきました。教師たち

は各々の教室に行くために職員室をゆっくりと出ようとしていたので、最後の注意をしました。

「子どもの成績とクラス順位を、記入済みの出席簿と一緒に用意しておいてください」。教師たちはそれがバンクーバーのブース女史に送られるのを知っていました。

気づくと、すでに9時5分前に近くなっていました。机を離れ、古い授業ベルをもって、踊り場に出ました。これが、授業ベルを鳴らす最後、まさにこのベルを鳴らすのは最後になるのだと実感しました。

9時5分前、ベルを鳴らすと校旗があがり、そよ風にまさにほんの少し揺らぎました。子どもたちは左右から走ってきて、整列しました。マイペースでまだゆっくりと歩いている子どももいましたが、各教師は自分のクラスの前に立ちました。朝礼担当の2人の教師が2つの校舎を繋ぐ通路のところで、私の前に立ちました。ベイファーム校には3段の階段があり、この通路を天気のよい日の朝礼時、子どもに話すために使いました。他の教師が学年の連絡事項を伝達している間に、教師の一人が聖書から1節を読みました。それから私は全校生徒に訓話をするよう求められました。

最後の保護者会で、私が8年生の生徒たちに、そのうち私たち全員がスローカンから移動するだろう—カナダの別の都市か、あるいは日本のどこかに—と話したことを伝えました。新しい家庭がどこにあろうと、みんな全員が健康であること、新しい学校にもよく溶け込んで、新たな仲のよい友だちができることを願いました。いずこの国でも教育は生徒たちの未来の生活を助けるものであること、勉強するどのような機会をも活用するようにと、生徒たちに強調しました。保護者には、子どもたちにはより高い教育と明るい未来の機会を与えてほしい、そして生徒たちがカナダに生まれ、日系人であることに誇りをもつよう援助してほしいと頼みました。教職員が保護者から学校の活動のすべてにわたって協力と助力をいただいたことに感謝の気持ちを伝えたとき、この別離に悲しみはありませんでした。

学年が終了したことを祝う職員パーティがすでに開かれていました。2年前に出会ったときには見知らぬ人もいましたが、今や私たちは親友となって離れていくのです。困難な時代に互いの話をよく聞き、互いの成功を喜び合いました。

最初、教えることは新しく、少しばかり怖い経験でしたが、私たちはみな教えることに自信と満足を覚えるようになっていました。一人ひとりが子どもたちと一緒にいることで信じられないほどの喜びをもらいました。 規律が

必要なときは厳しくすること、すべての困っている子どもを励ますこと、前進していく子どもを激励するにはほめること、を学びました。この別れが悲しいとはだれも感じていなかったと思います。強制疎開の日々に培われた友情は将来いつか、我々を再会させるだろうと信じていたに違いありません。

多くの者にとってこの春は試練の時期でした。ほとんどの子どもは状況をまったく理解できていませんでしたが、家族の間の熱い議論や醜い言い争いを耳にしていました。5月までに、カナダに残り東部へ移動するか戦後日本へ行くのかといった、個々の決断が行われ、カナダ政府に報告されました。コミュニティは、やっと多少落ち着いた雰囲気になりました。落ちつかない日々であったにもかかわらず、子どもたちは比較的うまくやっていたし、学業は苦痛ではありませんでした。

さて、この晴れた日に、子どもたちの服は洗濯したてでアイロンがかけられたばかりのようで、その顔は朝日のなかで輝いて見えました。これが若い日系カナダ人の次の世代です、私は幸せや誇りを強く感じました。彼らはうまくやるでしょう。

「今年、私の仲間となり、学校の運営を助けてくれた皆さん全員にお礼を言います。私たちは一緒にとてもよくやったと思います。皆さんが先生と一緒によく勉強したことをうれしく思います。今朝これから通知表を受け取るとき、皆さんがいかによく学んだかということが分かるでしょう。成績には満足すると思いますが、次には通うどの学校でも、もっと良くなるようにしましょう。皆さん、安全でそして楽しい夏休みであるよう祈っています。今日から5日後に、先生は姉と母と一緒に出発し、オンタリオ州ロンドンにいる兄のところへ行きます。またいつかどこかで皆さんに再び会うことを願っています」。

私の挨拶が終わり、生徒たちは教室に移動しました。その日は1945年6月29日でした。

BC州以外では強制疎開者は散り散りに住んでいたので、他州での本国送還調査が完了するには時間がかかった。しかし全体の集計は1945年8月までには整った。16歳以上の日系カナダ人の6,884人が「本国送還」に署名した。彼らの扶養家族3,503人を含めると、カナダの日系人の約43％が戦後日本へ行くと意思表示したことになる。そして「本国送還」に署名した者の86％は、まだBC州に留まっていた。

「本国送還／分散」プロセスの次の段階は、最も東に位置する整備された収容所としてのカズロを閉鎖し、ここを東部へ向かう家族のための集合場所のひとつとして使用することだった。レモンクリーク、残りのスローカン収容所、そしてタシメは、おもに日本へ行く人びとを集める場所となった。これは7つの家族収容所の間でかなりの移動が行われることを意味しており、同じく学校のスタッフや生徒数の変化を意味していた。

　沿岸部からの強制疎開が完了する前の1942年9月にクートネイレイク校が収容所の学校として最初に開校したカズロでは、1944–45年度が最後となった。9月、自活移動プロジェクトのかたちに移った家族と暮していたカズロの約50人の日系カナダ人生徒が、地元の小学校に受け入れられることになった。アヤコ・アタギ校長と7人の二世教師は、仕事を続けるためスローカン地域の別の収容所に移った。

　残りの収容所では、子どもたちが東部をめざす家族であろうと、あるいは戦後日本へ行くのであろうと、政府が運営する学校はまだ必要であった。いずれの場合も、家族は収容所に数ヶ月間留まることが想定された。

　来る4年目の年度では、多くの収容所の教師が、東部へ移動した者と交代する。そこで1945年7月下旬、ニューデンバーは再び経験豊かな教師のみならず新米教師のための研修会の開催地になった。二世教師にとって、1945年の講習は3回目であり、最後のサマースクールとなった。

第17章　最後のサマースクール：1945年

　1945年の夏は、ブリティッシュ・コロンビア州（BC州）収容所学校の3年間が終わることを告げていた。それはまたゴーストタウンの学校組織の監督官としてのヒデ・ヒョウドウの任期の終わりともなった。この日系カナダ人教師の先駆者は、ユニークな収容所学校組織を作り、校長を選び、多くの二世に教師になるように奨励した。彼女はニューデンバーを拠点にして、3年間、学校が順調に運営できるように努めた。

　ニューデンバーで3回目のサマースクールが始まったとき、ヒョウドウは、

ニューデンバー、1945年。第3回サマースクール。正規のメンバーとして男性教員が再び参加し、収容所に滞在することが許された。子どもたちは実習クラスの生徒たち。

オンタリオに暮らす家族と合流するため、BC州を離れるところだった。皮肉なことに、ヒョウドウの出発はあまり注目されなかった。これはたぶん当時、BC州収容所では他の多くの教師もまた東部を目指して去って行く大混乱のなかにあったからだ。彼女が果たした戦争中の最大の功績は何十年か後になってしっかりと認識されるようになる。

しかし、ニューデンバーの研修を記した『サマースクール・エコーズ』の1945年版には、到着後間もない研修生のための行事である親睦会に、ヒョウドウ先生が出席したと記されている。

主賓であるヒョウドウ先生は、3年間、私たちの教育を大いに助けてくれましたが、まもなく東部へ向けて出発されます。研修生のみならずニューデンバーのPTAからも感謝の贈り物が渡されました。

ニューデンバー、1945年。第3回サマースクールにおけるバンクーバーからの講師たち。左からグリア女史、ウェストン氏、フィンドレイター博士、マニング女史、マックアイボウ女史、ロード校長。

そして他の箇所でも、編集委員からこのことが述べられている。

> つい最近、カナダ東部へ行かれてしまったヒョウドウ先生からお別れの挨拶の手紙をいただく機会を失い、お別れの言葉を実際に読むことはできません。しかし、内なる目でそのメッセージ－すばらしいインスピレーション、寛容さ、慎み深さ、理解力、感謝の気持ち、記憶力…、といったメッセージを思い描くことができると私たち全員は感じています。
> 彼女の今後の仕事において健康と幸運と成功を祈っています。

新しい監督官として1945年のサマースクールに参加したのは、タシメを拠点にしていた副監督官のテリー・ヒダカであった。彼女はヒデ・ヒョウドウの後任としてニューデンバーに移った。ヒダカの後任でナンバー2の仕事を担当することになったのはカヨウ・オチアイで、ローズベリーの校長だった。タシメに移ったので、オチアイは新学年の初めにはタシメで校長としての仕事も務めたのだろう。

収容所で本国送還調査が実施された後に出された報告書では、1945年のサマースクールに参加した90人以上のうち約3分の1が交代要員の新人となるだろう、とブースは予測していた。もうひとつ変わった点は、男性教師の増加だった。「本国送還」に署名した男性は、再び収容所内で働くことが許された。そこで10人が研修生としてニューデンバーの研修にやってきた。前年のサマースクールでは、参加者のうち男性はわずかに2人であった。

初年度からの校長で1945年のサマースクールに参加したのは、1942-44年の間存続したサンドン校の校長だったテリー・スギウラだけであった。1944-45年度、彼女はポポフ校の校長だった。他の初年度からの校長7人は全員BC州を去っていた。キミ・タキモト (カズロ)、マリー・ナガイ (ニューデンバー)、エイミー・イワサキ (ローズベリー)、ヒロシ・オクダ (タシメ)、ヨシコ・タナベ (ポポフ)、タカシ・ツジ (ベイファーム) およびアイリーン・ウチダ (レモンクリーク) である。彼らの後任も何人かいた。

再びバンクーバーから来たサマースクールのスタッフには、バンクーバー師範学校付属学校の教師も含まれていた。経験者は、最初の週の課題設定者としての師範学校長のロード、3度目の参加となる社会科教員のゼラ・マニング、2度目のサマースクールとなった美術教師のウェストンだった。初参加のスタッフは、バンクーバー師範学校副校長のホールで、サマースクールの校長を務めた。他にも小学校教員のヘレン・グリア、英語教員のマックアイボウ夫人、そして前年の夏にスローカン地域の音楽のワークショップで教えた音楽教師のフィンドレイターが、初参加のスタッフであった。
　1945年8月8日付の『ニューカナディアン』紙は以下のように報告している。

　　　登録票によれば、さまざまなセンターから計94人の教師が参加することになっているが、実際開会式に参加したのは87人だけであった。欠席者は大半が男性教師で、彼らはナクスプの消火活動に志願して行ってしまった。約600人の男性がナクスプ近くの森林火災を鎮めるためにスローカンバレーセンターやクートネイ地域から召集された。1週間にわたる消火活動の結果、火災は制圧された。消火にあたった者の多くはさまざまな再配置センターからやってきた男性だった。

　東部へ移動する人数が増加しているため、収容所の人口が減少し、教育を受けた教師の数がどの収容所学校でも減少したとも新聞は伝えている。
　今回のサマースクールの新機軸は、バンクーバーから来た教師による授業の実演、ニューデンバーの収容所学校の2年生、5年生そして8年生の生徒を彼らが実際に教えるというものであった。
　8月中旬の仕上げのコンサートでは―今やニューデンバーのサマースクールの伝統となっていた―この回は、ダンスと音楽に重点が置かれた。曲目には、低学年教師クラスによるリズムバンド、グリア先生の学生によるスペイン風農民ダンス、マックアイボウ先生指導による斉唱、そして最後はフィンドレイター先生指導による学校大合唱団であった。

グロリア・サトウと合唱団の何人かは、合唱団指揮者のフィンドレイターが公演のために選んだ曲目のひとつに納得がいかなかった。

1945年の野外コンサート

　フィンドレイター先生は1945年の野外コンサート用の楽譜を配るとき、いつもと同じ穏やかな笑みを浮かベキラキラと目を輝かせていました。数時間後、自分の選んだある曲をめぐって大きな不満が沸き起こることを彼は知る由もなかったでしょう―あるいは知っていたのでしょうか。

　過去2回の夏のように、3つのグループに分かれて授業を受けました。低学年グループは1年生から3年生の教師が約30人。中学年グループは4年生から6年生を教える40人以上のグループ。高学年グループは約30人でした。

　各グループは別々に集まり週に2回、先生の指導を受ける一方、最後の曲を練習するために3つのグループすべてが集まるのは木曜日の午後とする、とフィンドレイター先生が説明しました。合唱団への参加は強制ではありませんでしたが、全員が参加することを彼は望んでいました。そして「みなさん、さようなら」といって、その日は出て行きました。

　私は仲のよいツユコと一緒に歩いて宿舎に戻りました。ツユコは私と同じ宿舎を割り当てられていましたが、彼女の家族もニューデンバーのオーチャードに住んでいたので、ツユコはスクールが終わるといつも家族を訪ねていました。十字路で別れて、私は自分の宿舎の同僚のもとに急ぎました。

　宿舎に入る前に、なかで熱い議論が戦わされているのが聞こえてきました。幾人かの教師が隣の宿泊施設からも入ってきていました。話題はフィンドレイター先生がコンサートのフィナーレに選んだ歌でした。それは「カナダ、私のいとしい地」という題名の愛国心を鼓舞する歌でした。

　「彼は私たちに何をさせようとしているのだろう？」
　「彼にはまったく感情がないのか？」
　「たぶん彼は我々の状況に気づいていないんだ」
　「馬鹿なことをいうな。もちろん彼は知っているだろう」
　「ではどうして彼はこの歌を選んだんだ？」
　「傷口に塩をすり込むようなものだ」
　「それか倒れたときに打ってくるようなものだ」
　「私はいつも自分がよきカナダ人だと思っていたが、今は自分が何者か分からない」

「我々が何者かを教えてあげよう。我々は国なき民だ。我々はカナダで生まれたが、拒絶された人間だ」

「すべてが白人の前でこの歌を歌うなら、私を数のなかに入れないでほしい。彼らは我々が馬鹿かなにかだと思うだけだろう」

「私も抜ける」

まだ続きました。フィンドレイター先生に私たちの不満をぶつけるべきではないという冷静な声もありました。先生が前年の夏にみごとな合唱団長だったことを知っている人もいましたし、また先生が私たちの状況に大変同情的な人であったことを知っている人もいました。

しかし、グループの人たちが夕食をとりに食堂へ向かうため話し合いが中断された時点で、幾人かの二世教師は合唱団をボイコットすることを決めたのです。

最初の中学年グループの練習は、15、6人程度の参加という惨憺たる結果でした。しかし人数は少しずつ増えていきました。3週間目の終わりには、おおよそ30人が集まりました。フィンドレイター先生は熟練した合唱団長なので、誰でも歌えるようになるという話が広まり、その上、今回はカナダ人の子どもたちをいかに教えるのかを学ぶ教師のためのサマースクールなのだと私たちは判断しました。そうであれば、そうした特定の歌を歌うことがそれほど悪いことなのでしょうか？

もしフィンドレイター先生が、我々の間に起きていることについて、多少なりとも感づいていたならば、黙っていなかったでしょう。彼はいつもどおり、リハーサルのたびに私たちを暖かく歓迎し、難しい箇所を辛抱強く反復しました。彼の恰幅のよい体形は前かがみになり、頭はわずかに傾き、体全体を音楽にのせて揺らせていました。

3週間目のある日、彼は私たちを見て、微笑みました。「不安定だった中学年グループはもう不安定ではない。ここに君たち30人がいて、なんとみごとに歌えることか。さあ、まさに私たちは合唱団だ」。

最後の曲も形になり始めていました。全部で60を超える声により、この感動的な曲にふさわしい種類の音色の音量がでました。私たちのなかには、それがカナダについての歌以上のものを意味したものもいました。収容所にまだ残っていた多くの親たちは、日本へ帰る決心をしていました。そして私たちカナダ生まれの二世は、かなり難しい選択に直面していました。親と一緒に日本へ行き、カナダの市民権を放棄する、もしくは連邦当局によって常にせき立てられるままに決別して東部へ行くか。

ツユコはすでに親が行くところへ行く決心をしていました。病弱な父親がおり、彼女が必要だったのです。そうです、これがカナダについて歌う最後の機会になるかもしれない者もいたのです。

そして8月6日、コンサートの1週間前、広島に原爆が落とされました。

近所の誰がラジオを持っていたのか分かりません。しかし私たちの宿舎から早起きの人が歯を磨くためにコミュニティの井戸のところへいったとき、彼女は恐ろしいニュースを聞き、急いで戻って来て抑えた声で「ヒロシマに爆弾が落ちた……。とても多くの人が死んだ」と言いました。

サマースクールが開催されているニューデンバー公立学校まで、かなりの距離を無言のまま歩きました。抑えた調子でつぶやきながら、朝礼に出席し、重苦しい気持ちで学習エリアに移動しました。私は中学年グループの一人でした。担当教師は魅力的な赤毛のルシール・マックアイボウ先生でした。

その朝、彼女は通常の授業をしませんでした。代わりに机の端に座り、私たちに話しかけ、豊かな可能性と資源をもつ若い国について語りました。飢餓に苦しむ国から逃げ、カナダの農村で開拓者として新たな生活を始めたアイルランド系の自分自身の祖先について話しました。その将来が、世界中から来る人びとの手にあるカナダについて話しました。「そしてあなた方はこの将来の一部なのです」と彼女は続けました。無感覚になっていた私たちの心に彼女の言葉がゆっくりと浸み込むようでした。

「ここ数週間、私はあなた方を見てきましたし、一緒にやってきました。そしてひとつだけ絶対的に明らかなことがあります。あなた方はカナダ人だということです。あらゆる権利をもっているにもかかわらず、今あなた方は苦しみ、幻滅していますが、カナダの市民権を諦めてはいけません。あなた方のために今、行動している人がたくさんいます。その人たちはあなた方の代わりに正々堂々と意見を述べるでしょう。推薦状が必要になったら、いつでも私のところにいらっしゃい。私は喜んで保証しましょう」。

私たちは深く感動しました。その日は、早めに解放されました。午後の合唱団とリズムバンドの練習は中止されました。スタッフは、予定どおりに来るべき野外コンサートを開催すべきか、はたまたまったく中止にしてしまうかを決定するために緊急会議を開催しました。

歩いて宿舎まで戻りました。話すべきことがたくさんありました。私たちのグループは宿舎になった木造校舎の小屋のポーチの階段に腰かけて話をしました。

突然、砂利道の向こう側の男性用宿舎から昔懐かしいメロディが流れてき

ました。男性教師の一人が前のポーチに出てきて、ハーモニカを吹いていました。曲は私たちみんなが知っている伝統的な歌「荒城の月」でした。今、広島には月が出て、荒廃した町に影が差しているのでしょうか。

さらに2人の男性教師が出てきて、そしてさらに2、3人が出てきました。間もなく狭いポーチが8人か9人の男性でいっぱいになりました。それぞれハーモニカを手にして次々に日本の古い歌を演奏しました。民謡や子守唄、鼓舞するような船乗りの歌や英雄的な戦いの歌、古典メロディや現代的なラブソング。ひとつの曲が終わると次の曲が続きました。古い日本のお気に入りの曲ばかり、20分間かそこらのハーモニカのメドレーに私たちは癒されました。そして男性たちは静かに宿舎に消えていきました。深い想いに落ちました。

私の経験した広島の日のこのふたつの出来事を、しばしば思い出します。その日、私の人生を方向づけるような重大な決定がなされた訳ではありません。しかし、そのとき以来、時折思い返し、1945年8月の運命の日に受け取った2つのメッセージによって自分が強くなったと思うのです。ひとつめのメッセージは、マックアイボウ先生の「あなた方はカナダ人です。権利のために戦いなさい」です。二つめのメッセージはハーモニカの演奏家たちからのもので、繊細だが断固としたものでした。「しかし、自分の遺産を忘れてはいけない」。

広島に続いて二つめの原子爆弾が今度は長崎に落とされました。数日後、日本の無条件降伏を聞きました。今や私たちみんなに何が起こるのかますます不透明になりました。ニューデンバーに駆け巡った噂にはとても憂慮すべきものもありました。

サマースクールの教員スタッフは賢明でした。野外コンサートを予定どおりに開くことに決めたのです。そこで8月14日、私たちは湖畔のニューデンバーの公園に集まりました。とても美しい夏の夜でした。

まず、さまざまな名士たちの紹介に続いて、短い挨拶がありました。その後、音楽プログラムが始まりました。3つのグループがそれぞれ演奏に呼び出されました。その合間にリズム運動やモダンダンスが披露されました。そしてフィナーレが告げられました。私たち混声合唱団のメンバーが位置につくため、木製の舞台にあがりました。全ての目がフィンドレイター先生に釘づけになりました。彼は微笑んではいませんでした。彼は真剣であり、私たちもそうでした。そして始まりました。

私たちは歌いました。来るべき日々にどのような選択をしようと、この夏

を、そしてすばらしい指導や理解を与えてくれた教員スタッフにどれほど感謝しているか決して忘れないだろうと理解しているかのように。自分の将来に対する不安が待ち受けていました。さあ今なのです。突然に、みんな一緒にいる今こそ、心の底からカナダを歌い上げることが大切になったのです。隣のツユコの歌声が夜空に向かって放たれ、後ろの力強い男性の声が大きく明瞭に響くのを聞いたとき、私の腕に鳥肌が立ちました。

　　「そしてすべてのカナダ人の仲間たちよ
　　　昨日までの日々をそれぞれに想い起こそう
　　　愛すべきカナダよ、私のいとしい地よ」

　もし以前にアイデンティティの問題があったとしても、それは無くなっていました。自分たちが何ものであるのか、理解できたのです。
　フィンドレイター先生は指揮をしていたとき、微笑んでいました。彼はお見通しだったのです。

　二世教師があの歴史的な8月に、それぞれの収容所に戻っていったとき、ゴーストタウンの学校にとっての4年目が始まるまで2週間余りであった。

第18章　収容所学校の終焉：1945-46年

　1945年春の本国送還調査の後、ますます多くの住民が収容所から移動を始めた。行き先として、西海岸からの疎開者に許されたのはブリティッシュ・コロンビア州（BC州）の外、つまりロッキー山脈の反対側のどこかであった。収容所に残っていた疎開者は、戦後日本へ行く者か、あるいは何をしたらよいのか分からずに留まっていた者たちであった。

　出国者が大量に集まってきたので、初夏に『ニューカナディアン』紙もカズロ収容所から移動した。この2言語の週刊新聞が、国じゅうに散らばっている日系カナダ人強制疎開者にコミュニティのニュースを伝えておよそ3年間が過ぎていた。戦争終結とその結果、BC州収容所が閉鎖されるのを見越して、地理的に中央部に位置するウィニペグが、読者の再移動と再定住に関してレポートするうえで、戦略的により有利な地点だと新聞編集者たちは考えた。

　そして1945年9月のBC州のゴーストタウン学校の授業が始まる1週間前、『ニューカナディアン』紙はウィニペグの本拠地から、カズロの大きな変化を報告した。その収容所の保安委員会学校は6月に閉鎖されていた。そして当分の間、そのゴーストタウンに残っている疎開者の子どもたちは、地元の公立学校への入学を許された。およそ50人の小学生が通学することになった。

　カズロの収容所学校の閉鎖は、クートネイ湖周辺の収容所自体の段階的縮小の一環であった。BC州に留まるカズロの教師はスローカン方面の収容所へ移動した。そしてカズロは東部へ移動する家族の一時的な集合場所になった。

　その後、ついに1946年3月にカズロは、もはや保安委員会の収容所ではな

くなった。当初からの8つの収容所の2番目の閉鎖であった。残りの収容所では、保安委員会が運営するBC州内陸部の学校の4年目が9月4日に始まった。その後『ニューカナディアン』紙によると、次のように報じられている。

> 生徒たちを引き離すことになるであろう、目前に迫った本国送還の手続きにもかかわらず、分離センターの生徒たちは新たな学期を始めるため再びクラスに集合していた。PTAも再結成され、教師たちは授業の準備を万端に整えた。およそ90余人の教師がこれらセンターにまだ住んでいる生徒たちの教育に携わっている。

「本国送還」プロセスの紹介に続いて、新聞は本国送還を決意した家族が集められた収容所について「分離センター」という用語を使い始めた。『ニューカナディアン』紙はまた以下のようにも述べている。

> さまざまなセンターの校長が入れ替わった。前年度と同じ校長の学校は1校もない。任命されたのは以下の人びとである。ベイファーム：テリー・スギウラ、レモンクリーク：ミサオ・ハタナカ、ポポフ：アヤコ・アタギ、ニューデンバー：マリー・ミズハラ、ミッドウェイ：ジーン・ウエノ、タシメ：カヨウ・オチアイ、ローズベリー：フミコ・ナカツカ。

当初8つあった収容所のうち、すでに2つがなくなっていたが、1945-46年度は計7つの保安委員会学校が運営された。これはミッドウェイというBC州グリーンウッド近くの小さな村落がもう一つの「分離収容所」として動き出したためである。完全に日系カナダ人学校として新たに設立されたその学校には、2人の教師と約40人の生徒がいて、2つの教室があった。

本国送還プロセスは収容所学校における日本語使用に関する政府の方針にも劇的な変化をもたらした。1945年8月18日、教育政策にかかる修正指令のなかで、連邦労働省副大臣のアーサー・マクナマラは次のように勧告した。

分離センターの学校で、各授業日の最後の時間に日本語を教えることについて、政府はこの件を取り上げないことに同意したが、そうした分離センターで地元のPTAもしくは日系人委員会が要求した場合に、これを認めるものとする。授業日の残りの時間の教授は従来どおり厳に英語のみとし、他のすべての学校には通常の規則を適用する。

言い換えると、「本国送還」により親と一緒に日本へ行くことになっている子どもは新しい居住地で日本語が必要になるので、英語のみとする方針は、特定の収容所学校では緩和された。初めのころ、保安委員会が定めた英語のみ使用するという方針は、二世教師たちに厳正に適用されていたのである。

　生徒のミエコ（ミッキー）・ナカガワは彼女の最初の授業で問題に直面した。

カズロ：第二言語としての英語

　私の一番忘れられない学校の経験はカズロの1年のときのものでした。覚えているのは、自分にとって第二言語である英語を習っている間に直面した問題です。

　沿岸部の田舎から来たので日本語が唯一の家庭の言語でしたから、カズロの学校では、何事も理解するのが大変でした。教師が私に質問したときはこの問題はさらに複雑になりました。

　先生の尋ねていることが分からなかったので、私はぽかんとした表情であったに違いありません。先生は私がぽかんとしているのを馬鹿なのだと思ったかもしれません。しかし私はとてもいらだっていました。そこで日本語で、先生が何と言ったのかを尋ねたところ、彼女から「英語を話しなさい」と言い返されました。

　当時、私はできなかったので、結局1年生を落第し、繰り返さなければなりませんでした。翌年、再び1年生をやり、やっと合格しました。

　収容所の生活が長くなるにつれ、英語のみを使うという方針を無視し、日

本語を使うことに遠慮しなくなった教師もいた。彼らはミッキー・ナカガワのように英語をほとんどあるいはまったく理解しない初心者の生徒を助けるため、使用言語を選択したのだろう。

しかしながら、新しいミッドウェイ校に入ったシャーリー・ヤマダは、規則を厳格に守らせようとする新任の教師のもとで学んだ。

ミッドウェイ：日本語を話したかどうかは分からない、でも……

私たちの家族は父が働いていたアーチー・ジョンストン製材所の近く―グリーンウッド近くの山間部―に住んでいて、本当に孤立していました。私が5歳になった1946年に、私たちはミッドウェイの村に降りて行き、そこで学校に通い始めました。学校は暖房用の薪ストーブのあった木造の建物で、その後ろには納屋がありました。

冬の通学は長く寒い道のりでした。私たちの手の感覚はなくなり、指が暖まるまでずいぶん長いこと書くことができませんでした。

最初の日、窓側の列に座っていたのを覚えています。私たちの先生、ジーン・ウノ先生は列のところにやってきて、一人ひとりの手を定規で叩き、日本語で話さないように、と言いました。私はそのとき、日本語を話したかどうかは分かりませんが、ただ何かやりとりをしていただけだったと思います。

今思い出すと、誰も泣かなかったので、強く叩かれたわけではなかったと思います。彼女が恐かったという記憶もありません。たぶん、先生は子どもたちに日本語を使わせないようにする指示を受け、私たちにそれをしっかりと理解させなければならなかったのでしょう。

皆、家から昼食を持参していました。子どもは残酷なもので、玉子のサンドイッチは臭うために、持ってきた子どもたちを笑いものにしました。焼きそばサンドやソーセージサンドも持っていったことを覚えています。内側が耐熱になっている金属製のお弁当箱にサンドイッチを入れていきました。机で食べましたが、その机は木製で前の席とつながっていて、机の板は持ち上がり、インク壺等の穴が開いていました。

初めてハリウッド映画を見たのはコミュニティセンターでした。「キス」と呼ばれる不思議なものに気がつきました。私はとてもませていたので、それを試してみようという気になりました。昼食のときでした。「不運な」フレディが2、3席離れたところに座っていました。ウノ先生は黒板の上に絵を掲げよ

うとして前の方にいました。皆、食事をとりながら静かに座っていました。私はこっそりと立ち上がり、フレディの傍まで行って座り、彼の頬にキスしたのです。

フレディはあまり女の子に優しくはなかったので、悲鳴をあげました。「いやあああああ。僕から離れて！」そして急いで走り去りました。ウノ先生と他の子どもたちは死にそうなぐらい笑い、私はまさに死ぬ思いでした。フレディもそうだったと思います。

私たち2人はその後、何年もからかわれました。私たちは10代前半に仲のよい友だちになったので、彼はどこかの段階で私を許してくれたに違いありません。

当時、心理学的評価はありませんでした。「座るときも立つときも背筋を伸ばす」といった文章の横に、できるを意味する「レ」か、問題ありの「×」のいずれかがつけられました。今日に至るまで私の背筋は真っ直ぐですから、これは、多少はよい影響があったに違いありません。

大抵はレの印がつきました。しかし一度、「自分自身の仕事が終わったら、新しい仕事を探す」の横に×印がついていました。私はとても不満で、それを消そうとしました。コメント欄にも完全に自分に不利な文章が書かれていました。「シャーリーは学校の勉強はとてもいいのですが、とてもおしゃべりです」。消そうとした必死の努力にもかかわらず、家に帰ると家族は結局、読むことができたのです。そのとき、家族全員が浮かない気分になりました。

ほとんどのゴーストタウンで、日本語学校は「秘密裏」に開校されていた。みなが出席していたわけではなく、放課後のような時間に子どもたちを通わせる親もいた。放課後や週末に日本語の勉強を子どもに勧める親の考えは、日本語の基礎を学べば、予測不能な将来に何が起きても対処しやすいだろうということであった。

そして二世児童に日本語クラスを設けることは、疎開前には通常のコミュニティ活動だったよくある事例（スポーツ、クラブ活動やコンサート）のような意味合いをもっていた。

チエコ・タカサキはポポフの日本語学校の生徒だった。

ポポフ：日本語学校は秘密

　私たちがポポフに定住して間もないころだったに違いありません。両親は私たちの日本語を放置すべきではないと判断しました。そこで日本語学校が始められ、収容所にいた4年間、そこに通いました。3人がボランティアであるいは頼まれて教えてくれました。ハマザキ先生、イワモト先生とオザキ先生です。

　日本語学校は普通のタール紙で覆われた家屋の後ろに増築された建物にあって、まるで家の一部に見えるように作られていました。連邦警察官から隠すためでした。

　日本語学校に出席している私たちは、保安委員会学校が終わった後、週に2回通いました。漢字の読み書きを習いました。もし記憶が正しければ、日本語は1年に2冊の教科書がありましたが、限られた時間だったので、1冊の教科書を終えるのに、まるまる1年かかりました。

　(4月に学年暦が始まる) 日本で行われているように、毎年3月に卒業式が行われました。こうした秘密の日本語授業はすべて、戦後「本国送還」により広島に着いたとき、私たち姉妹にとって大きな助けとなりました。日本語を学習しなかった他の「本国送還者」二世がさせられたように1年生からのスタートではなく、実年齢よりわずか1学年下に編入されました。

　公式記録によれば、ゴーストタウンを管轄する連邦警察は日本語学校が定期的に行われていることをつかんでいた。通常、授業はひとつないし複数の、いわゆる住宅で開講された。1943年11月、スローカンシティ分遣隊はスローカンシティとポポフの2ヶ所でそのような学校の運営がなされていることを察知し、取るべき適切な行動についてバンクーバーの上司と連絡を取った。回答は―収容所を管轄する連邦警察官がとった、いつも寛容な方針の典型例だったが―以下のようなものであった。「何もするな、行動を監視するのみ」。

　そして1945年、本国送還プロセスと終戦により、収容所家族は、日本へ行く家族とカナダに残る家族とに分かれることになった。ひとつの結果として、日本語授業を公にすることが許されたのである。そして前述のように、1945年8月に承認された新しい方針にはいわゆる分離センターで通常の授業日の終わりに毎日1時間の日本語授業を許可することまでも追加された。

1945-46年度はBC州において日系カナダ人が教師に任命されたことが記録された年でもある。1945年10月3日付の『ニューカナディアン』紙は以下のように伝えている。

> BC州カズロ発－教師のトヨコ・マツザキさんは、当地から24キロ北上したコミュニティのホワイトウォーター学校の教師に任命された。マツザキ先生は以前、保安委員会によりここで運営されたクートネイレイク校で教鞭をとっていた。

BC州におけるこの戦後の任命は歴史的な重要性をもつものであった。公立学校や高校の教師として日系カナダ人を採用することを禁じていた長年に及ぶBC州の措置が廃止されたことを意味したからだ。分かっている限りにおいて、マツザキは州の学校制度に雇用された2人目の日系カナダ人であった。前述したように、戦前、ヒデ・ヒョウドウ―1942年の始まりから1945年春まで収容所学校の学校監督官だった―が、通常のBC州の正規の学校で教えることを許されていた。

トヨ・マツザキの任命は、他に続く戦後の任命―BC州と他州を含めた―の第1号だった。そしてそのような教師（任命）の第一波は、たいていはBC州のゴーストタウンの学校で教師を初めて経験した人びとであった。

10代のシュウゾウ・マーク・スミは1945年6月から1946年6月までの1年間を家族とともにニューデンバーで過ごした。それ以前、スミ家は1942年秋以降タシメに住んでいた。

ニューデンバー：夏はよかった

タシメで僕は6、7、8年生を終えた。そこでニューデンバーでは、カナダ合同教会が9年生用に運営したレイクビュー校に通った。教員の名前は（グエン）サティ先生だったと思う。この学校はタシメよりさらに間に合わせのも

のだったように感じた。2つのクラス (9年生と10年生) は正面が通りに面した1部屋に置かれ、間にはパーティションもなかった。肉屋の隣でもあったが、ひとたび授業が始まると気にならなかった。

タシメの学校ではそれまで経験したことのないこと (工作、料理、裁縫) を習った。そしてそれらは面白かった。生徒とは主婦のようなものだと僕は思う。どこにいようとしなければならないことは同じだ。ニューデンバーでは、学校での変わった活動としては、ロウ先生が教えるトネットバンドの音楽があった。初めてのことでそれきりになってしまったが、僕は短い楽譜を読むことを習った (すっかり忘れてしまったが)。

ニューデンバーでよかったことは、夏の湖、ハリス牧場、ネルソン牧場やローズベリーで友だちと会ったことだ。タシメより歩くところがたくさんあった。そしてニューデンバーの夏はとてもよかった―たくさんの新鮮なサクランボやリンゴがとれたし、キュウリやトマトなどの野菜もとてもよく育った。

僕たちはまた自転車に乗って多くの時間を過ごした。デイブ・ミスミと僕は毎週火曜日、学校が始まる前に豚ヒレ肉を買いに肉屋へよく行ったし、「本物の石鹸」―アイボリー・フレークスやフェルスナプタの洗濯石鹸を買いに、シルバートンにある店に行った。僕たちは一度スローカンにも自転車で行った。

僕は強制疎開に関して悔恨の思いはない。強制疎開がなかったならば、田舎に住むことや森のなかをハイキングすること、キャンプに行くこと、ボーイスカウトに参加することがどのようなことか決して分からなかっただろう。バンクーバーや他の沿岸部の中心地で育った年上の二世には得られなかった機会を、強制疎開は僕たちに与えてくれたと思う。

それまでに聞いたことも見たこともないものがたくさんあった。「御者と助手」、そして鍛冶屋や豚舎である。メイデーもタシメに行くまで聞いたことがなかった。メイクィーンのエスコート役の一人として僕の父が参加したのを覚えている。僕たちが参加しなければならなかった競走のことを覚えている。とくにクラスの男子全員が走った競走だ。僕は活動的なほうではなかったし、早く走ることはできなかった。同級生の一人と僕は一所懸命に走るのはやめようと決めた。しかしいったん競走が始まったら、懸命に走らないと言った友だちも含めて、みんな懸命にそして早く走った。そして追い越されたので、僕もできる限り走ろうと決めたが、ビリになった。僕がゴールにたどり着いて、ハーハーと息を切らしていると、友だちに「君だけが懸命にやっていなかったのは、めちゃくちゃバレバレだったよ」と言われた。

1945–1946年、アーサー・アンスティは、年2回の収容所学校視察の最後の2回の視察を行った。教師のグロリア・サトウは家族と一緒になるため、ニューデンバーからベイファームへ移り、アンスティが訪問した際にはパインクレセント校の教師になったところだった。

ベイファーム：視学官の訪問

　6年生の私のクラスは、正午のベルが鳴るのを我慢強く待っていました。その日はある理由で遅れ気味で、いつもはドアのところで一直線になる列も、多くの少年たちが列の先頭に行こうとして、乱れ始めていました。そのとき、ついにベルが鳴り、彼らはすばやく出て行きました。少年たちは隣の教室の7年生の少年たちと、外の旗ざおのところまで誰が一番早く行けるか賭けのようなことをしているようでした。私はホールに急ぎましたが、急な階段を駆け下りるのに夢中な子どもたちを止めることはできませんでした。

　さらに7年生も一緒になって押し寄せてきて、混乱状態でした。階段を見下ろして、ほとんど死にそうな思いでした。背の高い男性が上がって来ようとしていました。にもかかわらず彼は動いていません。子どもたちの群れが彼の横を流れ去っていき、そして実際、彼にドスンとぶつかっていく子もいて、その間、彼は手すりにしっかりとつかまっていました。彼こそ、視学官のアンスティ氏でした。

　私は急いで自分の教室に戻り、アンスティ氏が私の部屋を通り過ぎてほしいと願いました。しかし、なんということか、彼はそこにいて、不快でいらだっているように見えました。彼の最初の言葉は「あの一団はあなたの生徒ですか？」でした。

　「はい、アンスティさん」とおとなしく答えました。「半数以上は私の生徒です」。

　「ふーん」と、彼は私をにらみつけました。「彼らは私をほとんど押し倒すところでしたよ」。

　「申し訳ございません」と力なく言いました。「今日の午後、よく言っておきます」。無作法な子どもたちについてぶつぶつと一人で呟きながら、彼は私の職務日誌や出席簿の点検に取りかかりました。そして、生徒の机に行き、生徒のノートに目を通しました。掲示板を見渡し、美術作品の展示、科学の図や絵入りの詩をみて時間を費やしました。視察が終わり、アンスティ氏は鞄を持ち上げました。私のほうを振り返って、「子どもたちの勉強は順調に進

んでいるようですね。ここに素敵な作品がいくつもあります」、続いて「教えていただけませんか、クラスで彼らはどんな振舞いかたをしているのでしょう？」と聞きました。

「彼らはたいていの場合一所懸命やりますし、行動もちゃんとしています」と言いました。

「そして彼らは階段を駆け下りるのがとってもうまいということですね」と彼は感想を述べ、本当に意地悪く繰り返し言ったのです。

ドアのところで、アンスティ氏はちょっと立ち止まり、私の肩をたたいて言いました。「さて、彼らにあまり厳しくしてはいけませんよ。要するに、彼らは12歳の子どもらしく振舞っているということですからね」。

　ローズベリーの新任教師ジョシー・マツモトにはその年度、別の仕事が与えられた。

ローズベリー：通信制コースと個人指導

ヒデ・ヒョウドウ先生は東部へ去る前、私に特別な仕事を頼みました。1945-46年度、マッギリブレイフォールズ自活移動キャンプ（リルエット近くのカリブー地域にあった）の生徒の通信制コースの試験や提出物を添削する仕事を頼まれたのです。それまでの教師たちはカナダの東部に向けて去ってしまっていました。

子どもたちと直接顔を合わす必要がなかったので、これは容易な仕事でした。マッギリブレイフォールズの日系人は大人と子どもを合わせて全体で49人と報告されていました。私が採点する課題を出す生徒はさまざまな学年の8、9人でした。

彼らと直接会ったことがなかったけれども、個人的には一人ひとりを知りえたと感じています。子どもたちはイボンヌ・ヤマオカ（私が他の子どもたちの名前を思い出すのを助けてくれた）、ベティとジョージ・モチヅキ、ジーン・リチャードとエドワード・ナカムラ、ジョーン・オオハシ、それからファーストネームを思い出せないニシムラ家の1人か2人の子どもでした。

同年度中、退学させられた5年生の児童一人の個人指導をしてくれないかとヒデ・ヒョウドウの後任の監督官となったカヨウ・オチアイから頼まれました。その子は反抗的で、教室でいつも騒ぎを起こし、自分より小さい子を

苛めたので退学させられたのです。逆に、彼も同級生にひどくいじめられていたのです。

　彼が毎日午前9時30分から正午まで、ローズベリーの我が家にやってくることになりました。最初、こんなに小さい子どもを扱わねばならないことを怖く感じました。しかし、彼は毎日きちんとした身なりで現れ、とても素直で行儀もよかったのです。たぶん私の母が家の別の部屋にいたからでしょう。ともかくこの問題児はじきに授業に関心を示すようになって、習ったことについて質問し始めるようになりました。12時15分に日課の授業が終わると、彼はいつも私に礼を言いました。この個人指導は1946年5月に彼の家族が東部へ移動するまで続きました。

　1945年の冬が近づくにつれ、グロリア・サトウは再び1年に一度の学校の伝統―クリスマスコンサート―の準備を始めた。

ベイファーム、1945年。コンサートの6年生のクリスマス・キャロルの公演は驚きの結末だった。右端は教師のグロリア・サトウとスミ・ハヤシ

ベイファーム：1945年のクリスマスコンサート

　テリー・スギウラ校長がクリスマスコンサートの計画を話し合うために職員会議を招集したとき、大半の教師はすでにたくさんの出し物の案を考えていました。8年生は三部合唱を上演し、でんぐり返しや人間ピラミッドの演示をし、恐い影絵を創作する予定でした。7年生はビッグバンドのジャズ演奏でみんなに印象づけ、上級生女子の複雑なフォークダンスも演じる予定でした。中学年と低学年のクラスは、パントマイム、斉唱、童謡劇、元気なマーチング・プログラムでした。

　テリー校長は強い関心をもってすべてを聞いていました。できるだけ多くの生徒を巻き込む、そうしたさまざまな演目があることが、いかに嬉しいことかと言いました。

　「しかし」と彼女が続けました。「ひとつ忘れていることがあります。クリスマス用の劇です。15分から20分程度の上演です。さあ、6年生はまだ決まっていないようですから、これをやってはいかがですか」。

　みんなはいい考えだと思いました。ただし6年生の担当教師である2人、スミ・ハヤシと私を除いてですが。私たちの反対は無視され、そして、生徒たちは才能あふれ、人見知りせず、遠慮しないから、すばらしい役者になるだろうと、テリーは私たち2人を間もなく説得してしまったのです。実のところ、人目をひくような振舞いをすることは当時の彼らが得意とするところでした。ともかくスミと私が劇のアイデアをクラスにもちかけると、生徒たちは大変乗り気になり、やりたがりました。

　いくつか上演時間の短い劇の筋を検討しましたが、最終的にディケンズのクリスマスキャロルから2、3のシーンを演じることにしました。幕間にはナレーターを使うことにしました。役を演じない子どもは2つの曲、最初の「God Rest Ye, Merry Gentlemen」と最後の「きよしこの夜」の聖歌を担当することにしました。スミは自らの音楽の知識をいかして聖歌の指導を行い、私は劇の指導をすることになりました。

　練習の日々は大混乱でしたが、面白いものでした。小道具であれ衣装であれ、どんなものにもお金がなかったので、自分たちの周りからかき集めねばなりませんでした。スクルージ役のシゲオは、平日の場面用に濃い色の帽子とオーバーコートを、夜用衣装にフランネルのナイトガウンとキャップを見つけてきたし、マーレイ老人の幽霊役のジョージは、そのキャラクターが錆びた古い鎖が首からぶら下がり、あごの下には（あごが落ちるのをふせぐため

に）白いスカーフが巻かれているところに表現されているのだと主張しました。小さいティム役のジョンは松葉杖を調達するためにスローカン病院へ行きましたが、大人用のものしか借りることができず、それはほとんど自分の背の高さと同じぐらいでした。その松葉杖を使って足をひきずって歩けるようになるために彼は何日も費やしました。私たちは白い薄葉紙でエプロンを作り、婦人用のボンネットやキャップも作りました。そして紳士用の高いハットや長いスカーフも手に入れました。クラチット家のクリスマス・ディナーの場面のために、大きな張子のガチョウの丸焼きと紙の野菜を作りました。プディングはボール紙でできた深いボウルで、中から蒸気が出てきました。

　練習は順調で、親たちに素敵な劇を見せることができると思っていました。そして不幸にも私は「すばらしい」アイデアを思いついたのです。

　コンサートの日、私はオレンジを買って、クッキーを焼きました。その夜、それを持参して、出演者たちに、果物やクッキーをディナーテーブルの上に置くが「終わったら食べることができる」ということを伝えました。その言葉がなんと間違いだったことか。大惨事の原因は、「終わったら」という言葉の彼らの理解と、私の理解とが違っていたことでした。

　劇はとても順調に進みました。ディナーの場面はとくに良かったし、私は観客の最前列に座っていたので、自分自身とても満足していました。ナレーターがスクルージの生活がいかに変わったかを説明しました。小さなティムが歌い出しました。「メリークリスマス……。みなに恵みあれ！」出演者全員と聖歌隊が「きよしこの夜」を歌うためにステージの中央に移動しました。まさに完璧でした。そのとき、とんでもないことになったのです。

　音楽の最後の小節が、まさに終わる直前、小さなティムが自分の松葉杖を投げ出し、クッキーをわしづかみにしようとテーブルに手を伸ばしたのです。瞬時にオレンジとクッキーにも別の数本の手が伸びました。私は、自分の席から飛び上がり、呆然としている舞台係にカーテンを降ろすよう必死に合図しながら、脇の階段からステージに駆け上がりました。ステージに上がったとき、小さなティムは両手で胸のところにしっかりとクッキーのボウルを抱えたまま私と正面衝突しました。彼からクッキーを奪い取ろうとする幾人かに追いかけられていたのです。オレンジはステージの床のうえをころがっていました。張子のガチョウは聖歌隊の頭の上を泳いでいました。私は声を限りに叫びました。「舞台裏へ、全員！」。そして急いで彼らを舞台裏の待機場所へ連れていきました。私のことだから、彼らをたっぷりと叱りつけたと思います。「あなた方にマナーはないの？　お母さんたちは大変困惑したでしょう。

> 言うまでもなく……」。
> 　私は延々と続けていたと思いますが、私の長広舌は突然中止されました。ジョージが立ち上がり、そして言ったのです。「ごめんなさい。サトウ先生。僕たちみんな悪かったと思っています。もうこのオレンジを食べてもいいですか？」
> 　笑いながら、彼に言いました。「ええ、もう食べてもいいですよ。もし残っているものがあれば」。そして「はい、次回はちゃんと常識を働かせなさい」。ええ、私がもっと十分にそして正確に説明しなかったということが、第一の失敗だったと思っています。

　前年の秋に実施した収容所学校への視察旅行に関する1946年1月の報告書で、アーサー・アンスティはゴーストタウンの学校の状況を、慎重な一文で概括している。

> 　訓練が行き届いておらず頻繁に交代する教師、不十分な校舎や備品、英語を話すコミュニティの生活とは事実上切り離された子どもたち、そして（BC州日系カナダ人）人口のうちの比率は不明だが差し迫った「本国送還」に起因する不安により強いられている制約にもかかわらず、これらの学校の教育実績は、合理的に期待される水準と同じ高い段階に達している。

アンスティ視学官はまた以下のようにも言っている。

> 　いわゆる「本国送還」学校での到達水準と、たぶんカナダに残るであろう児童や教師が在籍する学校のそれとを比較したとき、顕著な違いはない。それぞれのタイプの学校で、教師は有能さと大変な熱心さを示しており、子どもたちは生活と学業の両面において、行儀よく、勤勉で、きちんとして、従順である。

数年後、アーサー・アンスティは次のコメントを加えた。

これらの視察のうち最後のものが意義深い。いわゆる「本国送還」地区と学校は、カナダに残ることを選んだ日系人が占める地区や学校とは分離されており、これが愛国的な怒りや敵意を表すきっかけともなりえた。そうした感情を暗示するものは何もなかった。学業は順調に続けられ、そして年度末の標準テストは、(以前の年の)水準を超えていたのである。

1946年3月9日付の『ニューカナディアン』紙はBC州には保安委員会が運営する学校が6校あり、児童数は計1,944人、教員は93人だと記している。テリー・ヒダカは東部へ去り、三代目の学校監督官は新しくカヨウ・オチアイになった。彼女は収容所学校制度の長としてヒダカの短い在任中、副監督官をつとめ、タシメ校の前校長であった。オチアイを補佐する副監督官にはエイミー・イノウエが就いた。彼女は開校以来ベイファームのパインクレセント校で教えていた。また新聞記事は次のようにも伝えている。

　東部への再定住が続き、国外退去という不確かさのなかにあるにもかかわらず、若い二世の教師たちはゴーストタウンの学校でいつものように仕事をしている……。全般的な方針は、もし本国送還プログラムが実施されるとしても、とくに指示がないかぎり、カナダに残っている教師により学校を継続するというものである。

　表面的には学校は順調に行っており、子どもたちも良くやっていたけれども、「本国送還」という状況は、日系カナダ人を日本へ運ぶ船の日程が調整されるようになるにつれ、1946年の春には多くの教師や子どもたちに影響を与えていた。

　メイ・イナタは終戦時、タシメで教えていた。

タシメ：足踏み状態

　日本への送還を拒否した人たちが他のセンターへ移動し始めると―彼らのなかには一番の親友が何人もいました―、とても悲しく憂鬱になりました。まるで一人取り残されたような感じでした。

　タシメ校では大規模な人事異動がありました。去った教師のあとは、本国送還を選択した、他のセンターからの新任者もしくは転任者によって埋められました。ひとたび日本へ行けば、カナダの教育は子どもたちに無意味なものになるだろうという親たちに共通する感情に抗して努力すればするほど、授業はますます困難になっていました。生徒のなかにはこうした親の感情も反映して、公然と反抗的になった者もいました。勉強に対する彼らの態度は劇的に変わりました。

　私はとても幻滅して、自分の努力は無駄なものだと感じました。その後、教えることに、気持ちは入らなかったと思います。まさに足踏み状態だと感じました。

　ついに日本が降伏し戦争が終わったとき、私はとても安堵しました。しかし同時に次に私たちには何が起るのかについてそわそわした不安感を感じました。幸いにも私たちには自分たちの決定を覆すという選択の機会が与えられ、父は結局、戦争で荒廃し負けた国には行かないと決断しました。私は元気づけられました。

　私たちは見えない、そして不確かな将来に依然として直面していましたが、およそ4年間も閉じこめられていた収容所を出たあとの生活に、今度は不安を感じました。

　1946年5月、ついに私は家族とともにトロントに向けてタシメを発ちました。BC州の閉じ込められていた収容所との別れであり、教えることとの別れでもありました。

　グレイス・カンダはベイファームのパインクレセント校で5年生から8年生を、そしてカトリック高校で9年生を修了した。彼女もまた日本へ行くことはなかった。

ベイファーム：一人ひとりと友だちが去っていく

> ゴーストタウンの日々が終わりに近づいてくると、それは私たちにはとても悲しい時間となりました。私たちは10代半ばであり、戦争が終わり、そしてみんなが再び移動することになりました。日本へ行く人もいて、そうでない人はカナダの東部へ行くことになっていました。一人ひとり、友だちが国のなかでも違ったところへ去っていったのです。
>
> みんなが離ればなれになる前に、最後のパーティをすることにしました。私たちは学校で教室のひとつを借りて、仲のよい女子だけ20人ぐらいでパーティをしました。みんなで軽食をもち寄り、ただおしゃべりをして、ベイファーム、なかでもパインクレセント校で一緒に過ごした過去4年間の思い出を語り合い、すばらしい時間を過ごしました。夜が更けるにつれ、私たちは感傷的になり始めました。そしてお互いが再び会うことは決してないだろうと思い、泣き始め、互いに抱き合いました。私はこのグループの写真を持っていて、時折それを見ては、あの特別の日に思いを馳せています。

教師のグロリア・サトウにとって、親友との別れはとくに辛いものだった。一人は日本に向かい、もう一方は残った。

ベイファーム：親友との別れ

戦争は終わったけれども、多くの家庭で、本国送還という危機が招いた家庭生活の荒廃がみられました。感情は高揚し、公私を問わず話し合いが絶え間なくもたれました。こうしたことすべてが学校や生徒たちにも影響を与えずにはいませんでした。自分自身が東部へ行くための準備に忙しくなると、私は自分の授業がおろそかになっていることに気がついていました。

1946年春、私はベイファームのパインクレセント校で教えていましたが、4月のある寒い、小ぬか雨の降る日、よき友であるツユコに別れを告げるため、ローズベリーまでバスで行きました。私たちは一緒にニューデンバーでサマースクールを受講し、ある時期、同じ学校で教えました。今、彼女はローズベリーに住み、そこで教えつつ、「本国送還」に向けて準備する家族を手伝っていました。彼女からの手紙で、日本行きは彼女の選択ではないけれども、不可避なことだということを私は知っていました。家族は病弱な父の世話をするのに、彼女に頼りきっていたのです。

午後早くに彼女の家を見つけました。しばらくおしゃべりをして、それからジメジメとして肌寒かったけれども、散歩に出かけることにしました。収

容所の端を歩き、それから湖と並行して走っている鉄道の線路伝いに歩きました。

歩いて話をして、歌いました。最近のヒット曲や好きな日本の歌のいくつかを口ずさみました。そしてトッツィ（ツユコ）はベサメムーチョを歌い出しましたが、私は一緒に歌いませんでした。それは彼女の歌でした。ゴーストタウンのコンサートのステージで彼女がよく歌った歌です。彼女のアンコール曲でした。

突然、彼女は歌うのを止め、顔に手を当てました。彼女の肩が震え、すすり泣いていました。私は心配になって、線路の脇の大きな石のところに彼女を連れて行き、どうしたのかと聞きました。ゆっくりと、そしてすすり泣きの合間に、彼女は次のように話したのです。ローズベリーである男性と出会い、付き合うようになった。でも先週別れることにした。数週間のうちに彼は東部へ行き、自分は日本を目指す。現状では彼らに一緒になるという未来はなかったのです。彼女はこれをすべて受け入れましたが、打ちひしがれ、できることは何もありませんでした。もちろん私にもできることは何もありません。私にできたことは「ああ、トッツィ、気の毒に、気の毒に」そして「何ということなの、何ということなの」と言葉をかけることだけでした。

そしてツユコと私は、鉄道線路の脇の冷たい無情な岩に座って泣きました。

ローズベリー、1946年。教師のツユコ・ナカツカは日本への「送還」が迫るなか特別に悲しい思いをした。

連邦政府が国外追放の手続きを進めるにつれて、1945年4月に「本国送還」に応じる署名をした人の強制的な「本国送還」に対して、カナダ東部で反対運動が始まった。教会関係者、労働組合、人権活動家、そして強制疎開者の友人たちが抗議活動をリードした。最終的に連邦政府は屈した。戦争が終わった今、「ジャップを送り返せ」という世論が和らいできたと判断したからだ。しかしその決定は1947年まで行われなかった。その間、1946年にはおよそ4,000人の日系カナダ人が特別に指定された船で日本へ送られた。彼らのなかにはかつての収容所の教師や生徒が多数いた。

　日本への「本国送還者」を乗せた最初の船は、マリーン・エンジェル号で1946年5月31日に668人の日系カナダ人を乗せてバンクーバーを出航した。その運命の年、さらに4回の航海が行われた。

　ポポフの生徒チエコ・タカサキは家族とともに2回目の航海で、日本への「本国送還者」1,106人を乗せたジェネラル・メイグス号に乗ってカナダを離れた。

ポポフ：最優秀の成績で卒業

　1946年の4年生の後半は、周囲にたくさんの変化が起きていました。教師を含む、ますます多くの若者が東部カナダを目指して去り始めていたのです。私たちのグループ（私たち姉妹と何人かの友だち）―親が日本への本国送還に署名した者―は5月のある日に学校を去りました。今振り返ってみると、私は学校が好きだったので、どうして去ったのか理解できません。日本へ行く準備のためたくさんの予防接種をうけていましたが、私たちは勉強を続けられたはずでした。

　日本へ出発する日はたびたび変わり延期されましたが、学校には戻りませんでした。すでにいくつかの教科、とりわけ算数はとても遅れていたので、戻るのが怖かったのだと思います。だれも私たちを学校に戻さなかったのが不思議です。

　6月初旬のある日、アート・オキムラ先生（最初の2、3年、私たち家族は同じ宿泊施設に住んでいて、彼は私のことを知っていました）が―その時までに彼は教師になっていたのですが―尋ねてきました。（トシコ）ヤノ先生がよ

くできる（？）生徒はみな試験前にいなくなってしまうといって、いかにがっかりしているか、だから私に試験を受けるために学校に戻らないかとオキムラ先生が言うのです。もし算数と他の教科で習わなかったところを教えてくれるのなら、戻ってもいいと答えました。オキムラ先生は了解し、それから数日間、夜間に教えてくれました。私は職員室で、たった一人で試験を受けました。試験終了後、自分の教室に戻りました。しばらく通わなくなった後に、級友のなかの自分の席に再び戻るのは変な感じでした。

その後間もなく卒業式の日がきました。まだそこにいる間に卒業式を迎えることができて嬉しかった。自分の卒業証書を受け取ると、そこに「最優秀」と書かれていました（私はいまだにその卒業証書をもっており、それを私の補償申請時の証明として1988年に使用しました）。

まさにその翌日、日本へ向けて出発する第一陣として、盛大な見送りをうけて、私たちはポポフを発ちました。私たちの校長であり、そして親切でやさしい教師で、もっとも美しい文字を手書きするスギウラ先生と、今日にいたるまで手紙のやりとりをしています。私も彼女のように書けるようにと一所懸命がんばりましたが、近づくことすらできませんでした。

ポポフの日々でもっとも美しい思い出の一つは、クリスマスコンサートが終わった夜、家まで歩き帰りぎわに空に輝く満天の星と月を仰いだことです。私たちのグループは歩きながらクリスマスの聖歌を歌い、空を仰いで月は私たちについてくると、ほとんど信じていました。北極星を見つけようともしました。ときどき、クリスマスの聖歌を聞くと、あの夜のことを思い出します。

クラスでの悪戯や初期段階の読む能力に欠けていたことを先に紹介したニューデンバーの生徒ロイ・ヤスイは、1945年に家族とともにローズベリーに移動した。

ローズベリー：母は東へ行くことを拒否した

収容所教師のカナダに対する絶対的な信頼は見事なものだった。強制疎開されていることについて、収容所の教師が不平をいうのを一度たりとも僕は聞いたことがなかった。彼らは、収容所に監禁されていようとも、僕たちはカナダ人であるということを常に思い起こさせた。そして、彼らは外の世界で生きていくための鍵は教育であるということも僕たちに気づかせてくれた。

この点は戦後、日本へ行く家族の集合センターだったローズベリーの教師

でさえも強調していた。教師の多くは親を連れて日本に行ったので、彼らはカナダについて複雑な感情をもっていたに違いないが、僕たちには決してそれを口には出さなかった。

僕の母は、戦時中に父方の祖母が亡くなったという手紙を祖父から終戦直後に受け取ったので、母は（本国送還調査で）日本行きを選択した。死んだ父は長男だったので、祖父は日本で僕たちと一緒に住むことを望んだ。祖父は日本の状況は最悪だが、自分の農地で僕たちを養っていけると書いていた。

そこで僕たちはニューデンバーの6.4キロ北にあるローズベリーへ移った。結核療養所があったニューデンバーを除き、他の収容所は徐々に閉鎖されつつあった。

ノブオ・アサノ先生がローズベリーでの僕の先生だった。彼の科学の授業は、長く僕の印象に残るものだった。彼は科学実験を実演するのが好きだった。適切な器具や材料がなかったので、彼はいつも間に合わせで作らねばならなかった。アサノ先生にはすばらしいユーモアのセンスがあった。実験が失敗すると、クラスの生徒と一緒になって大笑いしていた。たぶんときどきはわざと失敗していたのだろう。

彼が行う実験結果についての分析が楽しかった。彼は観察すること、仮説を立てること、データを集め、分析すること、そして結論を系統立てて説明することの重要性を僕に教えた。後に僕は、この方法が「科学的方法」と呼ばれていることや科学者があまねく用いていることを知った。

アサノ先生が僕に残してくれたもうひとつの忘れられない印象は、その場で作ることの重要性だった。彼の実演は、ジャム缶、針金、糸、ビンなどで行われた。石油会社の地球物理学者という、僕の後の専門職キャリアにおいて、ひじょうに注意深くまた工夫しなければならないときは、いつでもアサノ先生のことを思い出した。

僕の長姉のケイとその夫のトム・オイカワがニューデンバーからスローカン湖の入り口のナクスプ近くにあるアローヒィード（現在は水没した）へ移ってしまった。彼らは機会あるごとにローズベリーにいた僕たちを訪ねて、日本へ行くという決心を変えるよう母に懇願した。

僕の父が亡くなった1940年、5人の子をもつ未亡人だった母はカナダに残るという勇気ある決断をした。彼女は英語を話せなかったし、カナダで働いたこともなかった。しかし彼女は子どもたちのためにこの国に残ることを選んだ。そして強制疎開前のバンクーバーで母と姉のケイは家政婦として働きに出た。彼女たち2人にとって、途方もなく困難な時期だったに違いない。

> 今度はケイとトムが母に再び子どもたちのことを—今回は祖父に対する義務を果たす以前に—考えるよう懇願していた。
> 　ケイとトムは粘り強かった。彼らは手紙を書き、また家まで来てくれてなだめ、そして決して諦めなかった。僕たちにとって幸いなことに、彼らの説得は成功した。僕らは「本国送還」に署名したが、意見を変えて東部へいく多くの家族に加わった。
> 　母は「東部へ行く」という条件について大変に憤慨していた。子どもたちはBC州で生まれた、それゆえ子どもたちの誕生の地に残るつもりだ、と収容所の事務官に言った。政府の方針であろうとなかろうと、彼女は東部へ移動するつもりも、日本へ行くつもりもなかった。
> 　1946年夏、ローズベリーでちょうど1年間を過ごした後、当局は僕たちにニューデンバーへ戻るよう指示した。まもなく、ローズベリーは収容所としては閉鎖されて建物は取り壊された。

　1946年6月から9月にかけて、ニューデンバーを除きすべての保安委員会の収容所は最終的に閉鎖された。そして保安委員会学校も唯一ニューデンバーの学校のみを残して一緒に閉鎖された。1945-46年度末にBC州の収容所に残っていた人びとは、以下の3つの方法の一つにより処遇された。

1. オンタリオ州もしくはケベック州の暫定収容所もしくは簡易宿泊所を目指して、BC州から東部方面に立ち去る。
2. 1946年内にカナダから「本国送還者」を運ぶいずれかの船に乗って日本へ行く（日本への「本国送還者」を運ぶ航海はまだ3回あり、8月、10月と12月下旬に予定されていた）。
3. もしくは数少ないケースとして、地元のコミュニティに吸収されるため、いわゆる自活移動のかたちでBC州に残ることが許された。これはカズロ、グリーンウッドおよびスローカンバレーのゴーストタウンのほんの一握りの家族だけであった。

　アーサー・アンスティは1946年7月の最後の視察旅行報告書に、次のように記している。

本年度（1945年9月～1946年6月）は、これらの学校の歴史にとって今までとは異なっていた。少しずつだった東部に移動する家族は、増加の一途をたどり、奔流のようになった。出席者数が減少することは、それ自体は重大なことではないが、技術をもった経験豊かな教師が年間を通じて、訓練を受けていない未経験者に置き換わるという問題に直面した。学校組織の崩壊や本年度の学業成績の悪化がほとんど起きなかったということは、能力ある教師や学校監督官の、誠実で不屈の努力の間違いない証左である。

　そしてアーサー・アンスティはまとめて、次のように言っている。

　これらの学校は、子どもたちが以前受けていたものと比較して、ほとんど遜色のない初等教育を提供した。

　新年度が迫るころ、ニューデンバーは唯一残されたBC州収容所となった。その収容所の学校で教えるために残ったほんの一握りの人びとを除くと、前年度に教鞭をとっていた90人余の教師の大半はBC州から去って行った。BC州の収容所の残りの元住民のように、太平洋を越えて日本へ、あるいはカナダ中に広く分散して行ったのである。

第19章　ニューデンバー　最後の年：1946–47年

　ニューデンバー収容所には、日系カナダ人専用の結核療養所と病院が併設されていたため、他の収容所とは異なり1946年6月には閉鎖されなかった。多くの患者は病状が重く移動できる状態ではなかったからだ。

　そのためニューデンバー収容所は、患者の扱いが決まるまで存続した。この間、閉鎖された収容所にいてブリティッシュ・コロンビア州（BC州）から出て行こうとしない人たちの仮収容所としても使われた。

　1946年9月の新学期、ニューデンバー収容所学校の在校生は100人を少し

ニューデンバー。1946年。最後の校長アイコ・ムラカミ（左）と教師のマリー・カゲヤマ（右）。

上回る程度であった。たった2ヶ月ほど前、他の6ヶ所の収容所の保安委員会の学校に2,000人近くの学齢期の子どもがいたときとは様変わりであった。

生徒のロイ・ヤスイは1946年、ローズベリーの「本国送還者」収容所からニューデンバーに戻った。

ニューデンバー：通訳としての短い経験

　ニューデンバーは、ほとんどの家族が東部へ移動したため、1年ですっかり変わってしまった。閉鎖された他の収容所から新たな家族が移ってきた。結核療養所に家族や親戚が入院している家族もいた。
　1946年9月に学校が始まったとき、生徒の顔ぶれは大部分が新しくなっていた。
　(マリー) ミズハラ校長と、副校長の (アイコ) ムラカミ先生はとても有能な人たちで、僕たちの将来をとても憂慮していた。4年の間に2度も生活を引き裂かれた生徒たちの士気を高めるために、相当な時間と労力をダンスや運動会などの行事の準備に費やしてくれた。
　この時期は、残っていた教師にとっても楽ではなかった。情緒面で動揺していたため、僕たちはみな、極めて不安な状態に置かれた。うちの家族には誰も結核患者がいなかったので、連邦警察は僕たちをなんとかBC州の外に移動させようとした。警官が毎月、家に訪ねて来て、未亡人となった母に東部移動の書類にサインさせようとした。僕の姉メリーはその通訳を務めた。
　ある日姉が不在で、僕が通訳をすることになった。僕は一字一句、母の言葉を警官に通訳して言った。例えば、「この酒臭い息の人に、私の子どもたちはあんたよりBC州に残る権利がある、といってやりなさいよ。なぜなら、子どもたちはここで生まれたんだもの。この人にBC州生まれかどうか聞いてごらん、おそらく違うわ」。
　その警官の顔が次第に赤らんできた。
　こんなやりとりをしているうちに姉のメリーが帰ってきた。ちょっとの間、話のやりとりを聴いていたが、僕と交代しようと言った。姉の通訳ぶりは、母の言わんとしていることとはまったく異なっていた。後に姉は僕に言った。
　「あなたは通訳の仕方ってものを知らないの？　ママが言ったことをそのまま通訳してはいけないのよ。外交辞令ってものがあるのよ。知らないの？」

かつてカズロにいたアイコ・ムラカミは、ニューデンバー校の最後の校長となった。

> **ニューデンバー：コミュニティの価値を学ぶ**
>
> 　夫デイブと私は、1942年5月にバンクーバーで結婚しました。それはカズロに送られる数週間前のことでした。1943年7月、息子マイケルがそこで生まれました。夫は保安委員会でトラック運転手を務め、私は委員会の職員官舎で、いわば料理人兼皿洗いとして働きました。でも1944年、夫に病気療養が必要になったためニューデンバーに移動しました。当初、私はニューデンバーの職員官舎で働きました。
>
> 　翌1945年の春、ヒデ・ヒョウドウに頼まれてニューデンバー校で5年生の英語と7、8年生の家庭科を受けもちました。なんとか夏まで教えた後、サマースクールに参加することができました。それは収容所学校の教師にとっては、3年目で最後の講習会となりました。
>
> 　1946年9月、7、8年生を受けもち、副校長も務めました。その後、マリー・ミズハラ校長がモントリオールに去ったので、校長に任命されました。結局、私が収容所学校で最後の校長となったのです。
>
> 　きつい仕事でした。私たち教師は教え子とたいして年齢が違わなかったのです。でも、なんとかこなすことができました。収容所での経験を通して、私たちはコミュニティの価値を理解し、他人や家族にいかに依存しているかを、身をもって学びました。また、人間の生き方といったものは環境と歴史によっていかに左右されるものかも教えられました。1947年2月、私たちはニューデンバーを出て、オンタリオ州ハミルトンへ向かいました。

その後1ヶ月足らずで、ニューデンバー校は閉鎖された。『ニューカナディアン』紙は、3月1日をもって100人ほどいた日系人の子どもたちは、当地の公立学校に編入されたと記している。校舎として使われたタール紙の建物も学校の備品も同様に移管された。残っていた少なくとも2人の二世教師は現地の学校職員となり、同年6月の学期末まで連邦政府によって給料が支払われた。

ロイ・ヤスイはニューデンバーの公立学校に転入した収容所の生徒の一人だった。

ニューデンバー：再び多難な初年度

　1947年に町の学校に通い始めた。初年度は混乱のなかだった。白人の子どもたちは僕たちを嫌った。彼らは勉強では僕たちにかなわなかった。収容所の先生たちが僕たちに充分な準備を授けてくれたお陰だったが、教室外の喧嘩でも白人の子どもたちは僕らに勝てなかった。

　幸いなことに、ニューデンバーは有能な校長を雇い入れ、即座に学校に秩序をもたらしてくれた。テスマン先生は、傷痍軍人であった。規律に厳格な人であり、すばらしい数学の教師でもあった。テスマン先生はまた僕たち二世にとても同情してくれていた。それは彼自身がドイツ系であり、カナダ平原州で成長する過程で民族差別を経験していたからでもある。

　1948年、姉メリーは「スクールガール」（住み込みで家事手伝いをしながら学校へ通う女子学生）をするためにカムループスへ旅立った。僕は姉から通訳の仕事を引き継ぎ、姉がそうだったように極めて創造的な通訳法を身につけた。連邦警察官の（僕たちに東部へ移動することを勧めるための）訪問は、すべての戦時規制が廃止される1949年まで続いた。1950年7月、僕たちはニューデンバーを出て、カムループスに向かった。

　戦中の実験とも言うべきBC州強制収容所内での日系カナダ人児童に対する同胞の収容者による教育は、1947年3月、奇妙な静けさのなかで終わりを告げた。この実験には、数千人の小学生と数百人の同じ収容者でもある教師が関わった。

　カナダ史のなかでも異彩を放つこの事業は、1942年9月、保安委員会学校がカズロ収容所に最初に開校してから4年半にわたって継続された。収容所と学校が閉鎖されると、当然キリスト教会が運営していた幼稚園や高校も閉鎖された。同様に、自活移動プロジェクトも中止となり、そこに住んでいた日系人は、多くはロッキー山脈の東に定住先を求めて移動した。

　しかし、日系人のための収容所学校がすべて消えたわけではなかった。1946年初め、収容所で教師をしていた日系カナダ人が教える日系カナダ人子弟のための学校が、カナダ東部への再定住の手始めの事業として、オンタリオ州の僻地で始まった。

第20章　オンタリオ州の疎開日系人のための学校

　1946年夏、ニューデンバー以外のブリティッシュ・コロンビア州（BC州）収容所がすべて閉鎖されたとき、カナダに残ることを選んだ家族のなかには、再移動すべきあてがとくになかった者もいた。結果として、彼らはオンタリオ州北部のネイズ、同州南部フィンガル、ケベック州ファーナムに急遽仮設された宿泊所に送られた。

　ベイファームにいたデビッド・アカギはネイズの生徒になった。宿舎はスペリオル湖畔の未開墾地にあり、家族の男たちは、そこに2つある大きな伐採会社のどちらかで働くことになっていた。

> **オンタリオ州ネイズ**
>
> 　BC州の収容所が閉鎖されたとき、僕の家族はスローカンからオンタリオ州ネイズの使われなくなった収容所に移された。収容所はスペリオル湖畔にあり、今のサンダーベイの南東およそ190キロの地点にあった。
> 　そこは以前、戦争捕虜のドイツ人将校が収容されていた。彼らが住んでいた痕跡は、宿舎の壁に描かれたナチの鍵十字マークでも明らかであった。監視台がまだ残っていたが、有刺鉄線は撤去されていた。後にこの地は、ネイズ州立公園となった。

　元タシメ収容所の生徒だったキム・クサノは、1946年7月、ネイズに着いた。

> **ネイズ：野中の真っ只なかで**
>
> 　BC州から列車で到着したとき、私たちはプラットホームもない駅に降り立

> ちました。列車は急な傾斜地で停車しました。母は3日にわたる大陸横断の鉄道の長旅で相当具合を悪くしていました。それでも赤ん坊を抱きかかえて急な坂道を降りていきました。老いも若きも同様に、所持品を抱えながらもなんとか下っていきました。助けられる者はみな手を貸しました。
> 　屈強な男たちに負われて列車から降りる老いたお爺さん、お婆さんたちの姿は決して私の脳裏から去ることはないでしょう。

　1946年から48年までの2年間ほど、ネイズにいた元BC州の日系人家族の子どもたちのために、学校施設が提供された。しかしながら、こうしたオンタリオ州北部の森林地帯のキャンプの元ゴーストタウンの子どもに対する教育費は、連邦政府から出たものではなく、男たちを雇用した会社がまかなった。オタワの連邦政府が関与したのは、最初に学校を準備し職員を配置することで、その際、連邦政府の労働省日系人課が、すでにオンタリオ州やケベック州に再移動していた元ゴーストタウンの教師だった女性たちを採用した。

　かつてベイファームで教師だったヒデヨ・イグチは、スローカンで3年近く教えた後、家族とともにオンタリオ州ロンドンに移動した。しかし、間もなく日系カナダ人の子どもたちを教える仕事を再開した。

> ### ネイズ：列車が速度を落としたので飛び降りた
>
> 　1946年の9月中旬、ある秋の晴れた日、ヨシコ・タナベ、アキ・サカイ、そして私は、オンタリオ州南西部にあるロンドンを出てネイズに着きました。そこはスペリオル湖北岸の寂しいところでした。ヨシコはポポフで教えて、ニューデンバーでは校長も務めていました。アキもニューデンバーで、そして私はベイファームで教えていました。
> 　私たちは、当時ハミルトンにいた保安委員会の元学校監督官だったヒデ・ヒョウドウの要請を受けてやってきました。私たちは収容所での教師経験があったので、BC州の収容所が閉鎖され、そこからネイズへ移動してきた家族の子どもたちを指導してほしいということでした。
> 　北の地へ向かう途中、列車の車掌からネイズはカナダ国有鉄道の通常の停車駅ではないことを知らされていました。下車するときは、まず手荷物を放

り出し、列車が十分に速度を落としたところで飛び降りなければなりませんでした。運良く、3人とも怪我もなく降り立ちました。

　柱に「ネイズ」と記されていましたが、どこにも駅らしい建物はありませんでした。その代わりに、小さな家があって、ピジョン製材会社の現場監督の事務所として使われていました。そこで待っていたトラックが私たちを乗せて、日系カナダ人収容者の宿泊所へ連れて来たのです。

　その宿泊所とは、もとは500人ほどの戦争捕虜の収容所として使われていた建物でした。無数の小屋が並び、それぞれに4世帯を収容するように仕切られていました。人びとは軍隊用のズック張り寝台で寝起きし、食事は大食堂でともにしました。

　私たち3人は、軍曹用宿舎に案内され、そこがネイズ滞在中の住居としてあてがわれました。ロンドンから来た私たち3人のほかに、モントリオールから呼ばれて来たカヨウ・オチアイ（タシメ、ニューデンバーを経てヒデ・ヒョウドウの後継者として学校監督官となった）、ネイズ疎開者のヨシコ・ミツキ（レモンクリーク）、ハミルトンから来たミチ・イデ（タシメ）、そしてスローカンシティの幼稚園で教えていた聖公会のマーガレット・フォスターが教師として着任したのです。

　私たちの宿舎は大きくて殺風景でした。6人がひとつの寝室を使いました（ヨシ・ミツキは自分の家族宿舎から通いました）。寝室は大きな風通しのよい部屋で、壁は明るい色に塗られていましたが、そうでもしなければ飾り気もなく荒涼としていたでしょう。たくさんある窓から昼間は十分な日光が差し込み、夜は天井の電灯だけで十分読書ができました。各々に軍隊用のズック張りベッドとその横にサイドテーブルがあてがわれました。ベッドとベッドの間には教材用の教科書を置くための本棚がありました。でも、家庭用の家具などはひとつもなかったので、消毒のゆき届いた病棟で寝ているような気分でした。

　食事は連邦警察官のために用意された食堂で警官と一緒に食べました。食事時には、私たちの「守衛」のみならず、元戦争捕虜であり、頼まれて宿舎付きの医者として残っていたドイツ人のグレス先生も一緒に食事したのです。

　現地に着くとただちに教師たちが集まり、授業開始のための打ち合わせが始まりました。カヨウ・オチアイ校長はすでに、ヒョウドウ先生とともに予備計画表を作成していました。教材、机、椅子などは、閉鎖されたもとのBC州収容所から労働省を通じて運び込まれていました。宿舎のひとつが1年生から8年生までの教室に仕切られ、張り出し部分は幼稚園用と集会所になって

いました。

［1946年9月23日、ネイズ宿泊所学校は全8学年、135人の生徒をもって開設された］。

開校式に臨んだ私たちは、ちょうど1942年と43年に収容所学校が開校した時と同じような高揚感を味わいました。当然、今回は教師としての自信は当時よりありましたが、どんな生徒が現れるのかという不安は同じでした。

基本的には、BC州収容所学校で私たちが従ったのと同じ指針と理念に従いましたが、異なる点は、BC州のものではなく、オンタリオ州の教育カリキュラムを使っていることでした。基本的に、科目の内容は同じでしたが、オンタリオ州では個々の教師に、科目の授業を展開するうえで、より大きな自由と広い裁量が与えられていました。

新しいカリキュラムに慣れるにしたがい、授業再開と新学期に向けた授業計画を練りました。この学期がどのくらい長く続くかは分かりませんでした。でも、ネイズの宿泊所滞在は、収容家族にとっては最終的にカナダ東部に落ちつくまでの臨時の措置であることは知っていました。

ここの宿泊所学校では、私は4年生だけのクラスを受け持ちました。スローカンで教えた7年生に比べると、9歳、10歳の子どもたちはとても幼く小柄に見えました。でも、すぐに彼らは私の知っていた7年生に劣らず、勉学にとても真面目に取り組むことが分かりました。生徒たちが一斉に頭を下げて、教科書を読んだり、算数の課題と取り組んでいるのを見るのは嬉しいものでした。

135人の生徒のうち、私の担当は22人ほどでした。しかし、やっと顔と名前が一致するようになった11月の初旬に、私はネイズの最初の教室を去らなければなりませんでした。これは生徒の家庭が毎日のようにネイズの簡易宿泊所を出てどこかに移動し始めていたからです。したがって、私たち教師も一緒に、彼らが移り住む北部の森林の別の場所に移動しなければなりませんでした。

教師のなかではアキ・サカイが最初に移動しました。彼女は、労働省とピジョン製材会社が共同で立ち上げた第73キャンプの学校に赴任したのです。

ヨシコ・タナベと私は第72キャンプの新しい学校を担当しました。これは、ピジョン製材会社が運営する学校で、宿泊所から6.4キロも坂道を登ったところにありました。

ミチ・イデは、スプルースフォールズ電力製紙会社が設立したカプスケーシングの学校を担当するように頼まれました。

第20章　オンタリオ州の疎開日系人のための学校　315

カヨウ・オチアイは、まったく異なる地方へ赴任しました。オンタリオ州南部へ向かい、フィンガルにできた BC 州収容所の元収容者のための新しい学校の校長となりました。そこはロンドンの南、セントトーマスの西に位置する、ロイヤルカナダ空軍の元訓練所でした。マーガレット・フォスターもフィンガルに移り、そこで幼稚園を始めました（後にフォスター先生は北のカプスケーシングに戻り、クロウクリークの学校でミチ・イデと一緒に教えました）。

また、ヨシコ・ミツキは、家族ともにレイクヘッドに移動しました。

オンタリオ州ネイズ、1946年。オンタリオ州北部の簡易宿泊所の元 BC 州教師たち。前列左から、ヒデヨ・イグチ、アキ・サカイ、中列、氏名不明、カヨウ・オチアイ、ミチ・イデ、後列、ヨシコ・タナベ、ペギー・フォスター。

ネイズ宿泊所にいた間、ヒデヨ・イグチは同僚の一人の風変わりな事件を経験した。

> ### ネイズ：歯をひっこ抜く
>
> 　ある日、ヨシコ・タナベは、夜も眠れないほどの耐え難い歯痛に襲われました。塩水のうがい、アスピリン錠、湿布薬などを試してみましたが、どれも効きませんでした。絶望的になったヨシコは、多少ぐらぐらする問題の歯を抜くことに決めました。そこで、「歯を糸で縛って、端をドアのノブに縛りつけてくれない？」と私に頼んだのです。
> 　このしかけは、誰かがドアをすばやく開けた拍子に、歯が引っこ抜かれるというものでした。同室の同僚が、交代でこのしかけを試してみましたが、この頑固な歯はびくともしませんでした。
> 　「！分かった。グレス先生に頼むわ。彼なら歯を抜けるはずよ」とヨシコが言いました。グレス先生はお医者さんですが歯医者ではありませんでした。私は疑問に思いましたが口には出しませんでした。試してみる価値はあったからです。優しいドクターがラウンジに入ってきました。
> 　「どのくらいひどいのか、ちょっと見せてごらん」と言って、ヨシコの歯を診ました。「これはひどい。本当にこれを私に抜いて欲しいのかい？　鎮痛剤を詰めておいて、歯医者に診てもらうこともできるがね」。ヨシコは執拗にくいさがり、ドクターが根負けして、ペンチを探しにいきました。戻って来ると、ヨシコを椅子に座らせて言いました。「これは簡単ではないが、なんとかやってみよう。椅子にしがみついていたほうがいいだろう」。
> 　ドクターは、ペンチで歯を挟むと、ゆっくりと引き抜き始めました。ペンチを回したり、ひねったり、引いたりしました。でも、ヨシコの歯はびくともしませんでした。大きく深呼吸をしてから、彼は再び取りかかりました。思い切り引っ張ると、彼の顔の筋肉がこわばり、額に汗がうかび始めました。もうその顔はいつもの優しいドクターのものではありませんでした。思い切りペンチをひねりました。ヨシコは椅子に両手でしがみついていましたが、ドクターがぐいぐい引っ張るにつれて、体は次第に浮いてきました。そして、とうとう力づくでその歯は抜き取られたのです。
> 　「バンザイ！」、「おみごと！」と周囲で固唾を呑んで見つめていた私たちから安堵の声が一斉に上がりました。でも、みんな内心では、こんな抜歯の方法はごめんだと思っていたに違いありません。

　教師のアキ・サカイはネイズ宿泊所から第73キャンプに移動した。

第20章　オンタリオ州の疎開日系人のための学校　317

> ### 第73キャンプ：森の小さな開墾地で
>
> 　第73キャンプは、ほんの10棟ほどのタール葺きの小屋と独身の伐採労働者が寝泊りする大きめの納屋がある森のなかの開墾地にありました。その小屋のひとつが学校と教師の宿舎にあてがわれました。まったくの僻地でした。店も、通信手段もありません。トラックが毎日、郵便物と生活用品を運んできました。私はどうにかその新しい環境に適応しました。それ以外になかったのです。
> 　私の担任したクラスは1年生から6年生まで総勢14人の子どもたちでした。だから、いつもよりも余分に授業の準備が必要でした。戸外での活動などはほとんどなく、子どもたちは家族同然でした。放課後も長い時間学校に残り、雑誌や新聞を読んだり、宿題をこなしたりしていました。

　アキ・サカイの生徒の一人は以前タシメにいたキム・クサノだった。

> ### 第73キャンプ：冬の編み物
>
> 　ネイズに4ヶ月滞在した後、私たちはさらに人里離れたところに移動しました。私たちの先生はサカイ先生でした。とても暖かく優しい女の先生で、生徒が必要とするものを理解していました。彼女が紹介した活動のひとつが、初歩の編み物でした。忍耐強く指導してくれました。
> 　ずいぶん長い間、彼女の居所を捜してきましたが、最近になってやっと突き止めることができました。たった5ヶ月の間でしたが、どんなに先生が私にとって大きな存在であったか、その間に編み物を習ったことが今日までどんなに価値あることとして残ったかを伝えることができました。
> 　彼女は返信で、北の地の長く寒い冬の間、子どもたちにどんな授業をしたらよいかをさがそうと努力しましたと書いてきました。でも、私にそんなに大きな影響を及ぼしたのには気づかなかったとのことでした。

　元タシメの教師ミチ・イデは、スプルースフォールズ電力製紙会社によって設置された日系カナダ人疎開者向けのキャンプで教えるため、ネイズの宿泊所を去った。

パーネル：P.S.S. 第1

　ネイズ宿舎の学校で中学年のクラスを2ヶ月ほど教えた後、1946年11月、カプスケーシングにスプルースフォールズ電力製紙会社が設置したキャンプに新たに雇われた日系人を父とする児童に教える仕事に志願しました。オパサティカ川の川岸に建てられた1教室だけの学校は、「P.S.S 第1パーネル校」と呼ばれました。そこには1年生から8年生までの児童がいました。

　本当に、その学校には新しいものなど何もありませんでした。でも、なんとかやりくりしました。8年生の2人が、他校の8年生と一緒に受けた入学試験にしっかりと合格しました。

　その後、オパサティカ村にもっと近い場所にスプルースフォールズ電力製紙会社が日系カナダ人のための新たな宿舎を用意する間、短い休暇をとりました。このキャンプはクロウクリーク居留地と呼ばれた日系人家族用で、総勢23家族が滞在しました。学校は1947年10月に再開されました。P.S.S. 第2マックリー校は、私とマーガレット・フォスターのために建てられた2部屋だけの建物でした。マーガレットは聖公会の活動家で、スローカンとネイズで教えた経験があり、ここでは幼稚園と低学年を受けもちました。

第72キャンプ、オンタリオ州、1947年。戦後BC州の家族はオンタリオ州北部の孤立した製材キャンプに移動した。第72キャンプの子どもたちは、スペリオル湖の北にある森林のなかの学校に通った。教師たちはBC州収容所の元教師たちであり、彼らを援助するためにオンタリオ州南部から来た。

デビッド・アカギの家族はネイズの宿舎からピジョン製材会社の第72キャンプに直接向かった。

第72キャンプ：インク壺が凍る夜

　そのキャンプは未開の荒野へ入ること48キロの地点にあった。ここが以後3年近く我が家となった。ここの敷地には、数家族収容可能な住居、使役馬のための大きな厩舎、マックという名の優しい白人の管理責任者の住む家、売店、浴場、屋外便所、肉類収納庫などがあった。冬の間、きれいな飲料水を近くの川から汲んで来るためには、斧をもっていって厚い氷を割らなければならなかった。
　この時期にあって、（ヨシコ）タナベ先生、（ヒデヨ）イグチ先生、あとから赴任した（グロリア）サトウ先生が教師としていたのは幸運だった。また短期間ではあったが、オランダから移民してきたばかりの2人のオランダ人教師もいた。
　施設といえば、断熱材もない隙間だらけの木造の建物2棟と、45ガロン（約200ℓ）石油ドラムでこしらえた薪ストーブだけであった。気温が零下に下がる冬の夜は、インク壺まで凍った。朝、学校に行くと、生徒たちは凍ったインク壺をストーブの上に乗せてインクを溶かした。誰かが蓋を外したり緩めたりするのを忘れたりすると、とんでもないことになった。

教師のヒデヨ・イグチはデビッド・アカギが紹介した第72キャンプでの学校の開校式に出席した。

第72キャンプ：春はたくさんの行事

　1947年春、ピジョン製材会社第72キャンプの学校ではいろんな行事が重なりました。ヨシコ・タナベと私は、1946年11月、日系カナダ人従業員の子どもたち34人のために学校を開校しました。ヨシコは、1年生から3年生の低学年の担任に加えて校長職を兼務し、私は4年生から8年生を受けもちました。
　ヨシコが翌春の早い時期に離れていくころには、すべては順調に回るようになっていました。ヨシコの代わりにアキ・サカイが低学年を担当することになりました。アキは同じ会社の第73キャンプで教えていましたが、その

> 家族の大部分がオンタリオ州の他の地に移動したので会社はそのキャンプを閉鎖し、アキは私たちのキャンプに移動することができたのです。

　第73キャンプから第72キャンプに移動した家族もいた。当時3年生だったキム・クサノには引っ越し自体がちょっとした冒険であった。

第72キャンプ：小屋がトラクターに引かれていった

　第73キャンプにあった私たちのタール紙の小屋はとても大きく、平らなトレーラーの台に乗せられ、トラクターが引っ張りました。家と家具がグラグラするなかで、兄と私は2段ベッドの上で遊んでいました。私たちは大冒険に出たような気分でした。いくつかの被害のひとつは、パイレックスの皿にのった母が焼いたパンプキンパイでした。床に落ちてつぶれたのです。食料は不足気味でしたので、そのパイを捨てるわけにはいきませんでした。第72キャンプについたとき、兄と私は割れたガラスに気をつけて、粉々になったパイの断片をつまんで食べて、到着を祝ったのです。

　ニューデンバーで学校に通い始めたトシエ・カワゾエは第72キャンプで5、6年生を終えた。

第72キャンプ：毎日が冒険だった

　第72キャンプでの思い出は、ほとんどがとても幸せなものでした。私の家族は大家族でみんな活動的で熱心でした。それがオンタリオ州北部の遠隔地にあった伐採キャンプの孤立と寂しさを跳ね返す力になったのでしょう。
　私にとっては、ドアを出たとたんに北部の豊かな動植物に満ちた雄大な自然があったという意味で、毎日が冒険でした。キンセンカ、シダ、ピッチ・ゴム、ブルーベリー、野イチゴ、ヘビイチゴ、クロクマ、スカンク、アメリカヘラジカ、カナダカケス、ヤマアラシ、そしてもちろん黒蝿が思い出されます。
　学校は楽しいところでした。イグチ先生とサトウ先生が、第72キャンプで過ごした2年間の私の先生でした。先生たちは、きちんと必要な授業範囲をこなすだけではなく、教室の内外でたくさんの経験を積ませてくれました。そのことで芸術やスポーツの私の興味が広がりました。振り返ってみると、

教育上重要なものを欠いたとは感じていません。たぶん、音楽を除いては。その分野だけは私は今でも自信をもてません。

タール紙で覆われた私たちの教室は4年生から8年生のもので、そこには2人の兄弟がいました。誰でも悪いことをしたら、容易に家族に知られてしまいます。でも、先生が子どもたちの規律の維持に問題を抱えていたとか、時に大きな声を出さなければならなかったということはなかったと思います。

第72キャンプにはたくさんの行事があったことを覚えています。そのひとつに運動会がありました。サトウ先生が計画し、5月24日頃に実施されたものです。生徒たちは校舎ごとに分かれて先住民族の名前をつけられ、校庭に並んでいると、驚いたことに雪混じりの疾風に見舞われたのです。

外の景色を写生したこと、タフィーというお菓子を作ったこと、スピードボール社製のペンを使ったこと、教室の後ろの棚にあった古い『知識の本』を読んだことも覚えています。あるとき、サトウ先生は、確か何人かからお金を集めて、『名犬ラッシー』を何冊か注文しました。授業中にグループごとにこの物語を読みました。もちろん私は今でもこの物語が好きです。

春にはサトウ先生は女子グループを連れて、離れた湖にキャンプに連れて行きました。その旅で覚えているのは、蚊の羽音だけです。あの日に掻きむしってできた傷は今でも残っています。

ヒデヨ・イグチは1946-47年度の間第72キャンプの学校に留まり、南部に戻った。

第72キャンプ：州の小学校として承認された

1947年4月のある日、ポートアーサーの視学官が私たちの学校を訪れました。来ることは事前に通告されていたので、その日、W. ジュッド氏が入り口に現れたときも驚きはしませんでした。ジュッド氏は極めて事務的に日課予定表、授業内容、生徒の課題、教材、親たちからどのような支援を得ているかなどを尋ねました。そして、おもむろに、私たちの学校が州の小学校制度に組み込まれるという話題に入ったのです。

ジュッド氏と会話を始めたころは、彼が私たちの指導や授業内容をどう評価するか、とても不安でした。ところが、私たちがオンタリオ州学校制度に組み込まれるということを口にしたとたん、私は嬉しくなりました。いまやカナダ社会の主流に受け入れられることになったのです。

それは同時に、私たちの生徒の成績表が非認定校のものではなく、正式なオンタリオ学校の成績評価となることを意味しました。ジュッド氏は、州の教育省にその旨を報告し、ついては、じきに私たちの学校が新たに認定されたという通知書が教育省から届くだろうと言うのでした。

トラックでネイズ駅に向かう同氏を見送ってから、すぐさまPTAに連絡して、PTAは学校理事会に昇格する旨を伝えました。しばらくして、オンタリオ州教育省から書状が届きました。それは、第72キャンプ学校が「オンタリオ州第1ピックリバー居留地第1区学校」となったことを通知するものでした。

アキ・サカイは1946-47年度が終わるとネイズを去った。彼女の北部での教師経験はそのまま、オンタリオ州小学校教師としての経歴に繋がった。

ネイズ：有資格教師となる研修

オンタリオ州北部で教えているとき、トロントのサマースクールを受講することが許可されました。それは、ニューデンバーで受けた研修とほぼ同じものでした。取得した単位をもって、私はオンタリオ州学校システムに教員としての資格申請を出しました。1947年9月、オンタリオ州ブラントフォード近郊のノーウィッチの教師として採用されました。

その町に着いた夜、町の大通りを歩いていると、つなぎの労働服を着た見知らぬ人が立ち止まって話しかけてきました。「あんたが新しい先生かね？」。

その人は、ニューデンバーで世話になった聖公会の司祭レジ・セバリの義理のお兄さんでした。どうやら私が到着する前に、私が日系カナダ人であることを、すでに町中が知っていたようで、私の民族的背景をかなり気にしていたようでした。

私は1学年の約30人、すべて白人の児童を受けもちました。当時はその小さい町には幼稚園はありませんでした。当初、私は何もまともにできていないと感じていました。でも、クリスマスまでには、その不安も消えていました。

1949年6月までノーウィッチで教えました。その気持ちよく過ごした3年の間に、後に長く続く友情を育みました。

1947年秋の第72キャンプでは、去っていくヒデヨ・イグチとアキ・サカイに代わって短期間、2人の白人教師が日系カナダ人の生徒たちの担当者になった。彼らが失敗した後、かつてのゴーストタウン教師だった2人に話がもち

第20章　オンタリオ州の疎開日系人のための学校　323

第72キャンプ、オンタリオ州、1947–48年。グロリア・サトウと5・6年の生徒たち

かけられた。一人はグロリア・サトウであった。

第72キャンプ：トロントでの驚きの来訪者

　1947年10月初旬のある日、トロントで私は突然ヨシコ・タナベの訪問を受けました。彼女には、1944年にニューデンバーで初めて会っていました。当時、彼女はオーチャード校の校長で、私は新米の教師でした。彼女はすばらしい校長で教師でありアドバイザーであり友人でもあったので、大いなる尊敬の念を抱いていました。そして、その後も連絡を取り合おうとしました。

　彼女はまだ北部の過疎地にいるものだと思っていました。でもその彼女が、トロント西部の我が家の玄関に立っていたのです。彼女は、いくつか面白いニュースと急ぎのお願いがあると言いました。第72キャンプが教師2人を直ちに必要としているとのこと。彼女は出張して、私を助手として連れてくることに応じたのでした。

　ヨシコはネイズと第72キャンプのことをよく知っていました。学校の設置を手伝い、そこで数ヶ月教えてもいたからです。その後、1947年春、同校は

オンタリオ州の学校制度に組み込まれたのです。

　教育省規則に従って、6月の学期終了後、オンタリオ州の資格をもつ教員が募集されました。応募を受け、9月には、2人の正式な資格をもつ白人教師が第72キャンプに赴任してきました。

　ただ残念なことに、期待どおりにはいきませんでした。この2人の教師は、たった3週間で都会に「逃げ」帰ったのです。まず州内の教師は不足しており、この時期の補充は無理な話でした。そこで、学区の視学官がキャンプのPTAおよび学校理事会議長のアカギ氏と協議し、折り返しヨシコ・タナベにSOSが送られたのです。そのメッセージは、「来られるものならどうか来てほしい、ついでにもう一人連れて来てはもらえないか」というものでした。

　折よく、そのころの私の生活は見直しが必要でした。東部に着いてから、何度か引っ越し、いくつか職に就こうと試みてもいました。結局、先へ進むには学校へ戻るか、技能を身につけるために猛勉強をするしかないということは分かっていました。

　収容所学校での2年の教師経験は楽しいものでした。おそらくこれが新しい方向への手がかりとなるでしょう。どちらにしても、ヨシコが助けてくれるなら、間違った方向へ行くことにはならないでしょう。新たな挑戦でもあり、また楽しいことに違いない。だから私は、「もちろん、行くわ。いつ出発するの？」と答えました。2週間後、私たちは汽車に乗り、ネイズ、さらに第72キャンプに向かいました。到着までに19時間かかりました。

　ネイズ駅ではトラックが待ち構えていて、2人を乗せてキャンプまで運んでくれました。運転手は、退役兵のロイド・オーリーという若くハンサムなアイルランド系カナダ人でした。彼は温かく迎えてくれました。とりわけ、ヨシコに再会できて嬉しそうでした。

　数キロの曲がりくねった坂道をトラックは埃を舞い上げ、ガタガタ揺れながら進みました。やっとのことでキャンプに到着しました。1947年秋、第72キャンプにはまだ20家族ほどが住んでいました。住居は原木を使用した建物でした。コミュニティセンター、レクリエーションセンター、劇場も商店街もありませんでした。食料と生活必需品を売る小さな雑貨店があるのみでした。その店の近くに、独身伐採労働者のための作業員宿舎、食堂、そして共同浴場がありました。

　教師用宿舎は別棟の小さな木造家屋で、2つの教室の間に設置されていました。室内に水道はありませんでした。手前の部屋は食堂でした。奥の小さな2つの部屋が寝室にあてられました。屋外便所は宿舎の裏を出てすぐのと

ころにありました。前任者2人が逃げて行ったのも無理はなかったのです。
　もし生徒とうまくやっていけたなら、2人は物理的な居心地の悪さは乗り越えられたかもしれないと思いました。でも、そのどちらも得られなかったのです。
　子どもたちを責めることはできないでしょう。1947年当時は、収容所の日系人の子どもたちは二世教師しか知らなかったのです。西海岸にいたころに白人の子どもたちと机を並べていたのをうっすらと覚えている子どももいたかもしれませんが、それはずっと以前のことです。二世生徒は、見知らぬ白人教師を警戒し、いぶかしげに眺めたに違いありません。また日系人が受け継いだ文化でもある、教室で声を上げ、はっきりと受け答えするのが苦手な点が、無礼で悪い態度と受け止められたとしても無理はありません。
　言うまでもなく私たちは、とくに親たちからたいへんな祝福をもって迎えられました。ヨシコが校長を勤めるとともに低学年を担当することになり、私は彼女の補佐として、また5年生から8年生の高学年クラスを担当することになりました。
　1週間ほどで子どもたちは打ち解け、私を受け入れてくれました。結果として、第72キャンプでの8ヶ月は、私にとってとても高揚感のある、得るところの多い生活となりました。
　そして、翌年の6月、ヨシコとアカギ氏に励まされて、私はトロント夏期教員研修に応募して、オンタリオ州教員免許を取得する決心をしました。
　一方、ヨシコは予定される第72キャンプの閉鎖に際して、辞職することを決めていました。また、彼女はロイド・オーリーと結婚し、フォートウィリアムに移ることも決意したのです。一方で、彼女はすべての成績表と書類を調えて視学官の事務所に引き継ぎし、学校を閉鎖するまでここにいました。
　第72キャンプの日系人家庭は、ニピゴン、ルーン、フォートウィリアムやオンタリオ州南部へと散って行きました。ババさんの家族が最後まで残り、キャンプ閉鎖に伴う細々としたことを済ませてからトロントへ出発しました。

　オンタリオ州南部のセントトーマスから西へ数キロほどのフィンガルにあったロイヤルカナダ空軍の元訓練所は、1945年に労働省日系人課によって、ネイズのものと同じような簡易宿泊所に転用された。その役割も同じだった。つまり、BC州の閉鎖された日系人収容所から転入してくる家族が、カナダ東部でより落ち着いて生活を営む新天地を見つけるまでの、一時的な滞在先

となった。

ベイファーム、ポポフ、ニューデンバーで教えたフミ・ウエダは、宿舎があったほぼ一年の短い間、フィンガル校で教えた3人の教師の1人だった。

フィンガル：カナダ空軍訓練所施設

　学校は、元カナダ空軍の木造兵舎のなかにありました。ここには、幼稚園児（ネイズからカヨウ・オチアイ校長と一緒に来たマーガレット・フォスターが受けもちました）から、10年生までの生徒がいました。ピーク時には40人まで増えましたが、絶えず家族の転入出が続き、生徒数は常に変動しました。

　フィンガル宿舎の責任者はJ.バーンズで、レモンクリークの保安委員会の管理責任者だった人です。カヨウ・オチアイが彼に報告書を提出しました。私たちは、BC州とオンタリオ州のものを組み合わせたカリキュラムに従いました。

　残念なことに、そこでは課外活動をすることはできませんでした。何かを準備して実施する時間がなかったからです。子どもたちは絶え間なくフィンガルに転入し、転出していきました。

　バーンズ夫妻の思慮深さ、深い同情、楽観的な考え方を思い起こします。そして、日系人の親たちの教育に対する熱心さ、他方での家族の将来に対する不安そうな面もちが忘れられません。

1946年にフィンガル宿舎が閉鎖され、1948年にネイズ周辺のキャンプが閉鎖された後、オンタリオ州には主に日系カナダ人の児童が通う学校がひとつ残った。

それはオパサティカのクロウクリーク居留地のP.S.S.第2マックリー校でミチ・イデの学校だった。

クロウクリーク：最後のオンタリオ州キャンプ学校

　私たちの学校は1957年まで続きました。マーガレット・フォスターは1947年から、聖公会が彼女をオンタリオ州ムースファクトリーに赴任させる52年まで、ここの幼稚園と低学年を担当しました。それから約5年間、居留地自体

> が閉鎖され、学校がまったくなくなるまで、いわば私がその牙城を守り続けたのです。
> 　P.S.S. 第2マックリー校には、非日系人の児童も数人いました。近隣に住むフランス語を話す児童も、英語を上達させるために通ってきました。また1950年代に入り、欧州からのいわゆる「難民」が入って来たとき、ドイツ系や他の欧州諸国から英語がまるで話せない子どもたちが入学してきました。彼らの父親たちが、スプルースフォールズ電力製紙会社に雇われていたからです。
> 　1952年、たいへん興味深いイベントがありました。英国女王とフィリップ殿下がカプスケーシングを訪れた際に、全校生徒が最前列の椅子に座ることを許されたのです。また別のときですが、嬉しいことにムースニーのR.J.レニソン大主教がクロウクリーク居留地を訪問されました。そして毎年のクリスマスのコンサートはあらゆる意味で大成功を納めました。もちろんサンタクロースがスーパーヒーローでした。

　オンタリオ州オパサティカにあったミチ・イデのクロウクリーク居留地の学校は、1957年に閉校となり、これによって追放された日系カナダ人の同胞が指導する日系カナダ人児童のための学校は終焉した。以後は、すべての日系カナダ人の子どもたちは、遡ること15年前の1942年に日本との戦争が彼らの生活を一変させた以前と同じように、各人が居住する地のカナダ社会の主流の学校に通うことなる。
　1946年に自主的に日本に「本国送還」された生徒と教師たちのその後の運命はどうなったのだろう。タシメで若き教師だったある人物のその後の人生は劇的であり、悲劇的でもあった。

第21章　親孝行な娘

　1946年に日本に「本国送還」された4,000人近い日系カナダ人の身の上に何が起きたのか。はっきりした記録は存在しないが、ほとんどの一世、つまり移民世代はそのまま日本に住み続けた。一方、1950年代にカナダに戻ることが可能になると、多くのカナダ生まれの「本国送還者」、主に二世と三世は戻り始めた。そこには元収容所教師や生徒も混じっていた。

　あるいは、元収容所教師や生徒のなかには、米国による占領時代に米国人と結ばれ、米国経由で北米に戻って来た者もいた。だから、二世や三世の日系カナダ人で、日本に住み続けた人は比較的少なかった。

　だが、この疎開と「本国送還」という二重のトラウマを全員が乗り越えたわけではない。その犠牲者の一人は、収容所の高校の同級生だったビクター・カドナガが語る、元教師である。

　1942年当時、まだ10代だった彼と家族はタシメに移動した。カドナガは昼間働き、夜は高校に通った。最近になって、彼はクニコ・カワシタに関する一文を書いてくれた。彼女は昼間はタシメ保安委員会学校で低学年を教えていた。1946年に日本に「本国送還」された収容所学校の元教師の一人である。

　戦後、ハミルトンに再定住し、オンタリオ州の学校教員になったカドナガは「私は短い物語の形でクニコ・カワシタのことを書いたが、これは事実であり、50年経ってはいるものの可能な限り正確に記したつもりである」という。

　この話のタイトルは、……。

第21章　親孝行な娘　329

タシメ。高校の同級生でもあった教師のクニコ・カワシタ。左から3番目。右隣はヨシコ・ニカイドウ。2人は親友だったが、戦争が終わったとき、別れなければならなかった。

タシメ。カワシタ一家は1946年、日本に「帰国」した。3人姉妹の長女であるクニコは両親の後ろに立つ。

親孝行な娘

　彼女は住宅の裏にある小さな庭の芝生に座って、幼い妹をあやしていた。それが彼女を最初に見かけたときの光景である。僕は近隣での道路建設の仕事を終えて帰宅する途中だった。言葉は交わさなかったが、魅力的で、少しはにかみやの二世ティーンエイジャーというのが僕の印象であった。

　タシメ収容所は、BC州カスケード山脈の高地にいだかれた渓谷の平原部にあり、タール紙の小屋の列が並び、そこに2,700人が住んでいた。われわれはみな、強制疎開者であり、不安な過去の後、不確かな未来に適応しようと努力していた。

　誰がこの少女と幼い妹の身の上に、過酷な運命が待ち構えているなどと予想しえただろう。少なくともその1942年秋のある日、2人は幸せそうに遊んでいた。

　州教育省は8年生を終えたものの、まだ学齢期にあるわれわれに対する責任を放棄していた。結果として、僕は高校を終える希望をほとんど捨てていた。ところが、その数ヶ月後、1943年の冬の最中に、カナダ合同教会の尽力で、タシメで夜間高校が開校すると聞かされた。それで登録受付日の夜、僕は雪のなかをそのころ学校にあてられたばかりだった細長い小屋に向かってでくてくと歩いていった。玄関から、いくつか教室を通り過ぎていくと、教室には使い古された木の机と2人がけの椅子が並び、移動式の黒板があった。

　12年生用の教室には数えるほどの生徒しかいなかった。教室を分ける仕切りは天井まで全体を仕切るものではなかったので、他の部屋の音が筒抜けだった。高校低学年の組の人数が多かったので、教師はそちらに手をとられて、こちらまで回ってこなかった。後ろの方に座り、もう一人の男子生徒と机と椅子を一緒にして、おしゃべりをしていた。彼はキチラノ以来の友だちであった。

　前に座っていた別の2人の女子生徒がいきなり振り向いて、僕たちに話しかけてきた。うれしい驚きだったことを認める。なぜなら当時は、二世の女の子たちは自分から知らない男子に話しかけたりはしないものだったからだ。僕は、その一人が幼い妹をあやしていた女の子だと分かった。僕たちはぎこちなく自己紹介をしあった。彼女の名はクニコ・カワシタで、もう一人の方はヨシコ・ニカイドウと名乗った。2人とも少し前に開校された収容所の小学校で低学年の先生をしているという。

　ずっと後になってヨシコが教えてくれたところによると、彼女たち2人は、

じきに実の姉妹よりも親しい間柄となったそうだ。実際、高校の卒業アルバムには、2人が腕を組んでニコッと笑った写真の下に、「タシメのシャム双生児、ニカイドウとカワシタのふたりにとって、世の中は万事よい調子だそうだ」とキャプションがついていたという。

　新任の校長のメイ・マクラクラン先生が、やっと僕たちの教室にたどりついた。先生は、僕ら上級生にはほとんど学習指導ができないだろうと説明した。教師の数が足りないし、教材もほとんどない、もしかすると後で補助教員が見つかるかもしれないという。言い換えると、僕たちには先生はあてがわれないということである。

　僕たちはごく少人数で、決して半ダースを超えることはなかった。必要に迫られて、僕たちは互いに助け合ったが、時に、盲人が盲人の手を引くようなものであった。英文学、幾何学、ラテン語の作文を、正解のヒントも採点方法も分からずに、州の通信教育のコースを続けたのだった。だが、僕たちはなんとか自分たちでそれをこなした。少なくともそれは、この少人数のクラスを互いに親密にしてくれた。

　こうして、外部から時折やって来る教師を除いては、僕たちはほとんど自分たちでこなしたのであった。一度、2人の女性教師がやってきた。一人はバンクーバー公共図書館の司書だった。彼女がいうには、その図書館はパウエル街にあった日本人街の近くにあり、強制収容の後、本の貸し出し数が激減したという。ストラスコーナ小学校には多くの日系人の子どもたちが通学しており、彼らは読書家だったと言った。そう、図書館だ！　僕たちの学校に欲しかったのは図書館であった。

　また、ジーン・ストーリーという、僕の元の高校の教師も訪問してきた。彼女は以前教えていた二世の生徒たちに、一目会いたいとやってきたのである。僕らのことを気にしてくれる白人がいたということが嬉しかった。

　僕らのクラスにとって最も大きな出来事は、エレン・ブラウンという若い女性教師が来て、一週間ほど教えてくれたことだ。学年末の時期だったが、僕たちは本当の教師に指導してもらうという幸運に恵まれた。エレンは、わざわざその年の州の試験を監督してくれた。

　クニコ・カワシタはこういったすべての体験を僕たちと共有した。彼女は学校とコミュニティ生活に加わった。年間を通じて催されたダンスや集会、生徒会選挙の集まり、運動会などの活動に加わった。それは西海岸から強制追放される前の記憶に残る高校生活の貧弱な繰り返しにすぎなかったかもしれない。だが確かに、ないよりはましだったのである。保安委員会当局にして

みれば、こういった催しが、彼らの一銭の負担もなしに行われていたのは幸いなことに違いなかった。

タシメの若い人たちは特に忙しかった。あるとき、メイポールのダンスや、メイクィーンの選出などが行われるメイデーの祭りに、クニコも参加していた。いくつかのコンサートでは、クニコは1年生の児童が演技するのに合わせてピアノを弾いていた。彼女はすばらしいユーモアのセンスのもち主で、彼女の人生は極めて明るい希望にあふれていた。子ども好きであることは一目瞭然だった。なぜなら、自分が預かっている子どもたちのことをよく話していたからだ。

そして、1943年の夏、クニコやヨシコなどの新米教師は、授業の基本を学ぶため、ニューデンバー収容所のサマースクールを受講する機会が与えられたのであった。

1945年、聞きなれない言葉がみなの語彙に加わった。それは「本国送還」という言葉で、恐怖、不安、不確実性を伴うとても大きな波となってタシメに広がり、収容者がその意味を咀嚼するに従い、他のBC州内陸の収容所へも確実に広がっていった。戦争はまだ続いていたが、カナダ政府は全員を船に乗せて日本に送りたがっていた。2人の連邦警察官の前で書類にサインすればそれで事足りた。極めて簡単であった。噂が飛び交い、神経質になった親たちはもちろん、若者たちもその話でもちきりになった。どうしたらいいのだろう？ サインすべきか、それともすべきでないか。どちらが得策なのだろう。

それはクニコの家庭でも同様であった。彼女の父マサオ・カワシタは、間違いなく注意深く、連邦政府から受け取った2つの選択肢を吟味したに違いない。ロッキー山脈の東へ移動し、妻と4人の若い娘たちと極めて限られた資金を元手にした不確実な新生活を選ぶべきか、それとも青年のころ、夢と希望をもって後にした国、日本へ戻るべきか。前者はあまりにも無謀に見えた。後者は少なくともなじみのあるところであった。

この優しく柔和な物腰の男はまた特別な重荷を背負っていた。彼は一人息子であり、家名を継ぐ者としての強い義務感をもっていた。3年間の拘束後の深い望郷の念、先祖の国で果たすべき家督を継ぐ者としての責任感が重くのしかかっていたに違いない。さらには彼の帰還を待ちわびているはずの年老いた母とは、戦争が始まって以来、連絡がとれずにいたのである。マサオ・カワシタはやらなければならないことが分かっていて「送還」に署名したので

ある。そして、家族を連れて日本に帰った。

　クニコは、不安や疑念にもかかわらず、堅く結ばれた家族の絆を捨て去ることはできなかった。また長女として、行くべきだという強い義務感に縛られてもいた。多くの友人はカナダ東部へ去って行ったが、彼女は残り、何があっても両親を助ける方を選んだ。あげくの果てに、この困難な時に、とんでもない悲劇が家族を襲ったのである。

　手短に事件を説明する。1945年にタシメに在住していた人は、子どもが溺れ死んだ事件を覚えている。それがクニコの幼い妹のトミであった。どうしたことか、その子は母親のもとを離れて歩き回り、収容所を囲む山々から流れ来る雪溶け水で増水していた急流に落ちたのである。警報が鳴り、捜索隊が子どもを見つけようと懸命に川岸を捜した。それは不毛な努力に終わった。カワシタ家はこの悲劇のショックで立ち直れないほどになった。送還を迫る最終的決定のときが迫っていたが、子ども一人を失ったことが、この国を捨てる彼の決心を揺るがすことはなかった。こうして、戦争終了後、カワシタ家は日本に向けて去った。悲しいことに家族は一人減っていた。

　1946年、送還船は太平洋を渡り、東京湾の入り口近くの浦賀港に横づけされた。カワシタ家は下船し、汽車に乗ってつらい旅を続けた。途中、敗戦国の戦禍の跡を目にした。最後は鉄道の駅からトラックに乗り換え、長いデコボコ道を揺られて、福岡県京都郡伊良原村に着いた。そして新しい、これまでとはまったく違う生活が始まったのである。

　悲しいことに、父マサオの帰郷は母に会うには遅すぎた。悪いことに母はその前年に亡くなっていた。さらに母は生前最後の年に、息子は死んだものと諦めていた。敵に殺されたと信じ込んだのである。結果として、母は祖先の家を親戚に譲り渡しており、マサオとその家族は完全に困窮に瀕することとなった。

　仏壇の前に座り、家族が力なく見つめるなか、マサオは苦い絶望の涙を流した。この誇り高く、独立心の強い男は今、他人の情けにすがらなければならないかもしれない状況に直面したのである。だが、諦めることだけはしなかった。

　逆にマサオ・カワシタは思い切った冒険に打って出た。家族のために自分で家を建てようとしたのだ。伊良原村を流れる川向こうにある神社の隣に、小さな土地を何とか手に入れた。そこに小さな4部屋と台所のついた家を建てたのである。彼は材木や釘など建築に必要な資材を探し回らなければならな

かったはずである。敗戦直後の物資の供給が極端に不足していた時期にあって、それは驚くべき偉業であった。

その西洋風の家は、典型的な日本の田舎の茅葺きの家と異なり、「モダン」なデザインと外見ゆえに村人の注目を浴びた。飲料水は最初のうちは川から引いて使っていたが、後に井戸を掘り、さらに上水道が引かれた。

かつての級友の何人かはクニコと連絡を取り合っていた。新しい家を見たときの彼女の第一印象が書かれてあった。「とっても田舎なの」と書いてきた。私は、その村はきっと僻地にあるのだろうと受けとった。彼女は家族の絶望的な状況には触れることはなかった。大きな変化に適応しなければならなかった家族にとって、それは大変な試練だったはずだが、いつも明るいクニコは、最善を尽くす覚悟ができていたようだ。彼女の妹のキヨによると、クニコはいつも2人の妹たちに、たとえ真っ暗闇のなかであっても、暗闇が何度押し寄せようとも、笑みを絶やしてはいけない、と諭していたという。

戦後、米国の進駐軍は軍港のある小倉市（現在は福岡県北九州市の一部）にやってきた。クニコは市内に移り、すぐに米軍関係の仕事を見つけた。英語を話す人を必要としていたのである。「私はハローガールなのよ」と手紙にあった。電話交換手のことで、彼女は働けることがとても嬉しそうであった。

だが、じきに彼女は身体の不調を訴えるようになった。小倉での仕事を辞めて村に戻らざるをえなかった。それでも回復しなかった。こうして、彼女の人生で最も困難な時期が始まった。

終戦直後の日本は、多くの生活必需品が入手不能であった。カワシタ家の村では、日々の米を恵んでもらうために家々をまわらなければならい家庭もあった。ほとんどの人々にとっては、薬や他のものを買うお金はほとんどなかったのである。そして、おそらく病身のクニコには、適切で十分な栄養のある食品を入手する方途がなかったのである。ある手紙には小さなコタツで暖をとろうとしたとある。また、彼女の両親はときに、近くの森に薪を拾いに行かざるをえなかったと聞いた。彼女の病状は良くならなかった。何ヶ月も経った。わずかに布団の枕もとのラジオが気を紛らしてくれた。そして、時に妹キヨが、小倉から友達を連れて短時間だけの見舞いにやってきた。

1950年の大晦日、クニコは筆に力を込めて、当時トロントに住む友人のヨシコに書いてきた。「以前のように、もう一度クリスマスを楽しむことができればいいのだけど。昔の楽しかった思い出がよみがえってくると、胸がいっぱいになって時に耐えられなくなるの」とある。彼女には気持ちをしっかりもつことが難しかったようで、多少達観した調子でこう付け加えている。「ここ

にやって来てからというもの、どうしてこう次から次と不運が続くのかしら。何か悪いことをした記憶はないけど、きっと人生はいつも陽が出ているとはかぎらないってことね」。

一方、カナダにいた彼女の級友は、オンタリオ州やケベック州に再移動していた。彼女の苦境を聞いて、支援のための小さな委員会が結成された。トロントで落ち合い、タシメのときの級友たちの名簿を作成して、金銭的な援助を訴えた。友人も知人も、ほとんどがBC州の収容所からスーツケース1個か2個を抱えて出て来ており、まだ生活を立て直している最中であることは十分に理解してはいた。

我々の訴えに対する反応はありがたいものであった。多くの人が応じてくれたのだ。各々小額ではあったが、集まった寄付金は総額で数百ドルほどになり、急いで彼女の親に送り、待った。「驚異の新薬」がいくつか市販されていると聞いていた。その中の話題のストレプトマイシンが効くかもしれない。クニコの両親が入院先を探している間にさらに時間が過ぎていった。

ついに1955年1月、待ちに待った知らせが届いた。クニコは逓信病院から手紙を書いて寄こした。九州熊本県の西にある天草島の結核療養所だった。そこに着くまでが大変だったようだ。母と妹トヨに付き添われて、混み合った汽車で7時間もの長旅だったとある。「それだけじゃないのよ」と彼女は続けて、「それから2時間以上もフェリーに揺られてね、このままカナダに連れて行ってくれたらいいのにと思ったわ」と書いてあった。また、「出港のときに演奏された『蛍の光』は、バンクーバーを発った時のことを何度も思い出したわ」とも付け加えてあった。

ともあれ、適切な治療を受けられることにクニコは安堵していた。

「ここを出るときには完治しているように十分な治療をしてくれることになっています。あなたたちが送ってくれたお金のおかげで、入院費はまったく心配いらなくなりました。皆さんには本当に感謝しています」とある。親友に宛てた手紙の「追伸」には、クニコらしくなく、深い絶望を滲ませて「ジーン、どうか手紙をちょうだい。寂しいの」とあった。家も家族もとても遠くに感じられていたようだ。

そして、しばらくの後、クニコの「追伸」に記された「ジーン」ことヨシコは、最も恐れていた手紙をクニコの妹キヨから受け取った。読み終わらぬうちに、ヨシコは泣き崩れ涙が止まらなかった。それは彼女にとって人生で最も悲しい日であったという。医者や看護婦の最善の努力にもかかわらず、クニコの病状は回復しなかった。実際、日ごとに悪化し衰弱していった。そして、あ

る日突然、重病人がときにそうなるように、とても陽気になり、「お母さん、私、世界じゅうで一番幸運な人に違いないわ。こんなにたくさんの友だちに恵まれているんだもの」とかすれた声で叫ぶように言ったのであった。それが彼女の最後の言葉であった。1955年春のことだった。

　40年近くの歳月を経た1993年9月3日と4日、タシメ収容所の同窓会がトロントで持たれた。集まった数百人のなかで、かつての同級生で夫には先立たれたものの、今では4人の孫に囲まれているヨシコ（現ジーン・ゴトウ）に再会した。もちろん、話題は未だかつて忘れたことのない、愛するクニコのことに及んだ。50年が過ぎたそのときも、ジーンはクニコの家族と連絡を取り合っていた。さらに数年前に夫タッドと日本を訪れ、カワシタ家と時間を過ごしたのであった。
　いうまでもなく、それは幸福な時間だった。クニコの母シマヨさんは、まだ元気でかくしゃくとしており、結婚して福岡に住む娘キヨのもとで暮らしていた。その後、シマヨさんは1994年1月に88歳で他界した。父マサオさんは、すでに1971年に亡くなっている。
　1994年8月、近隣に住むベーカー夫人が電話してきて、日本から若い女生徒を2、3日預かることになったので、私と妻にその女生徒に会ってもらえないかという。その子はとても賢い15歳の女の子で名前をマサコ・クリヤマといい、ハミルトンを訪問したグループの一員だった。日本の若者たちは、カナダに興味を持ち、英語を上手になりたいという。マサコは素早く新しい環境に適応し、英語という彼女にとっては新しい言語に対する熱心さと上達ぶりで、ホスト役の夫妻を喜ばせた。すべてがとても満足に足りる体験であった。
　マサコは日本に帰国してからも、カナダの「両親」ことベーカー夫妻と文通を続け、私たちにも「よろしく」と伝えてきた。彼女が福岡県小郡市に住んでいると聞いたとき、とっさに私は返信に短い質問を挟んでもらえないかとベーカー夫妻に頼んだ。それは、「福岡県にある伊良原という村を聞いたことはありますか」というものであった。
　返事は期待した以上のものだった。マサコはベーカー夫妻に手紙をよこし、私はそれを読ませてもらった。内容は簡潔にして雄弁で、意図せずとも感動的なものとなっていた。1995年2月12日付のその手紙によると、

　「昨日、カドナガさんが尋ねていた伊良原村へ行ってきました。車で3、

4時間のところでした(母と一緒に行ったのですが)。まだ雪の残っている野峠を越えて行きました。その村はとても田舎でした。炭鉱で働く人のための家がたくさんありましたが、たぶん、炭鉱はすでに閉山していると思います。高木神社、竜神橋、蛇渕の滝という名前がありました。カドナガさんはここをご存知なのでしょうか。どうしてカドナガさんがこの村のことを知りたいのか分かりません。先祖がここに住んでいたのですか。もしそうなら、悲しむことでしょう。この村はじきに水の底に沈められます。ここにダムが建設されるのです。伊良原村を流れる川はとても澄んでいて、底まで見えるほどです。だから、このニュースは残念です。この美しい村を知ることができたのはカドナガさんのおかげです」

「その村はとても田舎でした」。それはまるで50年前にそこにたどり着いた別の少女の目で、その村を眺めているかのように思えた。そのドライブのときに撮影した写真をたくさん同封してくれた。干上がった川底から村を撮った写真、あるいは古い神社、滝、19世紀に建てられた保存家屋や小学校の建物。

するとそこに場違いな感じの写真があった。伊良原の小学校の外に3本のインディアン風のトーテムポールが立っていたのである。BC州のベラクーラ族の住む地域の近くにある製紙工場の町、オーシャンフォールズで育ったクニコには、間違いなく見覚えがあったに違いない。

後に、その小学校の卒業生が10年ほど前に、未来の生徒たちに残すために作ったものだと知った。材料の柱は学校の周囲に立つ樹木が使われた。それらの樹木は学校の周囲に生えていたものだが、危険になったために伐採される運命にあった。

考えてみると、日本の人里離れた村にトーテムポールが立っていても不思議ではないかもしれない。なぜなら、かつてトーテムポールの国に生まれ育った少女が、そこへ移り住み、今では、伊良原村の家族の墓地に眠っているのだから。

第22章　思わぬ展開を見せた新生活

クニコ・カワシタとは異なり、収容所のほとんどの教師や生徒は追放の日々の心の痛手を乗り越えて生き延びた。以下は、1946年の「送還船」で日本に送られた2人の教師と1人の生徒の物語である。

レモンクリークの教師で、後に校長となったミサオ・ハタナカは最終的に北米に戻った。

日本への送還：今はテネシーがホーム

　九州の小倉に着くと、アメリカの進駐軍に職を求めました。タイプが打てたので、最初は印刷電信機のパンチャーとして雇われました。同じころ、海外からの長距離電話を受ける日本人の電話交換手に英会話を教える人を、通信担当官が探していたのです。
　3人の二世が応募しましが、私が選ばれて数週間、クラスを担当しました。その後、米陸軍言語分遣隊のバイリンガル試験を受けて、第24歩兵部隊信号部担当官付きの秘書兼通訳に昇進しました。主な仕事は、信号担当官と熊本電信電話局の渉外担当者との間のやりとりを通訳することでした。
　カナダにいた1946年、私はレモンクリーク収容所学校の校長を務めていました。当時、高学年生と話すことが多く、私が一番望んでいるのは、あなたたちがより高い教育を求めて進学してくれることだといっていました。後に小倉で通訳をしていたころ、レモンクリークで担任の教師や私に面倒をかけた男子生徒が訪ねてきてくれたことがあります。以前の校長である私を訪ねてわざわざ他県からやって来てくれたのは嬉しい驚きでした。さらに教育は大切である、と彼が賛同してくれたのは二重に嬉しいことでした。競争社会に身を置いて初めて、彼はBC州収容所での私の助言の真意を理解してくれた

のです。
　1950年、アメリカ人の夫と私はテネシー州キングスポートという小さいけれども成長しつつある町に移り住みました。1959年、仏教への信仰を捨てて洗礼を受け、コロニアルハイツ・バプテスト教会の信者となりました。2、3年、聖書を勉強した後、ボランティアとして小学1年生の日曜学校で教えました。収容所で教師としての教育を受け、実際に教えた経験が、6歳児に聖書を教えることにとても役立ちました。
　キングスポートに落ちついて何年か経つと、米軍の男性と結婚した外国人妻が移り住んできました。多くは英語が話せませんでした。私たちの教会は外国人妻を受け入れる国際的な奉仕活動を目指しました。この教会の事業は私に、外国人女性が英語の読み書きを学ぶのを手伝おうという気持ちを起こさせました。資格をとるために特別な教育を受けました。今では、英語の読み書きの手伝いだけではなく、彼らが米国市民となるための準備をすることも手伝っています。
　レモンクリークで過ごした日々のおかげで教師となる準備ができただけではなく、新しく来た外国人女性が、私が属する偉大な国のモザイクに溶け込むのを助けたいという真摯な気持ちを膨らませたのです。

　元タシメ収容学校の教師のマリエ・カワモトは、「送還者」として日本に送られ、元アメリカ市民で日本商社の幹部であったピーター・カツノと結婚した。夫が引退を決めた1990年代まで日本に住んだ。現在、夫妻はウエストバンクーバーに住む。まだ東京にいた折、BC州収容所で教えていたころの思い出を書き送ってくれた。

日本への送還：収容所の生徒と東京で会う

　タシメ校での私の最初の仕事は、12人ほどの小学1年生に教えることでした。知り合いの子どもたち数人を除いて、始まるまで自分の生徒たちと接する機会はありませんでした。毎晩、教師たちは翌日のすべての科目の準備に忙殺されました。教科書以外には、生徒たちの興味をひく教材は不足していたので、塗り絵を制作するには、まず紫の色鉛筆で新聞紙に描き、それをゼラチン版に転写し、別の紙にローラーをころがしてインクで色をつけたのです。
　「即席」教師の私たちは失敗から学んでいきました。とくに忘れられない恥

ずかしい失敗は、小学3年生に百年戦争が起きた年月日の間違いを指摘されたことです。その生徒が父親から教わった方が正しかったのです。

　思い起こすと、1年生を教えるのが一番難しく、3、4年生の方が容易だったと思います。彼らの方がより注意力が持続し、理解力が増すからです。家庭で英語を話している子どもたちもいれば、両親ともにほとんど英語が分からない家庭の子どもたちもいました。

　興味深く、また忘れられない思い出は、行儀の悪い生徒のなかに賢く、試験の成績も良かった子がいたことです。悪ふざけの最たるものは、職員室の別室にあったインクの入った容器をひっくり返してしまい、部屋じゅうをインクの海にしてしまったことです。今では懐かしい思い出です。

　夏は暑かったけれども我慢できないほどではありませんでした。一方、冬は室内でも凍りそうでした。教室のなかでもオーバーの上に襟巻、はては手袋まではめなければならないことは珍しくありませんでした。

　収容所生活の不便さにもかかわらず、親たちは手づくりの間に合わせの授業で子どもたちが勉強を続けることに熱心でした。欠席率は低く、ほとんどの生徒たちは行儀よく従順でした。

　PTAの会合ではいつも意思疎通に問題が生じ、忍耐が要求されました。ほとんどの教師は日本語を十分流暢には操れず、親たちとの意思疎通に程度の差こそあれ、難しさを感じていたのです。

　その意味で、後に校長となったカヨウ・オチアイの存在価値は計り知れないものがありました。彼女の日本語能力の巧みさのみならず、自信にあふれた対応が親たちを安堵させたのです。

　タシメ時代にまつわる多くの忘れがたい出来事の一つは、東京のカナダ大使館での予期せぬ出会いがあります。ある若者に自己紹介をして話しているうちに、タシメの話になりました。彼は私の旧姓を思い出して、私が6年生のときの担任であったというのです。彼はアキ・ワタナベという名の立派なカナダの外交官になっていました。彼をとても誇りに思っています。

　日本にいる間、私はいろいろな国際会議でフリーの通訳をしていました。1970年の大阪万博のような国際博覧会の準備にさまざまな代表団が送られてきたような機会です。

　現在の日本では、どの年齢層にも英語を上達させたいという人びとが多くいます。私がこうした教育活動に参加するのがとても好きなのも、きっとかつてのタシメでの経験のためだろうと思います。

　この10年ほど「帰国子女」と呼ばれる、父親が駐在員として赴任した英語

圏から戻ってきた日本人の子どもたちの適応を助けるボランティアもしています。毎週水曜日の午後に、近所の教会の一室を使って行っています。英語の本を読み、ゲームをしたり、おやつを食べながら子どもたちと英語でお話しするのです。

　ベイファーム、ニューデンバーの生徒だったムツム・エノモトは、1946年に家族とともに日本に向かったが、もうひとつの大洋、大西洋の反対側で最終的に家庭を構えた。

日本への送還：カナダ海軍を経てオランダへ

　BC州収容所での4年間はわが人生の最良の日々であった。自然と親しんだ。僕たちは狩りをし、スキーをした。材料になるものを見つけてパチンコを作り、笛、筏も作った。他の日系人と一緒に暮らすことは苦にならなかった。結局、僕も日系カナダ人なのである。

　1946年8月、両親と祖父母、叔母と一緒に日本に向けて出発した。最初は親戚の近くで暮らした。すべてが知らないことばかりで面白かった。みなが僕を面白がっていたようだ。僕は彼らとはとても異なっていたからだ。でも彼らはたちまち僕を日本人にした。僕もそれを喜んだ。その年、僕は学校へは行かず、親戚や知り合いから集中的に個人レッスンを受けた。叔父の一人が高校の教師で、日本語と習字の勉強を手伝ってくれたのだ。僕に勉強を教えてくれた他の親戚は、復員した海軍士官たちであった。

　こうして、日本に着いたときにはカタカナしか読めなかった僕が、翌年には立教大学予科に入学できた。とても難しかったが、学校は楽しかったし、学生服も苦にならなかった。新しい級友は僕をスター扱いした。何しろ、僕は英語を話せたからだ！

　大学予科を卒業して2、3日すると、韓国に駐屯しているカナダ海軍に2ヶ国語を話せる人が必要で、カナダ大使館が探していると叔母から聞いた。司令官が通訳を必要としていたのだ。僕を採用してくれた。朝鮮戦争中に韓国で勤務するのはとても興奮することだった。だが、僕のように多少なりとも贅沢に暮らしている一方で、人びとが深く苦しむ様子を見るのはつらいものでもあった。あの当時、韓国で暮らすことを考えたら、収容所での生活はまるで天国であった。

僕は短期間、ウェランド司令官の下にいた後、ワーロー氏のもとで働いた。海軍に勤務しているときにカナダに戻って来たので、僕は通信教育とビクトリア高校に通って12年生を終了した。

5年間を日本で過ごした後、19歳でカナダに戻ってきた。カナダ海軍で電子関係の専門技師として働き、最終的にドイツに赴任した。休暇でオランダにいるとき、妻となる女性と出会った。彼女の両親は、インドネシアから来た中国系で、彼女の父親がアムステルダムで中華・インドネシア料理のレストランを経営していた。僕たちは1961年に結ばれ、経営を引き継いで1995年にその店を売り、引退生活に入った。

アムステルダムに30年以上住んだことになる。娘が2人いる。医者のドロシー、教師のリンダである。

また、カナダに残った人たちのなかの2人から収容所学校に関する楽しい思い出が寄せられた。

ベイファーム：尊敬するスガヤ先生

収容所学校当時を思い出すと、もうちょっと熱心に勉強しておけばよかったと思います。実際には、母がいつも言っていたように、私はおてんばだったのです。幾何で苦しんでいたとき、クニ・スガヤ先生はよく放課後に助けてくれました。先生はとても思いやりがあって、優しくて親切でした。いつも先生を慕い、とても尊敬していました。そしていつか先生のようになりたいと思っていました。

先生も私を妹のように接してくれて、一番街にある彼女の家に誘ってくれました。すると、なんという偶然でしょう。彼女の家に同居していたのはサノ家だったのです。後になってトロントで、兄のジョーは、クレア・サノと結ばれました。

私自身は、1946年6月にトロントに移動しました。その夏、聖公会の援助で、私はムスコーカのハニーハーバーに行って、医師のフレデリック・ハリソン夫妻の別荘で家政婦として働きました。すると、なんということでしょう！スガヤ先生が近くの別荘にいたのです。よくハリソン氏の車に乗せてもらって、ジュンコ・ヤマシタ、レベッカ・アリマ、ペニー・サノとクレア・サノに会い

に行ったものです。みんな、別々の別荘で働いていました。
　秋になってトロントに戻ると、ハリソンさん一家のお宅に住み込み、家政婦として働きながら学校に通わせてもらう「スクールガール」になりました。小遣いと電車賃をもらい、日曜日には母に会いに行きました。
　結婚した後、スガヤ先生が重い病気にかかっていることを知りました。よりによって私が慕い、大好きだった人が死にかかっているなんて信じられませんでした。彼女が亡くなったとき、動転してしまいました。今でも時折、彼女を思い出すことがあります。私にとっては、彼女はいつも「スガヤ先生」なのです。親切で優しくて愛すべき人。そんな人に巡り合えたのは幸運でした。

　次のシズ・ハヤカワを称える一文は、元ニューデンバー収容所学校の生徒であり、後にカナダ東部で自身が教師となったジョージ・タカシマが思い起こしたものだ。

ニューデンバー：ハヤカワ先生を称える

　教育に関するかぎり、僕たちが苦しんだという思いはまるでない。もし何かあるとすれば、収容所での教育によって僕たちはたくましく立派になったということだけだ。僕はそう信じている。
　これが、あなたを僕の教師としてとてもよく覚えている理由である。何を習ったかはあまり覚えていないが、一個人の成長と形成のためにとても大切なことを学んだことは間違いないところだ。これまでたくさんの教師に出会い、一緒に働いてきたが、収容所学校の教師たちは、今日の「プロ」教師と同様に立派であった。

　ベイファームの生徒だったグレイス・カンダは教師のミッチー・イケダを思い出す。

ベイファーム：先生はダンスも教えてくれた

　私がとくに覚えている先生は、ミッチー・イケダ先生です。私たちのコンサートのすべてを企画運営してくれました。コンサートは私たちの収容所時

> 代の特筆すべき行事でした。その準備にはみなが協力して、すばらしい時を過ごしました。イケダ先生はさまざまなダンスの振付を担当しました。先生はタップダンス、モダンダンス、種々の日本舞踊などを教えてくれました。私は彼女からいろんな日本舞踊を教わりました。あんなに才能のある人がいたということに、いつも驚きを禁じえません。

そのベイ・ファームの教師ミッチー・ジェーン・イケダは多くの生徒とともに、とくに2人の教師のことを思い出す。

ベイファーム：生徒と先生の楽しい思い出

　私の人生で最も美しい日々は教師時代でした。教師に応募するなんて、なんという心臓の強さだったのでしょう。もちろん、それは藁をもつかむ思いからのものでした。そして光栄なことに、4年生のクラスを担当させてもらいました。こうして「イケダ先生」が生まれたのです。

　毎朝、教室に入るのは待ち遠しいものでした。かわいくて賢い顔が私を見上げて、新しく、すばらしい1日を期待していました。それは私にとっても興奮するものでした。

　実際にどんなことを教えたかなんて覚えていませんが、間違いなく言えることは、一緒にいることがとっても幸せで楽しかったということです。その日の終わりになると、「えっ、もう終業時間なの」という感じでした。

　男の子たちに早く勉強を終わらせる方法は、「終わったら野球してもいいよ」という約束でした。なんといってもベンとショー・モリが一番野球に燃えていました。もし結婚したら、この2人のようにかわいい男の子を産むぞ、と決めたほどです。

　しばしば、他の男の子たちがどうしているかなと思うことがあります。ロイ・ソノダ、ハービー・タナカ、シゲオ・シゲイシ、ビル・タケムラ、ロイ・ウエダ、ジェームス・トグリ、ケンボー・セトグチ、ヒューゴ・ハマ、ゴードン・ヤマシタ、アキラ・ウエダ、ハゲム・コヤナギ。私の思い出の中には、もっとたくさんの子どもたちが住んでいます。

　そして、女の子たちはとても愛らしかった。学校中で一番可愛い女の子たちだったと思います。サカエ・シオミ、カズコ・ナカノ、マリコ・ナガイ、グレイス・ウラ、ノブコ・サガラ、アイリーン・タカサキ、マーガレット・サトウ、マサコ・ミゾカミ、ヨシコ・シゲイシ。そして、ケイティ・ソラは日本のコロ

ンビア・レコードの人気歌手の名からとって、「ミス・コロンビア」と呼ばれました。

　女の子たちは元旦に、何人かの勇気ある男子生徒を引き連れて私の家を訪ねてくれたことがあります。お正月のご馳走を作る材料を、母が都合できたとは思えません。それでも私たちは新年を祝い、よく笑い楽しみました。

　ある時期、タク・ツジ先生の秘書として働いたのは幸運でした。いつも校長らしい服装に身を包んで、スーツを着るとその背丈はいっそう高く見えて、とても素敵でした。そして、男子生徒から受ける尊敬の念は絶大だったのです。ツジ先生が、「白い歯を見せるな！」と命じでもしたものなら、即座に口を閉ざしたものです。

　また、上級の生徒たちの「保健」の時間を担当するという特権にも恵まれました。そこで、その後に日系カナダ人の「偉人」となる生徒たちとも出会ったからです。

　どんな顔ぶれかというと、私の病院（トロントのウィメンズカレッジ）の薬剤師であるフィリス・タケナカ、世界的に著名な建築家のレイモンド・モリヤマ、そして、確か貿易業のヒロエ・イズミは、日本の大学に入学・卒業して私を驚かせました。

　ダンスと女子生徒について言えば、なんとみごとな一団だったでしょう。エイコ・タムラ、カズコ・ヤナギサワ、マリオン・イノウエ、ジュンコ・ヤマシタたちが演じた『ディープ・パープル』は、どんなラスベガスの踊りよりも良かった。「錨を上げて」や「スケーターズ・ワルツ」のダンスに加えて、戦前の日本の歌謡曲に合わせて踊る11、12歳の子どもたちもいました。「愛染かつら」の甘美で悲劇的なヒロインは、しとやかなグレイス・カンダでした。当時の日系の子どもたちは「故国の母」、「妻恋道中」、「祇園小唄」に合わせて踊りを舞うほどに日本的なものが残っていました。演じたのは、イソエ・ホリ、エミ・トキツ、トミエ・ハヤシ、サエコ・ナベタ、ナンシー・エダムラ、ヤエコ・ナカガワ、チヨコ・フジワラ、グレイス・カンダ、ジョアン・キノシタ、シズコ・タテベでした。

　教師をしていたころを思い起こすと、よみがえってくるのは、それを経験できたことの純粋な喜びです。いったい他のどこでこんな豊かな時間をもてたでしょう。この他にも私たちには、敬慕する人気者―私のマスコ・イグチ先生がいました。彼女は、一世の学校理事たちに、教師の意見や要望を日本語で雄弁に述べ伝え、私たちが理解できるように簡潔な英語に通訳してくれたものです。

ベイファームにいたヒデヨ・イグチは、自身と他の収容所教師たちに代わって証言する。

教えることを通じて得たもの

2年間の教師としての経験の豊かさは、計り知れないものがあります。学んだのは、忍耐、忠誠心、自信、他者への思いやりなどです。さまざまな地方から集まった子どもたちがそこにいました。都会、農村、林業の村、漁村、僻地から来た子どもたちは、それぞれ身につけた知識の量も作業能力も異なっており、その個人差と習得の困難さに忍耐強く接しなければなりませんでした。

学期の途中で去って行き、6年の教育を修了できなかった子どもたちがいました。また、道路建設キャンプや捕虜収容所に父親が送られていた家庭の子どもたちもいました。離ればなれになっていること、強制疎開させられ監禁されていることで、各家庭は問題を抱えていました。もし母親たちが心配したり憤慨したりすると、それは知らずに子どもたちの気持ちにも影響を与えていました。

概して生徒は行儀がよく、良識をわきまえていましたが、家庭内の気まずさが、子どもの学習能力に影響を与えているのではないかと感じたものです。なかにはとても知的レベルの高い子、平均的な子ども、また、他の生徒よりも多少の励ましと忍耐を要する子どもたちがいました。

算数や綴り方や読解の授業で、さらに説明や練習を要する子どもたちのおかげで私は忍耐心を学びました。まだそれを学び取る準備のできていない児童の背中を押すだけではレベルアップはできません。私が同年代だったころは簡単に理解できたことも、生徒たちのなかには難しく感じる子どもがいました。私ががまん強くしなければ、結局、子どもたちもいらいらするのでした。こういった子どもたちを励ますには、忍耐を要し、それは私のなかに滲み込んでいったのです。

生徒たちは自分の問題や心配事について語り、身の上に起きたことに怒っていました。聞いているうちに、子どもたちの内心の気持ちにさらに共鳴していきました。自分の教育について心配する生徒もいました。西海岸で暮らしていたころの同級生は、どんどん先へ進んでいるのではと案じていたのです。一方、自分たちは立ち止まっていないにしろ、思うように勉強は進んでいない、強制疎開で失った学校教育を、二度と取り戻すことはできないので

はないかと案じていたのです。

　絶望的になったり、自分を見失ったり、親に反抗的になったりする生徒もいました。日本に「本国送還」されるかどうかという問題が持ち上がったときはとくにそうでした。カナダに残るべきか、それとも日本へ行った方がいいのかに関して、両親と他の家族の間で議論が分かれたとき、幼い彼らには中立であることは困難でした。未成年者の子どもたちは、自分の意見を差し挟むことはできませんでした。彼らにとって日本は外国だったのです。間違いなく大多数の子どもたちはカナダに残りたいと思っていたはずですが、選択の余地なく、両親に従わざるを得ませんでした。

　私自身も、新しい環境に再移動することに迷いがあったので、彼らの気持ちはよく分かりました。確かに私の家族は、日本を目的地にしないことは確実でした。カナダに残ることを決めてはいましたが、将来、東部で私たちを待ち受けているものが何なのか不安がありました。おしなべて私たちを苦しめていた不安は、白人たちが私たちを受け入れてくれるかどうかということでした。BC州でそうであったように、敵対視され人種差別意識をこちらに向けてくるのだろうか、ということでした。

　私の家族は全員が健康で、どんな仕事でも募集があれば飛びつくつもりでした。しかし多くの家庭には、病気がちの人がいたり、働きに出られる家族に依存せざるをえない幼い子どもたちがいたりしました。そういった人たちに共感し、話し合いの場では、できるかぎり彼らを励ますようにしました。

　忍耐心、自信、同情心を養うことはさておき、英語力の向上にも努力しました。教師として、私たちは生徒によいお手本を見せなければならず、可能なかぎり完璧な英語を使いこなせなければなりませんでした。何か疑わしいことがあると、いつも教科書でその用法を確かめたものです。言葉の使い方に気をつけるようになり、語彙を増やす努力をしました。

　毎日教壇に立つことで、公衆の面前で話すだけでなく、自分自身に自信がもてるようになりました。第2次大戦前のBC州では、日系カナダ人は「二級市民」として扱われました。どこへ行っても人種差別の雰囲気を感じていました。あからさまに嫌な顔をされ、「汚いジャップ」、「黄色い奴ら」などという口汚い言葉がこちらに向けられました。収容所では、「敵性外国人」であることに変わりありませんでしたが、私たち教師たちは尊敬の念を払われ、大切に思われていました。こういった確信のおかげで、身に降りかかる差別の怖さに打ち勝つことができたのです。そして、東部に移動したときにも、自信をもって白人社会と対することができました。

> 収容所学校で教えることを通じて獲得した、計りしれない貴重な経験は、私にオンタリオ州の学校制度のもとでの教師への道を切り開かせてくれました。私が生徒たちの人生の一部になる機会を与えてくれたこと、そして、新しい社会で教育者として、自分の役割を担うべく、その準備をさせてくれたことに感謝し、謝意を表したいと思います。

1987年、トロントで開かれたゴーストタウン学校教師の同窓会において、かつてのベイファーム学校の生徒であり、後にオンタリオ州で校長まで務めたピーター・クリタが、強制収容所での学校教育の経験について語った。

　皆さんがBC州のゴーストタウンで教えるためにくぐり抜けたことと、当地の公立学校で教えている教師たちがくぐり抜けるものとの一番大きな違いは、教師になるための訓練のなかにあると思います。ここの教職課程では、どう教えるか、どうやって教室で心待ちにしている子どもたちに知識を伝えるかを教え込まれます。最新の教育機器をどう使うか、異なる指導方法をどう使うのかを学びます。教師生活を通じて、最後までどう教えるかを学び続けるのです。妻マリアンと私は、教師生活の最後の年、ヨーク大学で英語を第二言語として教えるための授業を受講しました。たぶん私たちは、より進んだ教え方、より感銘を与え触発する授業を行う教師を育ててこられたと思います。
　ただし、それはただの「授業」なのです。
　もし「何かひとつ、イグチ先生の授業を覚えていますか」と聞かれたら、ごめんなさいイグチ先生、私は一つも覚えていないのです。同じ質問を他の収容所学校の生徒たち、例えば、ポポフ、レモンクリーク、タシメ、ニューデンバーにいた人たちに聞いても同じ答えが返ってくるでしょう。翻って、私がかつての教え子たちに「何か一つ思い出せるクリタ先生の授業があるだろうか」と質問したら、おそらくは一つも出てこないだろうと思います。
　小学校段階の教育の意味は、無形のもの、たとえば態度、意欲、学習

習慣を育てること、つまり日本語で言えば「努力」です。

生徒には知識、さまざまな経験、自信、自尊心を与えなければなりません。これは時間と努力と奉仕と愛を要するものです。（中略）

BC 州の収容所学校の先生たちは、これらを、すばらしい個人授業によって教えてくれたわけではなく、例えば学ぶことへの愛情、さらに一歩先に進むことの必要性、抜きん出るための努力などの、もっと大切な特質を体に滲みこませてくれました。これはすべてが多大な犠牲を要するものです。

みなさんは、保安委員会からすばらしい給料をもらっていたから、こうしたことをされたのでしょうか。おそらくは時給25セントだったはずです。課外学習を手伝ってくれたとき、時間外手当てをもらいましたか。私にはそうは思えません。先生たちは教師用の住居をあてがわれていましたか。それとも、厳寒の冬の BC 州で、釘の頭が霜で覆われるみんなと同じような家に住んでいましたか。先生たちのタール紙の家では、温水や冷水が蛇口から流れ出たでしょうか。われわれが「ガンガラ・ストーブ」と呼んでいた、熱いか冷たいかのストーブしかない家に住んでいたときに。

思うにみなさんは、私たちと同じ困難に苦しんでいたからそれをしたのです。あなたたちは、私たちが戦後に経験するであろう厳しい世界を知っていました。まだ学校にいる幼い子どもだった私たちが、ゴーストタウンの後に直面するだろう新たな戦いに備えてほしいと願っていたのです。

そこには大きな知識の貯水池があって、私たち生徒はただそれを汲み上げさえすればよかったのです。でも、そのポンプに呼び水をする誰かが必要でした。

そして、あなたたち先生がたがそれをしてくださったのです。それをみごとにやってくれました。リルエット、カズロ、サンドンやスローカンなどの収容所を去った後、十分な設備の整った学校で、完全な資格をもつ教師からずっと教育を受けた恵まれた他の生徒たちと、対等な立場

で競争するに足る十分な知識を私たちは身につけていました。私たちの多くが大学へ進学しました。BC州の強制収容所で小学校を終えた日系人2,500人に調査をしたならば、全国平均よりも高い割合で大学へ進学しているという結果が出ても、驚くには値しません。

　私たちが収容所を出て文明社会に戻ったときに必要とされる自信も、十分に蓄えていました。私たちは取っ手を握って懸命に汲み上げましたが、でも、最初の呼び水をくださったのは皆さん先生がたであり、その後もポンプはちゃんとうまく動き続けたのです。

　就職の面接に際しても、私たちは他の連中となんら変わらないと自信をもつことができました。昇進を望むときは調査委員に面接に行き、いつも思い通りの昇進が得られたわけではないかもしれません。でも、自信をもって立ち向かうことができました。誰にだって臆することなく会いに行けたし、今でも地元の州議会議員に会いに行けば、すぐにファーストネームで、やあピーター、やあハワードと呼び合える仲になれます。地元の市長や市会議員には、公の場では尊称をつけて呼びますが、彼が営んでいる食料品店で出会えば、やあピーターと声をかけてくるし、私も、やあヘクターと返答します。いろんな形で、あなたがたは私たちに自信を授けてくれたのです。

第23章　教師と生徒に起きたこと

　ゴーストタウンの収容所が閉鎖されてから半世紀以上が経った。かつての生徒と先生たちはその後どうしているだろうか。戦後、消息を断った人たちもいる。だが、収容された日系カナダ人の大多数は、歪められた歴史、差別の政治がもたらした逆境を生き延びたのみならず、最後にはそれに打ち勝ったのである。

　各人の成功の道をすべて紹介するのは不可能なことだが、以下にカナダ社会に特筆すべき足跡を残した代表的な例を挙げてみる。

　国の内外でも知られるほど名をなした人もいる。
* ケンリュウ・タカシ・ツジ。仏教開教使でありベイファーム校の初代校長 (1943-45年)。カナダ東部に移動してトロント仏教会を創立し、後にハミルトン、モントリオールでも仏教会を設立した。1958年、米国仏教会の全国仏教教育部長に任命された。1968年、カリフォルニア州を拠点とする米国仏教会において初の二世の開教総長に選ばれた。後に、ワシントンDCに恵光寺を設立、その後、バージニア州リッチモンドにも恵光寺を設立した。1999年に引退し、現在はカリフォルニア州に住む。
* アイリーン・ウチダ。レモンクリーク校の初代校長 (1943-44年)。トロントで大学教育を修めた後、遺伝学者となり、ヒトの染色体とダウン症発症に関する研究によって世界的に知られる遺伝学者となった。現在はマクマスター大学小児・病理学部の名誉教授。1993年、カナダ勲章 (オフィサー位) を受勲。1963年度マニトバ州女性功労賞を受賞、1975年には国際女性年を記念して選ばれた、オンタリオ州で顕著な働きをした25人の女性のう

オタワ、1993年。レモンクリーク校初代校長のアイリーン・ウチダは遺伝学研究の功績からカナダ勲章を受けた。カナダ総督府においてレイモン・ナティシェン総督から受勲。

ちの一人となった。

　カナダ勲章（オフィサー位）を受勲したベイファーム校の元生徒の2人。
＊レイモンド・モリヤマ。世界的に著名な建築家。手がけた建物には、オンタリオ科学センター、トロント公共図書館、東京のカナダ大使館などがある。
＊デビッド・スズキ。著名なカナダの環境学者、科学者、テレビキャスター。

　カナダ勲章（メンバー位）を受勲した元生徒と元教師。
＊ベイファーム校にいたジョイ・ナカヤマ（現コガワ）。詩人、作家。高く評

価された小説「オバサン」は、自身の収容所体験に基づいている。
* ヒデ・ヒョウドウ（現シミズ）。カナダ初の日系二世教師。戦時中はBC州収容所学校組織の監督官を務める。オンタリオ州で、カズロに家族とともに疎開していた清水小三郎合同教会牧師の後妻となる。地元トロントで日系コミュニティのために働き、1980年代はリドレス運動に関しても活発に発言した。
* マーガレット（ペギー）・フォスター。スローカン収容所、オンタリオ州北部及び南部の幼稚園で、疎開してきた二世の子どもの教育にあたる。強制収容された日系カナダ人を支援するために自ら収容所に住み込んだ非日系人のキリスト教会活動家のなかでも、代表的な存在である。

すでに触れたように、数人の収容所学校の教師はBC州やオンタリオ州の公立学校で教職を継続した。
* キミ・タキモト。カナダ東部に早期に移動した一人。カズロ校の初代校長。オンタリオ州に移動後、同州の高校では初の日系教師となる。後に、特別教育で修士号を取得し、障害をもつ子どもたちの教育の専門家となる。
* アヤコ・アタギ（現ヒガシ）。カズロ校校長のその後の経歴はユニークである。1945年、保安委員会がカズロ収容所を閉鎖したとき、その最後の収容所学校の校長だったアヤコは彼女の両親や他の収容者とともにそのままそこに留まった。そして日系人が最終的に西海岸へ戻ることが許されたとき、アヤはバンクーバー師範学校に通い、正式なBC州教員資格を取得した。その後、再びカズロに戻り、定年になるまでの30年間、現地の学校で教鞭をとった。彼女と夫は今も当地に住んでいる。
* ミヨ・ゴロウマル。レモンクリーク元教師。オンタリオ州バリー市で高校教師となり、またトロントのセネカ・カレッジで、コンピューター科学を教えた。
* フミ・ウエダ。ベイファーム、ポポフ、ニューデンバーの元教師。また、オンタリオ州南西部のフィンガルに一時的に設置された学校で再移動してきた日系人児童の指導にあたった。その後、州の公立学校の教師として近

隣のアイルマールで勤務した。
* すでに記したように、ミチ・イデ、アキ・サカイ、グロリア・サトウ、ヒデヨ・イグチもまた、再移動先のオンタリオ州で小学校教師となった。

同様に、多くの生徒もカナダ国内で再移動してから教師となった。のみならず、一世代前とは対照的に、元生徒のなかには各地の教育委員会で高い地位にまで昇進している人もいる。
* ピーター・クリタ。かつてベイファームの生徒の一人だったクリタは、1987年、トロントで開かれた収容所学校教師同窓会に招かれ、来賓として講演した。最近、オンタリオ州クレインバーグのロイヤルオーチャード小学校の校長を最後に定年退職した。
* トム・マツシタ。ポポフの生徒だったが、オンタリオ州で教育者として高い地位についた。ナイアガラ地区の学校で教え、校長職、ナイアガラ半島リンカーン教育委員会の教育長を歴任した。
* ジョージ・タカシマ。元ニューデンバーの生徒、オンタリオ州ロンドンの高校卒業後、教師となった。34年間にわたり、オンタリオ、マニトバ、サスカチュワンの各州で教師、管理職、教育長などを歴任し、教育者として勤務した。1993年に定年退職した後、アルバータ州レスブリッジ市にある日系合同教会の牧師として新しい仕事に就いた。
* ビクター・カドナガ。元タシメの高校生。彼はクニコ・カワシタの思い出を綴った感動的な一文を書いた。ハミルトンで中等教育を修了し、教師、特別教育教師、ハミルトン教育委員会カウンセラー・コンサルタントとなった。

収容所の教師のなかには、後に他の分野で専門家となった人びともいる。
* ロイ・シノブ。カズロ校副校長。後に、トロントで精神科医になった。
* テイソウ・ウエノ。ニューデンバーやカズロでは科学と体育を教えていたが、トロント大学で心理学の学位を取った。現在はエドワード・ウエノとして知られ、カリフォルニア州スタンフォード研究所の行動心理薬理学の

専門家となっている。米国に移る前は、オンタリオ州第一級教員免許を取得し、4年間、オンタリオ州北部の公立学校で教鞭をとった。
* ヒデコ・ヤマシタ。元ベイファーム校の教師。オンタリオ州に移動し、トロントのジョージ・ブラウン・カレッジのナイチンゲール看護学部の管理職に就き、後に同カレッジ看護学部の学部長を務めた。

生徒のなかで研究者になったものや専門職についたものは多く、全員を紹介することはできないが、そのうちの何人かを挙げる。
* レモンクリークの児童であったヘンリー・シバタは、広島で「送還者」として過ごした後、カナダに戻り、モントリオールで医師になった。彼の肩書には、モントリオールのロイヤルビクトリア病院腫瘍科主任、マギル大学腫瘍学部副学部長が含まれる。後者では教育にもあたった。彼はカナダ王立協会のフェローとなった。協会は「カナダの人文・科学分野の優れた研究者の上級組織」とされる。
* ニューデンバーの生徒であったヘンリー・シミズはエドモントンで整形外科医となり、1977年にはカナダ整形外科医協会会長に選ばれた。彼は1980年代後半に、日系カナダ人リドレス基金の議長に指名されたことで、日系カナダ人社会でより広く知られるようになった。
* タシメとニューデンバーの生徒であったシュウゾウ・マーク・スミは、現在は退職した神経科医であるが、シアトルのワシントン大学で医師資格をとり、薬学と病理学の教授となった。
* ベイファームの生徒であったジェームズ・マコト・トグリは、トロント大学で冶金工学の学位を取得し、企業で仕事をしてマギル大学で短期間教えた後、母校の教師となった。現在、トロント大学の冶金・数学科学学部教授であり、同大学院教授でもある。
* ニューデンバーの生徒であったマモル・ワタナベは医師となって、アルバータ大学の薬学部長となった。
* レモンクリークの生徒で『スコラスティック』の編集者であったソニー・アキラ・キムラはモントリオールで歯科医となった。

* ベイファームのジーン・アサコ・イケダはオンタリオ州ゲルフのオンタリオ獣医大学を卒業後、退職するまでトロント大学薬学部で臨床研究獣医師として働いた。

芸術分野で国際的に知られる仕事をした元生徒たちは以下の人びとである。

* タシメの生徒であったロバート・イトウは、俳優であり、カナダ国立バレエ団からアメリカのミュージカルまで幅広く活躍した国際的なダンサーであり、ロジャー＆ハマーシュタインの『フラワー・ドラム・ソング』のブロードウェイミュージカルの作品にも出演した。彼の最もよく知られた配役は、ジャック・クルーガン主演のテレビシリーズ『クィンシー』での助手のサム・フジヤマ役である。
* ベイファームとカズロの生徒であったデビッド・トグリは振付師になり、英国ロンドンに拠点を置いた。彼の仕事にはバレー団やミュージカルのダンスの振付を含んでいる。彼はブロードウェイの『フラワー・ドラム・ソング』でロバート・イトウと一緒に出演した。
* ニューデンバーの生徒であったシズエ・タカシマはトロントで画家兼絵画教師になった。1971年、彼女が文と挿画を書いた作品『収容所の子ども』を出版した。日系カナダ人による戦時中の経験を描いた最初の本となった。
* タシメの生徒ジェシー・ニシハタはCBC（カナダ放送協会）テレビのドキュメンタリー部門の製作者となり、後にトロントのライアソン・ポリテクニック大学の映画の教員になった。現在、トロントを本拠地とする月刊の全国日系新聞である『ニッケイ・ボイス』の編集に携わり、ドキュメンタリー映画やビデオの製作も続けている。
* タシメの生徒であったトーマス・ハタシタは、トロント大学建築学科のもう一人の卒業生であり、日本で研究し、日本風の景観デザインの専門家となった。

少なくとも一人の教師と一人の生徒がカナダ東部の柔道界で著名人となっ

た。戦前、BC州で始まった日本の武道は、戦後、東部で再生した。
＊テイラーレイク（自活移動プロジェクト）の教師であったフレッド・オキムラはケベック柔道界の指導的な『センセイ』になった。柔道の誠道館柔道場は1952年にモントリオールで創設された。彼は柔道7段である。
＊タシメの生徒であったジョン・ハタシタはオンタリオの指導的柔道家である。1950年代に日本で美術を学んだあと、オンタリオ州南部のキッチナー—ウォータールー地域で柔道クラブを開いた。柔道5段である。

　他に地域の日系カナダ人社会の指導者となった人びともいる。いくつかの事例を挙げる。
＊タシメの教師であったミキオ・ナカムラはトロントの日系文化会館の創設者であり、その初期の会長の一人として働いた。1993年、会館は30周年を迎えた。
＊タシメの生徒であったトシロウ・ヤクラはオカナガンバレーのBC州バーノンに家族とともに移住した。高校卒業後、製材業を始め、長い年月をかけて全国規模の大規模な木材販売と運送会社にまで発展させた。バーノンの日系カナダ人社会で活動し、全国日系カナダ人協会の市の代表を務めてきた。ヤクラはタシメの教師の一人ミキオ・ナカムラを覚えている。
＊クニオ・スヤマはレモンクリーク校の最初の卒業生代表だったが（1943年）、家族とともに「送還」事業によって日本に行き、有能なバイリンガル能力を身につけてカナダに戻ってきた。1990年代のトロントで、日系文化会館の幹事を務め、またテレビの夜の番組でコマーシャルに出演したり、その他の活動をした。
＊もう一人、ゴーストタウンの生徒で顕著な活動をした人物に、サンドンとニューデンバーで生徒だったタミコ・ナカムラ（現コルベット）がいる。1996年6月にカナダ長老派教会の議長に選出された。バンクーバー生まれで仏教徒であった彼女は20代のときにキリスト教に改宗した。彼女の最初の仕事は教師であり、バンクーバー教育委員会に任命された最初の二世教師であった。

第24章　終わりよければ、すべてよし

　1942年から47年までの収容所学校の壮大な物語は、疑問の余地なくサクセス・ストーリーである。教師にとって、この成功は徹底した勤勉さと献身、時折かいま見せた勇気の成果である。教師たちは、生徒の親たちのみならず、監督官であり校長であり同僚であった仲間の二世からの展望と誠実な支援を得られたのである。

　生徒・児童にとっては、かつての収容所での生活は冒険と変化に富み、生涯にわたる友人を得ることのできた幸せな時代として思い起こされるのである。ゴーストタウンの生活のなかで、なぜ彼ら疎開児童がしっかり育つことができたのだろうか。それは親や教師たちが、大人たちに覆いかぶさっていた将来への不安から、子どもたちを守っていたからだ。

　教師たちは収容所のなかに建てられた間に合わせの学校を、学習と心の覚醒と規律正しさの理想郷に作り変えた。教師の熱意と最善を尽くそうとする姿勢は、学齢期の児童・生徒、親、そして、教師自身の強制収容の日々を耐えうるものにした。

　他のカナダ人の観察者、例えばロバート・フルフォードなどは、我々の政府による戦中の不当な扱いを耐えた日系カナダ人の戦後における成功物語に驚嘆の念を示している。その功績の多くは個人の努力によるものである。戦時中、さまざまな困難にもかかわらず、果敢に耐えて頑張り抜いた。そして、収容所が最終的に閉鎖された後、次の開拓の段階に立ち向かっていった。彼らは新たな生活を始め、カナダ各地に落ちついた。そして、ありがたいことに、しっかりと成し遂げたのである。

　戦時中に家族収容所に送られた日系カナダ人が、自身と自分たちの未来に

対して健全な態度をもって収容所生活を生き抜くことができたことに、収容所学校の教師たちが大きな役割を果たしたと言って間違いないだろう。さらに教師たちは、学校教育を受けるような年齢の子どもたちだけではなく、幽閉された山のなかできちんとした学校をもつことによって維持される、表面的な平常さを分かち合う親などの人びとにも、影響を与えた。

　本書の編集者であり執筆者である私は、戦時中、BC 州収容所生活のうち 7ヶ月を家族収容所のひとつで過ごした。私が望むことはこの歴史の本が、自分自身の国内で監禁された 1942 年から 1947 年の間に教師となった、カナダ生まれの日系人疎開者のユニークで疑う余地のない功績を真に反映するものとなることである。

　この歴史を織り成すたくさんの真実の物語をふるいにかける編集の仕事を通じて、私自身が数多くの二世同時代人に対する喜ばしく誇らしい気持ちで満たされた。

　彼ら全体の監督者であったヒデ・ヒョウドウ (現シミズ) に関していえば、自身を規範として基準を設定した。そして、収容所の教師となる若い二世を募集し、教育し、教訓を与え、保護し、こうして、日系カナダ人が BC 州の公立学校制度のなかで正式な教師になることが、ヒデ自身がかつて実現させたことを別にすればまだ夢に過ぎなかった時代に、収容所内の教室で二世たちがみごとに期待に応えられるようにしたのである。それはもちろん、ヒデ・デヒョウドウその人が、多くの困難にもかかわらず、BC 州リッチモンドのロードバイング小学校で 16 年間も立派に教えていたことに負うものである。

　1988 年 9 月 22 日、当時のブライアン・マルルーニ首相が、日系カナダ人の戦時の経験に対する補償と謝罪の要求に関する合意を発表した。この決定に拍手を送った数千人のトロント在住の日系人のなかに、ヒデ・ヒョウドウがいた。彼女自身、このいわゆるリドレス運動に、他の元二世教師や元生徒に混じって積極的に参加した。

　首相は、連邦下院議会で (同時に、テレビ、ラジオを通じて全国に対して) 次のように述べた。「半世紀ほど前に、戦時下の危機のなかで、カナダ政府は日本人を祖先とする多くのカナダ市民を不当に監禁し、財産を没収し、さら

に、公民権を剝奪したのです。過去を変えることはできませんが、国家として、これらの歴史的事実を直視する勇気をもたなければなりません」。

合意書は戦時の不正行為を公式に認め、生存している日系カナダ人に対する謝罪と補償金を含んだものだった。

エピローグ

その4年後の1992年10月、リドレス運動を成功裏に導いた全カナダ日系人協会 (NAJC) 主催による全国大会がバンクーバーで開催された。「ホームカミング '92」と題された会議は、1942年に最も多くの日系カナダ人が放逐されたBC州のその町で開催された。この会議は、BC州沿岸から排斥された1942年から数えて50周年を記念するものとなった。700名以上の参加者がカナダのみならず、合衆国や日本を含む海外からも集まった。

なかでもゴーストタウン教師歴史協会による分科会にはたくさんの人がつめかけた。「収容所での教育」と題されたパネル討論会には、4人の元教師が発言者として参加した。マスコ・イグチ(ポポフ、ベイファーム)、テイソウ・ウエノ(ローズベリー、カズロ)、グロリア・サトウ・スミヤ(ニューデンバー、ベイファーム)、アイリーン・ウチダ(レモンクリーク)らが収容所学校での経験を、元教師や元生徒を含む聴衆に向けて語った。会議の後、2台のバスに分乗した会議参加者たちはバンクーバーを発ってBC州内陸の収容所跡地を巡った。

バスツアーの乗客の一人に、ポポフで教師であったパット・アダチがいた。彼女は同乗者がタシメ校の生徒で現在、有名な俳優であることを知った。

ロバート・イトウと一緒のバスに乗って

ツアーの一員にロバート・イトウがいた。みな彼のことを、戦前のバンクーバーで日系人の心のなかに染みとおるような声で歌い踊った「リトル・ボビー・イトウ」の名で覚えていた。ところが、彼は舞台の上でこそ愛らしくしていたが、普段はとてもやんちゃだったそうだ。彼がいうには、あまりの悪

戯好きに手を焼いた父から、よく手にお灸を据えられたという。そのお灸の痕を見せてくれた。爆竹を鳴らしたあげくに車庫が火事になったとき、とうとう父の堪忍袋の緒が切れた。また彼はよく近所の木からリンゴを盗んで捕まった。一度は、近所の人に箒を持って追いかけられ、枝の間に宙吊りになったという。

ロバートは10代の初めをタシメで過ごした－彼が11歳から14歳までのことだ。だからこのツアーは彼にとってとても大きな意味があった。タシメ収容所の跡地を歩きながら、彼はそこでの体験を思い起こしていた。彼はよく一人で出歩いたという。遠くの山になっている赤いハックルベリーの実は、磁石のように彼をひきつけた。ボーイスカウトだった彼は、山の向こうに何があるのか冒険心にかられて自然の中を歩きまわった。

おそらく、彼が一番影響を受けたのは母親である。1942年、最小限のものだけをもって家を去るという騒ぎのなか、イトウ夫人は先見の明と執念をもって、バンを借り、ロバートのピアノをタシメまで運んだのである。だから、収容所の小さな小屋のなかには、彼のピアノとストーブが幅をきかせていた。生まれついての彼の音楽の才能は、野球チームのバンクーバー朝日で選手だった父ジュンジ譲りのもので、それはバンクーバー時代に地元の演芸会などでいかんなく発揮されていた。だから、タシメ収容所でのボビー・イトウは、演芸会のあるたびにひっぱりだこであった。元タシメ収容所の住民の中には、彼の弾く「月光ソナタ」、あるいは「美しき青きドナウ」を覚えている人たちがいる。

よくあることだが、同じ年ごろの子どもたちのなかに、彼の才能をよくは思わなかったり、ねたんだりする子どもがいて、彼はしばしばひどく殴られたという。だが、そんなことで彼はくじけなかった。そのような出来事にもかかわらず、ロバートは、今もタシメに楽しい思い出を抱いている。

収容所学校で同級生であったスエコ・クワバラは、ロバートが秀才の一人であり、知能テストを受けて6年生に進級したのを覚えている。彼は社会的なことをとてもよく知っており、クラスの中で唯一、ドゴールがフランス大統領（訳者注：正しくは臨時政府首相）だと知っている生徒だったという。ロバートの母親は彼が知っておくべき出来事の記事を切り抜いて、よく小屋の壁に貼っていたという。外国の地図などもよくそうしていた。

彼に強い印象を残している教師は、（テリー）ヒダカ先生とミエ・ウエダ先生という6年生の2人の教師であった。2人とも進歩的な先生だったという。ウエダ先生は、プラスティックと大豆が将来注目されるものになると予想し

たことを覚えている。まだ1944年のことである。

　ロバートがまだ10代のころ、イトウ家は、アルバータ州レイモンドに移動した。父とロバートは、ブローダー家の農場で働いたが、そこにはドイツ兵の戦争捕虜も一緒に働いていた。ドイツ兵たちは、固くなったパンとカビの生えたようなベーコンしか食べていなかった。だから、そこの料理人は彼らによく栄養のあるものを出していたという。ロバートが覚えているのは、ドイツ兵たちはよく食べてはいたが、ちっとも働かなかったことだという。

　イトウ家はアルバータ州からモントリオールへ移動した。ここで彼はダンサーとして、カナダとアメリカを回るカナダ国立バレエ団に加わることになる。このころ、彼はカズロにいたルーシー・スギウラと結ばれた。最初の子どもが生まれるころ、彼はブロードウェイミュージカルの『フラワー・ドラム・ソング』に出演した。そして、長女ジェニファーが生まれると、妻ルーシーと3人で、劇団と一緒に米国を巡業した。

　息子トマスはラスベガスで生まれた。そこから彼らは西へ移動し、カリフォルニア州に居を構えた。テレビシリーズ『クィンシー』に、検死官の助手サム・フジヤマの役でレギュラー出演し、ジャック・クルーガンと何年も共演することになる。テレビ、映画に加えて舞台にも出演し、彼は日系アメリカ人のフィリップ・ゴタンダの戯曲による「二世漁師の歌」のトロント公演で主演した。

　1992年10月に開かれた「ホームカミング'92」会議での収容所の教育に関するワークショップで、フロアから思い出を語った元生徒の一人は現在、カリフォルニア州モデストの石油会社で地球物理学者として働くロイ・ヤスイ博士であった。彼こそはニューデンバーとローズベリーで、教師のグロリア・サトウが解決してくれた読む能力と行儀に問題を抱えた生徒だった。

この優れた先生たちのお陰で

　僕がブリティッシュ・コロンビア大学で教えているとき、戦時中にニューデンバーのサマースクールで二世教師に教えたことがあるというバンクーバーの教育者たちに出会った。彼ら教授たちは、収容所の教師たちは最も動機づけのしっかりした、まじめで教え甲斐のある学生たちであったことは間違いないと断言した。

　「ホームカミング'92」会議での収容所での教育に関するパネル討論会の最後に、会場の出席者も参加して質疑応答があった。僕と同様にかつてニューデン

第24章　終わりよければ、すべてよし　363

バンクーバー、1992年。元教師と元生徒。前列左からレイモンド・モリヤマ、グロリア・サトウ（現スミヤ）、マリエ・カワモト（現カツノ）、マスコ・イグチ、中央左からヨシエ・コサカ、ヒデオ・イグチ、パット・アダチ、キミ・ヒライシ、後列左からエドワード・ウエノ、サチ・タキモト（現オオエ）、アイリーン・ウチダ、フランク・モリツグ。

　バーの少年だったヘンリー・シミズ博士は、教師たちに対して感謝し、教師たちのおかげで彼がエドモントンで勉強を続けたときに十二分な準備ができていたと語ったのは、その場所にいた僕たちの大半の気持ちを反映していた。他の人たちも同じように感謝の念を表していた。
　僕も発言した。収容所の教師たちの猛烈な献身ぶりは、僕のようにまったく動機づけがうまくできておらず、不機嫌で、やる気のない生徒の指導にこそ明らかであった、と。知能が高く、秀才だったシミズ博士や、レイモンド・モリヤマなどは、どんな条件下でも成功したかもしれない。だが、僕の場合はそうではなかった。収容所には、ほとんど日本語ばかり話されていたような僻地からきた者、農村、漁村、森林伐採地から来た生徒がたくさんいた。
　こういった非凡な教師たちのおかげで僕は学ぶ気になったのである。バンクーバーの学校の教師たちは僕のようなあまり見込みのない生徒を無視した。そのほうが楽だからだ。僕のような生徒まで、これから外の世界から突きつけ

られる挑戦に応えられる十分な教育を受けられたのは、とりもなおさず教師たちのはかり知れない熱心さのたまものだった。

ワークショップが終わると、部屋の入り口で発言者の一人と話そうと待ち受けた。僕の妹ケイと夫のトム・オイカワが僕のそばにいた。彼らはトムと戦前から知り合いのアイリーン・ウチダと立ち話をしていた。彼らは戦前、日系市民連盟をバンクーバーで結成したとき以来の知り合いだった。話が終わった後、ウチダ博士は僕に振り向いて言った。

「あなた、ニューデンバーではあまりやる気のない生徒だったと言っていたわね。でも、もしレモンクリークにいたら事情はちがっていたかもしれないわ」。

笑いながら冗談っぽく言ってはいたが、僕をからかっていないことが分かった。ウチダ先生こそは、収容所学校の教師たちがもっていた「なせばなる」を体現する人であった。この「なせばなる」症候群は、収容所にいたわれわれの不完全な日本語の知識では、ガンバリ、ガマン、ヤマトダマシイという言葉で表された。

グロリア・サトウが夫のミッツ・スミヤに伴われて近づいてきた。年月は彼女に対しては寛大だった。彼女は昔のまま若く快活な女性であった。僕が自己紹介しようとしたとき、彼女が言った。

「ロイ・ヤスイ博士、私、グロリア・サトウよ。覚えていらっしゃるかしら」。

「忘れもしません」と僕は応えた。

補遺A　ゴーストタウン教師歴史協会について

　この歴史書を生き生きとした回想録にしてくれたのは、ゴーストタウン教師歴史協会の面々の努力のたまものである。委員の全員がオンタリオ州トロント近辺に住んでいた。彼らはすでに定年退職しており十分な時間をこの計画のために割いてくれたのである。彼らの絶えることのない支援、過去11年にわたる忍耐力、そして、彼らが打ち合わせのたびに持ち寄ってくれたおいしい食べ物なしには、この本は完成しなかっただろう。

1993年度ゴーストタウン教師歴史協会。前列左から：会長マスコ・ジャッキー・イグチ、通信担当書記サチ・タキモト・オオエ、会計ヒデヨ・アーリーン・イグチ、記録担当書記グロリア・サトウ・スミヤ、2列目：理事パット・アダチ、ジョシー・マツモト、ヨシエ・コサカ、キミ・ヒライシ、後列：フランク・モリツグ（編集顧問）、理事ユキ・アライ・ナカムラ、スタン・ヒラキ、シズ・ハヤカワ・サイトウ、ダグ・フジモト、タツエ・ナカツカ・スヤマ

ここにゴーストタウン教師歴史協会会員の簡単な紹介を記しておく。いうまでもないことだが、一人ひとりがトロント日系社会のさまざまな場所でここに記された以上の働きをしている。

- マスコ・ジャッキー・イグチ：会長。ポポフ、ベイファーム収容所学校で教える。ベイファーム校でタカシ・ツジ開教師の後を継いで校長となる。カナダ東部への移動後、婦人服メーカーの型紙の製作や衣装デザイナーとして働く。
- グロリア・サトウ・スミヤ：記録担当書記。サンドン収容所で高校を修了。ニューデンバー、ベイファーム、ネイズ、オンタリオ州北部の第72キャンプの学校で教える。後にオンタリオ州公立学校で小学校教師となる。
- ヒデヨ・アーリーン・イグチ：会計担当。ベイファーム、ネイズ、オンタリオ州北部の第72キャンプで教える。後にオンタリオ州公立学校で小学校教師となる。
- サチ・タキモト・オオエ：通信担当書記。カズロで教える。トロント都市圏YMCAのグループ（社会）福祉士となる。
- パット・アダチ：理事。ポポフで教える。ベル・カナダ社の経理部で部長となり、19年間勤める。1992年、戦前のバンクーバーで活躍した日系人選手による『伝説のアサヒ野球チーム』を上梓した。
- ダグ・フジモト：理事。タシメで教える。トロントでレストランを経営、後にドライクリーニング店を経営。
- スタン・ヒラキ：理事。イーストリルエットで教える。トロントで電気技師となり、セネカ・カレッジの技術学科で19年間教師を務める。
- ヨシエ・コサカ：理事。ポポフ、ベイファーム、ニューデンバーで教える。1948年、トロント総合病院で日系人初の看護学生となった。正看護婦として、トロント総合病院、オタワ市民病院の職員として看護学生の指導にあたった。1959年、カナダ空軍に入隊し、カナダ国内のみならずフランス、ドイツに赴任した。
- ジョシー・マツモト：理事。ローズベリーで教える。トロント市信用審査

会に40年間勤める。
- ユキ・アライ・ナカムラ：理事。タシメで教える。シンプソンズ–シアーズ百貨店に勤務するかたわら、日系文化会館で設立時からボランティアとして活躍した。
- シズ・ハヤカワ・サイトウ：理事。タシメ、ニューデンバーで教えた。トロントで専業主婦。
- トミ・ヒライシ、マリー・チエコ・ヒライシ：キミ・ヒライシの他界後、両名の姉妹がゴーストタウン教師歴史協会の理事となって積極的にかかわるようになった。トミはスローカンでは聖公会が運営する幼稚園の先生となる。トロントでは、ナショナルトラスト銀行で、副社長付の上級補佐となる。マリーは戦前日本に渡り戦争のために帰国できなかったために強制収容体験はない。カナダ帰国後、トロントで全国的に知られた法律事務所で司法秘書となった。

故人
- ヒデヨ・ヒョウドウ・シミズ：創設名誉会長。日系人として初のBC州学校教師。BC州収容所学校組織で1942年から45年まで監督官となる。カナダ東部では、キリスト教合同教会と日系カナダ社会で活躍する。
- マリー・アサヅマ：初代の書記。ベイファーム、タシメで教える。カナダ東部では主に縫製の仕事に従事し、最初にモントリオール、後にトロントに移った。
- キミ・ヒライシ：理事。ポポフで教える。トロントでは会計士となり、美容院チェーン店、男性向けヘルスクラブなどを担当する。
- タツエ・ナカツカ・スヤマ：理事。サンドン、ニューデンバーで教える。日本へ「送還」された後、カナダへ戻り、トロントのファッション業界で働いた。最後は、トロントの宝石店の支配人となった。

補遺B　ゴーストタウン教師名簿

　以下の1942年から1947年の間にBC州収容所の小学校で教えた教師の名簿は、ゴーストタウン教師歴史協会によって作成された。可能な限り完全なものをつくろうとした。不注意により名前が欠けた方には謝罪する。すべて氏名は、収容所時代の名前である。教員の戦後の名前がわかった場合は、カッコ付で表記されている。(訳者注：訳者が確認し追加した教師には下線を引いた)
＊編集時に死去していた教師については、(＊)の印を付けた。

Adachi, Pat
Aihoshi, Alice (Sakaguchi)
Aihoshi, Marie
Anpi, Michiko
Arai, Hedy
Arai, Yuki (Nakamura)
Arikado, Mina ＊
Arima, Takako (Tanaka)
Asano, Nobuo ＊
Asazuma, Mary ＊
Atagi, Ayako (Higashi)
Baba, Roza (Kingsley)
Chiba, Keiko ＊
Deshima, Itoko
Deshima, Tama (Honda)
Ennyu, Mary (Korb)
Ezaki, Fumi
Fujimoto, Doug
Fujioka, Aya (Sawayama)
Fujita, Miyo (Nakamura)
Fujita, Molly (Tanaka) ＊
Fukakusa, Jean (Nakamura)
<u>Fukakusa, Taeko</u>
Goromaru, Aki (Kato) ＊
<u>Goromaru, Gladys</u>
Goromaru, Miye (Moriyama)
<u>Hamada, Sumie</u>
<u>Hamada, Masako</u>
Hasegawa, Kazuo
Hasegawa, Jimmy
Hasegawa, Lily
Hashimoto, Toki (Matsubayashi)
Hatanaka, Misao (Deskins)
Hayakawa, Shizue (Saito)
Hayashi, Sumi (Yamamoto)
Hayashida, Trixie (Miyazawa) ＊

Hidaka, Hideko (Halfhide) *
Hidaka, Terry *
Hirahara, Shizue
Hiraishi, Kimi *
Hiraki, Stanley
Hirayama, Fumi *
Hirayama, Molly (Nishimoto)
Hirayama, Rose
Homma, Sue (Oike) *
Honda, Mary
Hori, Noble
Hyoro, Hide (Shimizu) *
Ide, Michi *
Igashira, Itsuko (Yasui)
Iguchi, Hideyo Arline
Iguchi, Masuko Jackie
Ikeda, Connie
Ikeda, Flo (Onishi)
Ikeda, Mitzi Mitsuko (Abe)
<u>Ikeda, Sumiko</u>
Ikeno, Ernie
Ikeno, Junji
Imai, Kyoko (Yamamoto)
Inata, Mary (Matsumoto)
Inouye, Amy (Kunitomo)
Inoue, Mary (Kageyama) *
Irie, Masako (Shino) *
Ishii, Kiyo (Kutsukake)
Ishii, Mitsue (Sawada)
Isoki, Hannnah
Ito, Haruko (Nakashima)
Iwasa, Masako (Kuroyama)
Iwasaki, Amy *
Iwasaki, Miyoko (Maruhashi) *
Iwasaki, Morry (Aihoshi)

Iwasaki, Tomi (Kadota)
Iwase, Yoko (Yonemitsu)
Izumi, Kazuko *
Kadoguti, Koko (Mannix)
Kadoguchi, Yuki (Orenstein) *
Kadonaga, Tosh (Fukuda)
Kato, Sumi (Nakashimada)
Kato, Taira William *
Kato, Yuri (Deshima)
Kawabata, Sakaye (Tsuji)
Kawagucchi, Sally (Hatanaka) *
Kawamoto, Marie (Katsuno)
Kawashita, Kuniko *
Kido, Harry *
Kimura, Pat (Harris) *
Kitazaki, Sumiye Scotty (Karaki)
Kojima, Fusako (Matsushita)
Kondo, Audrey (Tsuji)
Kondo, Haruko
Kono, Betty (Nishizawa)
Kono, Fumi
Kosaka, Emma (Fujibayashi)
Kosaka, Yoshiye
Koyanagi, Aki Frances
Koyanagi, Sue (Iwasaki)
Koyanagi, Tsuyuko (Yoshida)
Kurita, Lily (Oda)
Kurita, Yoshiko (Nagai)
Kuwabara, Alice (Kawai)
<u>Kuwabara, Teruko</u>
Maeda, Fumi (Ono) *
Maeda, Toshiko (Ikeno)
Maeda, Yoshiko (Hirano)
<u>Maikawa, Sachi</u>
Marubashi, Anne (Kimura)

Marubashi, Helen (Kawaguchi) *
Matsugu, Sue (Kai)
Matsumoto, Josie
Matsusaki, James
Matsuzaki, Miyako
Mitobe, Chiyo
Mitobe, Sam *
Mitsuki, Yoshiko (Noguchi)
Miyake, Bessie (Ishii)
Miyamoto, Chizuko (Kondo)
Miyashita, Toshiko
Mizuhara, Marry
Mori, Helen (Suzuki)
<u>Morikawa, Mitsuko</u>
Morito, Mary (Shikatani)
Murakami, Aiko
Muraki, Eiko (Kakimoto)
Muraki, Masaye (Yamashita)
Murase, Noji
Nagai, Michiko (Kosaka)
Nagai, Mary (Tanaka)
Nakamoto, Sadie (Akiyama) *
Nakamura, Harumi
Nakamura, Mikio *
Nakatsuka, Fumi (Hattori)
Nakatsuka, Masaru
Nakatsuka, Tatsue (Suyama) *
Nakatsuka, Tsuyuko *
<u>Nakauchi, Suzuko</u>
Nakazawa, Jean (Tanaka)
Namba, Aki
Naruse, Hanako (Saito)
Naruse, Hitoshi
Nikaido, Yoshiko Jean (Goto)
Nishimura, Yasumi (Ryujin)

Nishino, Barbara (Saisho)
Nozaki, Amy
Ochiai, Kayou *
Ogura, Kaye (Morimoto)
Oka, Ritsuko (Huang)
Okada, Henry Hank
Okamura, Myea (Inoue)
Okimura, Art
Okimura, Fred *
Okino, Chiyeko (Irie)
Okuda, Hiroshi Rosie *
Okuma, Dorothy (Kagawa)
Okuno, Kenji
Okura, Aya
Okura, Fumi *
Omoto, Mary (Uchida)
Ono, Aya (Kobayashi)
Otani, Kiyoko
Oyama, Katie *
Oye, Mary *
Ozawa, Shima (Tanaka)
Saisho, Aki
Saito, Michiko (Watanabe)
Sakaguchi, Katie (Nishino)
Sakai, Aki
Sakamoto, Kimiko (Hayakawa) *
Sakamoto, Lil (Tomihiro)
Sakuma, Sadie
Sasaguchi, Taeko
Sato, Aya (Kuwabara) *
Sato, Gloria (Sumiya)
Sato, Louise (Mototsune)
Sato, Satoko
Seki, Setsuko (Aihoshi)
Seo, Vi (Nagai)

Shibuya, Harry *
Shimano, Chizuko (Boyd)
Shimizu, Koko (Suzuki)
Shin, Ritsuko *
Shin, Roy
Shinobu, Kazuko (Yatabe)
Shinobu, Roy
Shinohara, Betty (Asano)
Soga, Ken *
Soga, Marie (Toyota)
Suda, Sussy (Seki)
Suga, Kazu
Suga, Yumi (Nishizaki)
Sugaya, Kuniko (Oikawa) *
Sugiman, Joan (Yamamoto)
Sugiura, Aimee
Sugiura, Terri (Komori)
Suzuki, George
Suzuki, Naka (Sasaki) *
Takagi, Minnie (Kuwahara) *
Takahashi, Kay Kiri (Koyama)
Takahashi, Kazuko (Atagi) *
Takahashi, Kiyoko (Yamada)
Takaoka, Margaret (Nagai)
Takata, Toshie (Yokoyama)
Takeuchi, Kiyo (Hakkaku)
Takimoto, Kimi *
Takimoto, Sachi (Oue)
Takimoto, Sumi (Tanaka)
Tanabe, Yoshiko (O'Leary) *
Tanaka, Yaeko
Tateishi, Sue (Nakauchi)
Teramura, Misao (Nishikawa)
Tobo, Mike Kiyotoshi *
Toda, Nobuko (Ozaki) *

Tokiwa, Vi (Hamade) *
Tokunaga, Aya (Mizuhara)
Tokunaga, Mariko (Abdulah)
Tomihiro, Miyo (Sora)
Tomotsugu, Harumi
Tomonaga, Sumi
Tsuji, Rev. Takashi
Uchida, Amy (Koga)
Uchida, Chitose *
Uchida, Irene
Uchida, Chizu
Uchikura, Amy (Washimoto) *
Umemoto, Kazuko
Uyeda, Fumi (Toyota)
Uyeda, Lily *
Uyeda, Mariko (Curry)
Uyeda, Miye *
Uyeno, Teiso Edward
Watanabe, Alice *
Wanababe, Irma (Ikeno)
Yagi, Hachiro
Yako, James *
Yako, Matsuye (Osaka)
Yamamoto, Betty (Ikegami)
Yamamoto, Harumi
Yamaoka, Mary (Wakayabashi)
Yamashita, Hideko
Yamashita, Nobuko (Shibata)
Yamashita, Tomiko (Suenaga)
Yamazaki, Amy (Kondo)
Yamazaki, Martha (Onodera)
Yano, Fred
Yano, Toshiko (Sugiura) *
Yoneda, Barbara (Kuwahara)
Yoshida, Agnes

Yoshida, Chrlie ✻
Yoshida, Marie (Obayashi) ✻
Yoshida, Miyuki (Nagata)
Yoshida, Naoyuki
Yoshihara, Kay (Kanzaki) ✻

補遺C　モリツグ氏へのインタビュー

小川　洋

　以下は、*Teaching in Canadian Exile* の編者であるフランク・モリツグ氏へのインタビューの記録である（2009年9月15日、トロントの日系文化会館にて）。モリツグ氏は、カナダの主流ジャーナリズム界で活躍してきた初の日系カナダ人である。話題は、ジャーナリストとしての経歴や *Teaching in Canadian Exile* の編集作業にまつわるものである。

● バンクーバーのなかでも日系人がそれほど集中していなかったキチラノで高校を卒業された訳ですが、お生まれもキチラノだったのですか？

　いいえ、ブリティッシュ・コロンビア州（BC州）の人にもあまり知られていないポートアリスという、バンクーバー島の太平洋岸の町で生まれました。私の両親は鳥取県出身です。伯父が先に移り住んでいて、農業などに従事していたのですが、私の父が伯父に呼び寄せられたのです。一世たちは英語ができませんでしたから、多少とも英語のできるボーシン（ボス）を頼るわけです。ボーシンだった伯父たちとともに父はその後、パルプ工場があったポートアリスの町に移ったのです。

　父は写真結婚ではなく、1921年に米子に戻って結婚相手を探しました。母は東京で教育を受け、米子に戻って小学校の先生をしていました。小学校の教頭先生が仲人をしたと聞いています。父と母は東京で結婚してカナダに渡りました。私は翌1922年12月に8人兄弟の長男として生まれました。弟が一人生まれたころ、たよりの伯父が突然、情緒障害をもつ日本人の独り者の男に刃物で襲われて亡くなりました。残された伯母はカナダで生まれた6人の子どもを連れて日本に戻りました。そして私の家族は、私が幼稚園に入

る前にバンクーバーに移り、父は造園業を始めました。

● 高校でジャーナリズムの授業をとってその当時から活躍されますが、若いころから そのような分野に関心をおもちだったのですか？

　そう、小さいころから英語は成績が良いほうでした。母親には教育がありましたし、父も読書はよくしていました。我が家には本や雑誌がいつもたくさんありました。大部分は日本の『講談倶楽部』や『キング』とかで、母は『主婦の友』を日本から取り寄せていました。私はこうした大人の雑誌でも漫画を探したりしてよく読みました。『少年倶楽部』とか『小学一年生』などもありました。小さいころから本を読むことが大好きでした。今でも図書館のない町で暮らすことは考えられません。

　キチラノの高校では、私の在学中に、Jean Story という女性の先生によって11学年と12学年に初めてジャーナリズムのクラスが開設されたのです。クラスに日系人は私一人だったのですが、選挙の結果、私が編集長に選出されました。毎月1回発行の学校新聞の編集を経験することになりました。賞ももらいました。でも当時、ジャーナリズムは白人の世界でしたし、1920、30年代の日系人に対する排斥の厳しいBC州社会に育って、自分がその世界で仕事ができるとは考えられなかったのです。

　絵を描くのも好きでした。文章を書くジャーナリズムの仕事は難しくても、漫画を書くのであれば、仕事の機会があるかもしれないと考えました。ですから戦後、復員兵向けの大学教育の機会が提供されたとき、最初はカレッジ・オブ・アートに応募しました。漫画家の道を考えたからです。でもその学校への入学は、復員兵の応募が多くて待たされ、実現しませんでした。

　その間に、アイリーン・ウチダさんに相談したところ、日系人を強制的に日本へ送ることに反対していたサンドウェル博士に相談してはどうかと助言されました。彼は『サタデーナイト』という週刊誌の編集長を務めていました。彼のオフィスに行って、いろいろとインタビューを受けました。そのなかで、「日系人はなぜ多くがまだBC州に残っているのか」と聞かれ、あれこれと説明したところ、そのことを記事にしてみないかと言われました。

その帰りに立ち寄ったトロントの書店で、ノンフィクション記事の書き方に関する本を見つけました。雑誌の記事は書いたことがなかったので、7ドルと当時としては高価だったのですが、購入して隅から隅まで読みました。「自分のスタイルは捨てて、その雑誌の過去の文章を読み、まねなさい」、「受け入れられてから、自分のスタイルを徐々に出していきなさい」というようなことが書かれていました。『サタデーナイト』の文章を読んで、書き方を一所懸命に練習しました。その後、『ニューカナディアン』紙のあったウィニペグに行っている間に、サンドウェルさんから、原稿を書いてみないかと言われ、自分の書いたものが雑誌の後ろのほうでしたが、初めてカナダの主流メディアに出たのです。自分がジャーナリストになれるかもしれないと考えるようになりました。

　高校卒業だけでは不十分と思い、大学でしっかり勉強しようと考えました。当時、オンタリオ州では大学に入るためには12年間ではなく、13年間の教育を受けることが必要でしたので、『ニューカナディアン』紙の仕事をしながら、マニトバの大学で1年間履修して、トロント大学の政治・経済学科に入学することになりました。トロント大学では日刊の学生新聞の編集長になって、本格的な新聞の編集経験をしましたし、ここでも賞を受けました。この間、家族はオンタリオ州南部で農業や造園業をしていました。

● **戦前のバンクーバーで、ジャーナリストとしてのキャリアに繋がるいろいろな人びととの出会いがあったようですが、アイリーン・ウチダさんとはどのような経緯で知り合われたのですか？**

　彼女は『ニューカナディアン』紙に、最初からコラムをもっていました。その後、いったん日本に行きますが、彼女は戦争前の最後の船で戻ってきました。私が『ニューカナディアン』紙に関わったのは戦争が始まってからですが、オフィスに顔を出してアイリーンさんと会うようになりました。彼女の実家は書店で、彼女はブリティッシュ・コロンビア大学（以下、UBC）に進みましたが、途中で収容所に移動させられたので、大学教育はトロント大学で継続して終えたはずです。アイリーンさんに推されたお陰で漫画家になら

ずにすみました（笑）。

　アイリーンさんは収容所学校で校長を務めますが、彼女とヒョウドウさんとの繋がりは、合同教会での活動を通してでした。アイリーンさんの能力をヒョウドウさんは高く買っていたのでしょう。

●モリツグさんがジャーナリズムの道に進むうえで『ニューカナディアン』紙のトミィ・ショウヤマからの影響も大きかったと思いますが？

　ショウヤマさんは本当に変わった人でした。たいへん小柄でおとなしそうな男性だったのですが、たいへん優れた人でした。彼はカムループスという日系人のほとんどいない所で育ったので、日本語はまったくできませんでしたが、英語はたいへん高い能力をもっていました。UBCに3年間在籍して、ふたつの学位（経済学と商学）を取得したくらい優秀だったのです。『ニューカナディアン』紙を引き継いだときには、まったく日本語はできませんでした。私はショウヤマさんとは2回にわたって『ニューカナディアン』紙で一緒に働き、新聞の作り方を教えられました。その後の大学での勉強にもスムーズに入ることができたのです。

　『ニューカナディアン』紙には、UBCを卒業した二世やビジネスで成功していた二世などが集まって、『大陸日報』などの一世による邦字新聞に対して、二世の考え方を反映した英語だけの新聞を発行していました。最初の編集長のシノブ（ピーター）・ヒガシさんは牧師の息子さんでUBCを卒業していました。半年ほど担当した後に結婚したのですが、新聞の収入では生活も難しい。そこに満州での仕事が見つかって、満州に行ってしまいました。その後を継いだのが、当時、製材所で働いていたショウヤマさんでした。当時のBC州で、日系人は学位を二つもっていても、そのような仕事しか就けなかったのです。この二人は、日系人社会の演説会で一緒に最高位をとるなど目立った存在でした。

　また私にとって『ニューカナディアン』紙では、新聞作りの経験をするとともに、日本語ページを英訳してオタワの検閲に回す仕事を経験しましたから、日本語の読み書き能力を養うことにもなりました。

●ご両親の出身地である日本との関わりはどのようなものですか？

　初めて私が日本に行ったのは1962年でした。多くの雑誌を出版するマクレーン・ハンター社で10年ほど働いていて、そこのボスから「君は日本にまだ行ったことがないらしいけど、行ってみる気はないか」と言われました。ちょうど東京オリンピックの2年前でした。日本がどれほど復興したか見てもらいたいという日本の外務省からの働きかけだったのです。62年の8月に3週間半滞在して、東京、大阪、京都、広島、宮島、そして親類の住む米子にも行きました。私が日本に行くことになったころ、父は癌が進行していたので、病院に見舞いに行ってから日本に向かいましたが、日本に到着した翌日に父は亡くなりました。私は長男でしたから、つらい気持ちになりました。でも米子に行くと、親類が30人ぐらい集まって、盛大な歓迎をしてくれました。私は浴衣で床の間の前に座らされたのですが、親類たちはみんな洋服なのです。変な気持ちになったのを覚えています。帰国後、記事や写真を整理して仕事を済ませてから、日本に行く前に誘いを受けていた『トロント・スター』に移りました。

●『トロント・スター』に移って、カナダのジャーナリズムのなかでの地位を確実にされたと思いますが、『トロント・スター』紙での仕事はどのようなものだったのですか？

　すでに前の雑誌で10年ほどのキャリアがありましたから、芸能セクションの副編集長の地位で仕事をすることになりました。と同時に、毎週3本のコラムを執筆し、本や雑誌の紹介、さらにはテレビ番組の批評なども書きました。コラムには私の名前と顔写真が載るのです。

　当時、『トロント・テレグラム』紙には、2人の日系三世が仕事をしていましたが、『トロント・スター』で働いていた二世は私だけでした。もっとも、日本生まれのスズキという、日本人男性とスコットランド女性との間に生まれた男が、アーサー・レイドロウという母親の姓で新聞などで仕事をしていたのですが、彼と会うまではそのことは分かりませんでした。

『トロント・スター』紙では3年働きました。それからモントリオールに移って3年ほど働きました。『モントリオール・スター』紙は1967年のモントリオール万博の特集記事を毎日1ページ掲載しましたが、これの担当になりました。万博のレポーターです。2名のレポーターを部下として使いました。この万博での日本館は、商品見本市のようであまり評判が芳しくありませんでした。他の館は、みなそれぞれの国の文化を紹介しました。日本館の批評を書いたところ、オンタリオ州政府の人から「あなたは日本語もできるから、3年後の大阪万博に行かないか」と誘われました。そして、オンタリオ州政府の仕事に就いて、オンタリオ館の開設の仕事をしました。1970年の本番の前にも、オンタリオ館の準備などの様子も見に行きました。そのような経緯で日本には詳しくなりました。

●モリツグさんが編集されて出版された Teaching in Canadian Exile についてですが、手記とその他の記録と編者であるモリツグさんがコメントを挟むというスタイルになっています。この形は最初からのアイデアですか、それとも、編集作業をしていくなかで生まれてきたものですか？

　このようなスタイルの本があったのです。アメリカのスタッズ・ターケルの『よい戦争』という本や、カナダ人のバリー・ブロードフトの日系人を扱った本が、そのようなスタイルで出版されています。それらを参考にしました。一人ひとりの経験が面白くても、なぜそのようなことになったのかが分からなければ意味がない。ですので、私は元教師の人たちの文章を集める傍ら、オタワの国立公文書館などを訪れて、いろいろと調べました。ちょうどコンピューターが普及する前だったので、資料はコピーをたくさんとって、それにお金がかかりました。

　収容所の教育というテーマをカバーするうえで、情報の欠けた部分を埋める手記を誰かに書いてもらえるか、または他の記録にあたる必要があるのか検討するといった作業を繰り返しました。それが本を編集するのに11年もかかった最大の理由です。また、手記を書いてもらうにしても、書き慣れている人もいればそうでない人もいます。でも不要な情報と思われる部分も私

がそれを削るような編集をしてしまうと、書き手の生の声が生かせません。ですから、私自身の雑誌編集者としての長い経験はなるべく抑えて、文章を直す作業はしましたが、自分のスタイルを入れ込まないように、なるべく書き手の声が届くようにしました。

　私がもっと若かったら、あのようなスタイルにはならなかったと思います。数百編の手記を集めて、そのうち150編ほどを使いましたが、その他の手記は内容が重複していたり、内容が物足りなかったりしたもので、採用されなかったことに腹を立てている人は一人だけと聞いています（笑）。

●もともと本にするという考えがあって、手記を集め始めたのではなかったわけですか？

　ヒョウドウさんがオタワの国立公文書館に行ったところ、政府の文書などしかなかったのです。そこで、1987年に元教師の集まりがあったときに、ヒョウドウさんは、経験者たちのレポートを集めて、国立公文書館に寄贈したいという考えをもったのです。その後、毎月1回、12、3人が集まって文章を書くようになりました。元教師たちの100人以上が書きました。

　多くの人は、1942年から1945年ころまでのことを何でも書こうとしたので、私がトピックを整理し、共同作業をしながら書いてもらうようにしました。写真なども集めました。2年ほどしたら、使えるものが揃ってきた。私自身が仕事から引退して時間ができたこともあり、国立公文書館に提供するだけではなく、手記を元にして本にしようという話になりました。ヒョウドウさんも賛成してくれました。

●作品のなかのつなぎの部分については、国立公文書館、ビクトリアの州立公文書館などにあたられたわけですが、「ハクジンたち」の章を中心に、合同教会や聖公会などの人たちの活動も紹介されています。この部分はどのような資料にあたられたのですか？

　多くの合同教会や聖公会の関係者が、それぞれ当時の活動について本にしたり、記事として発表したりしています。それらを探し出して主な材料とし

ています。

　ローランド・カワノの *Ministry to the Hopelessly Hopeless* という本は逆で、私の友人でもある彼から、収容所の教会関係者を扱った原稿ができたので読んでほしいというので、パット・アダチ―彼女もバンクーバー朝日軍に関する本を出していましたから―と一緒に原稿を読ませてもらって、どこが足りないとか、どう書き直したほうがいいとか、というアドバイスをしました。

　本のスタイルの話に戻りますが、最初のうちは、情報の出典を示す脚注をつけていました。しかし、手記を書いてくれた元教員たちからも、脚注がたくさん付いている本は読みにくい、自分の子どもや孫などに読ませるうえでも、なるべく読みやすいものにしてほしいという話があって、脚注はやめました。

　大学時代にはアカデミックな文章の書き方も習いましたが、提出した小論文に一度、"too journalistic" というコメントをもらいました。脚注や参考文献一覧などが少ないのです。採点する先生も私が学生新聞の編集長をしていることを知っていたわけです。ジャーナリストから政府の仕事に移って、上司に出すメモを書くようになったとき、慣れてくると行政の言葉を使うようになりました。そのほうが、役所の中の人たちは逆に信用してリラックスして読むのです。私の英文は、カナダ英語というよりも北米英語です。これも読みやすさを考えたからです。いずれにしても、私の文章の最大の特徴は、読み手がスムーズに理解できることです。この本を日本語に翻訳する際にも、リラックスした言葉を使ってほしいと思います。

● *Teaching in Canadian Exile* というタイトルは、モリツグさんのアイデアですか？

　そう、私のアイデアです。私はジャーナリストとしても、タイトルはなるべく自分自身でつけるようにしていました。この本でも "school" よりも "teaching" を選んだのも、元教師たちの教えていたという動きが出てくるからです。タイトルのつけ方によっては、せっかくの中身が見えてこないということもあります。アメリカの日系人収容所を扱った本で、私たちの本よりもアカデミックな内容ではありますが、*Exile Within* という本があります。おもに教育を扱っ

ているにもかかわらず、タイトルに内容がまったく反映されていないので、損していると思います。

●**モリツグさん自身は、1ヶ月間だけカズロで教えられたわけですが。**

そう、カズロの日系人の高校生は地元の公立高校に受け入れられることになったのですが、学年の初めの1ヶ月、予算が間に合わないために先生の手当てができず、受け入れてもらえませんでした。そのために、歯医者のバンノ先生とか校長先生だったフジタさん、看護婦のヤマザキさん、またショウヤマ君などが手分けをして教えたわけです。「フランス語の担当だけが足りないからお前やれ」というわけです。「あー、なんてこった」ですよ。僕はキチラノの高校でフランス語を学んだだけだったのですから。最初からアクサン記号などを間違えて教えてしまい、翌日訂正するはめになりました。

でも1990年、妻と一緒に日本に行った際、英語の資料を貰いに京都駅の観光案内所に行くと、集まっている人のなかから急に女性の声で「カズロでフランス語を教えてくれたモリツグさんですか！」という声が聞こえてきました。その二世女性は、私にフランス語をわずか1ヶ月習っただけなのに覚えていてくれたのです。それに彼女は同じトロントに住んでいたのです。彼女は、たまたま娘さんが京都にいて、そこを訪問していたのだそうです。楽しい思い出です。

解説2　日系人が収容されるまで

　ここでは、本書の舞台である第2次世界大戦下におけるBC州の日系カナダ人や同州の学校教育を理解する一助として、日系人社会の成立と同州の教育制度の整備状況を概観する。

日本人のカナダ移民のはじまり
　日本からのカナダ移民第1号として記録されているのは、1877年にブリティッシュ・コロンビア州（BC州）に到着した永野萬蔵である。永野が到着したこの地は、連邦政府のよる、ブリティッシュ・コロンビア植民地（BC植民地）の負債の肩代わりと、カナダを東西に結ぶ大陸横断鉄道の敷設を取引条件に、連邦加盟（1871年）してまだ日も浅い地であった。
　本格的な日本からの移住は、この大陸横断鉄道の終着駅がポート・ムーディからバンクーバーへ延伸され、さらに横浜とバンクーバー間の定期航路が開通した1887年以降のことである。フレーザー川流域の漁業開拓者である工野儀兵衛も、和歌山県三尾村から、この年にカナダへ渡っている。
　この時期、どれくらいの人びとがカナダへ渡ったのだろうか。日本側の統計では1891年の191人が最初のカナダ移民であり、これ以降1937年までの間、多い年は2000人を超える渡航者が記録されているが、アメリカ合衆国経由でカナダに渡った者もいれば、反対にカナダ経由でアメリカ合衆国にわたった者もいるため、正確な数字は不明である。ちなみに、1897年から1901年にかけて15,280人の日本人がカナダの港に到着したという記録もある（飯野、1997）。いずれにせよ、その多くは、独身男性あるいは単身男性であり、カナダでの出稼ぎかアメリカ合衆国へわたる通過者だったとされている。こうした19世紀末の日系人が従事した主な職業は、漁業、炭鉱、山林伐採業、鉄道敷設等だった。

一方、カナダ移民をもっとも多く送りだした日本側の地域は、滋賀県であり、和歌山、広島、熊本、福岡、鹿児島が続く（大陸日報社、1923年）。なかでも滋賀県の彦根市近郊は水害の被害を受けて移民送出に拍車がかかったという。

　では、日本からの移民が開始された時期のBC州の教育はどのような状況だったのだろうか。BC州がカナダ連邦に加盟する2年前のこと、前身のBC植民地は、1869年公立小学校令を制定した。この時、無償学校ではなかったが、教員給与に対して年間500ドルまで植民地政府が補助金を付与し、学校の管理については総督会議に権限を集中させ、学区を設定し、教員も任用した。つまり学区教育委員会は校舎の管理と歳入の分担額を計上する以外に権限を持たなかったのである。この小学校令では教科書について「非宗派の性格」を規定していたが、これ以外では宗教教育に関する規定をもたなかった。1871年の連邦加盟直前の報告書では、BC植民地では21校の学校が運営されていると記されており、学齢児童の五分の一が就学していたといわれている（ジョンソン、1984年）。
　その後、BC州は、オンタリオ州やケベック州等で認められていた宗派学校に対する公的支援を行う分離学校制度を規定しない州として、カナダ連邦に加盟した。1872年の公立学校法は、無償の公立学校制度を整えるとともに、分散された少ない人口数や少ない税収入をふまえ、BC州政府による集権的な教育行政制度を導入した。1873年に義務教育就学法が成立すると、義務教育の就学年限は、7歳から14歳までの間で各学区教育委員が決定する期間とされた。1870年代末には全児童の52％にあたる2,402人の児童が47学区に登録していたというが、欠席率は高かった。何度か出席率をあげるための対策も講じられていくなか、1901年の公立学校法の改正により、まず都市部で7歳から14歳までの児童生徒は通年で通学することが義務教育就業年限とされ、1912年にはすべての市町村が同様の措置をとることとなった。1921年には就業年限は15歳までに延長された（Oreopoulos, 2005）。
　現在では、高校卒業のために実施されている州統一試験も、1876年に実

施された折には、高校入学者選抜のための試験として導入された。1877年の教育長年次報告には受験者160人中68人しか合格しなかったと報告されており、いかに厳しい試験であったかが推測できる。なお、1901年以前は、州の教員資格試験に合格すると教員になることができたので、高校教育はそのために必要な教育とされていたこともあり、まず高校教育を受ける者に対する選抜を実施していたのである。1898年には高校卒業資格を得るためには、教育省の試験に合格することが義務付けられた。

日系コミュニティの形成

さて、20世紀に入ると、日系人もカナダの地に定着するようになり、いわゆる日系コミュニティが形成されていく。1901年にはカナダ在住の日系人は4,738人となり、そのうち4,515人がBC州在住だったという (Japanese Canadian Centennial Project Committee, 1978)。日系人たちは、当初は生活の相互扶助を目的に、続いて自らの生活を守るための団体も結成するようになった。例えば、1900年には「フレーザー川日本人漁者慈善団体」が設立されたが、1908年には「スティブストン漁者慈善団体」へと日本人を削除した名称に変更している。さらに1916年には「BC州漁者慈善団体」も設立されるなど、定着の度合いが深まっていくことがわかる。1909年には「加奈陀日本人会」も結成された。

別の例をみると、日本人メソジスト教会初代牧師の鏑木五郎が1897年に発刊した『晩香坡週報』は、1903年に活版刷りの『加奈太新報』へと改称し、翌1904年には日刊新聞となった。また1907年には日刊邦字新聞『大陸日報』も発刊されるなど、日系人コミュニティが成長してきた様子がうかがえる。

このように、日系人コミュニティが形成されると、周囲にはまったく日系人がいない地域で暮らし、子どもたちは英語しか話せないという家庭が登場する一方で、日本とのつながりを維持しようとする動きも登場する。後者の事例としてはアメリカ合衆国への移民と同様に、子どもの教育については、日本文化や習慣の維持をのぞみ、日本語学校で日本語を学ばせる家庭や日本へ子どもを送る家庭もみられた。バンクーバーに「共立日本国民学校」が設

立されたのも1906年のことである。教育を受けさせるため日本へ子どもを送る家庭も、第2次世界大戦直前まで続いた。

バンクーバー暴動とルミュー協約

　日系人が増加するにつれ、日系人に対する差別も顕著な広がりをみせるようになった。法律上の差別はすでに以前から実施されていたが、1907年9月7日、バンクーバーの日本人街や中国人街が白人暴徒に襲撃された「バンクーバー暴動」は、日系カナダ人史上、大きな分岐点となった。なお、暴動という言葉から連想される、焼き討ち、略奪、リンチといったものは起こらず、日系人の負傷者は2人だったともいわれる。

　さて、この暴動の背景には、白人社会の建設を目指していたBC州に大量の日系人が入り込むことに対する白人側の拒絶がある。そもそも、日系人のカナダ移住以前に、アジア系としては、カナダ大陸横断鉄道敷設のための労働力として、まず中国系が渡航した。しかし大陸横断鉄道工事が一段落すると、こうした中国系に対してのみ、BC州では人頭税を課すという形で排斥が本格化した。その結果中国系の移住が減少すると、その隙間を縫う形で日系人がカナダへ渡ってきたのである。

　もとよりアジア系に対する差別意識が強かった当時のBC州において、日系人の数が増加してくると、中国系に加えて、インド系とともに日系人も排斥の対象とされるようになった。そこでアメリカ合衆国やカナダからの申し入れを踏まえ、日本政府は1900年に両国への移民を禁止することを日本国内の道府県に通達した。しかし、1898年にアメリカ合衆国と合併したハワイは、日本人の移民禁止対象には含まれなかった。

　このため、ハワイ経由で日系人がアメリカ合衆国やカナダへ入国し、さらにカナダ経由でアメリカ合衆国へ入国するようになった。例えば、日系人のカナダ入国者数は、1904-1905年には354人だったが、翌1905-1906年1922人、1906-1907年2042人、そして1907-1908年には7601人へと急増した。その大部分がハワイ経由だったといわれる。そこでアメリカ合衆国は、1907年3月に他国（メキシコ、カナダ、ハワイ）を経由した日系人労働者移民の入国禁止

という大統領の行政命令による、日系人移民制限を実施したのである（飯野、1997年）。

　一方、カナダでも大量の日系人入国に際し、すでにバンクーバーのアジア系蔑視を唱える白人グループとの間に衝突がおきていた。暴動の直接の契機は、1907年夏に結成された「アジア人排斥同盟」バンクーバー支部が「白人のカナダ」をスローガンにかかげて催した9月のパレードであった。パレードの終着点である市役所に入りきれない群衆の一部が暴徒化して、中国人街から日本人街へと移動し、家屋や店を襲撃した（新保、1996年）。

　この時、日本とイギリスが日英同盟を締結していたこともあり、カナダ連邦政府は迅速な対応をした。暴徒に襲われた商店等に対する被害調査を実施し、損害賠償の措置をとったのである。さらに1908年に日系人の入国制限を、紳士協約という形で日本政府と交わした。これがいわゆる「ルミュー協約」と呼ばれるものである。内容は、日系人のカナダ入国者を年間上限400人とするものであった。

　しかし結果からみると皮肉なことに、この年間入国者数を制限することにより、逆にカナダの日系人社会は量的には拡大したのである。それは、独身男性の一時的滞在というカナダ移住から、家族によるカナダ定住へとシフトしていったためである。この家族をつくるためにカナダ在住の日系男性は、日本から妻となる女性を呼び寄せた。前述のルミュー協約では、妻子のみは制限の対象外とされたため、写真交換のみで結婚してカナダへ渡る女性、すなわち写真花嫁を生み出したのである。写真花嫁がピークを迎えたのは1913年ごろである（新保、1996年）。

第1次世界大戦と日系人

　こうして日系人は20世紀に入ると、カナダ社会に定着するようになったが、様々な人種差別的扱いは改善されることはなかった。例えば、カナダは出生地主義を採用するため、カナダの地で誕生した者は、自動的にカナダの市民（当時は英国臣民）になれたが、州選挙にかかる選挙権付与の決定は州が権限を持っていたため、BC州では、日系人に市民権を付与したが、選挙権

は与えられなかった。もっとも連邦選挙にあたっても州選挙権を有することになっていたので、州選挙権がないということは、選挙権そのものが付与されないことを意味していた。

そもそもBC州では、1895年の州有権者登録法改正法改正により、すでに登録が禁止されていた中国系とインディアン（1872年禁止）に加えて、日系とインド系も投票名簿に登録することが禁じられていた。選挙権がないと、公職に就けないのみならず、弁護士や薬剤師などの特定の専門職にもなれなかった。日系人は、教員養成学校である師範学校には入学できたし、教員免許も取得できたが、選挙権がなかったので教員を採用する学区教育委員には就任できず、結果として白人によって占められた教育委員が日系人を教員採用することはなかった。つまり日系人は「二級市民」として位置づけられたのである。

こうした不公正な状況を改善すべく、例えば、裁判に訴える者や、1914年に第1次世界大戦時に、志願兵として参戦することで選挙権を獲得しようと考えた者も登場した。

1914年、イギリスが第1次世界大戦に参戦すると、自治領カナダも参戦し、カナダ国内では志願兵の徴募活動が展開された。そこで日系人も、将来の選挙権獲得も視野にいれて、志願兵組織である「日本人義勇団」を結成したが、日本人義勇団に対する要請は届かず、いったん解散することになった。しかし1916年夏にヨーロッパでの戦況が厳しくなると、部隊としてではなく個人として志願するという形で、まずはアルバータ州において日系人を採用する部隊に加わった。カナダ遠征軍の一員として総勢196人の日系人兵士がフランスの戦場やイギリスの後方支援部隊に送られた（高村、2009年）。

戦死者54人、負傷者93人の犠牲をだした日系人兵士たちにも、帰国後すぐには選挙権は付与されず、1931年まで待たねばならなかった。1917年8月、カナダでは、従軍兵士投票法が成立して、カナダ軍で兵役についている兵士には選挙権が認められた。しかし、BC州では、前述のとおり、アジア系に選挙権を認めていなかったうえに、戦争が終わると、再び日系人に対する排斥気運が高まり、1920年成立の自治領選挙法は、州レベルの選挙において

投票資格がない者は国政選挙においても選挙権を失うことが規定された。

こうした中、日系帰還兵は、BC州在郷軍人会の助けをえて、ようやく1931年に選挙権を獲得することができた。もっとも日系人全体に対する選挙権の付与は第2次世界大戦後まで実現されることはなかったのである（高村、2009年）。また、前述のように日系人は、市民権をもっていても、BC州では学校教員として採用されることはなかった。戦前、唯一の例外が、日系人コミュニティが形成されていたスティブストンの小学校教員として、新学期開始後の緊急措置的に採用されたヒデ・ヒョウドウの事例があるのみだった。

日系人に対する排斥

1921年に日英同盟廃棄が決定され、1923年に失効すると、BC州における日系人に対する締め出しは一段と厳しさを増した。1924年、BC州議会は、東洋人の移民に反対する決議を可決した。また多くの日系人が従事していた漁業分野では、1922年に翌年度発給の日系人漁者に対する漁業ライセンス（ライセンスは英国臣民のみに与えられた）の数を前年度の40％とし、1924年度にはさらにその15％を削減することが発表された。こうした政策に日系人漁者はカナダ連邦政府を相手取り、法廷闘争にいどみ、1928年カナダ大審院は日系人勝訴の判決を下した。この判決を不服とするカナダ連邦政府は上訴するものの、英国枢密院の最終判決でも連邦政府は敗訴した。しかし法廷闘争では勝ったものの、1932年には日系人漁者の数は、ライセンス削減が始まる直前の1922年に比べると三分の二までに減少してしまった（飯野、1997年）。

また1923年、ルミュー協約第1次改訂がなされ、年間入国者数は150人とされ、1928年の第2次改訂時には、移民数150人のなかに妻子も含むこととされた。

そして1939年9月にカナダが対ドイツ戦に参戦し、第2次世界大戦が勃発すると、カナダ連邦政府は東洋人とBC州の安全問題を調査する特別委員会を設置した。1938年以降BC州の日系人社会を監視する役目を担った連邦警察が1940年10月に日系人はBC州にとって脅威にならないと報告していたに

もかかわらず、この特別調査委員会の提案により、1940年3月に約23,000人におよぶ全日系人の登録が行われた。そしてカナダ生まれの日系人、帰化人と日本国籍者の3種類に色分けされた身分証明書の携帯も義務付けられた。

1941年12月7日の真珠湾攻撃を契機に、カナダは対日宣戦を布告し、カナダ連邦政府は、開戦即日に全日系人（カナダ生まれの日系人、帰化人と日本国籍者）を「敵国人」と規定した。日本語学校は閉鎖され、邦字新聞3紙も発行停止となった。

では、こうした時期のBC州の学校教育はどのような状態だったのだろうか。BC州の小学校は、当初7年制だったが、1923年に8年制になった。しかし、隣国アメリカ合衆国では8年制小学校の高学年での高い中退率問題の打開策として中学校（ジュニア・ハイ・スクール）が1909年に創設され、カナダでもマニトバ州ウィニペグとアルバータ州エドモントンに10年遅れて中学校が開校した。この流れをうけ、1925年のBC州のプットマン・ウィアー委員会が行った勧告（プットマン・ウィアー報告）も6・3・3制の導入を勧め、1926年にペンティクトンに最初の中学校が開設され、中学校に関する州の計画も1927年に発表された。1930年には州内で11校の誕生をみている。もっとも、プットマン・ウィアー報告で述べられているように、BC州ではある時点で州内一律にすべての小学校と高校との間に中学校を設けるという学校制度改革を実施したわけではなく、折からの大恐慌とも重なったため地域の状況に応じて、中学校設立をすすめた。このため、BC州という一つの州にあっても、異なる学年制をもつ学校制度が混在することになった。

さらにこのプットマン・ウィアー報告は、高校の入試廃止と高校の認定制度導入も勧告し、認定制度は1937年から実施された。そのため非認定の高校の場合、卒業するためには教育省の統一試験に合格することが義務付けられたのである（Anderson, 1990）。

こうした状況のなかで日系人は、BC州内部へ収容され、そこで学校教育を展開することになったのである。

溝上智恵子

参考文献

飯野正子『日系カナダ人の歴史』東京大学出版会、1997年
飯野正子ほか『引き裂かれた忠誠心』ミネルヴァ書房、1994年
カナダ日系人合同教会歴史編纂委員会『カナダ日系人合同教会史1892-1959』福音館書店、1961年
佐々木敏二『日本人カナダ移民史』不二出版、1999年
佐藤伝(編)『加奈陀日本語学校教育会史』加奈陀日本語学校教育会整理委員会、1953年
佐藤伝・英子『子どもとともに五十年』日本出版貿易株式会社、1969年
F・ヘンリー・ジョンソン『カナダ教育史』学文社、1984年
新保満『日本の移民・日系カナダ人に見られた排斥と適応―日本人の行動と思想64』日本評論社、1977年
新保満『石をもて追わるるごとく―日系カナダ人社会史』御茶ノ水書房、1996年
新保満・田村紀雄・白水繁彦『カナダの日本語新聞』PMC出版、1991年
大陸日報社編『加奈陀同胞発展史(第3巻)』大陸日報社、1923年
髙村宏子『北米マイノリティと市民権』ミネルヴァ書房、2009年

Adachi, Ken, *The Enemy that Never was*, McClelland and Stewart, 1976.

Anderson, John and et.al, *The Impact of Provincial Examinations on Education in British Columbia*, British Columbia Department of Education, 1990.

Ashworth, Mary. *Blessed With Bilingual Brains: Education of Immigrant Children With English as a Second Language*. Vancouver. Pacific Educational Press, Faculty of Education, UBC. 1988.

Ashworth, Mary. *Children of the Canadian Mozaic*. Toronto. OISE Press. 1993.

Awmack, W.J. *Tashme: A Japanese Relocation Centre 1942-46*. Victoria. Sefl-published. 1993.

Broadfoot, Bary. *Years of Sorrow, Years of Shame*. Toronto, Doubleday. 1977.

Enomoto, Randy, Kage, Tatuo, & Ujimoto, K. Victor, editors. *Homecoming '92: Where the Heart is*. Vancouver. NRC Publishing. 1993.

Ito, Roy. *Stories of My People*. Hamilton. Self-published. 1994.

James, Tomas. *Exile Within: The Schooling of Japanese Americans 1942-45*. Cambridge, Mass. Harvard University Press. 1987.

Japanese Canadian Centennial Project Committee, *A Dream of Riches: the Japanese Canadians,*

1877-1977, Vancouver : Japanese Canadian Centennial Project, 1978

Kobayashi, Addie. *Exile in Our Own Country*. Richmond Hill, Ontario. Nikkei Network of Niagara. 1998.

Kogawa, Joy, *OBASAN*, Anckor Books, 1994.

LaViolette, Forrest E. *The Canadian Japanese and World War II: A Sociological and Psychological Account*, University of Toronto Press, 1948.

Miki, Roy, & Kobayashi, Cassandra. *Justice in Our Time*. Vancouver. Talonbooks & the National Association of Japansese Canadians. 1991.

Oreopoulos, Philip, *Canadian Compulsory School Laws and their Impact on Educational Attainment and Future Earnings*, Statistics Canada, 2005.

Pellowski, Veronika. *Silver, Lead & Hell: The Story of Sandon*, Sandon, B.C. Prospectors' Pick Publishing, 1992.

Sunahara, Ann Gomer. *The Politics of Racism*. Tronto. James Lorimer & Co. 1981.

Suzuki, David. *Metamoruphosis. Stages in a Life*. Toronto. Stoddart. 1987.

Takashima, Sizue. *A Child in Prison Camp*. Montreal. Tundra Bools. 1971.

Taylor, Mary, *Black Mark: the Japanese-Canadians in World War II*, Oberon Press, 2004.

Weglyn, Michi. *Years of Infamy*. New York. William Morrow. 1976.

訳者代表あとがき

　原著を手にしたのはもう4年ほど前になる。明治大学で開催された講演会に講師として参加された田中裕介さんから「教育が専門ですか。いい本があるので翻訳しませんか。」と誘われたのは、冬の寒い日だった。さっそく日本国内にある原著を大学図書館から借り受けて読んだ時の衝撃は今でも覚えている。カナダ研究者として、そしてなにより日本人として、翻訳して、1人でも多くの日本人に読んでいただきたいという思いを強くした。

　本書は、第2次世界大戦中の日系カナダ人の受難の歴史に、多くの明るいエピソードを提供する収容所の学校教育であり、現在の日本人が知らずにいるには惜しい、多くの物語が詰め込まれている。そこに教育の原点を見たと感じた訳者もいた。150ほどの手記と編集者のモリツグの解説文との絶妙な組合せからなる本書は、日系カナダ二世たちの貴重な証言である。

　しかし、いざ翻訳に着手してみると、日系移民の歴史についての知識や戦前のバンクーバーなどについての知識の欠如を痛感させられることになった。移民の歴史については、この分野の研究の先達である新保満、飯野正子、佐々木敏二、高村宏子ら各氏の研究を参考にさせていただいた。それでも手記に出てくる固有名詞などには手掛かりを得られないものも多かった。例えば「タイコを叩いて Gosyu Ondo を歌い始め」の「ゴシュウ」が「江州（滋賀県）」であることを探り当てるのに、相当な遠回りをせざるをえなかった。あるいはゼラチンを用いた小型複写器が教材作成時や学級新聞作成時に大活躍するが、さっぱり理解できず、これがヘクトグラフ印刷であることを探り出すのにかなり時間がかかった。

　さらに、戦前のバンクーバーの公共交通手段についても改めて調べる必要

訳者代表あとがき 393

が生じた。ブリティッシュ・コロンビア大学図書館、バンクーバー公共図書館などに足を運ぶことによって、やっと自信をもって訳語を選べた箇所も少なくない。

　さらにキリスト教会の各組織や職位の名称などについては、小林順子清泉女子大学名誉教授に全面的にご教示いただくことによって解決できた。小林名誉教授には、訳文の多くの箇所についても貴重な指摘をいただいた。またバンクーバー在住のノゾミ・ナカムラさんには教会関係の資料の在り処や研究者の紹介など、さまざまな情報を提供していただいた。ここに感謝したい。

　編集者のモリツグやGTTHSの主要メンバーの方々にはトロントの日系文化会館において、二度にわたって興味深いお話を伺う機会を得た。とくに日系二世の最初のジャーナリストとしての経歴をもつ本書の編集者であるフランク・モリツグへのインタビューは歴史の襞を探るような興奮を感じるものとなった。彼らには日本語版の早期の出版を約束したものの、当初、我々が考えていたよりも時間がかかってしまった。しかし、80歳代半ばの彼らが健在なうちに出版できることになったことは、大きな喜びである。

　なお翻訳は正誤表も含め最新の版に基づいている。また現代の日本人には分かりにくい表現や明らかな誤記については、我々がモリツグ氏と相談して変更、訂正を加えた。

　翻訳作業の過程で多くの方にお世話になった。西本願寺国際センター、長野聖救主教会、彦根市図書館、彦根市史編纂室、トロントのカナダ聖公会文書館、バンクーバー（バーナビー）の日系博物館などのほか、研究報告の機会をいただいた津田塾大学移民研究会にも感謝しなければならない。また、トロントのほかバンクーバーおよび東京などで、それぞれ収容所学校を体験された方々にお話を聞く機会を得たことも、本書の出版には大きな助けとなった。本来であればお一人おひとりのお名前をあげて謝意を表すべきところであるが、あまりに多くの方のお名前をあげねばならず、お名前を省かせていただくことをお許し願いたい。

　そして最後になってしまったが、なによりも出版状況が大変厳しいなか、

カナダ出版賞という光栄な賞を与えられたことに、東京カナダ大使館とカナダ政府には心から感謝申し上げるとともに、出版を快諾してくださった東信堂社長の下田勝司氏にもあらためてお礼を申し上げたい。

　2011年2月記す

小川　洋・溝上智恵子

訳者紹介（分担）　訳者代表◎

5名が分担し翻訳草案を作成し、翻訳代表者が全体の用語や表現の統一をおこなった。

◎小川　洋（おがわ　よう）聖学院大学人間福祉学部（第1章－第6章）
主要研究分野はカナダの中等教育カリキュラムおよび学力保証制度。
（主要著作）「学力調査にみるカナダ教育の特徴」『カナダ研究年報』27号、2007年。

◎溝上　智恵子（みぞうえ　ちえこ）筑波大学図書館情報メディア研究科（第15章－第18章）
主要研究分野はカナダの高等教育および博物館政策。
（主要著作）『ミュージアムの政治学』東海大学出版会、2003年。

児玉　奈々（こだま　なな）滋賀大学国際センター（第7－第10章）
主要研究分野は比較・国際教育学、多文化教育、マイノリティの教育。
（主要著作）江原裕美編著『国際移動と教育―東アジアと欧米諸国の国際移民をめぐる現状と課題―』明石書店、2011年（分担執筆）。

田中　裕介（たなか　ゆうすけ）『日系ボイス』編集部（第19章－第24章）
主要活動領域は1989年からカナダ日系コミュニティ新聞『日系ボイス』の日本語編集担当。
（主要著作）ダイアン・デュプイ著『暗闇に星の輝くとき―フェイマス・ピープル・プレイヤーズ物語』朔北社、2000年（訳書）。

成島　美弥（なるしま　みや）ブロック大学応用保健学部（第11章－第14章）
主要研究分野は成人教育。
（主要著作）"More than nickels and dimes: The health benefits of a community-based lifelong learning programme for older adults", *International Journal of Lifelong Education* 27,7, 2008.

事項索引

【欧字】

BC 州教育省　　5, 26, 63, 124, 126, 173
BC 保安委員会　　5-7, 11, 17, 20, 26, 32, 44, 46, 53, 59, 61, 63, 64, 67, 76, 78, 81, 86, 90, 93, 98, 102, 104, 111, 118, 121, 127, 133, 141, 148, 164, 188, 193, 202, 218, 229, 244, 254, 264, 270, 285, 290, 298, 308, 312, 331, 349, 353
CCF　　53
D 棟（タシメ）　　82, 93, 128, 170, 263

【ア行】

アングラー（オンタリオ州）　　10, 16, 105, 111, 157, 165, 167
イーストリルエット（BC 州自治活動キャンプ）　　141-143, 146-148, 153, 366
イートン百貨店（のカタログ）　　73, 111, 160, 243
英語力　　103, 220, 231, 347
演劇　　182, 185, 198
音楽　　72, 116, 126, 129, 133, 139, 181, 185, 210, 227, 229, 257, 278, 282, 291, 295, 321, 361

【カ行】

カーペンタークリーク　　45, 49, 156, 185, 199, 210
開教使　　8, 40, 66, 115
回覧板　　8, 200, 263
家族
　──合流　　276, 292
　──収容所　　5, 9, 43, 46, 60, 135, 143, 155, 156, 186, 193, 196, 227, 358
　──分離（分散）　　16, 24, 40, 54, 289
　──問題　　10, 346
学校
　──運動会　　117, 198, 209, 222, 308, 321, 331
　──開設　　4, 56, 61, 64, 81, 126, 143, 314
　──課外活動　　129, 150, 180, 197, 232, 326
　──合唱　　150, 181, 198, 258, 279, 295
　──コンサート　　76, 150, 180, 182, 185, 198, 201, 209, 212, 232, 237, 246, 279, 294, 295, 303, 332, 343
　──参観　　266
　自活移動の──　　20, 140, 143, 147, 154
　──視察　　172, 203, 219, 292, 297, 305
　──施設　　7, 10, 92, 111, 126, 132, 173, 201, 312
　──新聞　　114, 198, 200, 208, 243, 247
　──生徒会　　129, 195, 196, 198, 230, 251, 331
　──日本語学校　　13, 19, 27, 36, 61, 67, 86, 95, 116, 132, 148, 229, 241, 288, 289
　──ハイスクール（高校）　　28, 71, 120, 124, 127, 128, 187
　──標準テスト　　206, 220, 298
　──閉鎖　　27, 203, 284, 305, 307, 309, 325

——問題（行動）　　　　　61, 251–253
　　——幼稚園　　25, 52, 89, 120, 124, 132,
　　　　134, 135, 137, 157, 310, 315, 326, 353
カズロ（BC 州家族収容所）　　5, 6, 20, 31,
　　　41, 44, 56, 58, 60, 62, 64, 69, 72, 76, 79,
　　　80, 121, 123, 130, 161, 184, 197, 206,
　　　230, 239, 254, 258, 261, 274, 284, 286,
　　　290, 305, 309, 349, 353, 354, 362, 366
カナダ勲章　　　　　　　　　　　12, 351
カナダ女子トレーニング（CGIT）　20, 59
カナダ太平洋品評会　　　　　　　　21, 24
カンバーランド（BC 州）　　　18, 49, 102,
　　　　　　　　　　　　　　108, 122, 159
キチラノ（BC 州）　　　　16, 18, 37, 95,
　　　　　　　　　　　131, 135, 158, 330
教会
　　——カナダ合同教会　　19, 38, 52, 66,
　　　　72, 111, 121, 123–128, 130–134,
　　　　157, 200, 259, 290, 330, 354, 367
　　——カナダ聖公会　　37, 89, 121, 124,
　　　　132, 134, 135, 163, 313,
　　　　318, 322, 326, 342, 367
　　——カナダ仏教会　　　　　　　20, 68,
　　　　　　　　95, 157, 196, 237, 351
　　——ローマカトリック教会　7, 46, 62,
　　　　121, 123, 127, 132, 136, 222
教師
　　——資格　　　　　　　　38, 63, 126,
　　　　　　　136, 219, 322, 349, 353
　　——ボランティア　　6, 27, 37, 62, 69,
　　　　94, 130, 138, 144, 148, 154, 289
強制退去（移動）　　　15, 16, 112, 156,
　　　　　　192, 238, 273, 291, 303, 330, 346
グリーンウッド（BC 州家族収容所）
　　　　　　　7, 46, 62, 76, 123, 201, 285, 305
クリスティーナレイク（BC 州自活移動
　　キャンプ）　　　　　　　136, 143, 147
クリスマス　　82, 92, 150, 201, 209, 212,
　　　　246, 255, 294, 295, 303, 322, 327, 334
クロウクリーク（オンタリオ州居留地）
　　　　　　　　　　　　　　　　315, 326
結核療養所　　　50, 76, 304, 307, 335
検閲（郵便物の）　　　54, 104, 157, 218
ゴーストタウン　　5, 7, 29, 40–49, 53, 55,
　　　　60, 63, 68, 71, 75, 108, 121, 123,
　　　　130, 133, 138, 142, 155, 161–164,
　　　　179, 193, 218, 221, 232, 237, 243,
　　　　284, 288, 300, 301, 305, 312, 348, 357

【サ行】

再定住　　　　　　　　　　　5, 54, 104,
　　　　　　222, 262, 284, 298, 310, 328
サマースクール　　78, 135, 144, 150,
　　　　170–191, 194, 196, 224–238,
　　　　270, 275–283, 300, 309, 332, 362
サンドン（BC 州家族収容所）　5, 7, 29,
　　　42–46, 49, 53, 64, 67, 71, 76, 79, 95,
　　　102, 121, 122, 124, 156–161, 194,
　　　197, 199, 203, 206, 221–224, 227,
　　　239, 242, 249, 277, 349, 357, 367
視学官　　　　　　　　　　36, 176, 203
自活移動プロジェクト　　　　　141–155
　　——の開設　　　　　　　　　143, 144
　　——の閉鎖　　　　　　　　　　　310
　　家族——　　　　　　　　　　　　145
シドニー（BC 州）　　　　　14, 46, 104
シュライバー（オンタリオ州）　　　　41
ジレッドストリート　　　　　　　　　51
真珠湾　　　4, 15, 34, 49, 137, 237, 256
新民主党　　　　　　　　　　　　　　53
スティブストン（BC 州）　　21, 28, 30,
　　　　　　　　34, 38, 42, 132, 161

ストラスコーナ（公立学校） 3, 111, 331
スプルースフォールズ電力製紙会社
　　　　　　　　　　　　314, 317, 327
スローカン川　　　　　　52, 165, 169
スローカン湖　　45, 50, 52, 64, 125, 136,
　163, 164, 177, 179, 189, 210, 243, 268, 304
スローカン市　5, 8, 45, 48, 51, 73, 80, 85,
　　　109, 135, 163, 227, 244, 271, 289, 313
スローカン地区　　41, 42, 46, 76, 97, 251
セルカーク山脈　　　　　　　　44, 49
選挙権　　　　　　　　　　　　17, 38
卒業式　　　　　　　220, 258, 289, 303

【タ行】

体育
　──教育　　　　65, 69, 175, 178, 211, 243
　──教師　　　　　　　97, 102, 193, 194
第72キャンプ（オンタリオ州）　314, 318,
　　　　　　　　　　　　320, 323, 366
第73キャンプ（オンタリオ州）
　　　　　　　　　　　　314, 317, 319
第2次世界大戦　　　　　　　3, 24, 238
太平洋品評会　　　　　　　　　21, 32
大陸日報　　　　　　　　　　　　49
タシメ（BC州家族収容所）　7, 16-20,
　　41, 46, 65, 70, 79, 81-84, 92, 101, 102,
　　121, 124, 127-130, 138, 140, 145, 170,
　　173, 179, 186, 187-189, 193, 196-202,
　　219, 224, 229, 239, 255, 263-266, 269,
　　270, 274, 277, 285, 290, 298, 299, 317,
　　327-339, 348, 354, 356, 360, 366, 367
テイラーレイク（BC州自活移動キャン
　プ）　　　　143, 147, 151, 154, 227, 357
敵性外国人財産局　　　27, 67, 95, 138
デュカボー　　　48, 74, 98, 116, 163, 176
トロント（オンタリオ州）　　　24, 86,
　　　　　　　126, 135, 193, 218, 299,
　　　　　　　322, 325, 334, 342, 348, 351
トロント大学　　　　　　11, 139, 356

【ナ行】

ネイズ（オンタリオ州）　　　311-319,
　　　　　　　　　　　　　　322, 366
ニューカナディアン（紙）　8, 69, 79, 122,
　　184, 197, 208, 254, 278, 284, 290, 298, 309
ニューデンバー（BC州家族収容所）5, 7,
　　10, 17, 18, 32, 41, 42, 44, 45, 49, 50, 53,
　　64, 70, 76, 78-80, 84, 102, 106, 112,
　　121, 124-127, 150, 152, 157, 169, 170,
　　172, 175, 177-189, 197, 206, 210, 218,
　　224-237, 239, 242, 243, 247, 249, 254,
　　266-268, 270, 274-282, 285, 290, 300,
　　303, 305, 307-310, 312, 320, 323, 326,
　　332, 341, 343, 348, 353, 355, 362, 366, 367
ネルソン（BC州）　　51, 74, 79, 157, 165
ノーウィッチ（オンタリオ州）　　322

【ハ行】

パーネル（オンタリオ州）　　　　318
パインクレセント校　　108, 109, 114,
　　　　　　　118, 208, 212, 292, 298, 300
パウエル街　　　　　　　8, 13, 16, 19,
　　　　　　　　　　　38, 125, 144, 331
ハックルベリー（コケモノの一種）
　　　　　　　　　157, 160, 161, 223, 361
ハミルトン（オンタリオ州）　41, 126,
　　　138, 223, 309, 312, 328, 336, 351, 354
バンクーバー師範学校　　11, 19, 29,
　　　　　　　　34, 38, 78, 133, 151, 174,
　　　　　　　　189, 191, 203, 229, 278, 353
バンクーバー島　　　　14, 18, 21, 22,
　　　　　　　　　　　29, 49, 102, 122,

事項索引　399

ピジョン製材会社　　　　　313, 319
ビミィパーク　　　　　7, 56, 58, 60
病院　　17, 19, 44, 50, 53, 70, 76, 145, 151,
　　　157, 187, 203, 296, 307, 335, 345, 366
ファーナム（ケベック州）　　　311
フィンガル（オンタリオ州）　311, 315,
　　　325, 353
冬（厳しい）　　　79, 80, 153, 221
フランス語　　　　122, 126, 129,
　　　131, 198, 214, 327
ブラントフォード（オンタリオ州）
　　　41, 322
ブリッジリバー（BC州自活移動キャン
　　　プ）　　　　143, 145-150, 154
ブリティッシュ・コロンビア大学
　　　27, 37, 59, 129, 151, 362
プリンスルパート（BC州）　29, 108,
　　　132, 257
フレイザー川　　10, 15, 21, 24, 35, 42,
　　　46, 66, 133, 146, 148, 161
ヘイスティングスパーク　　6, 9, 15,
　　　20-33, 37, 40, 46, 49-59, 61-68,
　　　81, 95, 102, 112, 138, 148, 234, 237
ベイファーム（BC州家族収容所）　7, 8,
　　　11, 15, 18, 45, 51, 65, 72, 79, 84-90,
　　　96, 107, 115-121, 134, 136, 162, 166-
　　　169, 172, 176, 182, 188, 195, 197, 202,
　　　206, 208, 212, 215, 217, 224, 226, 229,
　　　232, 239, 242, 250, 257, 263, 271, 285,
　　　292, 295, 299, 342-344, 346, 351, 352, 356
ペタワワ（オンタリオ州）　　　24
ポポフ（BC州家族収容所）　　7, 8, 13,
　　　22, 45, 46, 51, 65, 72, 74, 79, 85,
　　　87-90, 97-111, 120, 136, 164, 177,
　　　188, 191, 197, 201, 206, 209, 215, 226,
　　　239, 257, 265, 277, 285, 288, 289,
　　　302, 312, 326, 348, 353, 360, 366
本国送還　　262-274, 279, 285, 289, 297,
　　　299, 300, 302, 305, 327, 328, 332, 347

【マ行】

マイカワ商店　　　　　　　　13
マッギリブレイフォールズ（BC州自活
　　　移動キャンプ）　　　　154
ミッドウエィ（BC州家族収容所）
　　　285, 287
ミントー（BC州自活移動キャンプ）
　　　144, 145, 147, 154, 157
モントリオール（ケベック州）　41, 136,
　　　153, 196, 271, 309, 313, 351, 355, 357

【ヤ行】

夜間外出禁止令　　　　　　14, 29

【ラ行】

リッチモンド（BC州）　　　35, 144
リドレス運動　　　　　　353, 360
良心的徴兵拒否　　　　　121, 126
レモンクリーク（BC州家族収容所）
　　　8, 45, 51, 65, 79, 81, 85, 89, 164,
　　　194, 198, 235, 244, 265, 274, 326,
　　　338, 348, 351, 353, 355, 357, 364
　──合同教会　　　　　　52, 124
　──小学校　　　12, 51, 90, 91, 110,
　　　111, 195, 197, 202, 208, 213, 220,
　　　221, 224, 229, 237, 239, 257, 285
　──幼稚園　　　　　　　　52
連邦警察（官）　　　　24, 27, 50, 69,
　　　121, 141, 165, 167, 187, 194, 213
連邦政府　　5, 10, 24, 32, 39, 54, 63, 67,
　　　137, 141, 227, 257, 262, 302, 312, 332
ロイストン製材会社　　　　18, 102

労働省日系人課　　　　54, 312, 325
ローズベリー（BC 州家族収容所）
　　　　5, 7, 45, 50, 64, 76, 79, 84, 106,
　　　125, 134, 178, 197, 206, 212, 215,
　　　224, 239, 265, 270, 277, 285, 291,
　　　293, 300, 303, 308, 360, 362, 366

ロードバイング公立学校　　　　21, 30,
　　　　　　　　　　　　　　35, 38, 358
ローラシコード公立学校　　　37, 172
ロンドン（オンタリオ州）　　235, 263,
　　　　　　　　　　　　273, 312, 354

人名索引

【ア行】

アサヅマ、マリー(教師)　　16, 97, 100, 176, 182, 232, 237, 367
アタギ、アヤコ(校長)　　72, 80, 230, 260, 274, 285, 353
アダチ、パット(教師)　　13, 88, 97, 120, 180, 192, 216, 360, 363, 365, 366
アライ、ユキ(教師)　　19, 232, 365
アンスティ、アーサー(学校局長)11, 26, 203, 210, 220, 231, 292, 297, 305
アンピ、ミチコ(教師)　　67, 198
イグチ、ヒデヨ(教師)　　7, 16, 72, 86, 96, 117, 232, 250, 312, 315, 319, 321, 346, 354, 365
イグチ、マスコ(教師)　　66, 97, 179, 182, 191, 201, 226, 251, 263, 271, 345, 360, 363, 365
イシイ、ミッジ、ミチコ(教師)　80, 213, 221, 237
イデ、ミチ(教師)　313, 315, 326, 332, 354
イトウ、ロイ　　184, 208
イトウ、ロバート　　229, 356, 360
イナタ、メイ(教師)　94, 187, 264, 298
イワサキ、エイミー(教師)　　49, 106, 197, 239, 277
イワサキ、エルシー　　214
ウィリス、S.J.　　126
ウェストン、W.P.　　152, 229, 276, 278
ウエノ、テイソウ、エドワード(教師)　354, 360
ウチダ、アイリーン(校長)　　12, 66, 90, 112, 196, 202, 220, 239, 277, 351, 360, 364
ウチダ、チトセ(校長)　　36, 151, 155
エノモト、ムツム　　242, 341
オオクマ、ノブコ(教師)　　149
オオノ、パッツィ　　259
オオホラ、ロイ　　259
オオヤマ、ケイティ(教師)　　27, 117, 215, 229, 257
オカムラ、ミエ(校長)　　189, 196, 202, 226, 239
オキムラ、フレッド(教師)　147, 151, 357
オクダ、ヒロシ(校長)　　28, 81, 92, 94, 188, 196, 202, 277
オチアイ、カヨウ(教師・監督官)　226, 239, 277, 285, 293, 298, 313, 326, 340
オノ、アヤコ(教師)　　67, 198

【カ行】

カドナガ、ビクター　　138, 328, 351
カワシタ、クニコ(教師)　　328–337
カワシタ、マサオ　　332
カワバタ、サカエ(教師)　　110, 117
カワモト、マリエ(教師)　　339, 363
カンダ、グレイス　　299, 343
キド、ハリー(教師)　　146, 195
キャンベル、ベルマ　　181, 229
クサノ、キム　　311, 317, 320
グリア、ヘレン　　276, 278
クリタ、ピーター　　348, 354
クリヤマ、マサコ　　336

グレス（医師） 313, 316
クワバラ（医師） 122
ゲイル、W.H.（司祭） 135
コウノ、フミ（教師） 142, 149
コガワ（ナカヤマ）、ジョイ 12, 115, 352
コサカ、ヨシエ（教師） 15, 97, 100, 215, 363
コバヤシ、ショウゴ 3, 85, 111, 163, 195
ゴロウマル、ミヨ（教師） 213, 353

【サ行】

サカイ、アキ（教師） 312, 314, 316, 319, 322, 354
サティ、グエン（合同教会活動家） 124, 290
サトウ、グロリア（教師） 18, 71, 101, 122, 156, 222, 227, 239, 243, 246, 266, 268, 279, 292, 294, 300, 319, 323, 354, 360, 362, 363, 365, 366
サトウ、サトコ（教師） 116, 217, 292, 297, 321, 324
佐藤伝（日本語学校校長） 13
サンドン、ジョン 199
シノハラ、ベティ、カズコ（教師） 6, 60, 198
シノブ、ロイ（校長） 130, 197, 354
シバタ、ヘンリー 51, 355
清水小三郎（牧師） 130, 353
シミズ、テッド 57, 258, 261
シミズ、ヘンリー 355, 363
シモタカハラ、バーノン（医師） 130
ショア、G. 135
ショウヤマ、トマス 130, 376
スガ、カズ（教師） 90, 194
スギウラ、テリー、テルコ（校長） 67, 197, 222, 224, 226, 239, 258, 277, 285, 295

スズキ、アヤ（教師） 37, 132
スズキ、デビッド 2, 114, 352
スミ、シュウゾウ、マーク 290, 355
セバリ（聖公会司祭） 135, 322

【タ行】

タカシマ、ジョージ 210, 343, 354
タカハシ、キリ（教師） 145, 149
タキモト、アルバート（教師） 26
タキモト、キミ（校長） 59, 61, 130, 197, 277, 353
タキモト、サチ（教師） 6, 27, 56, 58
タナベ、ヨシコ（校長） 65, 97, 197, 202, 239, 243, 277, 312, 316, 319, 323
ツジ、タカシ（校長） 8, 12, 65, 67, 195, 227, 239, 252, 271, 277, 351
ティアウィット、ジャック 63, 76, 78
デブリゼイ 83
テスマン 310
トクナガ、アヤコ（教師） 134, 136, 228
トグリ、ジェームス、マコト 344, 355
トグリ、デビッド 115, 356

【ナ行】

ナガイ、マリー（教師） 197, 226, 239, 277
ナカツカ、タツエ（教師） 28, 42, 46, 67, 69, 95, 160, 223, 249, 365, 367
ナカツカ、フミコ（教師） 67, 69, 242, 285
ナカムラ、ミキオ（教師） 171, 194, 357
ナカヤマ、ゴードン（聖公会司祭） 135
ニカイドウ、ヨシコ（教師） 329

【ハ行】

バークホルダー（牧師） 40
バーンズ、J. 90, 326
ハタナカ、ミサオ（校長） 258, 338

ババ、ローザ(教師)　　14, 22, 46, 72, 97
ハヤカワ、シズ(教師)　　17, 93, 101, 170,
　　　　255, 263, 269, 343, 365
ハリス、ジョナサン、モーガン　　45
バンノ、エドワード(歯科医)　　39, 44, 130
ヒダカ、テルコ、テリー(監督官)　9, 37,
　　82, 133, 189, 197, 202, 226, 277, 298, 361
ヒョウドウ、ヒデ(監督官)　　9, 12, 18,
　　　　20, 26, 30, 34-41, 62, 64-67, 76,
　　　　78, 84, 90, 97, 104-106, 143, 150, 172,
　　　　176, 179, 189, 194, 201, 207, 221, 227,
　　　　275, 290, 293, 309, 312, 353, 359, 367
ヒライシ、トミ(教師)　　134, 136, 367
ヒラキ、スタン(校長)　　142, 146,
　　　　153, 365, 366
フィンドレーター、C.E.　　227, 257,
　　　　276, 278-283
ブース、クレオ(教育局長)　　78, 83,
　　　　103, 143, 154, 172, 174, 188, 194,
　　　　201, 221, 224, 225, 228, 254, 271, 272
フォスター、ペギー(教師)　　89, 133,
　　　　137, 313, 315, 318, 326, 353
フジタ、モリー(校長)　　6, 60, 130, 197
フジノ、マーク　　138
フジモト、タグ(教師)　　102, 171,
　　　　193, 202, 365
ブラウン、エレン　　311
ブラック、ノーマン(博士)　　26, 40, 174
ベスト、アーニー(教師)　　129, 138, 140
ボイズ、F.C.　　175, 178, 180,
　　　　181, 184, 186, 195, 229
ボウマン、ノラ　　136
ボルトウッド、ハリー　　175, 181, 229
ボワーリング、E.W.　　123

【マ行】

マイカワ、サチ(教師)　　146, 150
マクナマラ、アーサー　　286
マックネイル、グラント　　26
マクラクラン、メイ　　128, 331
マックアイボウ、ルシール　　276, 281
マクブライド、ウィニフレッド　　128, 138
マクブレイン　　154
マックレイ、スチュアート　　26, 29
マツバヤシ、ミッキー　　11, 107, 163
マツモト、ジョシー(教師)　178, 293, 365
マニング、ゼラ　　152, 175, 179, 184,
　　　　226, 229, 232, 276, 278
ミズハラ、マリー(校長)　　270, 285,
　　　　308, 323
ミツキ、ヨシコ(教師)　　313, 315
ムラカミ、アイコ(校長)　　307
マルニーニ、ブライアン　　359
モリツグ、フランク　　131, 363, 365
モリヤマ、レイモンド　　12, 166,
　　　　345, 352, 363

【ヤ行】

ヤスイ、ロイ　　10, 26, 50, 112,
　　　　268, 303, 308, 362
ヤマザキ、エイミー(校長)　226, 239, 260
ヤマザキ、ヤスコ(保健師)　　130, 198
ヤマシタ、ヒデコ(教師)　　258, 355

【ラ行】

リー、マジョリィ　　181, 229
レニソン、J.(大主教)　　327
ロウ、ジョン(教師)　　126
ロード、A.R.　　174, 176, 185,
　　　　226, 229, 231, 276
ロバートソン、エラ　　172, 188

Teaching in Canadian Exile
A history of the schools for Japanese-Cnadadian children
in B.C. detention camps during the Second World War

ロッキーの麓の学校から──第2次世界大戦中の日系カナダ人収容所の学校教育

| 2011年3月31日　　初　版第1刷発行 | 〔検印省略〕 |

定価はカバーに表示してあります。

編著者　フランク・モリツグ
訳者代表Ⓒ小川洋・溝上智恵子／発行者　下田勝司　　　　　　印刷・製本／中央精版印刷
東京都文京区向丘1-20-6　　郵便振替00110-6-37828　　　　　　　　　　　発 行 所
〒113-0023　TEL (03)3818-5521　FAX (03)3818-5514　　　　株式会社　東 信 堂
　　　　　　Published by TOSHINDO PUBLISHING CO., LTD.
　　　　　　1-20-6, Mukougaoka, Bunkyo-ku, Tokyo, 113-0023 Japan
　　　　　　E-mail : tk203444@fsinet.or.jp　http://www.toshindo-pub.com

ISBN978-4-7989-0049-0　　C3037　　Ⓒ Ogawa Yo & Mizoue Chieko

東信堂

比較教育学──越境のレッスン	M・ブレイ編 馬越徹・大塚豊監訳	三六〇〇円
比較教育学──伝統・挑戦・新しいパラダイムを求めて	馬越徹・大塚豊編著	三八〇〇円
世界の外国人学校	末藤美津子・福田誠治・大塚豊編著	三八〇〇円
ヨーロッパの学校における市民的社会性教育の発展──フランス・ドイツ・イギリス	新井浅治郎・武藤孝典編著	三八〇〇円
世界のシティズンシップ教育──グローバル時代の国民／市民形成	嶺井明子編著	二八〇〇円
市民性教育の研究──日本とタイの比較	平田利文編著	四二〇〇円
多様社会カナダの「国語」教育（カナダの教育3）	関口礼子編著	三八〇〇円
国際教育開発の再検討──途上国の基礎教育普及に向けて	浪田啓子・小川啓一編著	二四〇〇円
中国教育の文化的基盤	西村幹子・北村友人編著	二九〇〇円
中国大学入試研究──変貌する国家の人材選抜	大塚豊監訳 顧明遠著	三六〇〇円
中国高等教育独学試験制度の展開──世界の経験と中国の選択	大塚豊監訳	三二〇〇円
大学財政	南部広孝	三五〇〇円
中国の民営高等教育機関──社会ニーズとの対応	鮑威	四六〇〇円
「改革・開放」下中国教育の動態	阿部洋編著	五四〇〇円
中国の職業教育拡大政策──背景・実現過程・帰結	劉文君	五〇四八円
中国の後期中等教育の拡大と経済発展パターン──江蘇省と広東省の比較	呉琦来	三八二七円
中国高等教育の拡大と教育機会の変容──江蘇省の場合を中心に	王傑	三九〇〇円
バングラデシュ農村の初等教育制度受容	日下部達哉	三六〇〇円
オーストラリア学校経営改革の研究──自律的学校経営とアカウンタビリティ	佐藤博志	三八〇〇円
オーストラリアの言語教育政策──多文化主義における「多様性と」「統一性」の揺らぎと共存	青木麻衣子	三八〇〇円
マレーシア青年期女性の進路形成	鴨川明子	四七〇〇円
「郷土」としての台湾──郷土教育の展開にみるアイデンティティの変容	林初梅	四六〇〇円
戦後台湾教育とナショナル・アイデンティティ	山﨑直也	四〇〇〇円

〒113-0023 東京都文京区向丘1-20-6
TEL 03-3818-5521　FAX03-3818-5514　振替 00110-6-37828
Email tk203444@fsinet.or.jp　URL:http://www.toshindo-pub.com/

※定価：表示価格（本体）＋税

東信堂

転換期を読み解く——潮木守一時評・書評集	潮木守一	二六〇〇円
大学再生への具体像	潮木守一	二五〇〇円
フンボルト理念の終焉?——現代大学の新次元	潮木守一	二五〇〇円
いくさの響きを聞きながら——横須賀そしてベルリン	潮木守一	二四〇〇円
大学教育の思想——学士課程教育のデザイン	潮木守一	二八〇〇円
国立大学・法人化の行方——自立と格差のはざまで	絹川正吉	三六〇〇円
転換期日本の大学改革——アメリカと日本	天野郁夫	三六〇〇円
大学の責務	D・ケネディ 立川明・坂本辰朗・井上比呂子訳	三八〇〇円
大学の財政と経営	江原武一	三六〇〇円
私立大学マネジメント	㈳私立大学連盟編	三二〇〇円
私立大学の経営と拡大・再編——一九八〇年代後半以降の動態	丸山文裕	四七〇〇円
30年後を展望する中規模大学	両角亜希子	四二〇〇円
マネジメント・学習支援・連携		
もうひとつの教養教育	市川太一	二五〇〇円
政策立案の「技法」——職員による大学行政政策論集	近森節子編著	二三〇〇円
大学の管理運営改革——日本の行方と諸外国の動向	江原武一編著	二五〇〇円
教員養成学の誕生——弘前大学教育学部の挑戦	福島裕敏 遠藤孝夫 編著 杉本均	三六〇〇円
改めて「大学制度とは何か」を問う	伊藤昇	三二〇〇円
原点に立ち返っての大学改革	舘昭	一〇〇〇円
戦後日本産業界の大学教育要求	舘昭	一〇〇〇円
経済団体の教育言説と現代の教養論		
韓国大学改革のダイナミズム	飯吉弘子	五四〇〇円
ワールドクラス(WCU)への挑戦	馬越徹	二七〇〇円
現代アメリカの教育アセスメント行政の展開——マサチューセッツ州(MCASテスト)を中心に	北野秋男編	四八〇〇円
現代アメリカにおける学力形成論の展開——スタンダードに基づくカリキュラムの設計	石井英真	四二〇〇円
アメリカの現代教育改革——スタンダードとアカウンタビリティの光と影	松尾知明	二七〇〇円
アメリカ連邦政府による大学生(経済支援政策	犬塚典子	三八〇〇円
戦後オーストラリアの高等教育改革研究	杉本和弘	五八〇〇円
大学教育とジェンダー——ジェンダーはアメリカの大学をどう変革したか	ホーン川嶋瑤子	三六〇〇円

東信堂

教育文化人間論――知の遭遇／論の越境	小西正雄	二四〇〇円
グローバルな学びへ――協同と刷新の教育	田中智志編著	二〇〇〇円
教育の共生体へ	田中智志編	二三五〇〇円
人格形成概念の誕生――ボディ、エデュケーショナルの思想圏近代アメリカ	田中智志編	三六〇〇円
社会性概念の構築――アメリカ進歩主義教育概念史	田中智志	三六〇〇円
教育の自治・分権と学校法制	結城忠	四六〇〇円
教育制度の価値と構造	井上正志	四二〇〇円
学校改革抗争の100年――20世紀アメリカ教育史	D.ラヴィッチ著 末藤・宮本・佐藤訳	六四〇〇円
国際社会への日本教育の新次元――今、知らねばならないこと	関根秀和編	一二〇〇円
ヨーロッパ近代教育の葛藤――地球社会の求める教育システムへ	関田一幸子 編	三三〇〇円
ミッション・スクールと戦争――立教学院のディレンマ	太田美喜子	五八〇〇円
多元的宗教教育の成立過程――アメリカ教育と成瀬仁蔵の「帰一」の教育	前田慶男編	五八〇〇円
NPOの公共性と生涯学習のガバナンス	大森秀子	三六〇〇円
協同と表現のワークショップ――学びのための環境のデザイン	高橋満	二八〇〇円
演劇教育の理論と実践の研究――自由ヴァルドルフ学校の演劇教育	茂木一司	二四〇〇円
教育の平等と正義	広瀬綾子	三八〇〇円
オフィシャル・ノレッジ批判	大桃敏行・中村雅子・後藤武俊訳 K.ハウ著	三二〇〇円
混迷する評価の時代――教育評価を根底から問う	野崎・井口・M.W.アップル著 池田監訳 小暮訳	二四〇〇円
拡大する社会格差に挑む教育	西村和雄・倉元直樹・木村拓也編	二四〇〇円
教育における評価とモラル	西村和雄・大森不二雄・倉元直樹・木村拓也編	二四〇〇円
〈シリーズ 日本の教育を問いなおす〉保守復権の時代における民主主義教育	戸瀬信之編	二四〇〇円
地上の迷宮と心の楽園 〈コメニウス〉〈セレクション〉	藤田輝夫訳 J.コメニウス	三六〇〇円
〈現代日本の教育社会構造〉〈全4巻〉	西村和雄編	
（第1巻）教育社会史――日本とイタリアと	小林甫	七八〇〇円

〒113-0023 東京都文京区向丘1-20-6
TEL 03-3818-5521 FAX 03-3818-5514 振替 00110-6-37828
Email tk203444@fsinet.or.jp URL:http://www.toshindo-pub.com/

※定価：表示価格（本体）＋税

東信堂

大学の自己変革とオートノミー —点検から創造へ	寺﨑昌男	二五〇〇円
大学教育の創造—歴史・システム・カリキュラム	寺﨑昌男	二八〇〇円
大学教育の可能性—教養教育・評価・実践	寺﨑昌男	二五〇〇円
大学は歴史の思想で変わる—FD・評価・私学	寺﨑昌男	二八〇〇円
大学改革 その先を読む	寺﨑昌男	一三〇〇円
大学自らの総合力—理念とFD そしてSD	寺﨑昌男	二〇〇〇円
あたらしい教養教育をめざして—大学教育学会25年の歩み:未来への提言	大学教育学会25年史編纂委員会編	二九〇〇円
大学教育 研究と教育の30年—大学教育学会の視点から	大学教育学会創立30周年記念誌編集委員会編	二〇〇〇円
高等教育質保証の国際比較	羽田貴史	三六〇〇円
大学教育のネットワークを創る—FDの明日へ	杉本和弘 澤本純弘 編	二八〇〇円
ティーチング・ポートフォリオ—授業改善の秘訣	京都大学高等教育研究開発推進センター 松下佳代 編集代表	三二〇〇円
ラーニング・ポートフォリオ—学習改善の秘訣	土持ゲーリー法一	二〇〇〇円
津軽学—歴史と文化	土持ゲーリー法一	二五〇〇円
IT時代の教育プロ養成戦略—日本初のeラーニング専門家養成ネット大学院の挑戦	弘前大学21世紀教育センター・土持ゲーリー法一編著	二〇〇〇円
大学教育を科学する—学生の教育評価 国際比較	大森不二雄編	二六〇〇円
一年次(導入)教育の日米比較	山田礼子編著	三六〇〇円
初年次教育でなぜ学生が成長するのか—全国大学調査からみえてきたこと	山田礼子	二八〇〇円
大学の授業	河合塾編	二五〇〇円
大学授業の病理—FD批判	宇佐美寛	二五〇〇円
授業研究の病理	宇佐美寛	二五〇〇円
大学授業入門	宇佐美寛	一六〇〇円
作文の論理—〈わかる文章〉の仕組み	宇佐美寛	一九〇〇円
作文の教育—〈教養教育〉批判	宇佐美寛編著	二〇〇〇円
問題形式で考えさせる	大田邦郎	二〇〇〇円

〒113-0023 東京都文京区向丘1-20-6
TEL 03-3818-5521 FAX 03-3818-5514 振替 00110-6-37828
Email tk203444@fsinet.or.jp URL:http://www.toshindo-pub.com/

※定価:表示価格(本体)+税

東信堂

《未来を拓く人文・社会科学シリーズ〈全17冊・別巻2〉》

科学技術ガバナンス	城山英明編	一六〇〇円
ボトムアップな人間関係—心理・教育・福祉・環境・社会の12の現場から	サトウタツヤ編	一六〇〇円
高齢社会を生きる—老いる人／看取るシステム	清水哲郎編	一八〇〇円
家族のデザイン	小長谷有紀編	一八〇〇円
水をめぐるガバナンス—日本、アジア、中東、ヨーロッパの現場から	蔵治光一郎編	一八〇〇円
生活者がつくる市場社会	久米郁夫編	一八〇〇円
グローバル・ガバナンスの最前線—現在と過去のあいだ	遠藤乾編	二二〇〇円
資源を見る眼—現場からの分配論	佐藤仁編	二〇〇〇円
これからの教養教育—「カタ」の効用	葛西康徳・鈴木佳秀編	二〇〇〇円
「対テロ戦争」の時代の平和構築—過去からの視点、未来への展望	黒木英充編	一八〇〇円
企業の錯誤／教育の迷走—人材育成の「失われた一〇年」	青島矢一編	一八〇〇円
日本文化の空間学	桑子敏雄編	二二〇〇円
千年持続学の構築	木村武史編	一八〇〇円
多元的共生を求めて—〈市民の社会〉をつくる	宇田川妙子編	一八〇〇円
芸術は何を超えていくのか？	沼野充義編	一八〇〇円
芸術の生まれる場	木下直之編	二〇〇〇円
文学・芸術は何のためにあるのか？	岡田暁生編	二〇〇〇円
紛争現場からの平和構築—国際刑事司法の役割と課題	石山勇治・遠藤乾編	二八〇〇円
〈境界〉の今を生きる	城山英明・鈴木達治郎・角和昌浩編	一八〇〇円
日本の未来社会—エネルギー・環境と技術・政策	荒川歩・川喜田敦子・谷川竜一・内藤順子・柴田晃芳編	二三〇〇円

〒113-0023 東京都文京区向丘1-20-6
TEL 03-3818-5521 FAX 03-3818-5514 振替 00110-6-37828
Email tk203444@fsinet.or.jp URL:http://www.toshindo-pub.com/

※定価：表示価格（本体）＋税